EUROPA-FACHBUCHREIHE
für wirtschaftliche Bildung



Feist · Lüpertz · Reip

**Problemlösungen
mit Entscheidungsbegründungen**

**zu**

# Lehraufgaben für die kaufmännische Ausbildung

Entscheidungsaufgaben
Rollenspiele · Fallstudien · Planspiele

BWL – VWL – RECHT

ab 18. Auflage

VERLAG EUROPA-LEHRMITTEL · Nourney, Vollmer GmbH & Co.
Düsselberger Straße 23 · 42781 Haan-Gruiten

**Europa-Nr.: 91201**

**Verfasser:**

Feist, Theo — Professor, Dipl.-Kfm.
Lüpertz, Viktor — Professor Dr., Dipl.-Volksw.
Reip, Hubert — Professor, Dipl.-Volksw.

**Lektor:**

Dr. Viktor Lüpertz

Dieses Lösungsheft gibt nicht die Lösungen an, wie sie von Schülern erwartet werden. Sie sind eine Arbeitshilfe für den Lehrer.

18. Auflage 2002
Druck 5 4 3 2 1
Alle Drucke derselben Auflage sind parallel einsetzbar, da sie bis auf die Behebung von Druckfehlern untereinander unverändert sind.

Das vorliegende Buch wurde auf der **Grundlage der neuen amtlichen Rechtschreibregeln** erstellt.

ISBN 3-8085-9338-5


http://www.europa-lehrmittel.de
Satz: Satz+Layout Werkstatt Kluth GmbH, 50374 Erftstadt
Druck: Media-Print Informationstechnologie, 33100 Paderborn

# 1 Wirtschaftliche Grundlagen

## Ökonomisches Prinzip

### 1.01 Ökonomisches Prinzip (Wirtschaftlichkeitsprinzip)

1. Das ökonomische Prinzip liegt folgenden Sachverhalten zugrunde: 1, 3, 4.
2. (1) = Minimalprinzip
   (3) = Maximalprinzip
   (4) = Minimalprinzip

## Produktionsverfahren

### 1.02 Volkswirtschaftliche Produktionsfaktoren – Entstehung des Produktionsfaktors Kapital

1. 1312,5 gr.

2. a)

| | 1 | 2 | 3 | 4 | 5 | 6 |
|---|---|---|---|---|---|---|
| | Sammelnde Seeleute | Gesamtergebnis der Sammeltätigkeit in kg | Veränderung des Sammelergebnisses gegenüber der jeweils vorherigen Situation in kg | in % | Sammelergebnis je Sammelnden = Ergiebigkeit der Arbeit | Veränderung der Ergiebigkeit der Arbeit in % |
| vor dem Bootsbau | 35 | 52,5 | | | 1,5 | |
| während des Bootsbaues | 30 | 45,0 | − 7,5 | − 14,3 | 1,5 | keine Veränderung |
| nach dem Bootsbau | 35 | 70,0 | + 25,0 | + 55,6 | 2,0 | + 33 1/3 |

b)

| | |
|---|---|
| Vor dem Bootsbau: | 1312,5 gr. täglich |
| Während des Bootsbaues: | 1125,0 gr. täglich |
| Verzicht: | 187,5 gr. täglich |

c)

| | |
|---|---|
| Vor dem Bootsbau: | 1321,5 gr. täglich |
| Nach dem Bootsbau: | 1750,0 gr. täglich |
| Erhöhung der Tagesration: | 437,5 gr. täglich |

d) Das Sammelergebnis ist durch den Bootsbau nur um 14,3 % gesunken, nach Fertigstellung des Bootes aber um 55,6 % gestiegen. Die Ergiebigkeit der Arbeit ist durch den Bootsbau von 1,5 kg je Sammelnden auf 2,0 kg gestiegen. Das sind 33 1/3 % Steigerung der Ergiebigkeit der Arbeit (Arbeitsproduktivität) als Wirkung des Bootsbaues.

e) $$\frac{\text{gesamter Sammelverlust}}{\text{Tagessammelgewinn gegenüber vorher}} = \frac{28 \times 75}{70 - 52{,}5} = \frac{210}{17{,}5} = 12 \text{ Tage}$$

3. a) 16,6 %
   b) gemeinsame Arbeit (Arbeitsteilung)

4. a) vorher: 40 × 2 = 80 Stunden
   jetzt: 2 × 2 = 4 Stunden
   Verringerung um 95 %
   b) Kapitaleinsatz (Kanister), Arbeitsorganisation, Spezialisierung, größere Kraftanstrengung der Träger
5. Natur + Arbeit
6. Kapital kann nur durch das Zusammenwirken der ursprünglichen Produktionsfaktoren Natur und Arbeit entstehen.
7. Aufgrund von Ausbildung und beruflicher Qualifizierung wird der Faktor Arbeit nur noch selten in seiner ursprünglichen Form (= ungelernte Arbeitskräfte) eingesetzt. Im Zusammenhang mit ausgebildeten und qualifizierten Arbeitskräften wird auch von Humankapital gesprochen. Auch für diese Humankapitalbildung (Schule, Studium) ist ein Konsumverzicht – wie beim Sachkapital – nötig.

   Auch der Faktor Natur (im Sinne von Anbauboden) wird heute nur selten in seiner ursprünglichen Form eingesetzt. In der Regel sind die Böden maschinell bearbeitet und künstlich gedüngt.

## 1.03 Kapitalarten: Sachkapital – Geldkapital

1. Unbebaute Grundstücke + Fabrikgebäude + Maschinen + Fahrzeuge + Materialvorrat = 3 500 000 EUR.
2. Bankguthaben 650 000 EUR – zur Erhaltung der Zahlungsbereitschaft benötigte 150 000 EUR = für Investitionszwecke (Geldkapital ) 500 000 EUR.
3. Nicht berücksichtigt wird der Produktionsfaktor Arbeit. Vom Produktionsfaktor Natur wird lediglich der Standortboden berücksichtigt.

## 1.04 Investitionsarten: Betriebliche Sicht

a) (880 – 800) + 30 = 110
b) 240 – 200 = 40
c) 110 + 40 = 150
d) 150 – 30 (Abschreibungen) = 120
e) Brutto-Anlageinvestition 110 – 30 (Abschreibung = Ersatzinvestition) = 80. Die Netto-Anlageinvestition kann sowohl eine Erweiterungsinvestition als auch eine Verbesserungsinvestition sein. Die Trennung ist in der Praxis schwierig, da mit den meisten Erweiterungsinvestitionen auch Verbesserungen verbunden sind.

## 1.05 Kombination der Produktionsfaktoren – Substitution – Minimalkostenkombination – Rationalisierung

1. und 2. Mögliche Kombinationen der Produktionsfaktoren zur Herstellung von 30 Möbelstücken:

| Nr. | 1 | 2 | 3 |
|---|---|---|---|
| Arbeitseinheiten | 4 | 2 | 1 |
| Maschineneinheiten | 1 | 3 | 5 |
| Produktionskosten | 520 | 560 | 700 |

Die kostengünstigste Faktorkombination (Minimalkostenkombination) besteht aus 4 Arbeitseinheiten und 1 Maschineneinheit.

3. a)

| Nr. | 1 | 2 | 3 |
|---|---|---|---|
| Arbeitseinheiten | 4 | 2 | 1 |
| Maschineneinheiten | 1 | 3 | 5 |
| Produktionskosten | 620 | 610 | 725 |

Jetzt ist die Faktorkombination 2 Arbeitseinheiten und 3 Maschineneinheiten am kostengünstigsten.

b) Rationalisierung heißt, eine bestimmte Leistung gegenüber früheren Zuständen mit geringeren Kosten zu erzielen. Dies geschieht im vorliegenden Fall, indem der Faktor Arbeit durch den Faktor Kapital ersetzt wird (Substitution). Ein solches Vorgehen entspricht hier dem ökonomischen Prinzip.

## 1.06 Die Produktionsfaktoren im Betrieb

1. a) Betriebsmittel (maschinelle Apparatur, über die der Betrieb verfügt): Pumpe, Öltanks, Mischbottich, Rührmaschine, Kühltrommel, Transportkran, Knetmaschine, Mischmaschine, Packmaschine, Kühlhaus.
   b) Werkstoffe: Speiseöle, Butterfarbe, sonstige Zutaten.
   c) z. B. im Mischbottich, in der Rührmaschine, in der Knetmaschine.
2. Ausführende Arbeit.
3. Von links nach rechts: ausführende Arbeit, Betriebsmittel, Werkstoffe.
4. Dispositive Arbeit: z. B. Beschaffungsplanung, Produktionsplanung, Absatzplanung, Finanzierungsentscheidungen.
   ausführende Arbeit: z. B. Bedienen von Maschinen, Verpacken und Verladen.

# Arbeitseinteilung und Arbeitsorganisation

## 1.07 Arbeitszerlegung – Arbeitsproduktivität

1. a) Steigerung um 23 900 %
   b) Durch die Spezialisierung kann besser und schneller gearbeitet werden. Die einzelnen Teilarbeiten können auch von Arbeitskräften ohne umfassende Ausbildung ausgeführt werden.

2. a) vorher: 28 Arbeiter bei 9 Stunden Arbeitszeit 175 Kolbenstangen pro Tag
   d. h. bei 252 Arbeitsstunden (28 × 9) 175 Kolbenstangen pro Tag

$$\text{Arbeitsproduktivität} = \frac{175\ \text{(Output)}}{252\ \text{Stunden (Input)}} = 0{,}694\ \text{Kolbenstangen/Stunde}$$

nachher: 7 Arbeiter bei 8 Stunden 2600 Kolbenstangen pro Tag
d. h. bei 56 Arbeitsstunden (7 × 8) 2600 Kolbenstangen pro Tag

$$\text{Arbeitsproduktivität} = \frac{2\,600\ \text{(Output)}}{56\ \text{Stunden (Input)}} = 46{,}43\ \text{Kolbenstangen/Stunde}$$

Steigerung um 45,736 Kolbenstangen/Stunde

$$\text{Steigerung in \%:}\ \frac{45{,}736 \times 100}{0{,}694} = 6\,590\ \%$$

b) Das Fließband übernahm den Transport von Material und Fertigteilen, der vorher von den Arbeitern vorgenommen werden musste. Dadurch wurde Zeit gespart. Die Arbeit wurde so weit zerlegt, dass der einzelne Arbeiter seinen Platz nicht mehr verlassen musste.

c) Aufgrund der Fließbandarbeit müssen die Arbeiter immer nur denselben Handgriff tun. (In der Nachkriegszeit war es in der deutschen Automobilindustrie keine Seltenheit, dass ein Arbeiter am Tag 2000- bis 5000-mal die gleiche Bewegung ausführen musste.) Das führt zu hoher körperlicher und psychischer Belastung. Hohe Fluktuation und hoher Krankenstand waren die Folge. Heute erfolgt die Automobilproduktion vornehmlich in Gruppenarbeit.

3. Die Arbeitsproduktivität ist erheblich gestiegen, d. h., bei gleichem Arbeitsaufwand konnten wesentlich mehr Autos hergestellt werden. Da die Löhne aber nicht entsprechend dem Produktivitätsfortschritt angehoben wurden, trat eine Senkung der Lohnkosten je Stück ein. Außerdem sinken bei zunehmender Ausbringungsmenge die Stückkosten auch deswegen, weil sich die Fixkosten (z. B. Abschreibungen) auf eine größere Stückzahl verteilen und der Fixkostenanteil je Stück dadurch sinkt (= Fixkostendegression, Gesetz der Massenproduktion). Diese Senkung der Stückkosten wurde in Form von Preissenkungen an die Käufer weitergegeben.

## 1.08 Formen der Arbeitsgestaltung: Arbeitswechsel – Arbeitserweiterung – Arbeitsbereicherung – (Teil-)autonome Arbeitsgruppen

Allgemein: es geht darum, wie Menschen im Arbeitsprozess ihre Persönlichkeit bewahren oder entfalten können.

**Arbeitswechsel:**
Die Möglichkeiten des Aufgabenwechsels sind begrenzt auf die Arbeiten am Band. Hier wäre es wohl möglich, alle Arbeiterinnen für alle Arbeiten anzulernen und ihnen im regelmäßigen Wechsel andere Arbeiten zu übertragen. Die zu verrichtende Teilarbeit wird dadurch aber noch nicht interessanter.

**Arbeitserweiterung (Aufgabenvergrößerung):**
Der Arbeitende wechselt nicht über mehrere spezialisierte Arbeitsplätze (wie beim Arbeitswechsel), sondern führt innerhalb seines Arbeitsplatzes verschiedene Tätigkeiten aus. Einer Aufgabenerweiterung stehen grundsätzlich keine Hindernisse entgegen. Jede Näherin könnte z. B. eine umfassendere Näharbeit zu verrichten haben, die bisher auf mehrere Näherinnen aufgeteilt war. Das Fließband könnte u. U. sogar abgeschafft werden. Gewisse Grenzen wird es aus wirtschaftlichen Gründen geben. Es wird wohl nicht sinnvoll sein, dass jede Arbeiterin die Stoffteile selbst zuschneidet, da für diese Arbeit sehr viel spezielle Erfahrung verlangt wird und mehrere Lagen Stoff auf einmal zugeschnitten werden. Wenn die Aufgabenerweiterung so weit getrieben wurde, dass jede Arbeiterin wie eine gelernte Schneiderin ein Kleidungsstück herstellt, dann wären die Kleider zu einem Preis, der die Kosten deckt und einen angemessenen Gewinn bringt, unverkäuflich.

**Arbeitsbereicherung:**
Erweitert werden soll sowohl der Tätigkeitsspielraum wie auch der Entscheidungsspielraum. Man könnte z. B. daran denken, dass die Näherinnen auch ihre Maschinen selbst warten. Um diese Arbeit auszuführen, ist jedoch eine technische Ausbildung erforderlich. Es ist deshalb nicht möglich und wäre auch nicht sinnvoll, den Näherinnen diese Arbeit zu übertragen.

**Teilautonome Arbeitsgruppen:**
Teilautonome Arbeitsgruppen sind kleine soziale Einheiten von weniger als 20 Personen, denen begrenzte Teilaufgaben zur selbstständigen Ausführung übertragen werden. Auch die Arbeitsverteilung erfolgt innerhalb der Gruppe. Jedes Gruppenmitglied ist dabei in der Lage, mehrere unterschiedliche Tätigkeiten auszuüben. Durch die damit verbundene Flexibilität kann gruppenintern ein Belastungsausgleich vorgenommen werden.

Man könnte daran denken, teilautonome Arbeitsgruppen einzurichten, die jeweils ein bestimmtes Kleidermodell vom Zuschneiden bis zum Bügeln und Verpacken »selbst gesteuert« herstellen.

## Betrieb- und Gesamtwirtschaft

### 1.09 Stellung des Betriebes im gesamtwirtschaftlichen Produktionsprozess – Sachleistungsbetriebe – Dienstleistungsbetriebe – Volkswirtschaftliche Arbeitsteilung

1. und 2.

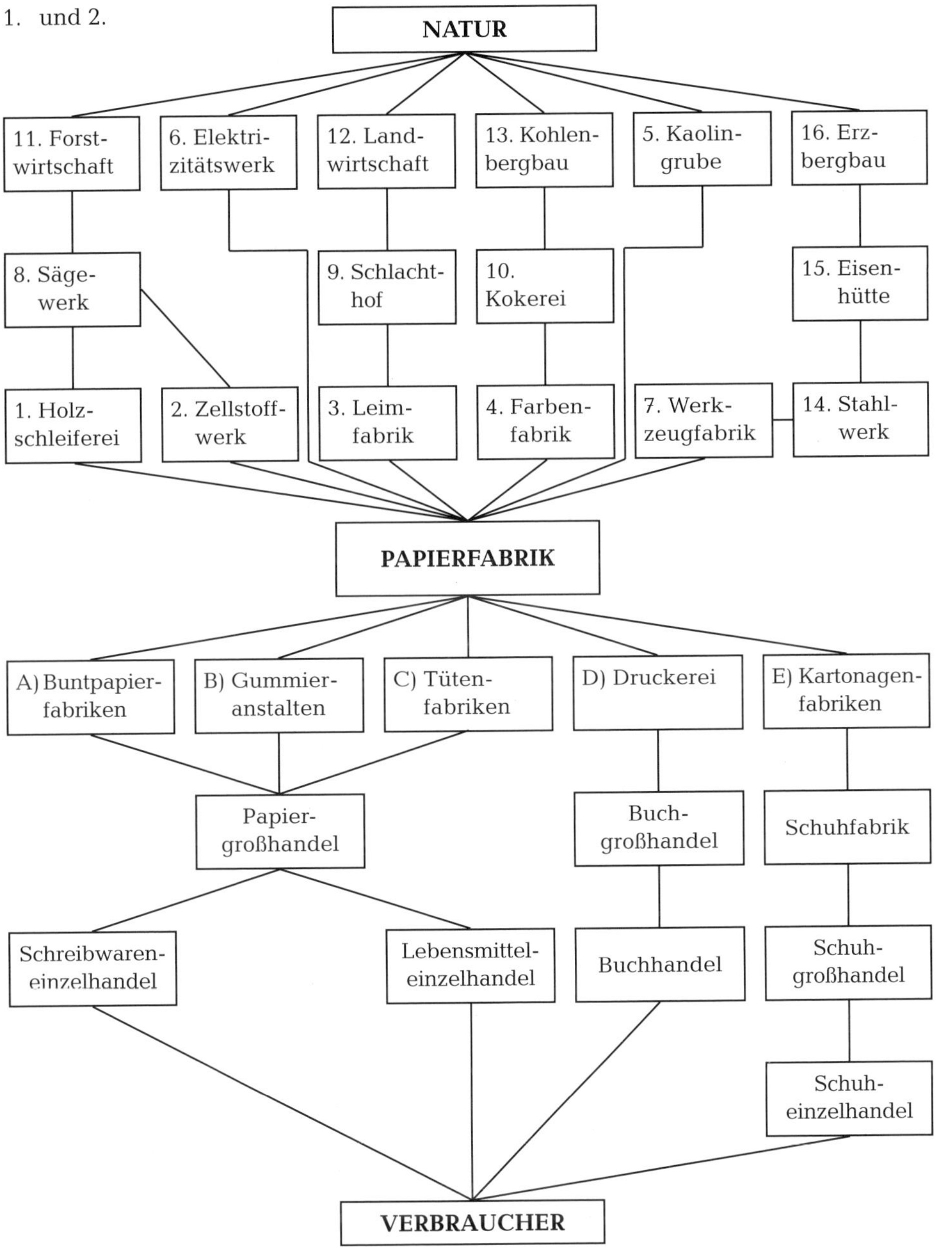

3. und 4.

| | Beispiele aus dem Schaubild | andere Beispiele |
|---|---|---|
| Urproduktions-betriebe | Forstwirtschaft, Landwirtschaft, Kohlenbergbau, Kaolingrube, Erzbergbau, Elektrizitätswerk | Fischerei, Steinbruch, Ziegelei |
| Produktionsgüter-betriebe | Sägewerk, Kokerei, Stahlwerk, Eisenhütte, Holzschleiferei, Werkzeugfabrik, Papierfabrik, Zellstoffwerk, Leimfabrik, Farbenfabrik, Kartonagenfabrik | Maschinenfabriken, Lkw-Fabriken, Motorenfabriken, Büromöbelfabriken |
| Konsumgüter-betriebe | Buntpapierfabriken, Gummieranstalten, Tütenfabriken, Druckereien, Schuhfabriken, Papierfabriken | Bekleidungsindustrie, Lebensmittelindustrie, Wohnmöbelfabriken |
| Dienstleistungs-betriebe | Papiergroßhandel, Schreibwareneinzelhandel, Lebensmitteleinzelhandel, Buchgroßhandel, Buchhandel, Schuhgroßhandel, Schuheinzelhandel | Kino- und Theaterbetriebe, Textilhandel, Friseur, Banken, Versicherungen, Gaststätten |

Bei der Entscheidung, ob es sich bei einem Gut um ein Konsumgut oder um ein Produktionsgut handelt, ist der Verwendungszweck maßgeblich. Konsumgüter dienen dem unmittelbaren Verbrauch zu Konsumzwecken; Produktionsgüter werden zur Herstellung anderer Güter eingesetzt. Demnach produzieren zahlreiche Betriebe sowohl Konsumgüter als auch Produktionsgüter.

## 1.10 Produktionsstufen und Sektoren der Volkswirtschaft – Strukturwandel

1. a) Grafiken S. 9
   b) Der Anteil des primären Sektors an der Bruttowertschöpfung und an der Gesamtzahl der Erwerbstätigen hat ständig abgenommen. Der Anteil des tertiären Sektors hat ständig zugenommen (= Wandel der Produktionsstruktur).
   c) Dienstleistungssektor hat inzwischen die größte Bedeutung.
2. a) Entwicklung des primären und sekundären Sektors entspricht der Darstellung von 1.a).

   Seit Mitte der 60er Jahre ist die Zahl der Erwerbstätigen im »Informationssektor« größer als in allen anderen Dienstleistungsbereichen zusammen. Die Bedeutung des »Informationssektors« steigt ständig an und ist seit ca. 1975 größer als die des sekundären Sektors.
   b) Die meisten Arbeitsplätze werden Anfang des 21. Jahrhunderts im Informationsbereich zu finden sein. Diese Umwandlung von Wissen und Informationen in neue Dienstleistungen erfordert ein qualitativ hochwertiges Aus- und Weiterbildungssystem.

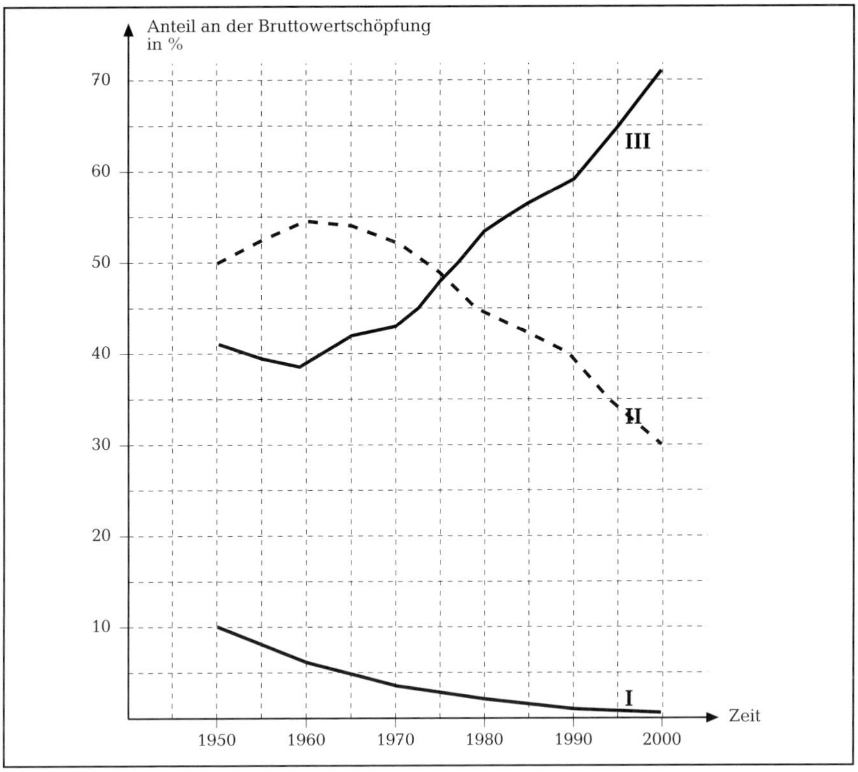
Anteil an der Bruttowertschöpfung
in %
70
60
50
40
30
20
10
III
II
I
Zeit
1950
1960
1970
1980
1990
2000

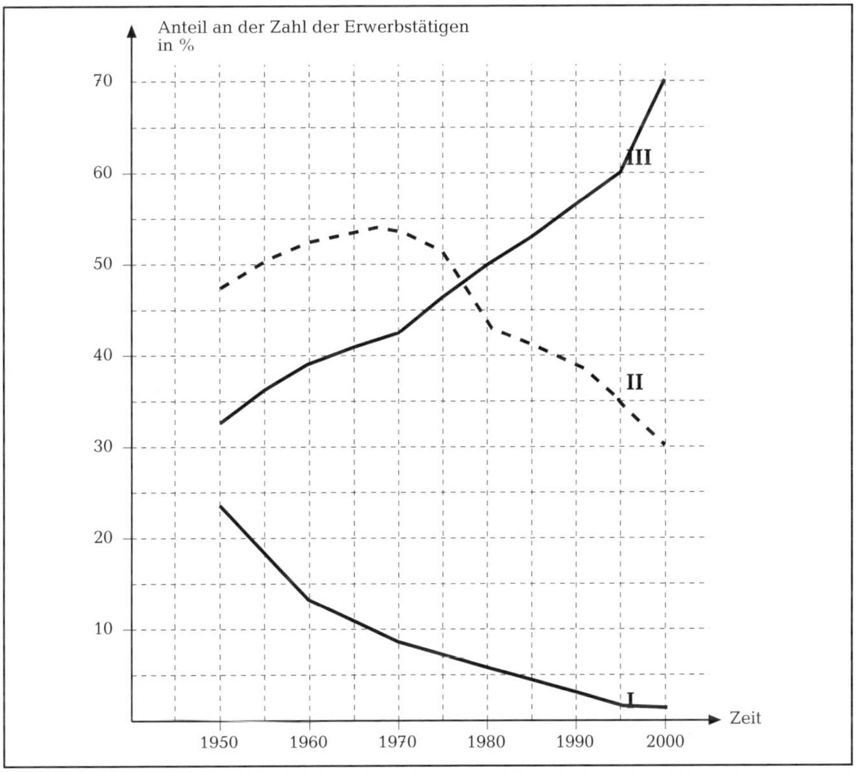
Anteil an der Zahl der Erwerbstätigen
in %
70
60
50
40
30
20
10
III
II
I
Zeit
1950
1960
1970
1980
1990
2000

## 1.11 Grundfragen jeder Wirtschaftsordnung – Lenkungssystem in der Marktwirtschaft

1. a) Preis übernimmt Lenkungsfunktion. Knappe Güter erzielen höheren Preis. Höherer Preis verspricht höheren Gewinn.

   b) Preis übernimmt Signalfunktion. Hoher Preis signalisiert Knappheit.

   c) Preis übernimmt Anreizfunktion. Konsumenten werden durch hohe Preise angereizt, knappe Konsumgüter durch weniger knappe zu ersetzen. In der Produktion werden knappe Güter durch kostengünstigere ersetzt.

   d) Preis übernimmt Planabstimmungsfunktion. Ist bei einem bestimmten Preis die Nachfrage größer als das Angebot, dann steigt der Preis. Das führt so lange zu einem erhöhten Angebot, bis Angebot und Nachfrage gleich groß sind. (Ist das Angebot größer als die Nachfrage, verläuft der Prozess umgekehrt.)

2. ***Beispiel:*** Wohnungen sind knapp. Die Mietpreise sind so hoch, dass Familien mit Kindern und geringerem Einkommen die Miete für eine angemessene Wohnung nicht zahlen können. In diesem Fall hätte der Steuerungsmechanismus des Marktes unsoziale Auswirkungen.

   Ein staatlich festgelegter Höchstpreis wäre ein marktkonträres Mittel, weil er die Preisfunktionen außer Kraft setzen würde. Marktkonforme Mittel sind vorzuziehen. Marktkonforme Mittel sind z. B.: Subventionen (auf dem Wohnungsmarkt: Mietzuschüsse), Stützungskäufe, Zoll- und Steuervergünstigungen.

## 1.12 Markt und Preis – Vollkommener Markt

1. Lösungen entsprechend Schülervorgaben

2. a)

| | **Kaufaufträge** | **Verkaufsaufträge** |
|---|---|---|
| **8 EUR** | 13 | 1 |
| **9 EUR** | 13 | 2 |
| **10 EUR** | 12 | 3 |
| **11 EUR** | 12 | 3 |
| **12 EUR** | 11 | 4 |
| **13 EUR** | 8 | 5 |
| **14 EUR** | 7 | 7 |
| **15 EUR** | 5 | 8 |
| **16 EUR** | 4 | 10 |
| **17 EUR** | 3 | 10 |
| **18 EUR** | 3 | 12 |
| **19 EUR** | 2 | 14 |
| **20 EUR** | 1 | 15 |

   b) Siehe Diagramm auf Seite 11

   c) angebotene und nachgefragte Menge (7 Stück) sind zu diesem Preis (14 EUR) ausgeglichen; jeder Anbieter, der bereit ist zu diesem Preis zu verkaufen, kann seine gesamte Menge absetzen; jeder Nachfrager, der bereit ist, mindestens diesen Preis zu bezahlen, kann die gewünschte Menge zu diesem Preis erhalten; bei diesem Preis wird die größtmögliche Menge umgesetzt.

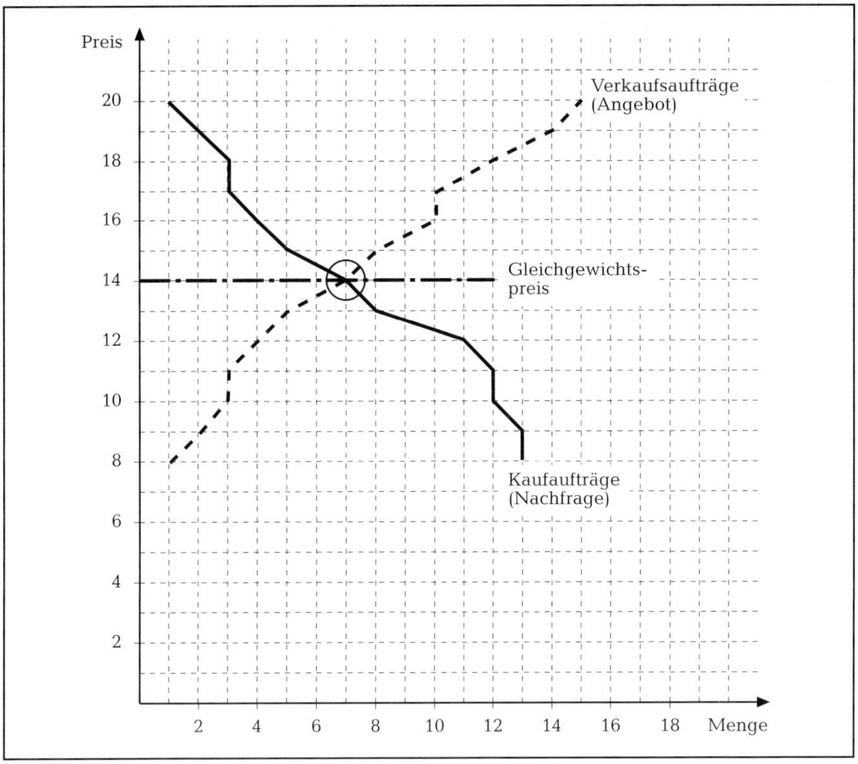


d) 10 EUR: 3 Kaufverträge
18 EUR: 3 Kaufverträge

3. a) gleichartige Güter (Homogenitätsbedingung)

   Angebot und Nachfrage zum gleichen Zeitpunkt (Adventsbasar an einem Abend)

   keine persönlichen oder sonstigen Präferenzen

   Markttransparenz

   b) 16 EUR: Preisvorstellung liegt **über dem Gleichgewichtspreis;** wegen der Modellannahme »Markttransparenz« wissen die Kaufinteressenten, dass das gleiche Gut bei einem anderen Verkäufer zu einem geringeren Betrag (zum Gleichgewichtspreis) gekauft werden kann; Folge: Stefan bleibt auf seiner Ware sitzen;

   10 EUR: Preisvorstellung liegt **unter dem Gleichgewichtspreis;** wegen der Modellannahme »Markttransparenz« weiß Stefan, dass er seine Ware zum Gleichgewichtspreis von 14 EUR verkaufen kann; bei Verkauf zu 10 EUR würde er freiwillig auf Gewinnanteil in Höhe von 4 EUR verzichten;

4. Materialkosten liegen bereits bei 8 EUR; Arbeitskosten sind im vorliegenden Fall nicht einzubeziehen (Preisuntergrenze liegt demnach bei 8 EUR);

5. Gebrauchtwagenmarkt = unvollkommener Markt;
   - keine gleichartigen Güter (unterschiedliches Baujahr; Zustand der Autos)
   - keine Markttransparenz (Gebrauchtwagenmarkt ist nicht überschaubar)
   - evtl. persönliche Präferenzen (Sympathie zu einem bestimmten Autoverkäufer)

   ......

   Folge: Preisbildung erfolgt nicht nach den Regeln eines vollkommenen Marktes.

## 1.13 Investitionsarten: Gesamtwirtschaftliche Sicht

1.

| Jahre | Ersatz-investition | Netto-Anlage-investition | Brutto-Anlage-investition | Vorrats-investition | Brutto-investition | Netto-investition |
|---|---|---|---|---|---|---|
| 1 | 100 | 20 | 120 | 10 | 130 | 30 |
| 2 | 110 | 30 | 140 | 15 | 155 | 45 |
| 3 | 130 | 35 | 165 | 15 | 180 | 50 |
| 4 | 140 | 35 | 175 | 5 | 180 | 40 |

2. Ausrüstungsinvestition = (Brutto-)Anlageinvestition – Bauinvestition – sonstige Anlagen – Ausrüstungsinvestition im Jahr 3 : 165 – 20 = 145

## 1.14 Kreislauf einer stationären Wirtschaft

1.

| lieferndes Unternehmen / empfangendes Unternehmen | Verflechtungen im Bereich der Unternehmen: A | B | C | Summe der abgegebenen Leistungen |
|---|---|---|---|---|
| A | | keine Lieferbeziehungen | keine Lieferbeziehungen | 0 |
| B | 20 | | 30 | 50 |
| C | 10 | 40 | | 50 |
| Summe der empfangenen Leistungen | 30 | 40 | 30 | 100 |

2.

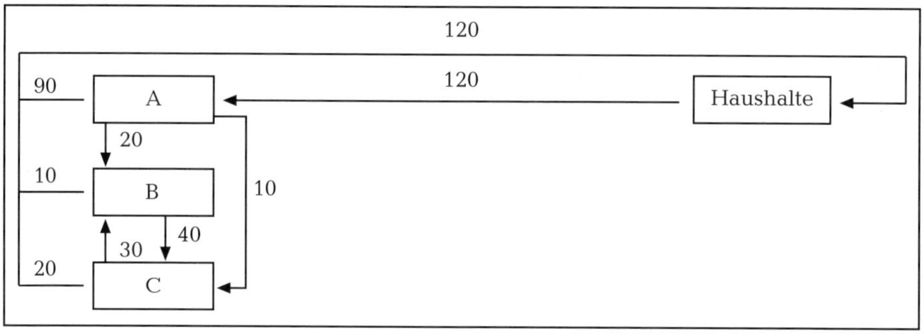


3.

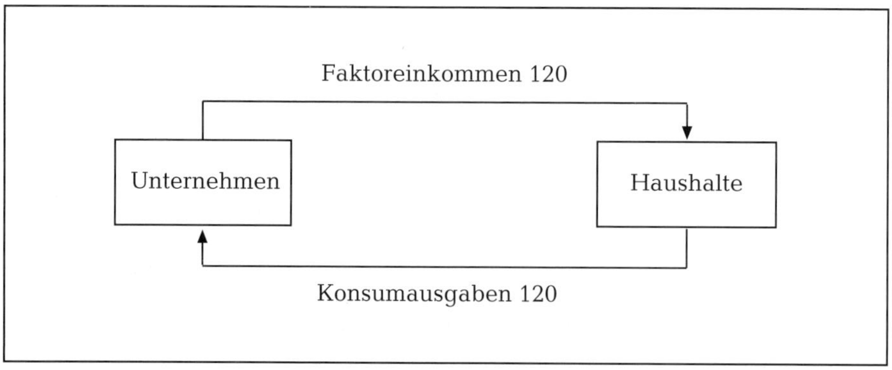

4. a) In einer stationären Wirtschaft sind Bruttoinvestition und Abschreibungen gleich groß.
   b) Die Nettoinvestition = 0.
5. Die Grafik stellt eine stationäre Wirtschaft dar. Es werden keine Nettoinvestitionen durchgeführt. Dies ist daran erkennbar, dass die Bruttoinvestitionen nur so groß sind wie die Abschreibungen. Ohne Nettoinvestitionen gibt es kein Wachstum des Sachkapitalbestandes.

## 1.15 Kreislauf einer fortschreitenden (evolutorischen) Wirtschaft – Sparen und Investieren

1. Ersparnis: 20 (110 – 90)

   Verkäufe von Konsumgütern: 90 (entspricht Käufen von Konsumgütern)

   Bruttoinvestition (auf Vermögensänderungskonto) : 50 (entspricht Bruttoinvestition auf nationalem Produktionskonto)

   Wertschöpfung : 110 (entspricht Faktoreinkommen, oder : Bruttoinvestition + Verkäufe von Konsumgütern – Abschreibungen = 110)

   Abschreibungen (auf Vermögensänderungskonto) 30 (entspricht Abschreibungen auf nationalem Produktionskonto)
2. Bruttoinvestition 50 – Abschreibungen 30 = 20 (Nettoinvestition)
3. Nettoinvestitionen und Ersparnisse sind gleich groß. Wenn die beiden Größen positiv sind, handelt es sich um eine evolutorische Wirtschaft. Auch in einer stationären Wirtschaft sind Nettoinvestitionen und Ersparnisse gleich groß, nämlich 0.

   Die Gleichheit von I und S beruht ausschließlich auf den zugrunde liegenden Definitionen. Da Wertschöpfung und Einkommen definitionsgemäß gleich groß sind und von beiden ein gleich großer Teil zum Konsum verbraucht wird, müssen auch die nicht verbrauchten Teile beider Größen – nämlich I bzw. S – gleich groß sein.

   $Y = C + In$ besagt: Das Sozialprodukt wird für Konsum- und Investitionsgüter verwendet

   Bei dieser gütermäßigen Betrachtung steht Y für die Wertschöpfung (= Nettosozialprodukt zu Faktorkosten)

   $Y = C + S$ besagt: Das Volkseinkommen wird für Konsum und Ersparnisbildung verwendet

   Bei dieser einkommensmäßigen Betrachtung steht Y für das Volkseinkommen.

   daraus folgt: $S = In$

   Die Gleichheit beruht somit **ausschließlich** auf der Definition von Wertschöpfung (= NSP zu Faktorkosten = Summe der Faktoreinkommen) und Einkommen. Sie hat nichts mit der Funktion des Bankensystems zu tun. Die Gleichsetzung des Vermögensänderungskontos mit dem Bankensystem einer Volkswirtschaft oder mit einer »Verrechnungsbehörde von Spar- und Investitionsströmen« ist unzutreffend. Sie trägt nur zur Verwirrung bei, indem sie die falsche Annahme nahe legt, für den Ausgleich von I und S müssten die Unternehmen darauf warten, dass sich genügend Spargelder bei den Banken ansammeln, die dann als Kredit zur Finanzierung der Investition zur Verfügung gestellt werden. In Wirklichkeit ergibt sich die Gleichheit aber dadurch, dass die Güter, die nicht von den Haushalten gekauft werden, Nettoinvestitionen darstellen, die – gewollt oder ungewollt – das Sachvermögen der Unternehmen in Form von Anlage- oder Lagerinvestitionen erhöhen. Ob ein Gut Konsumgut ist oder nicht, ergibt sich nicht aus der Art des Gutes, sondern ausschließlich daraus, ob es von Haushalten gekauft wird oder nicht.

Das Vermögensänderungskonto bewirkt lediglich den buchhalterischen Ausgleich der Konten im Rahmen der volkswirtschaftlichen Gesamtrechnung und – bei grafischer Darstellung – die Schließung des Kreislaufs. Das Vermögensänderungskonto (bzw. das häufig aus falsch verstandener »Anschaulichkeit« an seine Stelle gesetzte Bankensystem) spielt aber für die Gleichheit von I und S keine Rolle.

4. Nur in einer evolutorischen Wirtschaft gibt es positive Nettoinvestitionen. Dadurch erhöht sich der Sachkapitalbestand der Volkswirtschaft.

## 1.16 Wertschöpfung – Berechnung des Inlandsprodukts – Aussagekraft des Inlandsprodukts

1.

| Wirtschaftszweig | Umsatzerlöse | Zahlungen für Vorleistungen | Brutto-Wertschöpfung |
|---|---|---|---|
| | (alle Zahlen in Mrd. EUR) | | |
| A | 50 | 5 | 45 |
| B | 40 | 10 | 30 |
| C | 30 | 5 | 25 |
| Großhandel | 60 | 50 | 10 |
| Einzelhandel | 80 | 60 | 20 |

| | | | |
|---|---|---|---|
| Bruttoinlandsprodukt zu Marktpreisen | | | ...................130 |
| + Erwerbseinkommen inländischer Bürger aus dem Ausland | 2 | | |
| – Erwerbseinkommen ausländischer Bürger aus dem Inland | 5 | – | 3 |
| = Bruttonationaleinkommen (früher: Bruttosozialprodukt) | | | ...................127 |
| – Abschreibungen ........................................ | | | .40 |
| = Nettonationaleinkommen (Primäreinkommen) | | | .....................87 |
| – Produktionsabgaben | 30 | | |
| + Subventionen | 10 | – | 20 |
| = Volkseinkommen | | | .....................67 |

Bei der Berechnung des Bruttoinlandsprodukts am Ort der Entstehung wird üblicherweise der Begriff »Wertschöpfung« verwendet. Zwischen den Begriffen besteht folgender Zusammenhang:

Produktionswert (Summe der produzierten Sachgüter und Dienstleistungen)
– Vorleistungen
= Brutto-Wertschöpfung (durch Einsatz von Produktionsfaktoren im Produktionsprozess den Vorleistungen hinzugefügter Wert)
– Abschreibungen
= Netto-Wertschöpfung

2. Großhandel und Einzelhandel haben die Aufgabe, die Waren dem Verbraucher am richtigen Ort und zum richtigen Zeitpunkt zum Kauf anzubieten. Sie führen eine Dienstleistung aus wie z. B. ein Arzt, ein Taxichauffeur oder ein Friseur und leisten damit einen Beitrag zur Befriedigung von Bedürfnissen, der zu einer Wertschöpfung führt, die im Sozialprodukt zu berücksichtigen ist. Der Anteil der Dienstleistungen am Sozialprodukt nimmt ständig zu!

3. Die Aussagekraft des Inlandsprodukts wird häufig mit folgenden Einwänden in Frage gestellt: Es berücksichtigt nur Güter, die auf dem Markt gehandelt werden; nicht berücksichtigt werden z. B. die Leistungen der Hausfrauen; nicht berücksichtigt wird auch die Befriedigung höherer Bereiche in der Bedürfnisskala, etwa die Bedürfnisse nach Liebe und sozialer Einbindung. Auch soziale Kosten werden nicht

erfasst, die z. B. durch die Verschmutzung der Luft durch Abgase, die Verunreinigung der Gewässer durch Abwässer der Industrie oder durch Lärmbelästigung der Anlieger eines Verkehrsflughafens entstehen. Wegen der Mängel der Sozialproduktberechnung wird versucht, das Sozialprodukt als Maßstab des Wohlstandes durch eine große Zahl sozialer Indikatoren zu ersetzen (z. B. Wohnraum je Person, Arbeitslosenquote, Haushalte mit Pkw). Die Aufgabe, den Wohlstand zu messen, wird dadurch nicht leichter, weil der Begriff »Wohlstand« nicht eindeutig ist.

Bei der Berechnung des Sozialprodukts je Kopf der Bevölkerung ist zu berücksichtigen, dass dies eine reine Durchschnittsrechnung ist; die Verteilung kann tatsächlich sehr ungleichgewichtig sein.

## 1.17 Entstehung und Verwendung des Inlandprodukts – Verteilung des Volkseinkommens – Lohnquote – Konsumquote – Investitionsquote

1. | | |
   |---|---|
   | Wertschöpfung des Wirtschaftsbereichs Produzierendes Gewerbe: | 600 |
   | Bruttoeinkommen aus unselbstständiger Arbeit: | 1020 |
   | Privater Konsum: | 1190 |

2. Bruttoinvestition 450 – Abschreibung 300 = Nettoinvestition 150

3. | | | |
   |---|---|---|
   | | Bruttonationaleinkommen zu Marktpreisen | 1 180 |
   | – | Abschreibungen | 300 |
   | | Nettonationaleinkommen (Primäreinkommen) | 1 680 |
   | – | Saldo aus Produktions-/Importabgaben und Subventionen | 240 |
   | | Volkseinkommen | 1 440 |

   oder:

   | | |
   |---|---|
   | Arbeitnehmerentgelt | 1 020 |
   | Unternehmens- und Vermögenseinkommen | 420 |
   | Volkseinkommen | 1 140 |

4. Lohnquote = Arbeitnehmerentgelt (1 020) in % des Volkseinkommens (1 140) = 70,8 %.

5. Konsumquote (gesamtwirtschaftliche) = Privater Konsum (1 190) in % des Bruttoinlandsprodukts zu Marktpreisen (2 000) = 59,5 %.

   Die Konsumquote wird häufig auch in % des Volkseinkommens ausgedrückt. Dann würde die Konsumquote 82,6 % betragen.

# Betriebliche Grundfunktionen

## 1.18 Betriebliche Funktionsbereiche – Grundphasen des betrieblichen Leistungsprozesses

1. Beschaffung – Einsatzlager – Fertigung – Absatzlager – Absatz

2. | | |
   |---|---|
   | Beschaffung: | Rohwareneingang |
   | Einsatzlager: | Pumpe zur Entleerung, Öltanks, Butterfarbe und Zutatenlager |
   | Fertigung: | Mischbottich, Rührmaschine, Kühltrommel, Transporthaken, Knetmaschine, Mischmaschine |
   | Absatz: | Kartonsteckerei, Packmaschine, Abtransport |
   | Absatzlager: | Kühlhaus |

3.

| Art des Betriebes | Beschaffung durch die Einkaufsabteilung[1]) | Einsatzlager | Fertigung | Ausführung von Dienstleistungen | Absatzlager | Absatz |
|---|---|---|---|---|---|---|
| Industrie | Werkstoffe (Roh-, Hilfs- und Betriebsstoffe, Einzelteile) | Werkstoffe | Erzeugnisse (Waren) | – | Fertig- und Halbfertigerzeugnisse | Verkauf und Auslieferung von Erzeugnissen |
| Handel | Handelswaren | Handelswaren | – | Dienstleistung (Warenverteilung) | Verkaufslager, Ladengeschäft | Verkauf und Auslieferung von Handelswaren |
| Reisebüro | überwiegend Büromaterial, Kataloge, Prospekte | Kataloge, Prospektmaterial | – | Dienstleistung (Beratung, Vermittlung von Reiseverträgen) | – | Verkauf von Dienstleistungen (Reisen) |
| Transport | Treibstoffe, Ersatzteile für Fahrzeuge | Treibstoffe, Ersatzteile | – | Dienstleistung (Transport) | – | Verkauf von Dienstleistungen (Transportleist.) |
| Bank | Geldmittel, Wertpapiere u.a. | Geldmittel | – | Dienstleistung (Zahlungsverkehr, Kreditgewährung, Wertpapiergeschäfte) | Geldmittel | Verkauf von Dienstleistungen (Zahlungsverkehr, Kreditgewährung, Wertpapiergeschäfte) |
| Versicherung | überwiegend Büromaterial | unbedeutend | – | Dienstleistung (Risikotragung) | – | Verkauf von Dienstleistungen (Versicherungspolicen) |
| Steuerberatungsbüro | überwiegend Büromaterial | unbedeutend | – | Dienstleistung (Beratung, Erstellung von Steuererklärungen etc.) | – | Verkauf von Dienstleistungen (Beratung, Buchführungsarbeiten, Steuererklärungen) |
| Bauunternehmung | Baumaterial | Baumaterial | Erstellung von Bauwerken | – | – | Verkauf von erstellten Bauwerken |

[1]) Ohne Beschaffung von Betriebsmitteln (Grundstücke, Maschinen), Arbeitskräften und Kapital.

4. Der betriebliche Leistungsprozess kann nur ablaufen, wenn finanzielle Mittel zur Beschaffung der Produktionsfaktoren zur Verfügung stehen und durch den Absatz der Betriebsleistungen über den Markt wieder zurück gewonnen werden können. Güterwirtschaftlicher Bereich (Leistungsprozess) und finanzwirtschaftlicher Bereich (Finanzierung) stehen somit in enger Wechselbeziehung. Den Güterströmen des Leistungsprozesses stehen Zahlungsströme (finanzwirtschaftlicher Bereich) gegenüber.

5.

| Ereignis | Leistungsprozess | | | | | Finanzierung |
|---|---|---|---|---|---|---|
| | Leistungserstellung | | | Leistungsverwertung | | |
| | Beschaffung | Einsatzlager | Fertigung | Absatzlager | Absatz | |
| a | x | x | | | | x |
| b | | | x | | | x |
| c | x | | | | | x |
| d | x | | | | x | x |
| e | x | x | x | x | x | x |
| f | x | | x | | x | x |
| g | x | x | x | x | x | x |
| h | x | | x | x | x | x |
| i | x | | x | | x | x |
| j | | | x | | | x |

## 1.19 Arten betrieblicher Ziele – Zielbeziehungen

1.

| Periode | Umsatz in EUR | Gewinn in EUR |
|---|---|---|
| 1 | 420 000 | 20 000 |
| 2 | 533 000 | 30 000 |
| 3 | 640 000 | 30 000 |
| 4 | 640 000 | 20 000 |
| 5 | 760 000 | 10 000 |

2. Gewinn = Umsatz – Kosten

3. von Periode 1 auf Periode 2:
Umsatz: Erhöhung trotz Minderung des Verkaufspreises, da die Erhöhung der Absatzmenge die Preissenkung mehr als ausgeglichen hat.
Gewinn: Erhöhung, da der Umsatz stärker gestiegen ist als die Kosten.
von Periode 2 auf Periode 3:
Umsatz: Erhöhung trotz Minderung des Verkaufspreises, da die Erhöhung der Absatzmenge die Preissenkung mehr als ausgeglichen hat.
Gewinn: Konstant, da die Kosten genauso stark gestiegen sind wie der Umsatz.
von Periode 3 auf Periode 4:
Umsatz: Konstant
Gewinn: Minderung, da Kosten gestiegen sind.
von Periode 4 auf Periode 5:
Umsatz: Steigerung trotz Minderung des Verkaufspreises, da die Erhöhung der Absatzmenge die Preissenkung mehr als ausgeglichen hat.
Gewinn: Minderung, da die Kosten stärker als der Umsatz gestiegen sind.

4.

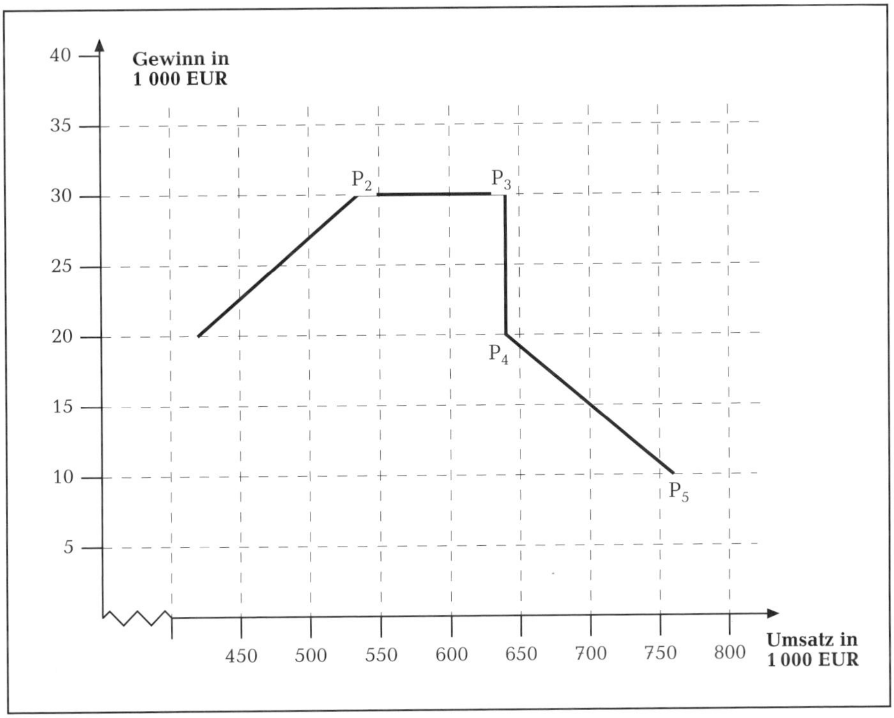

5. Periode 1 auf 2: komplementär: Umsatzsteigerung und gleichzeitige Gewinnsteigerung
Periode 2 auf 3: indifferent: Umsatzänderung ohne Gewinnänderung
Periode 3 auf 4: indifferent: Gewinnänderung ohne Umsatzänderung
Periode 4 auf 5: konkurrierend: Umsatzsteigerung und gleichzeitig Gewinnminderung

6. a) wenn die Erhöhung der Absatzmenge nicht durch eine Senkung des Verkaufspreises kompensiert wird, gilt: je höher die Absatzmenge, desto höher der Umsatz → komplementär → Abb. 1 (andernfalls konkurrierend oder indifferent)
   b) wenn die Umsatzsteigerung nicht durch eine entsprechende Kostensteigerung kompensiert wird, gilt: je höher der Umsatz, desto höher der Gewinn → komplementär → Abb. 1 (andernfalls konkurrierend oder indifferent)
   c) wenn der Umsatz nicht stärker sinkt als die Kosten, gilt: je niedriger die Kosten, desto höher der Gewinn → komplementär → Abb. 1 (andernfalls konkurrierend oder indifferent)
   d) je höher die Qualität, desto größer das Image → komplementär → Abb. 1
   e) wenn die Verminderung der Umweltbelastung mit zusätzlichen Investitionen bzw. Kosten einhergeht und der Umsatz nicht stärker steigt als die Kosten, gilt: je größer die Minderung der Umweltbelastung, desto geringer der Gewinn → konkurrierend → Abb. 2

   In vielen Fällen besteht aber auch eine komplementäre Zielbeziehung, z. B.
   - Einsatz von kostengünstigeren Recyclingprodukten,
   - Ersatz von umweltschädlichen Produkten/Rohstoffen, die mittels Steuern künstlich verteuert werden (z. B. verbleites Benzin) durch billigere Produkte/Rohstoffe
   f) wenn nicht Arbeitsplätze aufgrund von Rationalisierungsinvestitionen etc. abgebaut werden, gilt: je höher die Marktmacht, desto sicherer die Arbeitsplätze → komplementär → Abb. 1 (andernfalls konkurrierend bzw. indifferent)

7.

| monetäre Ziele | nicht-monetäre Ziele |
|---|---|
| Umsatzsteigerung<br>Gewinnsteigerung<br>Kostensenkung | Erhöhung des Marktanteils<br>Verbesserung der Produktqualität<br>Imageverbesserung<br>Verminderung der Umweltbelastung<br>Sicherung der Arbeitsplätze<br>Erhöhung der Marktmacht |

# Betrieb und Gesamtwirtschaft

## 1.20 Betriebliche Ökobilanzen – Betriebliche Umweltpolitik – Öko-Audit

1. a) Hauptsächlicher Umweltbelastungsfaktor ist der Bereich Transport und Verkehr. Starke Belastungen der Umwelt können z. B. durch die heute üblich gewordene »Just-in-time-Anlieferung« nur eines Tagesbedarfs der Rohstoffe und die entsprechende »Just-in-time-Anlieferung« der Airbags an die Autoindustrie per Lkw entstehen. An zweiter Stelle folgt der Materialeinsatz.
   b) Die Umweltbelastung durch den Verbrauch von Roh- und Betriebsstoffen kann ebenso wie die Belastung der Umwelt durch die im Produktionsprozess entstehenden umweltbelastenden Stoffe (z. B. Kohlendioxid oder Schwefeldioxid) nicht einfach in Tonnen gemessen werden, da die Schädlichkeit der Stoffe völlig unterschiedlich ist. Der Faktor, mit dem die umweltschädigende Wirkung

der verschiedenen Stoffe vergleichbar gemacht wird, ist nur mit größter Unsicherheit festzulegen und für den Betrachter einer Öko-Bilanz deshalb auch kaum nachvollziehbar.

2. a) Der Gasgenerator Typ 4 verursacht die geringste Umweltbelastung.

   b) Die Verbesserung wurde vor allem im Bereich Transport erzielt.

   c) Da das Produkt Airbags dazu bestimmt ist, Verletzungen bei Unfällen zu vermeiden und damit auch Krankentransporte vermieden werden, ist es nicht unbegründet diesen Vergleichsmaßstab zu wählen.

3. a) Die Belastung der Umwelt ist von 108 000 Punkten im Vorjahr auf 102 000 Punkte gesunken und hat sich damit verbessert.

   b) Die Verbesserung ist darauf zurückzuführen, dass der Rohstoff 3 mit dem hohen Umweltbelastungsfaktor 6 durch den Rohstoff 3 mit dem geringeren Belastungsfaktor 3 ersetzt wurde. Das führt zu der verbesserten Situation, obwohl von Rohstoff 3 nur 5000 Einheiten eingespart, dafür aber 8000 Einheiten des Rohstoffs 2 zusätzlich eingesetzt wurden.

   c) Folgende Maßnahmen müssen noch durchgeführt werden, um am EU Öko-Audit teilzunehmen:

   Umweltpolitik des Unternehmens definieren – Umweltprüfung durch externen Prüfer vornehmen lassen – Umweltmanagementsystem installieren – Umwelthandbuch erstellen, Teilnahmeerklärung abgeben und Gültigkeitserklärung einholen.

4. Unterschiede zwischen einer handelsrechtlichen Bilanz und einer Öko-Bilanz:

| Handelsbilanz | Ökobilanz |
|---|---|
| • Aktiva und Passiva werden gegenübergestellt | • In einer Ökobilanz werden Input und Output gegenübergestellt. Die Inputseite erfasst die Stoffe und Energien, die in einen Betrieb eingehen, die Outputseite die Produkte, Abfälle und andere Emissionen, die den Betrieb verlassen. |
| • Alle Werte sind in Geldeinheiten ausgedrückt | • Input und Output sind in physikalischen Einheiten (z.B. t, kWh) ausgedrückt. |
| • Die beiden Bilanzseiten sind immer gleich groß | • Die beiden »Bilanz«seiten stehen in keiner festen, größenmäßigen Beziehung und sind nicht gleich groß. |

# 2 Rechtliche Grundlagen

## Willenserklärungen beim Abschluss von Verträgen

### 2.01 Willenserklärung – Antrag – Annahme – Kaufvertrag

1. Lindner: 50 Fl. »Eschendorfer...« zu 3,50 EUR innerhalb von 4 Wochen zu liefern; Obermooser: 50 Fl. »Eschendorfer...« zu 3,50 EUR abzunehmen und zu bezahlen.
2. Nein, L. ist an sein Versprechen (3,50 EUR) gebunden, § 145 BGB.
3. a) Antrag und Annahme.
   b) Nein, kein Antrag, sondern Aufforderung an die Allgemeinheit zum Kauf.
   c) Allgemeine Rechtssicherheit; Voraussetzung für eine arbeitsteilige Wirtschaft.
   d) Übereinstimmende Willenserklärungen, Antrag und Annahme.
4. a) Nein, §§ 146 u. 147, (2) BGB, Antrag nicht rechtzeitig angenommen; **rechtzeitig:** normale Postlaufzeit des Antrags + Überlegungsfrist + normale Postlaufzeit der Bestellung. Eine verspätete Annahme gilt als neuer Antrag (BGB § 150, 1).
   b) Einem Anwesenden gemachter Antrag kann nur sofort angenommen werden (§ 147 BGB).

### 2.02 Willenserklärung Geschäftsunfähiger und beschränkt Geschäftsfähiger

1. a) Nein, §§ 104 und 105 BGB. Wer das siebte Lebensjahr noch nicht vollendet hat, ist geschäftsunfähig. Die Willenserklärung eines Geschäftsunfähigen ist nichtig.
   a) Ja. Georg hat als Bote die Willenserklärung seines Vaters übermittelt. Dadurch ist der Kaufvertrag zwischen Frau Huß und Georgs Vater zustande gekommen. Bote kann auch ein Geschäftsunfähiger sein.
2. a) Nein, wenn Georgs Vater nicht zustimmt. Kurt ist gem. BGB § 106 beschränkt geschäftsfähig. Von ihm abgeschlossene Rechtsgeschäfte bedürfen der Einwilligung seines gesetzlichen Vertreters (BGB § 107). Bis zur Genehmigung durch den gesetzlichen Vertreter ist der Kaufvertrag über den Taschenrechner schwebend unwirksam.
   b) Straubmüller kann bis zur Genehmigung des von Kurt abgeschlossenen Kaufvertrags durch den gesetzlichen Vertreter seine Erklärung widerrufen (BGB § 109). Sobald der gesetzliche Vertreter zugestimmt hat, ist die Erklärung Straubmüllers bindend; dann muss er auch die versprochenen 2 % Skonto gewähren.

### 2.03 Girokonto für beschränkt Geschäftsfähige

1. Sabine Roth ist beschränkt geschäftsfähig (§ 106 BGB). Die Wirksamkeit der von ihr abgeschlossenen Rechtsgeschäfte hängt von der vorherigen Zustimmung (Einwilligung) oder nachträglichen Zustimmung (Genehmigung) des gesetzlichen Vertreters ab (§§ 107, 108 BGB). Zwar können Verträge von beschränkt Geschäftsfähigen nach § 107 BGB auch ohne Zustimmung des gesetzlichen Vertreters gültig sein, wenn sie lediglich einen rechtlichen Vorteil bringen. Jedoch ist der Abschluss eines Kontoeröffnungsvertrags wegen der damit verbundenen Verpflichtung zur Zahlung von Kontoführungsgebühren und der Vereinbarung der Allgemeinen Geschäftsbedingungen im rechtlichen Sinne nicht lediglich vorteilhaft und bedarf deshalb der Zustimmung des gesetzlichen Vertreters, d. h. beider Elternteile. Rechtlich

nachteilig wäre selbst die Einzahlung oder die Abhebung von einem Konto, weil der Minderjährige dadurch das Eigentum an seinem Geld gegen eine bloße Buchgeldforderung oder einen Rückzahlungsanspruch verlieren würde.

Wäre Sabine von ihren Eltern zur Eingehung eines Dienst- oder Arbeitsverhältnisses ermächtigt worden, dann wäre sie gem. § 113 BGB damit auch zu allen Geschäften ermächtigt, die sich daraus ergeben; dazu würde auch die Eröffnung eines Gehaltskontos gehören. Ein Ausbildungsverhältnis ist jedoch kein Arbeitsverhältnis im Sinne des § 113 BGB. Sabine benötigt damit zur Kontoeröffnung die Zustimmung ihres gesetzlichen Vertreters.

2. a) Die nach den allgemeinen Regelungen über die Geschäftsfähigkeit notwendige Zustimmung des gesetzlichen Vertreters soll im Geschäftsleben noch unerfahrene Jugendliche davor schützen, unüberlegt rechtliche Bindungen einzugehen oder von erfahreneren Vertragspartnern benachteiligt zu werden. In Fällen von besonderer Bedeutung oder mit besonderem Risiko wird zur Sicherheit noch die Zustimmung des Vormundschaftsgerichts verlangt. Notwendig und zweckmäßig wird diese Vorschrift insbesondere dann sein, wenn der gesetzliche Vertreter selbst nicht die erforderliche Erfahrung oder die Kenntnisse besitzt, um die Interessen des Jugendlichen zu wahren, in manchen Fällen aber auch dann, wenn die Interessen des gesetzlichen Vertreters andere sein können als die des Jugendlichen.

   b) Persönliche Stellungnahme.

   Dafür ist von Interesse, dass das Bundesamt für das Kreditwesen den Banken und Sparkassen Leitlinien für den Umgang mit minderjährigen Kunden vorgegeben hat, die noch weiter gehen als die gesetzlichen Regelungen:
   - Die Werbung darf nicht zu sorglosem Umgang mit Geld ermuntern.
   - Der Eröffnung eines Girokontos müssen beide Eltern zustimmen. Dabei muss die Formulierung der Erlaubnis hinreichend präzise sein.
   - Minderjährige dürfen keine ec-Karte bekommen.
   - Die Banken dürfen bei Problemen mit dem Girokonto keinen Druck auf den Minderjährigen und die Eltern ausüben (z. B. mit der Androhung einer Strafanzeige oder einer Zwangsvollstreckung).

## 2.04 Verfügung über Taschengeld – Verpflichtungs- und Erfüllungsgeschäft beim Kaufvertrag

1. Nein. Das Rechtsgeschäft eines Minderjährigen ist auch ohne Zustimmung des gesetzlichen Vertreters von Anfang an wirksam, wenn der Minderjährige die vertragsmäßige Leistung aus Mitteln bewirkt, die ihm zur freien Verfügung überlassen worden sind (BGB § 110, sog. Taschengeldparagraph). Eine Einschränkung der Verfügungsgewalt haben Peters Eltern mit der Überlassung des Taschengeldes nicht zum Ausdruck gebracht. Es gibt auch keinen Grund für die Annahme, dass sie aus pädagogischen oder wirtschaftlichen Gründen den Kauf der CD mit einer historischen Aufnahme der Beatles stillschweigend von der Verfügungsgewalt ausschließen wollten.

2. a) Ja. Zwar gilt das von einem Minderjährigen abgeschlossene Rechtsgeschäft gem. § 110 BGB dann auch ohne Zustimmung des gesetzlichen Vertreters als wirksam, wenn er die vertragsmäßige Leistung aus Mitteln bewirkt, die ihm als Taschengeld zur freien Verfügung überlassen worden sind. Er muss die vertragsmäßige Leistung jedoch aus Mitteln bewirken, die er schon erhalten hat. Über zukünftiges Taschengeld kann er nicht verfügen.

   b) Peter ist Eigentümer des Schlagzeugs (§ 929 BGB). Aus § 107 BGB ist zu entnehmen, dass die Zustimmung des gesetzlichen Vertreters nicht notwendig ist, wenn das Rechtsgeschäft dem Minderjährigen lediglich einen rechtlichen Vorteil bringt. Der Eigentumserwerb an dem Schlagzeug bringt lediglich einen rechtlichen Vorteil. Herbert hat jedoch einen Anspruch auf Rückgabe des Schlagzeugs aus ungerechtfertigter Bereicherung (§ 812 ff. BGB). Nach dem sog. Abstraktionsprinzip ist das schuldrechtliche Verpflichtungsgeschäft (Kaufvertrag über das Schlagzeug § 929 BGB) grundsätzlich unabhängig vom dinglichen Erfüllungsgeschäft (Eigentumsübertragung an dem Schlagzeug § 929 BGB).

3. Ja. In diesem Falle verfügt Peter über einen Teil der Ausbildungsvergütung, der ihm zur freien Verfügung überlassen worden ist. Gem. § 110 BGB bedarf es dann der Zustimmung des gesetzlichen Vertreters nicht. Der Kaufvertrag ist rechtsgültig zustande gekommen.

## 2.05 Zusammenfassung: Zustandekommen von Verträgen

| | Antrag | | Annahme | |
|---|---|---|---|---|
| | Käufer | Verkäufer | Käufer | Verkäufer |
| 1) Der Verkäufer macht schriftlich ein Sonderangebot über Schreibmaschinenpapier. Der Käufer bestellt 2 Tage nach Eingang des Angebots. | | X | X | |
| 2) Ein Versandhaus sendet dem Käufer ohne Aufforderung einen Katalog zu. Der Käufer bestellt nach diesem Katalog eine Heizsonne. Das Versandhaus liefert umgehend und legt die Rechnung bei. | X | | | X |
| 3) Ein Heizölhändler bietet einem Stammkunden telefonisch die sofortige Lieferung des Jahresbedarfs zu einem besonders günstigen Preis an. Der Kunde kann sich nicht sofort entschließen. Am nächsten Morgen bestellt er telefonisch 5000 Liter. Der Händler sagt die Lieferung zu. | X | | | X |
| 4) Im Schaufenster eines Rundfunk- und Fernsehhändlers steht ein Radiorecorder, ausgezeichnet mit 85 EUR. Der Käufer geht in das Geschäft und verlangt dieses Gerät. Nach Aushändigung zahlt er an der Kasse. | X | | | X |
| 5) Ein 16-jähriger Käufer sucht sich in einem Selbstbedienungsmarkt ein Fahrrad zum Preis von 380 EUR aus. An der Kasse zahlt er bar. Diesen Betrag hat er aus dem Teil seiner Ausbildungsvergütung gespart, der ihm von seinen Eltern zur freien Verfügung überlassen worden ist. | X | | | X |
| 6) A ist Eigentümer eines Einfamilienhauses und will eine Garage bauen. Er fragt seinen Nachbarn B, ob dieser ihm 50 qm Gartengelände verkaufen will, und bietet 90 EUR je qm an. B stimmt mündlich sofort zu. | —<br>Der Antrag ebenso wie die Annahmeerklärung sind gem. § 125 BGB nicht rechtsverbindlich, weil ihnen die für Grundstücksgeschäfte in § 313 BGB vorgeschriebene Form (notarielle Beurkundung) fehlt. | — | — | — |
| 7) Im Eingangsbereich eines Tierparks ist ein Verkaufsautomat für Filmmaterial aufgestellt. Ein Zoobesucher wirft, wie in der Anweisung gefordert, 6,50 EUR ein und entnimmt dann einem Ausgabefach den gewünschten Film. | <br>In der Aufstellung eines Automaten liegt regelmäßig ein bindendes Verkaufsangebot des Aufstellers. Es ist auf den im Automaten vorhandenen Vorrat beschränkt und setzt seine Funktionsfähigkeit voraus. Die Annahme erfolgt durch den Einwurf eines gültigen Geldstückes. | X | X | |
| 8) Der Käufer hat den Werbeprospekt eines Versandhauses für Imkerprodukte erhalten. Er bestellt daraufhin per Fax einen 2,5-l-Eimer Waldhonig. Zwei Tage später geht die Lieferung bei ihm ein. | X | | | X |
| 9) Eine Bürobedarfs-Großhandlung bietet schriftlich Farbpatronen für Tintenstrahldrucker zu dem Sonderpreis von 24,75 EUR bei Mindestabnahme von 50 Stück an. Der Käufer bestellt sofort nach Eingang des Angebots 60 Stück zum Preis von 24,00 EUR. Der Verkäufer liefert umgehend und stellt tatsächlich nur 24,00 EUR in Rechnung. | X | | | X |

# Verpflichtungen aus dem Kaufvertrag

## 2.06 Inhalt des Kaufvertrags nach BGB: Liefer- und Zahlungsbedingungen – Erfüllungsort – Gerichtsstand

1. Ja, § 271 BGB; **sofort:** so schnell, wie Schuldner nach Umständen leisten kann.

2. Sofort, § 271 BGB.

3. a) Bonn, § 269 BGB.
   b) Dr. B., §§ 269 u. 448 BGB.

4. a) Ja, § 448 BGB.
   Die Kosten der Versendung nach einem anderen Ort als dem Erfüllungsort trägt der Käufer (BGB § 448). Erfüllungsort (Leistungsort) ist gem. BGB § 269 der Ort, an dem der Verkäufer seinen Wohnsitz oder seine gewerbliche Niederlassung hat. Gemeint ist damit nicht die Gemeinde oder die Stadt, in der der Schuldner seinen Geschäftssitz hat, sondern z. B. bei einem Kaufvertrag präzise der Ort innerhalb der Gemeinde, an dem der Verkäufer geschäftlich tätig wird. Zur Versendung gehört damit auch der Transport der Ware vom Ort der geschäftlichen Tätigkeit zur Bahn oder Post.
   b) Nein, § 448 BGB.
   c) Da Erfüllungsort im Sinne des § 269 BGB präzise der Ort einer Gemeinde ist, an dem der Verkäufer tätig wird (siehe dazu auch 4a), liegt auch beim Transport innerhalb desselben Ortes (Platzgeschäft) eine Versendung nach einem anderen Orte als dem Erfüllungsort vor. Die Beförderungskosten trägt in diesem Falle der Käufer (so Brox, Spezielles Schuldrecht, 10. Auflage, Anm. 52). Anders wäre es natürlich, wenn ausdrücklich oder stillschweigend eine andere Vereinbarung getroffen worden wäre.

5. a) Nein, § 447 (1) BGB. Anders wäre die Rechtslage bei einem Verbrauchsgüterkauf. Dann findet § 447 keine Anwendung (§ 477 (2). Die Ware »reist« in diesem Fall auf Gefahr des Verkäufers.
   b) Ja, § 276 BGB.

6. Der Ort, an dem die Klage zu erheben ist (Gerichtsstand, § 12 ZPO) ist für Streitigkeiten aus einem Vertragsverhältnis gem. § 29 ZPO der Erfüllungsort. Frau Amberger klagt auf Erfüllung des Kaufvertrags. Zwischen Frau Amberger und Dr. Bertram wurde eine besondere Vereinbarung nicht getroffen. Deshalb ist gem. § 269 BGB München der Erfüllungsort und damit der Gerichtsstand.

7. Nein, § 270 (1) BGB.

8. Nein, § 270 (1) BGB.

9. Bonn, § 269 BGB u. § 29 ZPO.

# Erfüllung von Vertragspflichten

## 2.07 Verpflichtungsgeschäft (Kaufvertrag) und Verfügungsgeschäft (Eigentumsübertragung) – Eigentumsübergang an beweglichen Sachen

1. Ja. Ritter und Fontanesi haben durch Antrag und Annahme (BGB § 145 ff.) einen gültigen Kaufvertrag abgeschlossen.

2. Ja. Fontanesi, vertreten durch seine Verkäuferin (§ 164 BGB), hat auch mit Dr. Kuhn einen rechtsgültigen Kaufvertrag abgeschlossen. Das »Verpflichtungsgeschäft« ist nicht deshalb ungültig, weil sich Fontanesi schon gegenüber Ritter vor Übergabe der Holzschnitte verpflichtet hatte.

3. Solange sich die Kunstmappe noch bei Fontanesi befindet, ist dieser sowohl Eigentümer als auch Besitzer der Holzschnitte. Erst mit der Übergabe der Mappe an Dr. Kuhn und der Einigung darüber, dass das Eigentum übergehen soll, wird der Erwerber Eigentümer (BGB § 929).

   ***Hinweis:*** Die Übergabe könnte gem. § 930 BGB durch die Vereinbarung eines Besitzkonstituts (§ 830 BGB) ersetzt werden. Dies wäre z. B. der Fall, wenn **Ritter** und der Kunsthändler ausdrücklich vereinbart hätten, dass der Kunsthändler die Sammlung vorläufig verwahren soll. Eine solche Vereinbarung ist offensichtlich nicht ausdrücklich getroffen worden. Wenn **Ritter** die Kunstmappe jedoch nicht nur ausgesucht und gekauft, sondern auch bezahlt hätte, dann würde von der Rechtsprechung i.d.R. die Interessenlage des Käufers berücksichtigt und Eigentumsübergang angenommen. Das schutzwürdige Interesse besteht darin, dass die bereits gezahlte Ware nicht von einem Gläubiger des Verkäufers gepfändet werden kann oder in die Insolvenzmasse fällt, wenn der Verkäufer insolvent wird.

4. Mit der Übergabe der Mappe ist Dr. Kuhn gem. BGB § 929 Eigentümer geworden. Das sich aus dem »Verpflichtungsgeschäft« ergebende »Verfügungsgeschäft« ist damit ausgeführt.

5. Nein. Dr. Kuhn ist Eigentümer und kann gem. BGB § 903 die Herausgabe verweigern. Ritter ist weder Eigentümer, noch hat er aus einem anderen Grunde Anspruch auf Herausgabe der Kunstmappe. Er hat aber u.U. Anspruch gem. BGB § 325 an Fontanesi.

## 2.08 Eigentum und Besitz

1. Ritter ist Besitzer. Er hat aufgrund eines Leihvertrags die tatsächliche Verfügungsgewalt über das Mofa (BGB § 854). Sauer ist nach wie vor Eigentümer. Zwar wurde das Mofa an Ritter übergeben, aber es bestand Einigkeit darüber, dass er nicht Eigentümer werden soll (BGB § 929). Damit hat Sauer nach wie vor die rechtliche Verfügungsgewalt über das Mofa.

2. Nein. Als Entleiher darf er gem. BGB § 603 das Mofa nicht einem anderen zum Gebrauch überlassen.

3. Ja. Sauer ist noch Eigentümer und hat damit gem. BGB § 903 weiterhin die rechtliche Verfügungsgewalt über das Mofa, d. h., er kann darüber einen rechtsgültigen Kaufvertrag abschließen.

## 2.09 Rollenspiel. Hauskauf – Eigentumsübertragung an Grundstücken

**Rollenspiel: Gefährliche Vertragsbedingungen beim Erwerb eines Reihenhauses? (Auch als Lehraufgabe und in Gruppenarbeit zu bearbeiten)**

**Vorbereitung des Spiels:**

Der Lehrer fordert die Schüler auf, das Inserat zu betrachten, weist auf den Antwortbrief der PALATIA GmbH hin und lässt ihn einzeln lesen.

Der Lehrer stellt die vier Familienmitglieder vor und erklärt, dass diese vier Familienmitglieder in einem Rollenspiel die Situation diskutieren, vor allem aber auch zu einem Ergebnis kommen sollen.

Die Rollen werden von vier Schülern übernommen. Danach erhält jeder Diskussionsteilnehmer seine »Rollenkarte« (siehe nächste Seite) mit näheren Angaben zu der von ihm darzustellenden Person (Seite kopieren und auseinander schneiden).

Es kommt vor allem darauf an, dass Georg sich sachlich gründlich auf seine Rolle vorbereitet. Der gruppendynamische Effekt des Rollenspiels kann vor allem darin gesehen werden, dass die anderen Familienmitglieder die sachlichen Argumente vorurteilsfrei aufnehmen, sich bei Unklarheiten durch gezielte Rückfragen bei Georg und im Gespräch mit den anderen Familienmitgliedern Klarheit verschaffen.

**Gesichtspunkte, die in der Diskussion angesprochen werden bzw. in der Schlussbesprechung mit der gesamten Klasse nachgearbeitet werden sollten:**

- 1) Wie könnte festgestellt werden, ob die PALATlA GmbH an dem zu bebauenden Grundstück schon Eigentum erworben hat?

  Da Zimmermann ein berechtigtes Interesse nachweisen kann, könnte er Einsicht in das Grundbuch nehmen. Es wird vom Grundbuchamt, das ist eine Abteilung des Amtsgerichts, geführt (in Baden-Württemberg z.T. durch die Gemeinden).

- 2) Wer wäre Eigentümer des Grundstücks nach Abschluss eines Baubetreuungsvertrags zwischen Zimmermann und der PALATIA GmbH und Überweisung der ersten Rate in Höhe des Grundstückswertes?

  Das Eigentum an dem Grundstück wird von der PALATIA Baubetreuungs GmbH erst nach Fertigstellung und Bezahlung der letzten Teilrate im Grundbuch auf den Käufer übertragen werden. Damit bleibt die Baubetreuungs GmbH bis zur völligen Fertigstellung des Gebäudes Eigentümerin des Grundstücks (§ 873 BGB).

- 3) Wer wäre Eigentümer des Rohbaus, nachdem Zimmermann die erste Baufortschriftsrate gezahlt hatte?

  Durch Verbindung der Baustoffe (Steine, Zement, Ziegel, Holz) mit dem Grundstück geht das Eigentum daran auf den Grundstückseigentümer über (BGB § 946). Trotz der Ratenzahlungen durch den Käufer nach Baufortschritt ist der Rohbau in jeder Phase im Eigentum der PALATIA GmbH.

- 4) Welches Risiko würde die Familie Zimmermann eingehen, wenn sie die vorgeschlagene Regelung über den Eigentumsübergang akzeptieren würde?

  Kommt die Baubetreuungs GmbH in wirtschaftliche Schwierigkeiten, wird sie z. B. in ein Insolvenzverfahren verwickelt, dann wird von den Gläubigern der Baubetreuungs GmbH auf die bebauten Grundstücke zurückgegriffen (z. B. von dem Bauunternehmer Kullmann, der den Rohbau erstellt, oder auch von der Hausbank der PALATIA GmbH, die zur Sicherung der an die PALATIA GmbH gewährten Kredite die Grundstücke mit Hypotheken oder Grundschulden belasten kann. Da die PALATIA GmbH als Grundstückseigentümerin gem. § 946 BGB auch Eigentümerin des gesamten Baukörpers ist, könnte das Reihenhaus versteigert werden und der Erlös der Bank zufließen, obwohl die Familie Zimmermann den gesamten Kaufpreis bereits an die Baubetreuungsgesellschaft gezahlt hat.

- 5) Genügt nicht das Vertrauen in den langjährig bekannten, angesehenen und vermögenden Geschäftsführer Huß?

  Persönliche Vertrauenswürdigkeit ist keine Garantie für wirtschaftlichen Erfolg. Die PALATIA GmbH kann durch eine konjunkturell bedingte Absatzschwierigkeit in finanzielle Bedrängnis kommen. Da der Vertrag mit der GmbH abgeschlossen wird, haftet Huß auch nicht mit seinem Privatvermögen.

- 6) Welche vertragliche Regelung könnte Familie Zimmermann der GmbH vorschlagen, um jedes Risiko zu vermeiden?

  Übertragung des Eigentums am Grundstück mit Zahlung der ersten Rate wird vereinbart. Dann würde das Risiko allein bei der Baubetreuungs GmbH liegen. Es ist aber dadurch begrenzt, dass sie je nach Baufortschritt Einzahlungen von Zimmermann erhält. Sie könnte das Risiko noch weiter einschränken, indem sie für jeden Bauabschnitt eine Vorauszahlung auf ein Sperrkonto verlangt, das von einem Notar verwaltet wird (Notar-Anderkonto).

oder

GmbH stellt eine Bankbürgschaft für den Fall, dass die Übertragung des Eigentums nicht vertragsgemäß stattfindet.

**Rollenkarten**

**Vater Friedrich Zimmermann,**
43 Jahre alt, ist als Chemiefacharbeiter im Schichtbetrieb in der BASF Ludwigshafen beschäftigt. Er hat schon lange den dringenden Wunsch, ein kleines Einfamilienhaus zu besitzen. Zu dem Geschäftsführer Huß der PALATIA GmbH, mit dem er schon seit vielen Jahren einmal in der Woche kegelt, hat er volles Vertrauen. Er weiß, dass Huß ein bedeutendes Privatvermögen besitzt.

**Mutter Lotte Zimmermann,**
41 Jahre alt, ist gelernte Krankenschwester und arbeitet zur Zeit halbtags im Städt. Krankenhaus Frankenthal. Sie hat vor kurzem beim Tod ihrer Mutter 80 000 EUR geerbt, die den finanziellen Grundstock beim Erwerb eines Einfamilienhauses bilden sollen.

Sie misstraut grundsätzlich einer »Baubetreuungsgesellschaft«, die selbst ja gar nicht baut. Sie hat sich erkundigt und erfahren, dass der Rohbau von dem Bauunternehmer Kullmann erstellt wird. Die Ausbauarbeiten werden von örtlichen Handwerkern ausgeführt. Auf keinen Fall will sie das Risiko eingehen, das von ihren Eltern hart erarbeitete Geld bei einem undurchsichtigen Grundstücksgeschäft zu verlieren. Sie bezweifelt, ob die Baubetreuungsgesellschaft überhaupt Eigentümerin des Grundstücks ist, auf dem die Häuser und Wohnungen gebaut werden. Sie vermutet, wirtschaftlich stehe hinter dem gesamten Projekt der Bauunternehmer Kullmann.

**Sohn Georg Zimmermann,**
18 Jahre alt, ist als Auszubildender im 2. Ausbildungsjahr bei der Stadtsparkasse Frankenthal beschäftigt. Er meint, man müsse die im Brief der Baubetreuungs GmbH erwähnten Vertragsbedingungen tatsächlich sehr sorgfältig prüfen, bevor man einen Vertrag abschließt. Er bringt zu dem Gespräch die in seiner Berufsschule eingeführte Gesetzessammlung mit. Als Vorbereitung auf das Gespräch hat er sich eingehend mit den Regelungen des BGB über den Erwerb von Eigentum beschäftigt.

**Tochter Tanja Zimmermann,**
16 Jahre alt, besucht die 10. Klasse der Realschule. Sie hat schon die Zusage, nach Schulabschluss bei dem Juwelier Geiger eine Lehre als Goldschmiedin antreten zu können. Sie ist sehr für den Erwerb des Reihenhauses, da ihr Vater ihr zugesagt hat, dass sie sich im Dachgeschoss ein »Atelier« ausbauen darf. Tanja hört sehr aufmerksam auf die Diskussionsbeiträge der anderen Familienmitglieder und stellt Fragen vor allem an Georg, die zur Klärung beitragen sollen. Sollten die Bedenken gegen einen Vertragsabschluss in der Diskussion beherrschend werden, drängt sie darauf, dass Lösungsmöglichkeiten für eine Vertragsgestaltung gefunden werden, die auch für die PALATIA GmbH annehmbar sind.

Mit den Fragen 1 – 6 könnte die Ausgangssituation statt als Rollenspiel auch im Stil einer Lehraufgabe bearbeitet werden.

*Möglichkeit zur Gruppenarbeit:*
Den Gruppen die Situation vorstellen und die Fragen vorgeben (arbeitsgleiche Gruppenarbeit). Arbeit in der Gruppe. Anschließend tragen die Gruppen ihre Arbeitsergebnisse vor. Wichtig: Als Ergebnis (wesentliches sachliches Lernziel) die Regelungen zum Eigentumsübergang an Grundstücken strukturiert zusammenfassen, verknüpfen mit Regelungen zum Eigentumsübergang an beweglichen Sachen.

## 2.10 Vertragsfreiheit – Liefer- und Zahlungsbedingungen im Geschäftsleben – Allgemeine Geschäftsbedingungen (AGB)

1. 1) Ohne besondere Vereinbarung sind Käufer und Verkäufer an den vereinbarten Preis gebunden, auch wenn der Marktpreis zum Zeitpunkt der Lieferung gestiegen oder gesunken ist.

   2) Die Lieferbedingung entspricht der gesetzlichen Regelung. Beim Versendungskauf trägt gem. BGB §§ 446 – 448 der Käufer die Kosten der Versendung und die Transportgefahr.

   3) Nach BGB § 271 hat die Zahlung bei Lieferung (»Zug um Zug«) ohne jegliche Abzüge zu erfolgen.

   4) Nach BGB § 288 (1) können Verzugszinsen in Höhe von 5 % über dem von der Deutschen Bundesbank bekanntgegebenen Basiszinssatz in Rechnung gestellt werden. Für Rechtsgeschäfte, an denen ein Verbraucher nicht beteiligt ist, kann ein Zinssatz von 8 % über dem Basiszins verlangt werden. BGB § 288 (2).

   5) Ohne besondere Vereinbarung geht das Eigentum mit der Übergabe der Ware an den Käufer über (BGB § 929).

   6) Wird eine dem Lieferer noch nicht bezahlte Ware weiterverkauft, dann steht – ohne besondere Vereinbarung – der Anspruch auf Bezahlung allein dem Verkäufer zu.

   7) Ohne besondere Vereinbarung ist Erfüllungsort der Wohn- bzw. Geschäftssitz des Schuldners; für die Warenschuld wäre damit Erfurt der Erfüllungsort (BGB § 269).

   Die Vereinbarung über den Gerichtsstand Erfurt ist wirksam, da Vollkaufleute gem. § 39 ZPO den Gerichtsstand frei vereinbaren können. Ohne diese Vereinbarung über den Gerichtsstand wäre gem. § 29 ZPO für die Klage auf Leistung (Warenlieferung wie auch Geldzahlung) das Gericht des Ortes zuständig, an dem die Leistung zu erbringen ist (Erfüllungsort). Für die Klage auf Warenlieferung wäre damit Erfurt, für die Klage auf Zahlung des Kaufpreises Arnstadt zuständig.

2. a) Zu Bedingung Nr. 1:

   Möhringer muss 35 EUR zahlen. Das BGB erklärt zwar in den §§ 307–309 bestimmte Klauseln für unwirksam, die von den gesetzlichen Regelungen abweichen. Dies gilt gem. BGB § 310 (1) jedoch nicht für Geschäftsbedingungen, die gegenüber einem Unternehmer Anwendung finden. Dies trifft für die Geschäftsbeziehungen zwischen Lenhard und Möhringer zu.

   b) Zu Bedingung Nr. 3:

   Ja. Kreditkosten $7/12$ für einen Monat = 0,58 % vom Rechnungspreis.

   Oder:

   2 % für einen Monat (vorzeitiger Zahlung) ergibt auf das Jahr bezogen einen Zinssatz von 12 × 2 % = 24 %.

   c) Zu Bedingung Nr. 4:

   Damit erfolgt eine Anpassung an die Veränderungen des allgemeinen Zinsniveaus. Aktueller Satz: Basiszinssatz + 4 % (Stand 01.01.2002: Basiszinssatz 2,71 % + 4 % = 6,71 %); ohne AGB-Vereinbarung könnten derzeit gem. BGB § 288 (2) 10,71 % Verzugszinsen verlangt werden (siehe Zi. 1, Nr. 4); Hinweis: Der Basiszinssatz wird zweimal im Jahr (am 01.01. und 01.07.) an die aktuelle Zinsentwicklung angepasst. Die Bekanntgabe des jeweils gültigen Basiszinssatzes erfolgt durch die Deutsche Bundesbank.

d) Zu Bedingung Nr. 5:

Zahlt Möhringer nicht, dann kann Lenhard die Rückgabe der nicht bezahlten Ware verlangen (BGB § 449).

e) Zu Bedingung Nr. 6:

Hat Möhringer die Ware noch nicht bezahlt, aber bereits weiterverkauft, dann kann Lenhard von dem Käufer die direkte Zahlung des Kaufpreises an ihn verlangen. Die Sicherheitsübertragung künftig bei Weiterverkauf entstehender Forderungen durch den Käufer an den Verkäufer wird auch als »verlängerter Eigentumsvorbehalt« bezeichnet.

f) Zu Bedingung Nr. 7:

In Pos. 7 der allgemeinen Geschäftsbedingungen wird neben dem Erfüllungsort der Gerichtsstand ausdrücklich erwähnt. Damit muss ZPO § 29 (2) nicht herangezogen werden, der den Gerichtsstand aus der Vereinbarung über den Erfüllungsort ableitet.

Der gesetzliche Gerichtsstand kann gem. § 38 ZPO von Kaufleuten durch vertragliche Vereinbarung abgeändert werden. Schon die Firmenbezeichnung lässt erkennen, dass sowohl Möhringer als auch Lenhard Kaufleute sind. Lenhard kann die Klage in Erfurt erheben.

3. Nein. Mangels anderer Vereinbarungen hätten dann die gesetzlichen Regelungen gegolten.

4. Ja. Die Kosten der für den Versand notwendigen Verpackung hat der Käufer zu tragen (BGB § 448).

# Besondere Verträge

## 2.11 Verbraucherdarlehensvertrag – Verbraucherschutz

1. Der Effektivzins ergibt einen niedrigeren Prozentsatz, weil er sich auf den durchschnittlichen Kreditbetrag bezieht. Dieser ist niedriger als der Barzahlungspreis.

   Der durchschnittliche Kreditbetrag lässt sich mit folgender, für jede Laufzeit geltenden Formel errechnen:

$$\text{Durchschnittlicher Kreditbetrag} = \frac{\text{Kreditbetrag} + \dfrac{\text{Barzahlungspreis}}{\text{Anzahl der Raten}}}{2}$$

   Dem Käufer werden im vorliegenden Fall während der gesamten Laufzeit des Ratengeschäftes 1562,50 EUR zur Verfügung gestellt. Für Zinsen und Bearbeitungsgebühren hat der Verkäufer 300 EUR berechnet. Diese ergeben auf den durchschnittlichen Kreditbetrag bezogen den Effektivzins.

$$\text{Hier demnach Effektivzinssatz} = \frac{300 \times 100 \times 12}{1\,562{,}50 \times 24} = 9{,}6\,\%$$

   (Bei Verwendung der Formel nach der PAngV und Berechnung mit dem PC ergibt sich ein Effektivzinssatz von 9,78 %.)

2. Der Gesetzgeber wollte mit der zwingenden Vorschrift des § 492 (1) Nr. 5 BGB, die Effektivverzinsung bei Verbraucherdarlehensverträgen im Vertrag auszuweisen, zur Transparenz und zur leichteren Vergleichbarkeit solcher Geschäfte beitragen.

3. Nach BGB §§ 495 (1), 358 (1) kann der Darlehensnehmer bei Verbraucherdarlehen binnen zwei Wochen nach Vertragsschluss widerrufen. Für den Verkäufer gilt § 323 BGB, d. h., nur bei Nichterfüllung bzw. nicht vertragsgemäßer Erfüllung der Vertragsabreden durch den Käufer ist Rücktritt vom Vertrag mit den daraus folgenden gesetzlichen Ansprüchen möglich.

   Ein Kaufvertrag, der mit einem Kreditvertrag zur Finanzierung des Kaufpreises verbunden ist, gilt als ein verbundenes Geschäft (BGB § 358). Auch die auf den Abschluss eines solchen mit einem Kreditvertrag verbundenen Kaufvertrags (Teilzahlungsgeschäft) gerichtete Willenserklärung wird erst wirksam, wenn sie nicht binnen zwei Wochen vom Verbraucher (Käufer) widerrufen wird (BGB § 495 (1).

   Der Kreditgeber kann gem. § 503 BGB nur zurücktreten, wenn der Verbraucher (Käufer) mit der Zahlung in Verzug ist (BGB § 498 (1).

4. Geringere Vertrautheit des Käufers mit den Risiken des Geschäftslebens.

5. Bei Unternehmern wird vorausgesetzt, dass sie die erforderlichen Kenntnisse besitzen, um die im Geschäft liegenden Risiken richtig einschätzen zu können.

## 2.12 Haustürgeschäft – Verbraucherschutz

1. Ja. Da Frau W. durch mündliche Verhandlungen in ihrer Privatwohnung zum Kauf des Gerätes veranlasst worden ist, kann sie ihre Willenserklärung innerhalb von zwei Wochen widerrufen (BGB §§ 312 (1), 355 (1).

2. Wenn eine Wertminderung ausschließlich durch die Prüfung des Gerätes eingetreten ist, kann **Frau W.** den vollen Kaufpreis zurückfordern (BGB § 356 (3) s. 2). Da Frau W. das Gerät aber fünf Tage benutzt hat, muss sie abweichend von BGB § 346 Ersatz für die Wertminderung leisten, wenn sie rechtzeitig auf die Rechtsfolgen und eine Möglichkeit sie zu vermeiden hingewiesen worden ist (BGB § 357 (3)).

## 2.13 Widerrufsrecht bei Fernabsatzverträgen

1) Nein. Warenpräsentationen auf einer Homepage im Internet stellen keinen Antrag dar, weil sie nicht an eine bestimmte Person gerichtet sind. Wie Schaufensterauslagen stellen sie lediglich unverbindliche Anpreisungen, d. h. Aufforderungen zur Abgabe eines Antrages dar.

2) a) Ja. Christian Himmelsbach ist Verbraucher nach § 13 BGB. Demnach steht ihm gem. BGB § 312d ein Widerrufsrecht von 2 Wochen (§ 355 (1) BGB) zu. Innerhalb dieser Frist kann er die Willenserklärung ohne Angabe von Gründen widerrufen. Der geschlossene Vertrag ist bis zum Ende der Frist **schwebend wirksam.**

   b) Erhält der Verbraucher erst zum Zeitpunkt der Lieferung die nach BGB § 312c (2) erforderlichen Informationen, so erlischt das Widerrufsrecht erst nach zwei Wochen – gerechnet vom Zeitpunkt des Zugangs der Informationen (BGB § 312d (2)).

   Hinweis zur Berechnung der Widerrufsfrist: Die Widerrufsfrist ist eine Ereignisfrist i. S. von § 187 BGB. Demnach wird der Tag, an welchem das Ereignis (Warenlieferung) erfolgt, nicht mitgerechnet. Erfolgt im vorliegenden Falle die Warenlieferung am 18. Oktober, so beginnt die 2-wöchige Widerrufsfrist am 19. Oktober und endet am 02. Nov. um 24.00 Uhr.

## 2.14 Vertragsarten: Werkvertrag – Werklieferungsvertrag – Dienstvertrag – Arbeitsvertrag – Mietvertrag – Pachtvertrag – Leihvertrag – Darlehensvertrag – Sachdarlehensvertrag

1. a) Werkvertrag, §§ 631, 633 BGB.
   b) Nein, der Anzug ist das Werk, auf das der Vertrag gerichtet ist. Die mangelnde Passform mindert seine Tauglichkeit zu dem im Vertrag vorgesehenen Gebrauch. § 633 BGB.
2. a) Werklieferungsvertrag, § 651 BGB. Es gelten die Vorschriften des Kaufrechts.
   b) Nein. Der Hersteller trägt die Gefahr bis zur Abnahme des Werkes. § 644 BGB.
3. a) Dienstvertrag, § 611 BGB.
   b) Ja. Beim Dienstvertrag steht nicht der Arbeitserfolg, sondern die Arbeit, die Tätigkeit als solche, im Vordergrund.
   c) Beim Werkvertrag handelt es sich um einen geschuldeten Arbeitserfolg, der über die bloße Arbeitsleistung hinausgeht.
4. a) Arbeitsvertrag. Der Arbeitsvertrag ist ein Spezialfall des in BGB § 611 ff. geregelten Dienstvertrags. Durch ihn verpflichtet sich eine Person, für einen anderen gegen Entgelt Leistungen unter dessen Leitung und nach dessen Anweisungen zu erbringen. Der Arbeitsvertrag ist ein Spezialfall des in BGB § 611 ff. geregelten Dienstvertrags.
   b) Ja, hier besteht ein Arbeitsverhältnis, das mit der Einordnung des Arbeitnehmers in den Arbeitsbereich des Arbeitgebers beginnt.
   c) Der Rechtsanwalt übt eine selbstbestimmte, der Kellner eine fremdbestimmte Tätigkeit aus.
5. a) Aufgrund des Vertrags wird Schirmer der Gebrauch der Wiese überlassen. Es handelt sich damit um einen Mietvertrag gem. BGB § 535.
   b) Hätte Schirmer einen Pachtvertrag abgeschlossen, dann dürfte er auch das Obst ernten. Er könnte auch weitere Obstbäume anpflanzen und das Obst gewerblich nach Belieben verwerten. Ein Verpächter gewährt – im Unterschied zum Vermieter – nicht nur den Gebrauch, sondern auch den Fruchtgenuss (BGB § 581).
6. a) Leihvertrag, weil die Überlassung des Mobiliars unentgeltlich erfolgt.
   b) Eigentümerin ist die Waldbräu KG, Besitzer der Gastwirt.
   c) Ja, §§ 598 und 604 (1) BGB.
   d) Beim Miet- und Leihvertrag muss dieselbe Sache, beim Sachdarlehensvertrag müssen Sachen gleicher Art, Güte und Menge zurückgegeben werden (§ 607 (1) BGB). Der Leihvertrag ist im Gegensatz zum Mietvertrag unentgeltlich.
7. Darlehensvertrag, § 488 (1) BGB.

# Nichtigkeit und Anfechtbarkeit von Rechtsgeschäften

## 2.15 Nichtigkeit von Rechtsgeschäften: Verstoß gegen die guten Sitten

1. **Ammon** verlangt 100 % Zins. **Dillinger** ist bereit 20 % zu zahlen.
2. Der geforderte Zinssatz ist sittenwidrig im Sinne des § 138 BGB. Es liegt »Darlehenswucher« vor. Das Rechtsgeschäft ist damit nichtig.

## 2.16 Nichtigkeit von Rechtsgeschäften: Scheingeschäft – Verstoß gegen Formvorschriften

1. Nein. § 311 b (1) BGB fordert für den Vertrag über die Übertragung oder den Erwerb eines Grundstücks die notarielle Beurkundung. Das Rechtsgeschäft ist gem. BGB § 125 wegen Formmangel nichtig.

2. Ja. Der Kaufvertrag war noch nicht bindend, weil die notarielle Beurkundung fehlte.

   Deshalb kann auch nicht unter Berufung auf die Nichterfüllung des Kaufvertrags Schadensersatz gefordert werden.

3. a) Geringere Grunderwerbsteuer und Notariatsgebühren.

   b) Nach BGB § 117 ist der Vertrag, obwohl notariell abgeschlossen, als Scheingeschäft nichtig.

   c) Die Eintragung des Eigentumsübergangs ist im Grundbuch bereits eingetragen. Damit ist der Münchener Kaufmann gem. BGB § 873 durch Einigung und Eintragung im Grundbuch Eigentümer geworden.

   d) Gem. § 117 (2) finden für das verdeckte Rechtsgeschäft die dafür geltenden Vorschriften Anwendung. Demnach wäre der Kaufvertrag über das Grundstück formnichtig wegen § 311 b (1) BGB (notarielle Beurkundung fehlt). Durch Auflassung und Eintragung im Grundbuch wird jedoch die Formnichtigkeit geheilt (§ 311 b (1) BGB). Daher musss der Münchner Kaufmann die 80 000 EUR zahlen.

## 2.17 Anfechtbarkeit von Rechtsgeschäften: Arglistige Täuschung

Die Anfechtung des Kaufvertrags kann gem. BGB § 123 wegen arglistiger Täuschung erfolgen.

## 2.18 Anfechtbarkeit von Rechtsgeschäften: Irrtum in der Erklärung

1. Ja. Da Rüling eine Erklärung dieses Inhalts überhaupt nicht abgeben wollte, kann er die Willenserklärung gem. BGB § 119 wegen Irrtums in der Erklärung anfechten. Die Anfechtungserklärung muss unverzüglich erfolgen (BGB § 121).

2. Brief.

3. Ja. Rüling hat der Foto-Versand-GmbH den Schaden zu ersetzen, der in Folge seines Irrtums entstanden ist (BGB § 122).

## 2.19 Anfechtbarkeit von Rechtsgeschäften: Irrtum im Motiv

Nein. Die Bank muss die Aktien nicht zurücknehmen. Scharrer wollte eine Erklärung des Inhaltes, 10 Stierbräu-Aktien zum Kurs von 210 zu kaufen, durchaus abgeben. Ein Irrtum in der Erklärung, wie ihn BGB § 119 fordert, liegt nicht vor. Dass er sich in seinem Kaufmotiv, die Aktien würden steigen (Motivirrtum) geirrt hat, ist rechtlich unerheblich.

## 2.20 Kaufmannseigenschaft – Istkaufmann – Eintrag ins Handelsregister

Mit dem Möbelhandel betreibt Boeme einen Gewerbebetrieb. Zum Gewerbe zählt jede selbstständige Tätigkeit, die auf Dauer angelegt ist, planmäßig betrieben wird und auf dem Markt erkennbar hervortritt. Das Gewerbe ist ein Handelsgewerbe im Sinne des § 1 HGB (2), wenn es einen in kaufmännischer Weise eingerichteten Geschäftsbetrieb erfordert. Aus den in der Übersicht ausgewiesenen betrieblichen Daten ist eindeutig erkennbar, dass eine kaufmännische Organisation des von Boeme betriebenen Möbelhandels notwendig und auch vorhanden ist.

Boeme ist Kaufmann (»Istkaufmann«) nach HGB § 1 (2). Auf die Eintragung kommt es nicht an, sie hat nur »deklaratorische« Bedeutung. Gem. § 29 HGB muss Boeme, wie jeder Kaufmann, seine Firma beim Handelsregister anmelden.

## 2.21 Istkaufmann – Vertragsstrafe

Der Gewerbebetrieb des Bauunternehmers Sommer erfordert einen in kaufmännischer Weise eingerichteten Geschäftsbetrieb; das ergibt sich schon aus der Zahl der Beschäftigten. Es kommt gar nicht darauf an, ob der Geschäftsbetrieb tatsächlich in kaufmännischer Weise organisiert ist. Sommer betreibt deshalb ein Handelsgewerbe im Sinne des § 1 HGB.

Auch ohne Eintragung im Handelsregister ist Sommer Kaufmann (Istkaufmann) gem. § 1 HGB. Da er Kaufmann ist und die Vertragsstrafe im Rahmen seines Handelsgewerbes versprochen hat, kann sie nicht herabgesetzt werden (HGB § 348). Die Regelung des § 343 BGB gilt nicht für Kaufleute.

## 2.22 Kannkaufmann – Firmenschutz – Prokura

1. Für die Landwirtschaft, einschließlich landwirtschaftlicher Nebenbetriebe, finden gem. § 3 HGB die Vorschriften des § 1 HGB keine Anwendung. Stauffer betreibt kein Handelsgewerbe und ist deshalb **ohne Eintragung** kein Kaufmann, selbst wenn die Größe seines landwirtschaftlichen Betriebs und seines landwirtschaftlichen Nebengewerbes (Mühle) eine kaufmännische Organisation erfordern würde.

   Für die Frage, ob Stauffer berechtigt ist, sich mit dem landwirtschaftlichen Nebengewerbe freiwillig in das Handelsregister eintragen zu lassen, gelten die gleichen Regelungen wie für den landwirtschaftlichen Hauptbetrieb. Nur wenn die Betriebe nach Art und Umfang einen in kaufmännischer Weise eingerichteten Geschäftsbetrieb erfordern würden, könnte er sich ins Handelsregister eintragen lassen und damit Kaufmann werden (»Kannkaufmann«). In diesem Falle würde die Kaufmannseigenschaft erst durch die Eintragung im Handelsregister begründet (»konstitutive Wirkung«).

   Da die Mühle als Nebengewerbe eine kaufmännische Organisation nicht erforderlich macht, hat Stauffer keine Möglichkeit, seine Firma im Handelsregister eintragen zu lassen und damit Firmenschutz gem. § 30 HGB zu erlangen.

2. Der Sohn Stauffers betreibt ein gewerbliches Unternehmen, das keine kaufmännische Organisation erfordert. Er betreibt damit kein Handelsgewerbe und ist nicht Kaufmann im Sinne des § 1 HGB. Solche Kleinunternehmer können sich aber gem. § 3 HGB freiwillig eintragen lassen und damit Kaufmann (»Kannkaufmann«) werden. Durch Eintragung seiner Firma »Ottos Mühlenstüberl« kann der Sohn Stauffers Kaufmann werden. Damit wäre seine Firmenbezeichnung gem. § 30 HGB geschützt.

3. Gem. § 2 HGB können Kleingewerbetreibende durch freiwillige Eintragung ins Handelsregister Kaufmann (»Kannkaufmann«) werden. Die Eintragung hat dann »konstitutive« Bedeutung. Da der Sohn Stauffers durch Eintragung seines Kleingewerbes im Handelsregister Kaufmann wird, kann er seiner Frau auch gem. § 48 HGB Prokura erteilen.
4. Weil Stauffers Firma im Handelsregister eingetragen ist, kann er sich nicht darauf berufen, kein Kaufmann zu sein (§ 5 HGB). Gem. § 344 HGB war der Kauf der Stühle und Tische ein Handelsgeschäft. Er hat nicht rechtzeitig gerügt, weil er als Kaufmann bei Handelsgeschäften zur unverzüglichen Prüfung verpflichtet ist (§ 377 HGB).

## 2.23 Formkaufmann – Bürgschaft

1. Die GmbH ist juristische Person und deshalb Kaufmann (§ 6 HGB). Nach dem HGB, §§ 105ff., sind OHG, KG, KGaA und GmbH Handelsgesellschaften. Deshalb ist eine mündlich gegebene Bürgschaft gültig (§ 350 HGB).
2. Die GmbH erlangt durch Eintragung ins Handelsregister die Kaufmannseigenschaft, weil diese mit dieser Rechtsform verbunden ist (§ 6 HGB, § 11 GmbHG).

# Störungen bei der Erfüllung von Verträgen

## 2.24 Mangelhafte Lieferung: Untersuchungs- und Rügepflicht

1. Ja. Die Verjährung tritt gem. BGB § 438 erst zwei Jahre nach Ablieferung ein. Innerhalb der ersten sechs Monate gilt eine Beweislastumkehr gem. BGB § 476. Nur beim zweiseitigen Handelskauf muss die Ware unverzüglich geprüft werden (HGB § 377).
2. a) **Schlitt** ist Kaufmann, schon deshalb weil er im Handelsregister eingetragen ist, wie der Firmenzusatz »e.Kfm.« ausweist. Gem. § 5 HGB gilt unwiderlegbar als Kaufmann, wer im Handelsregister eingetragen ist. Das würde selbst dann gelten, wenn sein Geschäftsbetrieb gar keine kaufmännische Organisation mehr erfordern würde.
   b) Ja, weil die Lieferung des Anzugs an **Burger** im Rahmen seines Handelsgewerbes erfolgte (HGB § 343).
3. **Schlitt** kann gegenüber der **Textil-AG** nach dieser Zeit keine Mängelrüge mehr geltend machen. Bei sorgfältiger Prüfung wäre der Mangel erkennbar gewesen. Kaufleute müssen offene Mängel unverzüglich rügen (§ 377 HGB).
4. Die Rechte des **Burger** gegen **Schlitt** aus Kaufvertrag bestehen unabhängig davon, ob **Schlitt** den Schaden von seinem Lieferer ersetzt bekommt oder nicht.
5. Der Gesetzgeber setzt voraus, dass ein Kaufmann eine größere Sach- und Warenkenntnis hat und fordert deshalb eine größere Sorgfalt von ihm.

## 2.25 Mangelhafte Lieferung: Ausübung von Rechten

1. Nein, H. hat nicht Recht. Der Verkäufer haftet dafür, dass die Ware im Augenblick der Übergabe an den Käufer nicht mit Sachmängeln behaftet ist (BGB §§ 433, 434). Er haftet auch für ein evtl. Verschulden seines Fahrers wie für eigenes Verschulden (BGB § 278). Erfüllungsgehilfe ist jede Person, die mit Willen des Schuldners bei der Erfüllung des Vertrags tätig wird.

2. Für Sperl gelten die Regelungen des BGB (§ 438), weil der Kauf nicht im Rahmen seines Handelsgewerbes (Lebensmittelgroßhandel) durchgeführt wurde. Die Ansprüche aus mangelhafter Lieferung verjähren deshalb erst nach zwei Jahren ab Ablieferung. Allerdings darf er eine Mängelrüge nicht ungebührlich verzögern (BGB § 242).

3 a) Grundsätzlich kann der Käufer Nacherfüllung (BGB §§ 437, 439) verlangen. Im Rahmen des Rechts auf Nacherfüllung besteht für den Käufer grundsätzlich die Wahl zwischen Mangelbeseitigung und Lieferung einer mangelfreien Sache. Der Verkäufer kann aber gem. BGB § 439 (3) die gewählte Art der Nacherfüllung verweigern, wenn sie nur mit unverhältnismäßigen Kosten möglich ist. Ob der Käufer eine Neulieferung verlangen kann, hängt also von den jeweiligen Umständen ab. Im vorliegenden Fall wird der Verkäufer beim Schreibtisch eine Nachbesserung (oder Preisminderung) und im Falle des Sessels eine Neulieferung vorschlagen.

b) Das Ölbild ist als individuelles Kunstwerk eine sog. »Speziessache«. Speziessachen werden nicht nach Maß, Zahl oder Gewicht gehandelt. In diesem Fall kann S. gem. BGB §§ 323, 440 ohne Nachfrist vom Vertrag zurücktreten, da der Verkäufer die Nacherfüllung gem. § 439 BGB verweigert. Einen Preisnachlass zu fordern wäre offensichtlich sinnlos, da das Bild stark beschädigt ist.

## 2.26 Mangelhafte Lieferung: Einschränkung von Rechten durch Allgemeine Geschäftsbedingungen und Garantieerklärung

1. Der Radiorecorder wies zum Zeitpunkt des Gefahrenübergangs einen Sachmangel gem. BGB § 434 auf. Die Verjährungsfrist von zwei Jahren (BGB § 438) ist noch nicht abgelaufen. Daher stehen Herrn **Lang** gem. § 437 BGB grundsätzlich folgende Rechte zu: Nacherfüllung und unter bestimmten Voraussetzungen Rücktritt, Minderung, Schadenersatz, Ersatz vergeblicher Aufwendungen.

2. Lieferung einer mangelfreien Sache gem. § 439 BGB.

3. Häufig sehen die Allgemeinen Geschäftsbedingungen des Verkäufers, ohne deren Anerkennung durch den Käufer ein Vertrag nicht zustande kommt, nur ein Nachbesserungsrecht vor. Das ist grundsätzlich zulässig. Eine solche Vereinbarung ist aber unwirksam, wenn dem Käufer nicht ausdrücklich bei Fehlschlag der Nachbesserung nach seiner Wahl das Minderungs- oder Rücktrittsrecht vorbehalten wird (BGB § 309 Nr. 8bb). Eine Nachbesserung gilt nach dem zweiten erfolglosen Versuch als fehlgeschlagen (BGB § 440). Die für die Nachbesserung erforderlichen Aufwendungen (z. B. Transport-, Arbeits- und Materialkosten) sind vom zur Nachbesserung verpflichteten Verkäufer zu tragen (BGB § 439 (2)).

   Bei der vorliegenden AGB-Klausel fehlt die ausdrückliche Zusicherung weiterer Rechte bei Fehlschlägen der Nachbesserung. Daher ist diese Klausel nichtig. Die Vereinbarung einer Nachbesserung anstelle der gesetzlichen Gewährleistungsansprüche ist damit hinfällig. Herr **Lang** kann somit die ihm gem. §§ 437 BGB ff. zustehenden Rechte geltend machen.

4. a) Bei Garantieerklärungen ist streng zu trennen zwischen einer Händler- und einer Herstellergarantie (vgl. BGB § 443). Beide Garantieformen sind freiwillig und unabhängig von der gesetzlichen Gewährleistung des Händlers nach BGB §§ 437 ff. In der Praxis wird die Garantieerklärung meistens vom Hersteller gegeben. Sie setzt einen Garantievertrag voraus, wobei das Angebot hierzu in der Garantiekarte liegt. Die Annahme kann

   – stillschweigend gem. BGB § 151 erfolgen, wenn die Garantiekarte dies zulässt, oder

- durch ausdrückliche Rücksendung einer Annahmeerklärung durch den Käufer erfolgen oder
- an das Ausfüllen des Garantiescheins mit Händlerstempel gekoppelt sein.

In der Garantieerklärung muss u.a. ausdrücklich auf die weiterhin bestehenden gesetzlichen Rechte hingewiesen werden (BGB § 477). Der Käufer hat bei Sachmängeln somit wahlweise seine gesetzlichen Rechte aus §§ 437 BGB ff. gegen den verkaufenden Händler oder seine Rechte aus dem Garantievertrag.

b) Wenn die Garantiezeit über die gesetzliche Verjährungsfrist von zwei Jahren hinausgeht: Wenn die Ansprüche gegen den Verkäufer nicht mehr geltend gemacht werden können, sei es, dass die Ansprüche verjährt sind oder der Verkäufer in ein Insolvenzverfahren geraten ist, bestehen die Ansprüche gegen den Hersteller trotzdem bis zum Ende der Garantiezeit weiter.

## 2.27 Mangelhafte Lieferung: Ersatzlieferung – Umtausch – Nacherfüllung

Gem. § 433 BGB hat der Verkäufer dafür zu sorgen, dass die Sache zum Zeitpunkt des Gefahrenübergangs nicht mit Mängeln behaftet ist. Die Autoalarmanlage ist wegen eines Kontaktfehlers, der von Anfang an bestand, nicht funktionsfähig und demnach fehlerhaft. Bei Verbrauchgüterkäufen (BGB § 474) gilt während der ersten sechs Monate eine Beweislastumkehr (BGB § 476).

**M. Neumann** kann verlangen, dass ihm an Stelle der mangelhaften Sache eine mangelfreie geliefert wird (Nacherfüllung gem. § 439 BGB). Dieser Anspruch ist noch nicht verjährt (§ 438 BGB). Das vom Verkäufer eingeräumte Recht auf Umtausch bezieht sich nicht auf den Fall einer mangelhaften Lieferung.

Zu beachten ist der Unterschied zwischen »Ersatzlieferung« und »Umtausch«:

**Ersatzlieferung/Umtausch**

| **Ersatzlieferung** | **Umtausch** |
|---|---|
| = gesetzlicher Anspruch des Käufers auf Nacherfüllung beim Vorliegen von Sachmängeln (§ 439 (1) BGB) | liegt vor, wenn der Kunde eine andere Ware haben will, weil ihm die gekaufte Ware z.B. nicht gefällt, nicht passt, oder – im Fall einer Autoalarmanlage – nicht eingebaut werden kann;<br>ein gesetzlicher Anspruch auf Umtausch besteht nicht, sondern ist allenfalls Gegenstand einer vertraglichen Vereinbarung oder einer späteren Kulanzregelung |

## 2.28 Mangelhafte Lieferung: Produkthaftungsgesetz

1. **T. Ploog** hat die Gewährleistungsansprüche aus Kaufvertrag (BGB § 437). Ein Rücktritt vom Vertrag ist aber erst möglich, wenn eine angemessene Frist zur Nacherfüllung (Ersatzlieferung oder Reparatur) verstrichen ist (BGB § 323 (1) S. 1), die Nacherfüllung erfolglos war (BGB § 440) oder der Verkäufer die Nacherfüllung verweigert (BGB §§ 323 (2), 440). Für die Inanspruchnahme dieses Rechts ist es unerheblich, wer den Materialfehler verschuldet hat.

2. Nein. **Link** hat die Pflichtverletzung nicht zu vertreten (BGB § 280 (1)).

3. Der Hersteller haftet im Rahmen der Produkthaftung auch ohne Verschulden für alle materiellen Schäden. Er hat die Kurkosten und die Kosten für ein zusätzliches Studiensemester zu ersetzen. Schmerzensgeld stellt Ersatz für einen immateriellen Schaden dar und ist nach dem Produkthaftungsgesetz nicht zu leisten. Nach § 8 ProdHaftG sind bei Körperverletzung nur materielle Vermögensschäden zu ersetzen.

4. Grundsätzlich ja. Der Hersteller haftet nach dem ProdHaftG auch für Folgeschäden. Der Geschädigte hat jedoch eine Selbstbeteiligung von 500 EUR zu tragen (§ 11 ProdHaftG). Also erhält der Freund die Reparaturkosten nicht ersetzt.

## 2.29 Lieferungsverzug

1. Die Lieferungsverzögerung ist offensichtlich von der Universalchemie verschuldet. Falls nicht, müsste die Universalchemie nachweisen, dass sie kein Verschulden trifft (= Beweislastumkehr, vermutetes Verschulden). Der Liefertermin war nicht kalendermäßig präzise festgelegt. Obwohl die Universalchemie die Lieferungsverzögerung verschuldet hat, kommt sie deshalb erst mit dem Schreiben des Rechtsanwalts in Verzug (BGB § 286). Die Anwaltskosten sind damit kein »Verzögerungsschaden« (BGB § 280 (2)) und müssen von der Universalchemie nicht ersetzt werden.

2. Die Pfalzpack kann verlangen
   - Lieferung der 5 t Klebstoff zum Preis des Sonderangebots und Ersatz eines evtl. eintretenden Verzugsschadens (BGB § 280 (2)),
   - nach erfolglosem Ablauf einer Nachfrist (Fristsetzung hätte schon mit der Mahnung verbunden werden können):
     - Rücktritt vom Vertrag (BGB §§ 323, 346) und Ersatz des vor dem Rücktritt eingetretenen Verspätungsschadens (BGB § 280 (2))

     oder

     - Schadenersatz statt der Leistung bei erheblicher Pflichtverletzung (§ 281 (1)) oder Aufwendungsersatz (§ 284).

3. Die Entscheidung kann davon abhängig gemacht werden, ob in Zukunft die Universalchemie trotz der Lieferungsverzögerung als Lieferer noch in Frage kommt. Wenn ja, dann sofort Bestellung bei der Klebstoffchemie zum üblichen Preis. Von der Universalchemie Erfüllung ab 01.05. zum vereinbarten Sonderpreis verlangen (15 % billiger als Preis der Klebstoffchemie).

   Wenn nein, der **Universalchemie** Nachfrist setzen. Nach Ablauf der Frist Rücktritt vom Vertrag und Schadenersatz (höherer Einkaufspreis).

## 2.30 Lieferungsverzug beim Fixkauf

1. Brief (Bestellung)

2. Fixhandelskauf. Der Zeitpunkt der Lieferung soll – dem Schuldner (Blumengeschäft Gerda Binder) erkennbar – von entscheidender Bedeutung sein. Der Fixcharakter wird in der Vertragsvereinbarung ausdrücklich betont (am präzise festgelegten Jubiläumstag bis spätestens 9 Uhr), ergibt sich außerdem auch aus der Art der Ware (frische Blumen) und dem genannten Zweck (Jubiläumsfeier). HGB § 376. Da Käufer und Verkäufer Kaufleute sind, handelt es sich hier um einen Fixhandelskauf (§ 376 HGB). Es ist ein Sonderfall des Fixgeschäfts nach § 323 (2) BGB. Im Falle des Verzugs hat der Käufer beim Fixhandelskauf weitergehend Rechte als bei einem Fixgeschäft nach BGB.

3. Gerda Binder hat die Lieferungsverzögerung zu vertreten, da sie auch für das Verschulden ihres Fahrers einzustehen hat (BGB § 276, 278). Einer Mahnung bedarf es nicht, da der Leistungszeitpunkt nach dem Kalender bestimmt ist (BGB § 286 (2)). Die Voraussetzungen des Verzugs sind damit gegeben.

4. Da das Blumengeschäft Binder nicht zum präzis festgesetzten Termin geliefert hat, kann Richard Koch von dem Vertrag zurücktreten (HGB § 376). Koch muss die Blumen weder abnehmen noch bezahlen. Das Rücktrittsrecht hätte Koch selbst dann, wenn Binder gar nicht in Verzug wäre (z. B. wenn der Fahrer völlig ohne eigenes Verschulden in einen Unfall verwickelt worden wäre). Schon deshalb ist der Einwand der Frau Binder, dass für die Lieferung keine Nachfrist gesetzt wurde, unbeachtlich.

   Da in diesem Falle Verzug (auch ohne Mahnung und Nachfristsetzung) vorliegt (s. vorige Seite unter 3.), könnte Koch gem. HGB § 376 auch Schadenersatz wegen Nichterfüllung verlangen.

## 2.31 Allgemeine Geschäftsbedingungen unter Kaufleuten – Rechtsansprüche aus Lieferungsverzug im Konflikt mit wirtschaftlichen Überlegungen

1. Bei Verträgen mit Nichtkaufleuten wären die verwendeten AGBs unwirksam (BGB §§ 308 Nr. 2, 309 Nr. 7b). Gem. BGB § 310 (1) gelten diese Paragraphen aber nicht für Allgemeine Geschäftsbedingungen bei Verträgen unter Unternehmern. Die von der ALU-SÜD verwendeten AGBs sind daher wirksam, da sie nicht gegen andere gesetzliche Regelungen, die auch für Verträge unter Unternehmern gelten, verstoßen. Die TECNO GmbH muss die Terminverschiebung akzeptieren und kann keine Schadenersatzansprüche gegenüber der **ALU-SÜD AG** geltend machen.

2. a) Die **ALU-SÜD AG** hat sich durch ihre Ankündigung, dass sie nicht liefern kann, selbst in Verzug gesetzt. Die **ALU-Süd AG** befindet sich also in Lieferungsverzug, sodass der **TECNO GmbH** je nach Vorliegen einer schuldhaften bzw. erheblichen Pflichtverletzung des Schuldners folgende Rechte zustehen:
   - Erfüllung
   - Erfüllung mit Verzögerungsschaden bei schuldhafter Pflichtverletzung des Schuldners (§§ 280 (1), 276)
   - nach Nachfristsetzung: Rücktritt vom Vertrag (§§ 323 (1), 346). Zusätzlich ist Schadenersatz möglich (§ 325).
   - nach Nachfristsetzung: Schadenersatz statt der Leistung bei erheblicher Pflichtverletzung des Schuldners (§ 281 (1))

   b)

| Mögliche Rechte (alternativ) | Wirtschaftlicher Nutzen bei Ausschöpfung der rechtlichen Möglichkeiten |
|---|---|
| Erfüllung | Bestehen auf rechtzeitiger Erfüllung bringt keinen Nutzen, da Lieferer sich selbst in Verzug gesetzt hat, allenfalls könnte um Teillieferung gebeten werden. |
| Erfüllung mit Verzugsschaden | bringt keinen Nutzen, wegen der bisherigen und künftigen Geschäftsbeziehungen sowie der Marktstellung des Lieferers |
| Rücktritt | bringt keinen Nutzen, wegen der allgemeinen Marktlage |
| Schadenersatz statt der Leistung | bringt keinen Nutzen, wegen der bisherigen und künftigen Geschäftsbeziehungen sowie der Marktstellung des Lieferers; wegen der allgemeinen Marktlage ist ein Deckungskauf nicht möglich. |

***Ergebnis:*** Es wird auf die Ausübung möglicher Rechte verzichtet, da die Inanspruchnahme von Rechten im vorliegenden Fall nicht zu einem wirtschaftlichen Vorteil führen würde. Entscheidungskriterien sind dabei:

- Marktstellung des Lieferers bzw. Abhängigkeit des Käufers
- bisherige und künftige Geschäftsbeziehungen
- Möglichkeit bzw. Unmöglichkeit eines Deckungskaufs
- allgemeine Marktsituation

3. Aufgrund wirtschaftlicher Überlegungen ist es im vorliegenden Fall unerheblich, ob die AGBs gelten oder nicht. Das Verhalten der TECNO-GmbH ist in beiden Fällen gleich, nämlich Erbitten von Teillieferung und Rückgriff auf den Sicherheitsbestand (eiserne Reserve).

## 2.32 Annahmeverzug

1. Nein, H. ist vom Vertrag zurückgetreten, § 323 (1) BGB.

2. H. ist in Annahmeverzug gekommen, weil er die angebotene Leistung (Tiefkühlfische) nicht angenommen hat (§ 293 BGB). Die Fischkonserven AG hat während des Verzuges gem. § 300 BGB nur Vorsatz und grobe Fahrlässigkeit zu vertreten. Da das Kühlaggregat ordnungsgemäß gewartet war, muss H. den Schaden tragen.

## 2.33 Zahlungsverzug

1. a) Ja. Der Schuldner einer Geldforderung kommt – anders als bei Lieferungsverzug – spätestens in Zahlungsverzug, wenn er seine Schuld nicht 30 Tage nach Fälligkeit und Zugang einer Rechnung oder einer gleichwertigen Zahlungsaufforderung beglichen hat (§ 286 (3) BGB). Der Rechnungsbetrag des **Möbelhauses Jonas** ist am 05.01. ... fällig. **Gerber** kommt in Zahlungsverzug, wenn er seiner Bank nicht spätestens am 04.02. ... einen Überweisungsauftrag erteilt.

   Der Gläubiger kann den Schuldner schon zu einem früheren Zeitpunkt in Verzug setzen, wenn er ihn nach Eintritt der Fälligkeit mahnt (BGB § 286 (1)). Dann müsste der Schuldner ab dem Zeitpunkt, an dem die Mahnung zugegangen ist, Verzugszinsen zahlen.

   *Hinweis: Der Hinweis in der Rechnung auf automatischen Eintritt des Zahlungsverzugs nach 30 Tagen ist nur für den einseitigen Handelskauf erforderlich.*

   b) Das **Möbelhaus Jonas** kann Verzugszinsen in Höhe von 5 % über dem Basissatz (ab 01.01.2002: 2,71 %) – derzeit also 7,71 % – verlangen – § 288 (1) BGB.

   *Hinweis: Der Basiszinssatz wird jeweils zum 1. Jan. und 1. Juli eines jeden Jahres entsprechend der allgemeinen Zinsentwicklung von der Deutschen Bundesbank angepasst.*

   $$\text{Zinsen} = \frac{9\,000 \cdot 7{,}71 \cdot 16^{1)}}{100 \cdot 360} = 30{,}84 \text{ EUR}$$

   [1] 05.01. (Fälligkeit) + 30 Tage = 04.02.; 04.02. bis 20.02. = 16 Tage

   Das **Möbelhaus Jonas** kann nur Verzugszinsen in Höhe von 30,84 EUR berechnen. Bei einem zweiseitigen Handelskauf könnten Verzugszinsen in Höhe des Basiszinses zzgl. 8 % verlangt werden (BGB § 288 (2)).

   c) **Gerber** hat rechtzeitig erfüllt. Die Verzögerung hat er nicht zu vertreten (BGB § 270 (1)).

2. **Gerber** kommt am 17.02. in Zahlungsverzug.

Rechnungsdatum: 05.01. ...
Rechnungszugang: 08.01. ...
Eintritt des Zahlungsverzugs: 08.01. ... (Rechn. Zugang) + 10 Tage (Zahlungsziel)

= 18.01. ... (Fälligkeit)
+ 30 Tage (286 (3) BGB)
= **17.02. ...**

## 2.34 Zusammenfassung: Mangelhafte Lieferung – Schuldnerverzug – Gläubigerverzug – Positive Vertragsverletzung

*Mangelhafte Lieferung:*
(1) D
(2) F
(3) D, evt. B, E
(4) C

| *Schuldnerverzug* | *Gläubigerverzug* | *Andere Vertragsverletzungen* |
|---|---|---|
| (5) A, B | (8) A | (9) B, C |
| (6) A | | |
| (7) E (Mahnung fehlt) | | |

Zu 9. Es handelt sich um eine sonstige Pflichtverletzung. Darunter werden auch alle auf Verschulden beruhenden Leistungsstörungen verstanden, die weder in einer Unmöglichkeit der Leistung noch im Leistungsverzug ihre Ursache haben. Zur Erfüllung einer Vertragsverbindlichkeit gehört neben der vereinbarten Hauptpflicht auch die Erfüllung von Nebenpflichten, wie Auskunfts- und Anzeigepflicht, Mitwirkungspflichten usw. Die Grundsätze über die Haftung bei sonstigen Pflichtverletzungen gelten neben den kaufmännischen Gewährleistungsansprüchen. Damit werden Schäden abgedeckt, die über den Sachmangel hinausgehen.

Ein Unternehmer, der bei Reparaturarbeiten weitere Schäden hätte bemerken müssen, hat eine Mitteilungspflicht (Palandt, zu § 276, 7, cc). Die Unterlassung der Mitteilung über die undichten Bremsleitungen ist eine Pflichtverletzung aus dem Schuldverhältnis und macht Blum schadenersatzpflichtig (§ 280).

# Mahnverfahren und Verjährung

## 2.35 Kaufmännisches Mahnverfahren – Gerichtliches Mahnverfahren

1. Brief.
2. a) Gem. § 689 ZPO das Amtsgericht zuständig, in dem der Antragsteller **(Teppichhaus Wübbenhorst, Karlsruhe)** seinen Geschäftssitz oder Wohnsitz hat. Nach Bundesrecht können die Landesregierungen alle Mahnverfahren eines oder mehrerer Oberlandesgerichtsbezirke einem bestimmten Amtsgericht zuweisen. In Baden-Württemberg werden Mahnbescheide von einer dafür besonders eingerichteten Stelle beim Amtsgericht **Stuttgart** erlassen und zugestellt.

   b) **I. Hauptforderung.** Bezeichnung der Grundlage des Anspruchs durch Eintragen der zutreffenden Nummer aus dem »Katalog«, der in den dem Antragsformular beiliegenden Hinweisen enthalten ist. Hier: 11 (Kaufvertrag); Datum vom: Jahr (z.B. 2001) – 04 – 15.

**IIa. Laufende Zinsen.** Wenn hier keine Angaben gemacht werden, setzt das Gericht als Beginn der Verzinsung den Tag ein, an dem der Mahnbescheid zugestellt wird (frühestens jedoch: 30 Tage nach Fälligkeit und Rechnungszugang). Da zwischen Stöhr und Wübbenhorst ein fester Zahlungstermin vereinbart wurde (»spätestens am 03. Mai«) und die Rechnung beim Kauf übergeben wurde, tritt in diesem Fall die Verzugswirkung mit der Verzinsungspflicht am 02. Juni ein und nicht erst mit Zustellung des Mahnbescheids. Eintrag: 32 (Hinweis auf die Zeile 32, d. h., die Zinsforderung bezieht sich auf die in Zeile 32 ausgewiesene Hauptsumme); Zinssatz 12 % (vereinbart); Kennziffer 1 (= Zinssatz bezieht sich auf ein Jahr); Zeit: Jahr (z. B. 2001) – 05 – 03.

Unter **IIb. »Ausgerechnete Zinsen«.** Hier werden der Zeitraum und der Betrag eingetragen, wenn die Zinsforderung einen vergangenen Zeitraum betrifft, der Zinsbetrag also bereits feststeht und dem Schuldner auch schon mitgeteilt wurde.

**III. Auslagen des Antragstellers für dieses Verfahren** (Vordruck, Porto): 3 EUR

**IV. Andere Nebenforderungen** (Mahnschreiben): 8 EUR

Die **Gerichtskosten für das Mahnverfahren** werden im Antragsformular nicht eingetragen. Sie werden vom Gericht festgelegt und im Mahnbescheid, der dem Schuldner zugestellt wird, berücksichtigt.

Zu beachten: In der Anlage zum Antragsformular werden ausführliche Hinweise zum Ausfüllen gegeben.

Nach § 288 (1) BGB können Verzugszinsen in Höhe von 5 % über dem Basiszins (Basiszins am 01.01.02: 2,71 %) verlangt werden. Wenn hier 12 % verlangt werden, muss dies auf vereinbarten allgemeinen Geschäftsbedingungen beruhen.

c) Durch Mahnung entstandene Verwaltungskosten des Gläubigers kommen zu den reinen Portokosten hinzu.

3. a) Die Widerspruchsfrist beträgt 2 Wochen seit der Zustellung des Mahnbescheids. § 692 (1) Ziffer 1 und 3 ZPO. Der Widerspruch ist schriftlich einzulegen, § 694 ZPO.

   b) Nein, Widerspruchsfrist wäre sinnlos, da Zahlungspflicht besteht und keine berechtigten Einwendungen erkennbar sind.

## 2.36 Vollstreckungsbescheid und Pfändung

1. Ja. Der Antrag auf Vollstreckungsbescheid wurde rechtzeitig gestellt. Der Mahnbescheid ist noch in Kraft, weil die 6-Monatsfrist des § 701 ZPO noch nicht verstrichen ist. Der Vollstreckungsbescheid wurde von der Stadtsparkasse Porz auch nicht zu früh beantragt, weil die dem Schuldner (Renz) gem. § 699 (1) ZPO zustehende Widerspruchszeit von 2 Wochen abgelaufen ist.

2. a) Zahlen oder mit der Bank über eine Stundung oder Ratenzahlung verhandeln. Ein Einspruch wäre zwecklos. Die Zahlungsverpflichtung ergibt sich aus dem Sachverhalt eindeutig. Renz würde einen Prozess verlieren und müsste dann noch die Gerichtskosten tragen.

   b) Da § 700 ZPO den Vollstreckungsbescheid einem für vorläufig vollstreckbaren Versäumnisurteil gleichstellt, beträgt die Einspruchsfrist 2 Wochen (§§ 338, 339 ZPO).

3. a) Briefmarkensammlung, Perserbrücke, da gemäß § 811 ZPO die dem persönlichen Gebrauch, der Berufstätigkeit oder dem Haushalt dienenden Sachen sowie die auf 4 Wochen erforderlichen Nahrungs- und Beleuchtungsmittel nicht pfändbar sind.

   b) Briefmarkensammlung (Kostbarkeit), § 808 (1) ZPO.

4. Pfandsiegel, § 808 (2) ZPO.

5. a) Hat der Gerichtsvollzieher Gegenstände aus dem Besitz des Schuldners gepfändet, an denen der Schuldner kein Eigentumsrecht besitzt, dann kann der Eigentümer Widerspruchsklage gegen die Pfändung einreichen, um sein Eigentum zurückzuerhalten. Die Frist gibt dem Schuldner auch Gelegenheit, die Schuld zu begleichen und danach die gepfändeten Gegenstände zurückzuerhalten.

   b) Ort und Zeit der Versteigerung müssen bekannt gemacht werden, damit möglichst viele Bieter zur Versteigerung erscheinen. Nur so kann ein günstiger Versteigerungserlös erzielt werden; Schuldner und Gläubiger können mitbieten.

   c) Kernfrage: Ist Rücksichtnahme auf bisherigen Lebensstandard des Schuldners sozial? Gefahr: Auf Grund der gesetzlichen Regelung könnte der Fall eintreten, dass dem Schuldner ein höherer Lebensstandard gesichert wird als dem Gläubiger.

## 2.37 Verjährung von Ansprüchen – Wirkung der Verjährung

1. Ja. Gem. BGB § 195 beträgt die regelmäßige Verjährungsfrist drei Jahre. Die Verjährungsfrist des § 195 BGB beginnt am Ende des Jahres, in dem der Anspruch entstanden ist und der Gläubiger die Anspruchsgründe kennt (§ 199 (1)). Die Verjährungsfrist beginnt damit Ende 2002 und ist am 31.12.2005 abgelaufen.

   Verjährung ist die Berechtigung des Schuldners, die Leistung zu verweigern (BGB § 214).

2. Die Verjährung dient der Sicherung des Rechtsfriedens. Fordert ein Gläubiger z.B. erst lange Zeit nach Abwicklung eines Kaufgeschäfts vom Schuldner die Bezahlung des Kaufpreises, obwohl die Schuld schon lange fällig war, dann kann der Schuldner in Beweisschwierigkeiten kommen, wenn er die Schuld schon bezahlt hat. Die Verjährung ist ein Schutzmittel gegen evtl. unbegründete Forderungen. Dabei wird in Kauf genommen, dass der Gläubiger um sein Recht gebracht wird, wenn der Schuldner sich trotz berechtigter Forderung auf die Verjährung beruft.

## 2.38 Verjährung von Ansprüchen – Neubeginn der Verjährung – Hemmung der Verjährung

1. Die Forderung des **Knoll** gegen **Baier** verjährt am 31.12.2005. Sie ist am 01.01.2006 verjährt (BGB § 195). Die Verjährung beginnt am Ende des Jahres, in dem der Anspruch entsteht und der Gläubiger die Anspruchsgründe kennt (BGB § 199 (1)).

2. Es ist zu prüfen, ob die Verjährungsfrist neu beginnt. Vom Schuldner könnte dies dadurch bewirkt werden, dass er in irgendeiner Weise die Schuld anerkannt hat (§ 212 BGB). Das hat **Baier** jedoch nicht getan.

Vom Gläubiger kann der Neubeginn der Verjährung durch eine gerichtliche oder behördliche Vollstreckungshandlung bewirkt werden (§ 212 (1) Nr. 2). Das ist weder bei außergerichtlichen noch bei gerichtlichen Mahnungen der Fall. Die Verjährungsfrist ist am 31.12.2005 abgelaufen; **Baier** kann die Zahlung verweigern.

3. Durch die Zusendung des Mahnbescheids wird die Verjährung gehemmt (§ 204 (1) Nr. 3). Der Zeitraum, während dessen die Verjährung gehemmt ist, wird nicht in die Verjährungsfrist eingerechnet (§ 209). Die Dauer der Hemmung ist davon abhängig, wann das eingeleitete Mahnverfahren beendet ist bzw. wann eine rechtskräftige Entscheidung vorliegt. Die Hemmung endet 6 Monate nach diesem Zeitpunkt. Die Verjährung läuft dann wieder normal weiter. Ende der Verjährung: 06.10.2006.

## 2.39 Hemmung der Verjährung – Neubeginn der Verjährung

1. 31.12.2005 (BGB §§ 195, 199).

2. Mit der Bitte um Stundung erkennt Max den Anspruch an. Dadurch beginnt die Verjährung erneut zu laufen (§ 212 (1) BGB). Die eingeräumte Stundung bewirkt eine Hemmung von sechs Monaten, weil Max in dieser Zeit die Leistung verweigern kann (§ 205 BGB). Demnach verjährt der Anspruch am 01.11.2006.

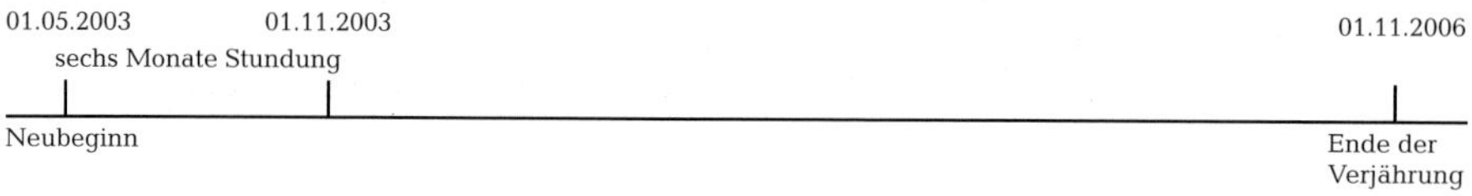

# 3 Zahlungsverkehr und Geldwesen

## Girokonto als Grundlage für die Abwicklung von Zahlungen

### 3.01 Kontoeröffnung – Kontoauszug – Kontogegenbuch – Überweisung

1. a) Ersparnis von Versandkosten, die ihr von der Bank im Falle eines Versandes der Kontoauszüge in Rechnung gestellt würden;

   b) Kündigungsfrist im Kontoeröffnungsantrag ist nur von Bedeutung, wenn ein Sparkonto eröffnet wird; die Abhebung von Guthabenbeträgen auf einem Girokonto ist in unbegrenzter Höhe ohne Kündigung möglich; es handelt sich um Sichteinlagen (= bei Sicht fällig);

   c) sie ermöglicht der Bank eine Kontrolle bei Verfügungen über das Konto;

   d) ***Hinweis:*** Der **Kontovertrag** ist die Grundlage der Geschäftsverbindung zwischen Kunde und Kreditinstitut. Im rechtlichen Sinne stellt er einen *Geschäftsbesorgungsvertrag* nach § 675 BGB dar, dessen Inhalt durch die *Allgemeinen Geschäftsbedingungen* (AGB) bestimmt wird. Ergänzungsverträge wie z. B. Scheckvertrag, Kreditvertrag, Mietvertrag über ein Schließfach kommen zum Kontovertrag hinzu.

   - Gültigkeit des Ausweises
   - Übereinstimmung von Lichtbild im Ausweis mit der Person des Vorlegers
   - Übereinstimmung der Angaben im Kontoeröffnungsantrag (Name, Adresse etc.) mit Angaben im Ausweis
   - Übereinstimmung von Unterschrift im Ausweis mit der Unterschrift auf dem Kontoeröffnungsantrag

   *Ergänzender Hinweis zur Kontoeröffnung:*

   Das »Know your customer«-Prinzip und das Gebot der persönlichen und dokumentmäßigen Identifizierung des Kunden verlangen bei der Konto- und Depoteröffnung regelmäßig eine persönliche Anwesenheit der zu identifizierenden natürlichen Person. Nur so kann die Übereinstimmung zwischen äußeren Merkmalen der Person und ihrem Bild bzw. den Angaben im Personalausweis oder Reisepass geprüft werden.

   Eine einfache briefliche Legitimationsprüfung von natürlichen Personen darf bei Kontoeröffnungen grundsätzlich nicht vorgenommen werden.

   **§ 1 Absatz 5 Geldwäschegesetz**

   »Identifizieren im Sinne dieses Gesetzes ist das Feststellen des Namens aufgrund eines Personalausweises sowie des Geburtsdatums und der Anschrift, soweit sie darin enthalten sind, und das Feststellen von Art, Nummer und ausstellender Behörde des amtlichen Ausweises«.

   Bei der Eröfnung von Konten, die bei Direktbanken eingerichtet werden, ist eine Identifizierung unter persönlicher Anwesenheit des Kunden regelmäßig nicht möglich. Um auch hier hinreichende Gewissheit über die Identität des Kunden zu erlangen, kann neben der Einschaltung von Drittbanken ein gesondertes Identifizierungsverfahren durch die **Deutsche Post AG** entweder am Postschalter oder durch den Postzustelldienst der **Deutschen Post AG** im Auftrag des identifizierungspflichtigen Kreditinstituts durchgeführt werden.

e) Sicherstellung, dass kein Konto auf einen falschen Namen eröffnet wird (z. B. wegen Steuerhinterziehung, Geldwäsche)

2. **KONTO-GEGENBUCH**

| Datum | Verwendungszweck | Lastschrift | Gutschrift | Kontostand | S/H |
|---|---|---|---|---|---|
| 01.10. | Bareinzahlung | | 50,00 EUR | 50,00 EUR | H |
| 30.10. | Gehalt | | 3210,00 EUR | 3260,00 EUR | H |
| | | | | | |
| | | | | | |

3. a) Am 21.11.; Frist: 3 Bankgeschäftstage (§ 676a (2) Zi 2 BGB); Beginn der Frist: Ablauf des Tages, an dem die erforderlichen Daten dem überweisenden Kreditinstitut vorliegen (§ 676a (2);

b) für einen verspätet ausgeführten Überweisungsauftrag ist das überweisende Kreditinstitut – die Allbank München – der Überweisenden (Anne Püschel) gegenüber schadensersatzpflichtig; Höhe des Zinssatzes: 5 % über dem Basissatz (§ 676b (1) BGB).

# Dauerauftrag und Einzugsermächtigung

## 3.02 Regelmäßig wiederkehrende Zahlungen in gleicher Höhe – Einzugsermächtigung – Abbuchungsauftrag

1. Die Bank ist *nicht verpflichtet*, den Dauerauftrag zum 30.05. auszuführen, da der Antrag zum Dauerauftrag nicht rechtzeitig gestellt wurde. Gegenstand des mit der Allbank geschlossenen Kontovertrags ist zwar u. a. die Ausführung von Daueraufträgen, jedoch nur dann, wenn der Antrag zuvor rechtzeitig gestellt wurde (siehe Ziffer 4 der Bedingungen auf dem Antragsformular).

   Der nicht angegebene *Verwendungszweck* (vgl. Ziffer 3 der Bedingungen) würde die Bank nicht hindern, den Dauerauftrag trotzdem auszuführen.

2. Keine Terminversäumnisse, Arbeitsersparnis

3. Mieten, Übertragung von Beträgen auf Sparkonten, Vereinsbeiträge, Ratenzahlungen für Kredittilgung

4. a) Vorteilhaft, weil keine Fristversäumnisse, keine Schreibarbeit; gegen unberechtigte Abbuchung zeitlich unbegrenzt Widerspruch bei kontoführender Bank möglich, wenn falsche Beträge angefordert wurden; Zahlungspflichtiger kann seine Widerspruchsmöglichkeit auch nach Ablauf der in Abschn. III Nr. 2 des Abkommens über den Lastschriftverkehr niedergelegten 6-Wochen-Frist ausüben, denn diese gilt nur im Innenverhältnis der beteiligten Kreditinstitute (Abschn. IV Nr. 1 LSA) – vgl. Gößmann, Recht des Zahlungsverkehrs, Berlin 1993, S. 88.

   Gegebenenfalls muss der Bankkunde nach Fristverstreichung den zivilrechtlichen Weg beschreiten, um einen unberechtigt eingezogenen Betrag wieder zu erlangen (evtl. Klage gegen Zahlungsempfänger).

   Noch vorteilhafter für Gläubiger, weil er Zeitpunkt der Zahlungseingänge selbst bestimmen und Zinsverluste sowie Finanzierungslücken durch hohe Außenstände vermeiden kann.

   *Unter Kostengesichtspunkten* ist die Einzugsermächtigung dem Dauerauftrag vorzuziehen. Beim Dauerauftrag fallen meist Kosten für Einrichtung, Ausführung und Auflösung an. Dagegen verlangen die Banken bei der Einzugsermächtigung allenfalls geringe Entgelte für die Buchungen; die übrigen Kosten trägt der Empfänger.

b) **Ausfüllen des Formulars.**

*Hinweis zur Verpflichtung eines Kunden, eine Einzugsermächtigung zu erteilen:*

In einer Entscheidung vom 10. Januar 1996 (XII ZR 271/94) hat der Bundesgerichtshof bestimmt, dass Unternehmen ihre Kunden unter bestimmten Umständen wirksam verpflichten können, Zahlungen durch Teilnahme am Lastschriftverfahren zu leisten. Durch solche Verpflichtungen in den Allgemeinen Geschäftsbedingungen werden Verbraucher – so der BGH – nicht unangemessen benachteiligt. Dies gelte besonders dann, wenn die Zahlungshöhe und der Zahlungszeitpunkt von vornherein feststehe, heißt es weiter.

Im entschiedenen Verfahren, das vom **Berliner Verbraucherschutzverein** angestrengt worden war, ging es um die Begleichung von Rechnungen für einen Anschluss an das Breitbandkabelnetz. In dem Vertrag war vorgeschrieben, dass die monatlichen Zahlungen von 5,70 EUR durch Teilnahme am Lastschriftverfahren bezahlt werden müssten. Die Verbraucherschützer waren der Auffassung, dass der Kunde unangemessen benachteiligt werde. Er werde verpflichtet, ein Konto zu unterhalten, Zahlungen besonders zu kontrollieren und für ausreichende Deckung des Kontos zu sorgen. Dies sei unzumutbar, der Kunde müsse beispielsweise die Möglichkeit des Dauerauftrages haben, meinte der Verbraucherschutzverein.

Dieser Argumentation folgen die Bundesrichter nicht. Heute werde der weit überwiegende Teil von wiederkehrenden Zahlungen bereits über Girokonten abgewickelt. Es bestehe daher ein Interesse des Unternehmens daran, Zahlungen nur über Konten zu erhalten, heißt es in den Urteilsgründen. Die Pflicht des Verbrauchers, ein Konto für einen von ihm freiwillig abgeschlossenen Vertrag zu unterhalten, sei **nicht** unangemessen. Zudem sei der Bankkunde bei der Einzugsermächtigung (im Gegensatz zum Abbuchungsverfahren) auch ausreichend geschützt. Denn bei diesem Verfahren kann der Kunde jederzeit einer Abbuchung widersprechen. **Ein Abbuchungsverfahren, bei dem der Verbraucher seine Bank direkt verpflichtet, unwiderruflich Zahlungen zu leisten, lassen die Bundesrichter in den Allgemeinen Geschäftsbedingungen allerdings nicht zu.** Derartige Abbuchungsverfahren spielen allerdings heute auch keine wesentliche Rolle im Zahlungsverkehr.

Der Bundesgerichtshof stellt aber heraus, dass sein Urteil nicht für alle Lastschriftklauseln gilt. Anders läge es zum Beispiel, wenn größere Beträge zu unregelmäßigen Zeitpunkten eingezogen werden sollen oder die Beträge nicht von vornherein feststünden. Der Kontoinhaber könne dann unberechtigterweise gezwungen werden, auf Dauer für eine hohe Kontodeckung zu sorgen, um jederzeit auf die Lastschrift vorbereitet zu sein – dies sei unangemessen.

5. Die Versicherungsgesellschaft muss den Schaden ersetzen. Durch die erteilte Einzugsermächtigung vom 10.01. d.J. wurde die Versicherungsgesellschaft zum Einzug fälliger Forderungen durch Lastschriftverfahren ermächtigt. Anders als bei der Überweisung ist die Geldschuld dadurch eine **Holschuld.** Dies hat Auswirkungen auf die Rechtzeitigkeit der Leistung und die Gefahrtragung. Soll eine Schuld über Lastschrifteneinzug erfüllt werden, hat der Schuldner das Seine getan, wenn er für Deckung sorgt und die sonstigen Einlösungsvoraussetzungen schafft. Es obliegt vielmehr dem Gläubiger, von der Lastschriftabrede rechtzeitig Gebrauch zu machen, sodass er gar in Annahmeverzug gerät, wenn er die Lastschrift bei Fälligkeit nicht vorlegt. Die Rechtsfolgen des Annahmeverzugs sind für den Gläubiger indes erträglich; er trägt wegen § 300 (2) BGB lediglich das Risiko der Insolvenz der Zahlstelle.

Der Gläubiger (hier: Versicherungsgesellschaft) trägt auch in vollem Umfange die Verzögerungs- und die Verlustgefahr, da mit der Entgegennahme der Ermächtigung bzw. mit der Vereinbarung des Abbuchungsverfahrens die Verantwortung für die vertragsgemäße Erfüllung auf ihn, den Gläubiger, übergeht (BGH NJW 1984, 872).

6. Einzugsermächtigung, weil gegen eine unberechtigte Abbuchung bei der kontoführenden Bank Widerspruch möglich ist, wenn z. B. falsche Beträge angefordert wurden.

> ***Hinweis:***
>
> Die Buchung einer Lastschrift aus einer erteilten Einzugsermächtigung ist so lange ohne Rechtsgrundlage, bis sie der Kontoinhaber **genehmigt** hat. Dem Kontoinhaber steht gegenüber der kontoführenden Bank das Recht zum Widerspruch deshalb zeitlich unbegrenzt zu. Macht er allerdings zu spät von diesem Recht Gebrauch, wird er unter Umständen schadensersatzpflichtig, weil er die Pflichten aus dem Girovertrag zur unverzüglichen Prüfung nicht erfüllt hat. Andererseits ist ein Widerspruch nach Genehmigung der Buchung nicht mehr möglich. Das Schweigen des Kontoinhabers auf den Tagesauszug kann grundsätzlich nicht als Genehmigung der ohne Auftrag durchgeführten Belastungsbuchung angesehen werden. Die Bank ist verpflichtet, diese Rechtsfolge in ihre AGBs aufzunehmen und den Kontoinhaber auf diese Folge auch hinzuweisen (BGH-Urteil AZ: X I ZR 258/99)
>
> Die **Sechs-Wochen-Frist** für den Widerspruch gilt nur **innerhalb der Banken.** Die erste Inkassostelle muss während dieser Frist eine Rücklastschrift der Zahlstelle zunächst ohne Prüfung der Berechtigung einlösen. Die Rückgabe ist also während dieser Frist organisatorisch vereinfacht.

Für Abbuchungsaufträge ist ein Widerspruch im Abkommen über den Lastschriftverkehr nicht vorgesehen. Wegen Widerspruchsfrist mindestens alle vier Wochen Kontoauszüge prüfen.

Weiterer Unterschied Einzugsermächtigung – Abbuchungsauftrag:

Einzugsermächtigung: Zahlungspflichtiger erteilt schriftliche **Ermächtigung** an **Zahlungsempfänger**

Abbuchungsauftrag: Zahlungspflichtiger erteilt schriftlichen **Auftrag** an seine Bank (Zahlstelle) zugunsten des Zahlungsempfängers

# Scheck

## 3.03 Zahlung mit Scheck – Scheckeinlösung

1. Scheck ist nur **Anweisung** an Bank, zu zahlen; gibt dem Empfänger kein Recht gegen angewiesene Bank, ersetzt Zahlung zunächst nicht **(zahlungs- oder erfüllungshalber);** geschuldete Leistung ist erst mit Einlösung erbracht.

   Wurde bereits im Kaufvertrag Scheckzahlung vereinbart, so gilt:
   **»Wechselt der Scheck, wechselt das Risiko**
   Wenn bei einer Bezahlung der Scheck überreicht wird, haftet von diesem Moment an der neue Besitzer. Dies stellte der Bundesgerichtshof (Urteil vom 16.04.1996 – XI RZ 222/95) unmissverständlich fest. Mit dem Zugang eines Schecks, der entsprechend einer zuvor getroffenen Scheckzahlungsabrede zur Bezahlung einer Forderung übersandt wird, geht die Verlustgefahr auf den Schecknehmer über. Geht er verloren, braucht der Käufer den Kaufpreis nicht noch einmal zu bezahlen.

   Natürlich haftet der Scheckaussteller dafür, dass auf seinem Konto auch entsprechende Deckung besteht. Zugang ist beispielsweise, wenn per Einschreiben mit Rückschein der Scheck abgesandt wurde. Denn dann liegt das Risiko beim Empfänger).« (BZ vom 27.03.98)

2. Gefahr des Verzählens, Verlierens, Diebstahls; Verzinsung des Guthabens bis zum Zeitpunkt der Verfügung.

3. a) Gefahr, dass Deckung verloren geht; Zinsverlust; Verlust des Rückgriffsrechts; Art. 41 SchGes.

   b) Bis zum 26. Jan. d.J., sofern der letzte Tag kein Sonn- oder Feiertag ist; dann Verlängerung bis zum nächsten Werktag; Art. 29 SchGes; falls kein Widerruf vorliegt, kann der Bezogene auch später noch Zahlung leisten (Art. 32 SchG).

   c) Falls der eingereichte Scheck nicht gedeckt ist, erfolgt Rückbelastung mit Wertstellung der Gutschrift zzgl. Kosten.

## 3.04 Gesetzliche und kaufmännische Bestandteile des Schecks

1. Nein, Ausstellungsort und -datum fehlen, Art. 1,2 Scheckgesetz.

2. Ja, weil Name des Empfängers kein gesetzlicher Bestandteil, Art. 1 Sch.Ges.

3. Überbringerklausel ermöglicht der bezogenen Bank, an jeden Vorzeiger des Schecks zu zahlen, macht also den Scheck zum Inhaberpapier, obwohl er ein geborenes Orderpapier ist. Sie lässt die Prüfung der Scheckberechtigung des Vorlegers fortfallen und beschleunigt so den Schalterverkehr. Auch schränken die Banken durch die Überbringerklausel ihr Fahrlässigkeitsrisiko ein.

   Banken haben deshalb in ihren »Allg. Geschäftsbedingungen« die Bestimmung, dass der vorgedruckte Schecktext nicht geändert oder gestrichen werden darf und dass die Angabe einer Zahlungsfrist als nicht geschrieben gilt (siehe Aufdruck am Rand des Schecks). Weil der Bankkunde die »Allg. Geschäftsbedingungen« als Grundlage der Kontoeröffnung anerkennen muss, kann die Bank einen Scheck, bei dem die Überbringerklausel gestrichen ist, einlösen, muss es aber nicht.

4. Kaufmännische Bestandteile dienen der Erleichterung der Bearbeitung des Schecks bei der Bank, z. B.:
   - Angabe des Scheckbetrags in Ziffern: Erleichtert die buchungsmäßige Bearbeitung.
     Jedoch hat die Betragsangabe in Buchstaben vor der in Ziffern Gültigkeit, bei mehrfacher Angabe in Buchstaben oder mehrmaliger Angabe in Ziffern gilt bei Abweichungen der kleinere Betrag.
   - Schecknummer: Erleichtert Kontrolle bei Sperrung von Schecks.
   - Bankleitzahl: Erleichtert die Bearbeitung des Schecks im Gironetz.

   Die Klausel »aus meinem Guthaben« (selten) soll den Scheckaussteller warnen, ungedeckte Schecks auszuschreiben. Deckung kann auch aus Kredit bestehen.

5. Wenn der Scheck gedeckt ist (Guthaben oder eingeräumter Kredit) wird ihn die bezogene Bank bei fristgerechter Vorlage auch einlösen.

# Zahlung durch Wechsel

## 3.05 Wechselziehung – Gesetzliche und kaufmännische Bestandteile

1. Brief

2. a) Wechsel an eigene Order.

   b) Nein; Unterschrift **Aulers** fehlt (gesetzl. Bestandteil), Art. 1 und 2 WG.

   c) WG, Art. 1; Wechselformular

   d) Aus diesem Wechselformular können noch keine Ansprüche abgeleitet werden.

3. a) Voll- oder Kurzakzept auf der Vorderseite, links, quer.
   b) Zahlstellenvermerk Vorderseite unten, Mitte.
   c) Wechsel-Avis an **Volksbank;** Begleitbrief mit Akzept an **Auler.**
4. 9800 EUR; Art. 6 (1) WG.
5. 8900 EUR; 6 (2) WG.
6. – Ortsnummer: Besteht aus den ersten drei Ziffern der Bankleitzahlen der ortsansässigen Kreditinstitute und erleichtert die Bearbeitung von Wechseln durch die Banken;
   – Wiederholung des Zahlungsortes vorn rechts oben: Erleichtert die Vorlegung;
   – Wiederholung des Verfalltages am oberen Rand: Dient Ablagezwecken und der Termineinhaltung;
   – »Erste Ausfertigung« (Duplikatklausel): Gibt die Zahl der Ausfertigungen an;
   – Wiederholung der Wechselsumme in Ziffern: Wird von der Bundesbank gefordert und erhöht die Lesbarkeit;
   – Zahlstellenvermerk (Domizilvermerk): Gibt an, wo der Wechsel eingelöst wird, wenn dies nicht beim Bezogenen geschieht;
   – Anschrift des Ausstellers: Wenn der Wechsel vom Bezogenen nicht eingelöst oder die Annahme verweigert wird, muss der letzte Wechselberechtigte den Aussteller davon benachrichtigen. Fehlt dessen Anschrift auf dem Wechsel, entfällt diese Benachrichtigungspflicht.
7. a)

| | | | Soll | Haben |
|---|---|---|---|---|
| | bei Verkauf: | Forderungen | 8900,00 | |
| | | an Umsatzerlöse | | 7672,41 |
| | | Umsatzsteuer | | 1227,59 |
| | bei Wechselziehung: | Wechselforderungen[1]) | 8900,00 | |
| | | an Forderungen | | 8900,00 |
| b) | bei Wareneingang: | Waren | 7672,41 | |
| | | Vorsteuer | 1227,59 | |
| | | an Verbindlichkeiten a.L.u.L. | | 8900,00 |
| | bei Akzeptierung: | Verbindlichkeiten a.L.u.L | 8900,00 | |
| | | an Wechselverbindlichkeiten | | 8900,00 |

## 3.06 Wesen der Diskontierung

1. Wechsel ist erst am Verfalltag auf den angegebenen Wechselbetrag »angewachsen«; Bank gewährt somit einen Kredit für 55 Tage;
2. Diskont: 81,58 EUR statt 81,85 EUR; Wert per 24.06. somit 8808,42 EUR;

   ***Hinweis:*** Die Diskonttage wurden nach der EURO-Zinsmethode berechnet; danach werden bei der Wechseldiskontierung die Zinsen **taggenau** berechnet, das Jahr wird mit 360 Tagen angenommen.

   ***Rechnung:***

| | |
|---|---|
| Diskontierungstag: | 24.06. d.J. |
| Verfalltag: | 18.08. d.J. |

| | |
|---|---|
| 24.06. – 30.06. | 6 Tage |
| 01.07. – 31.07. | 31 Tage |
| 01.08. – 18.08. | 18 Tage |
| | **55 Tage** |

[1]) Durch die Tratte wird der Bezogene wechselrechtlich noch nicht verpflichtet – erst durch das Akzept. Deshalb findet für die Wechselziehung häufig auch das Konto »Zur Akzepteinholung versandte Tratten« Verwendung. Für die Bilanzerstellung ist diese Unterscheidung ohne Bedeutung (Bilanzposition für beide Konten gem. § 266 (2) HGB: B II 1. Forderungen aus Lieferungen und Leistungen).

3. Buchung des Diskontierungsvorganges (Wechselverkauf an die Bank):

| Konto | Soll/EUR | Haben/EUR |
|---|---|---|
| Bank | 8 808,42 | |
| Diskontaufwand | 81,58 | |
| Kosten des Geldverkehrs | 10,00 | |
| an Wechselforderungen | | 8 900,00 |

Buchung der Weiterbelastung der Kosten der Diskontierung:

| Konto | Soll/EUR | Haben/EUR |
|---|---|---|
| Forderungen | 106,23 | |
| an Diskonterträge | | 81,58 |
| andere sonst. betr. Erträge | | 10,00 |
| Umsatzsteuer | | 14,65 |

***Hinweis:*** *Die Berechnung des Diskonts an den Kunden ist nach § 4 Ziffer 8 UStG umsatzsteuerfrei. Die Praxis optiert jedoch meist für die Umsatzsteuerpflicht, weil die Belastung weiterer Wechselspesen häufig der Umsatzsteuer unterliegt (Grundsatz: Einheitlichkeit der Leistung).*

4.

| | | |
|---|---|---|
| Wechsel fällig 18.08. über | 8 991,44 | (= 100 %) |
| – Diskont 6 %/61 Tage | 91,44 | (= 1,017 %) |
| = Wert am 18.06. | 8 900,00 | (= 98,983 %) |

5. Wechsel ist **Zahlungsmittel** (Geldersatzmittel); Schuldverhältnis aus dem Primärgeschäft ist erst erloschen, wenn der Wechsel eingelöst ist; Wechsel ist **Kreditmittel,** da Betz erst am Verfalltag zahlen muss; Wechsel ist für Auler **Sicherheitsmittel,** da ihm die Wechselstrenge Sicherheit für die Einlösung gewährt;

## 3.07 Wechselschulden – Wechseltermine

1. Am 18. 8. oder an einem der beiden darauf folgenden Werktage; Art. 38 WG.
2. Verlust d. Rückgriffsrechts; Art. 53 (1) WG.
3. Bei der Volksbank Dortmund während der Geschäftsstunden; Art. 4, 87 WG.
4. Ja, Volksbank Dortmund gehört nicht zu d. ursprüngl. Parteien; »Unbedingte Anweisung«; abstraktes Schuldversprechen, losgelöst vom zugrunde liegenden Rechtsgeschäft, sofern nicht Partei; Art. 1 Ziff. 2 WG.
5. Wechselschulden sind Holschulden, da der letzte Wechselinhaber verpflichtet ist, den Wechsel dem Bezogenen am Zahlungsort vorzulegen (Art. 2 (3), Art. 4 Wechselgesetz). Im Normalfall sind Geldschulden Schickschulden.

## 3.08 Akzept – Vollindossament – Blankoindossament – Inkassoindossament

1. Wechselaussteller und Wechselnehmer sind nicht identisch;
2. Bei Weitergabe des Wechsels durch Hahle müsste Fink einem neuen Wechselberechtigten 25 000 EUR zahlen (Art. 17 WG); er könnte sich nicht darauf berufen, dass Hahle ihm Ware im Wert von 18 000 EUR geliefert hat;
3. a) Für mich an die Order von Maschinenfabrik Georg Vehl, 44137 Dortmund, 48143 Münster i.W., den 08. März 20..;
   (Unterschrift: **Max Lehr**).
   
   b) **Georg Vehl**

c) Maschinenfabrik Georg Vehl,
Westenhellweg 7
44137 Dortmund
ppa. + Unterschrift Vehl

d) Ein Wechsel mit Blankoindossament kann wie ein Inhaberpapier durch Einigung und Übergabe weitergegeben werden. Ahlert kann daher den Wechsel ohne sein Indossament weiter übertragen und haftet in diesem Fall wechselrechtlich nicht.

4. a) Für mich an die Order der Handelsbank Filiale Düsseldorf
Wert zum Einzug
40217 Düsseldorf, den 20. Aug. 20..
(Unterschrift: Fritz Beck), Art. 18 WG.

b) Beck ist Eigentümer, Besitzer ist die Handelsbank Filiale Düsseldorf.

## 3.09 Wechselprotest – Benachrichtigungsfristen – Rückrechnung

1. Durch Protesturkunde, ausgestellt von Notar oder Gerichtsbeamten, Art. 79, 80, 81 WG.
2. Am 31. 08. d.J. bzw. dem folgenden Geschäftstag, wenn der Verfalltag ein Feiertag ist, Art. 72 WG.
3. Alle Indossanten und der Aussteller Hahle, Art. 47 (1) WG.
4. a) Tatsache des Protestes und dessen Datum angeben.
   b) Vorleger benachrichtigt den Aussteller und den unmittelbaren Vormann innerhalb von 4 Werktagen nach dem Tag der Protesterhebung, Art. 45 (1) WG.
5. Innerhalb 2 Tagen nach Empfang der Nachricht, damit Vormänner Geld beschaffen können; Art. 45 WG.
6. We.-Summe 25 000 EUR + Zins 6 %/4 Tage 16,67 EUR + 1/3% Prov. 83,33 EUR + Protestkosten 20 EUR + Auslagen 1,20 EUR = 25 121,20 EUR. Art. 48 WG.
7. Hilpert hat nicht indossiert. Art. 15 (1) WG.
8. a) Angabe einer Notadresse; Art. 55 WG; Anforderg. des We. (im Sprungrückgriff) sofort nach Erhalt der Benachrichtigung.
   b) Weil Befriedigung durch den zahlungsunfähigen Bezogenen im Rückgriff fraglich ist.

# Besondere Formen des modernen Zahlungsverkehrs Elektronischer Zahlungsverkehr

## 3.10 Electronic Cash (Point of Sale – POS) – POZ-System – Elektronische Geldbörse

1. a) Übereinstimmung der auf dem Kassenbon ausgewiesenen Summe mit dem im Display des Kartenlesers angezeigten Betrag.
   b) Aktivierung der **Automatisierungsabfrage** an die Volksbank Emmendingen bzw. an deren Rechenzentrum mit folgenden Prüfvorgängen:
      1. Gültigkeit der Karte
      2. Vergleich eingegebener mit hinterlegter PIN
      3. Kartensperre
      4. ausreichender Verfügungsrahmen

Bei positiver Autorisierung erhält die Schuhboutique die Erklärung der Volksbank Emmendingen, dass sie die Forderung in Höhe des am ec-cash-Terminal autorisierten Betrages begleicht. Das Konto von Eva Kaiser wird im Rahmen des **Einzugsverfahrens** belastet.

c) – im Vergleich zur Scheckzahlung entfallen die Bearbeitungszeiten für den Scheckverkehr
- Zahlungsgarantie des Kreditgewerbes
- einfachere, schnellere und rationellere Abwicklung der Zahlungsvorgänge
- Vermeidung falscher Wechselgeldherausgabe
- schnellerer Kassendurchlauf; geringerer Bargeldbestand
- im Vergleich zur Zahlung mit Kreditkarten geringere Zahlungsverkehrskosten[1]

1) Im Falle einer Teilnahme am POS-System entstehen einem Unternehmen etwa folgende Kosten:

| | |
|---|---|
| 1. electronic-cash-Terminal: ca. 1 500,00 EUR<br>2. Einrichtungskosten (z. B. Stromversorgungsleitungen für die Verbindung) | **einmalige Kosten** |
| 3. ec-Gebühren:<br>Autorisierungsentgelt: 0,3 % des jeweiligen Umsatzes, mindestens jedoch 0,07 EUR je Kaufvorgang; 0,13 EUR Transaktionsgebühr für den Netzbetreiber<br>4. Kosten für Benutzung der Telefonleitung | |

2. a) Eva Kaiser **aktivierte** beim POS-System durch die Eingabe ihrer PIN bereits den **Zahlungsvorgang. Im Falle von POZ (Point of Sale ohne Zahlungsgarantie) legitimiert** sich Eva Kaiser nicht durch die Eingabe ihrer PIN, sondern erteilt mit ihrer **Unterschrift** dem Jeans-Shop eine **Einzugsermächtigung.** Mit den elektronisch eingegebenen Daten hat das Geschäft lediglich die Möglichkeit, eine Einzugsermächtigungslastschrift zu erstellen. Die Vorlage der ec-Karte dient der Kassiererin zum Vergleich der Unterschrift auf der ec-Karte mit der auf dem Beleg geleisteten Unterschrift.

b) 1. bei POZ entfällt die Eingabe der Geheimzahl und damit die Prüfung (s. oben);

2. es erfolgt keine Guthabenkontrolle;

3. durch ONLINE-Verbindung zum Netzbetreiber wird geprüft, ob Karte gesperrt ist; Prüfung entfällt bei Bagatellbeträgen von zurzeit unter 30 EUR.

***Wesentlich:*** *die kartenausgebenden Institute übernehmen in diesen Fällen keine Garantie, demzufolge tragen die Händler das Risiko.*

3. a)

| | **POS-SYSTEM** | **POZ-SYSTEM** |
|---|---|---|
| **Gegenstand der elektronischen Abfrage** | • Legitimationsprüfung<br>• Sicherheitsprüfung (Kartensperre)<br>• Guthabenkontrolle | • *Sicherheitsprüfung (Kartensperre)* |
| **Ausführung des Zahlungsvorgangs** | • elektronische Abbuchung und Gutschrift | • *Einzugsermächtigung* |
| **Sicherheit des Geldeingangs** | • *wegen sofortiger elektronischer Gutschrift unmittelbare Verfügungsmöglichkeit und damit kein Risiko* | • *keine Zahlungsgarantie* |
| **Kosten im Vergleich** | • *höher als bei POZ* | • *niedriger als bei POS* |

*Hinweis:*

Neben POS und POZ besteht als weiteres Verfahren das **Elektronische Lastschriftverfahren (ELV).** Bei diesem Verfahren wird keine Verbindung zum Netzbetreiber aufgebaut. An Kosten fallen bei diesem Verfahren lediglich 0,12 EUR an Transaktionsgebühr an (Wegfall von Autorisierungsgebühr und Telefonkosten). Das Gerät liest beim Zahlungsvorgang die Daten vom Magnetstreifen der ec-Karte. Zusammen mit dem manuell eingegebenen Betrag bilden sie die Grundlage für den Lastschriftbeleg, den der Kunde unterschreibt. Da im Unterschied zu POS und POZ **keine** Online-Verbindung zum Netzbetreiber aufgebaut wird, entfällt auch die Prüfung einer eventuell bestehenden Kartensperre.

b) die beim POS-System wesentlich höheren Kosten

Kosten bei POZ: 0,05 EUR für die Sperrabfrage + 0,13 EUR Transaktionsgebühr für Netzbetreiber (also zusammen 0,18 EUR)

Kosten bei POS: bis 25 EUR 0,08 EUR je Umsatz
darüber: 0,3 % des ec-Umsatzes

4. a)

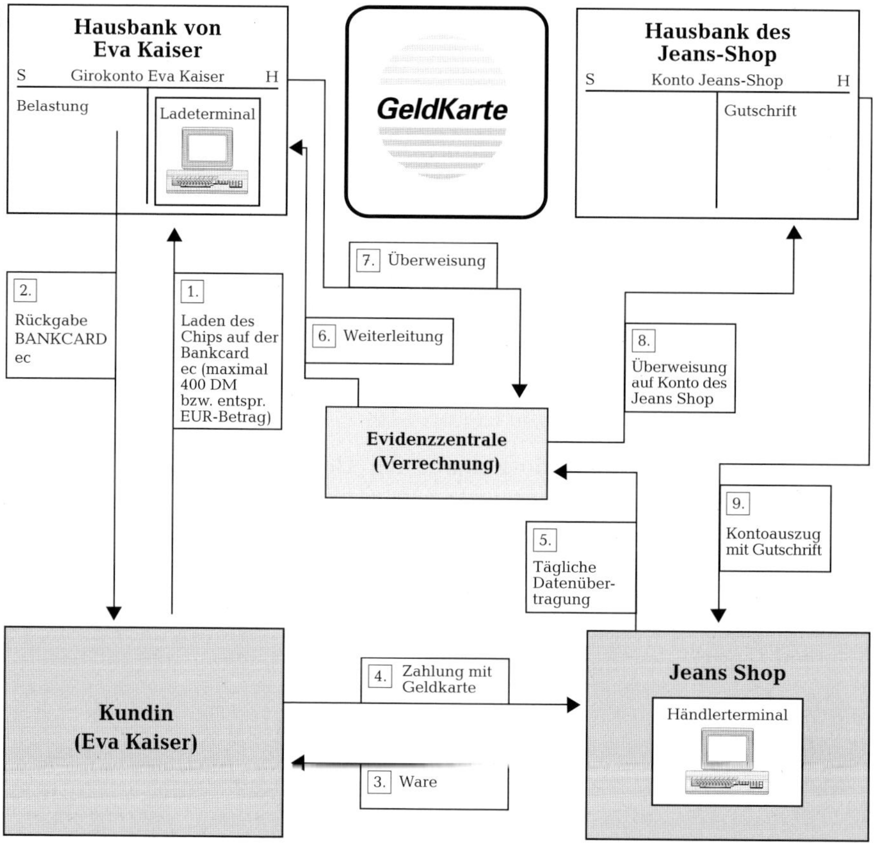


b)
- da keine Online-Verbindung besteht, entfallen die Gebühren für die Leitung zwischen Händler und Kartenzentrale
- keine Wartezeiten bei Online-Vorgängen
- zur Zeit 0,3 % Transaktionsgebühren (Gebühren geringer als bei electronic cash)
- schneller Kassendurchlauf (Eingabe von Geheimzahl nicht erforderlich)
- keine Systemausfälle i. Z. m. Online-Verbindungen

# Kreditkarte

## 3.11 Beitritt zu einer Kreditkartenorganisation aus Sicht des Zahlungsempfängers – Zahlungsabwicklung bei Kreditkartengeschäften

1. – Erhaltung der Wettbewerbsfähigkeit
   – Umsatzsteigerung durch Spontankäufe im Shopbereich
   – gesicherter Geldeingang
   – Geldeingang innerhalb weniger Tage
   – Erschließung neuer Käuferschichten

2. a)

| | **POS-SYSTEM** | **EUROCARD** |
|---|---|---|
| **Stellung des Karteninhabers** | *Karteninhaber erhält keinen Kredit; Abbuchung von seinem Konto erfolgt sofort* | *Karteninhaber erhält einen »zinslosen« Kredit von maximal einem Monat[1]).* |
| **Stellung des Zahlungsempfängers** | *Zahlungsempfänger erhält sofortige Erklärung, dass Bank des Karteninhabers den autorisierten Betrag begleicht.* | *Zahlungsempfänger ist Vertragsunternehmen zu EUROCARD und tritt Forderung ab; Gegenwert der abgetretenen Forderungen abzüglich Provision wird später gutgeschrieben* |

   b) – durch Verlängerung der vertraglichen Bindungszeit (z. B. von drei auf fünf Jahre)
   – Übergang von z. B. wöchentlicher zu monatlicher Abrechnung

3. Kunert trägt kein Überziehungsrisiko; er erhält die Gutschrift von EUROCARD ungeachtet einer Kontendeckung seiner Kunden.

---

[1]) Nach der Art der Abrechnung werden 3 Gruppen von Karten unterschieden, für die es leider nur englische Bezeichnungen gibt:

| **Charge Cards** | **Credit-Cards** | **Debit-Cards** |
|---|---|---|
| *Kunde erhält* ***einmal im Monat*** *eine Abrechnung mit den Umsätzen; Abbuchung des Rechnungsbetrages per Lastschrift vom Girokonto; vom Zeitpunkt der Zahlung bis zur Abrechnung erhält der Kunde einen zinslosen Kredit;* *Beispiele für Charge-Cards: Eurocards der Banken u. Sparkassen, Karten von American Express und Diners Club.* | ***Kunde kann wählen, ob er die Monatsrechnung sofort begleicht oder in Raten abzahlt;*** *bei Entscheidung für Teilzahlung muss er zunächst nur fünf bis zehn Prozent des Rechnungsbetrages, mindestens aber 20 bis 50 Mark zahlen; Zinssatz, der auf die Restschuld erhoben wird, ist i. d. R. höher als für einen Dispokredit auf dem Girokonto;* *Beispiele: Visa-Produkte sowie das Kartendoppel von Barclays.* | ***alle Zahlungen werden dem Kundenkonto sofort oder mit wenigen Tagen Verzögerung zinswirksam belastet*** *wie bei der ec-Karte;* *Beispiele: Visa Multi Card der Noris Verbraucherbank; Kartendoppel der Volkswagenbank; Visa-Karten der Saar Bank werden wahlweise als Debit- oder Charge-Cards geführt.* |

# Homebanking – Telebanking

## 3.12 Kontoführung mittels Computer und Telefon

1. – Überweisungsverkehr außerhalb der Geschäftszeiten abwickeln
   – Kontostand abfragen
   – Daueraufträge einrichten

2. *Kosten **vor** T-Online-Anschluss:*

| | | |
|---|---|---|
| – 150 Buchungsposten lt. Tabelle | | 15,00 EUR |
| *Kosten **nach** T-Online-Anschluss:* | | |
| – jede Buchung wird als 1/2 Buchungsposten berechnet | 7,50 EUR | |
| Zugangsberechtigung zu T-Online pro Monat | 3,45 EUR | |
| ***Telefongebühren:*** | | |
| 10 Tage à 12 ct | 1,20 EUR | |
| ***T-Online-Gebühren:*** | | |
| 10 Tage à 6 ct (3 Min. Verbindung zu 2 ct/Min.) | 0,60 EUR | **12,75 EUR** |

   ***Ergebnis:***
   monatliche Ersparnis durch Homebanking: 2,25 EUR bei bequemer Arbeitsweise

3. Telebanking, da die T-Online-Anschlussgebühr von monatlich 4 EUR entfällt; ebenso entfallen die Kosten für das Modem bzw. die ISDN-Karte für den T-Online-Zugang sowie die Gebühren für die T-Online-Nutzung.

4. a) – Entscheidung für Homebanking, da Kontostandsauskunft und Überweisungsaufträge über visuelle Darstellung am Bildschirm sinnvoller erscheinen;
      – evtl. beide Systeme, da z. B. Kontoabfrage über Telefon bei Geschäftsreisen möglich ist
      – Einsatz von Telebanking ist eher gedacht für Privatkunden
   b) – durch die Eingabe der Geheimnummer (PIN) wird der Kontenzugang zum Homebanking-Konto ermöglicht; damit soll sichergestellt werden, dass eine Kontoabfrage durch Unbefugte nicht möglich ist;
      – die TAN ersetzt die Unterschrift auf dem Überweisungs**auftrag** (TAN = »elektronische Unterschrift«), durch die Vergabe von 50 TANs erlaubt die Bank die Ausführung von 50 Überweisungsaufträgen über einen beliebig hohen Betrag.

# Geldwert

## 3.13 Geldmenge und Geldwert

1. 10 Mio. (Taler) : 10 Mio. (kg) = 1 Taler für 1 kg

2. a) 12 Mio. (Taler) : 10 Mio. (kg) = 1,2 Taler für 1 kg
   b) Vor der Vergrößerung der Geldmenge:
      10 Mio. (kg) : 10 Mio. (Taler) = 1 kg für 1 Taler
      Nach der Vergrößerung der Geldmenge:
      10 Mio. (kg) : 12 Mio. (Taler) = 0,833 kg für 1 Taler
   c) Steigt das Preisniveau, dann ist das ein Ausdruck dafür, dass der Geldwert sinkt, und umgekehrt.

3. Ursache ist die Vergrößerung der Geldmenge, die insgesamt zur Nachfrage verwendet wird.

4. a) 1 kg kostete vor der Verringerung der Geldmenge 1 Taler.
   Danach kostet 1 kg nur noch 8 : 10 = 0,8 Taler.
   b) Vor der Verringerung der Geldmenge erhielt man für 1 kg einen Taler.
   Danach 10 : 8 = 1,25 kg.
   c) Ursache ist eindeutig die Verringerung der Geldmenge.
   d) $G = P \times H$ bzw. $P = \frac{G}{H}$
5. Auf dem Markt werden für 1 kg der Ware nur noch 0,80 Taler erzielt. Bei diesem Marktpreis deckt Produzent C nicht einmal mehr seine Selbstkosten.

## 3.14 Umlaufgeschwindigkeit des Geldes – Verkehrsgleichung des Geldes

| Jahr | 1. | 2. |
|---|---|---|
| | **Geldmenge in % des Wertes der hergestellten Güter** | **Umlaufgeschwindigkeit** |
| 1996 | 14,42 | 6,93 |
| 1997 | 14,40 | 6,95 |
| 1998 | 14,97 | 6,68 |
| 1999 | 14,60 | 6,85 |

3. a) Die Umlaufgeschwindigkeit des Geldes (U) vervielfacht die Wirkung der Geldmenge G. Das Produkt $G \times U$ ergibt die nachfragewirksame Geldmenge.
   b) $P = \frac{G \times U}{H}$
   c)

| | G | U | H | P |
|---|---|---|---|---|
| 1 | 100 | 6 | 100 | 6 |
| 2 | 100 | 7 | 100 | 7 |
| 3 | 200 | 7 | 100 | 14 |
| 4 | 200 | 7 | 140 | 10 |

## 3.15 Messung des Geldwertes

1. Unter Inflation versteht man einen Prozess anhaltender und erheblicher Steigerungen des Preisniveaus und damit sinkenden Geldwerts. Die Preise einzelner Güter können steigen, ohne dass damit eine allgemeine Preissteigerung verbunden ist. Die Wirkung auf den Geldwert könnte durch das Sinken der Preise für andere Güter ausgeglichen werden. Um eine Aussage über die Entwicklung des Geldwerts zu machen, müsste Georg Schuster die Preise aller Güter berücksichtigen, die für ihn von Bedeutung sind, nicht nur die Bodenpreise.
2. Nicht geeignet:

   **Index der Einzelhandelspreise.** In diesem Preisindex werden nur Einzelhandelspreise berücksichtigt. Nicht erfasst sind damit z. B. die Leistungen von Handwerkern (z. B. eines Friseurs), die Mietzahlung an den Hauseigentümer und die Preise von öffentlichen Verkehrsmitteln.

   **Preisindex für die Lebenshaltung aller privaten Haushalte:** Misst die durchschnittliche Preisveränderung aller Waren und Dienstleistungen, die von privaten Haushalten gekauft bzw. verbraucht werden. Mit diesem Preisindex wird die Veränderung der Verbraucherpreise umfassend abgebildet.

**Index der Erzeugerpreise industrieller Produkte.** Dieser Preisindex beruht auf den Verkaufspreisen der herstellenden Betriebe, erfasst werden keine Verbraucherpreise. Schon deshalb ist dieser Preisindex für Georg Schuster als Maßstab für die Entwicklung des Geldwerts ungeeignet. Außerdem entspricht die Auswahl der Güter, deren Preisentwicklung erfasst wird, nicht seiner Ausgabenstruktur.

**Index der Einkaufspreise für Auslandsgüter.** Der Index ist schon deshalb nicht geeignet, weil alle im Inland erzeugten Güter nicht berücksichtigt werden.

3. a) Das Statistische Landesamt stellt aus den Aufzeichnungen in den Haushaltsbüchern fest, für welche Güter die Haushalte ihr Einkommen verwenden. Diese Güter werden in einem »Warenkorb« zusammengefasst. Die Entwicklung des Gesamtpreises für alle im Warenkorb enthaltenen Güter zeigt die Entwicklung des Geldwerts.

   b) Der Inhalt des Warenkorbs unterscheidet sich nach der Höhe des Haushaltseinkommens und auch nach der Zahl der Haushaltsmitglieder. Für ein alleinstehendes älteres Ehepaar mit einer Rente von 900 EUR hat eine Änderung der Preise für Grundnahrungsmittel (Brot, Fleisch, Milch) eine viel größere Bedeutung als eine Änderung der Preise für Sekt oder für Fernreisen. Die Änderung des Gesamtpreises eines Warenkorbs für 3300 EUR kann für den Rentnerhaushalt mit einer Rente von 900 EUR die Entwicklung des Geldwerts nicht anzeigen. Deshalb ist es notwendig, auf Grund von Haushaltsbüchern für verschiedene Haushaltstypen auch unterschiedliche Warenkörbe zusammenzustellen und daraus besondere Preisindizes für die Lebenshaltung zu berechnen. Allerdings werden die Preisindices für spezielle Haushaltstypen (4-Personen-Haushalt von Arbeitern und Angestellten mit mittlerem Einkommen, 4-Personen-Haushalt von Angestellten und Beamten mit höherem Einkommen, 2-Personen-Haushalt von Rentnern und Sozialhilfeempfängern) vom Statistischen Bundesamt ab der Umstellung auf das Basisjahr 2000 nicht mehr veröffentlicht, da sie die Zusammensetzung der privaten Haushalte in der Bundesrepublik Deutschland nicht mehr repräsentativ abbilden.

   c) Preisindex für die Lebenshaltung eines 4-Personen-Arbeitnehmerhaushalts mit mittlerem Einkommen des alleinverdienenden Haushaltsvorstands (vgl. Ziffer 2 des Zeitungsausschnittes).

## 3.16 Geldwert und Reallohn

| 1. | | a) | b) |
|---|---|---|---|
| **Jahr** | **Preisindex für die Lebenshaltung** | **Veränderung des Preisniveaus gegenüber dem Vorjahr** | **Veränderung der Kaufkraft des Geldes gegenüber dem Vorjahr** |
| 1 | 100 | | |
| 2 | 110 | + 10 % | gesunken |
| 3 | 115 | + 4,5 % | gesunken |
| 4 | 120 | + 4,3 % | gesunken |
| 5 | 120 | 0 | unverändert |
| 6 | 118 | – 1,7 % | gestiegen |

c) Die Kaufkraft des Geldes im 6. Jahr ist um 15,25 % geringer als im Basisjahr.

(Kaufkraft im 6. Jahr): $\frac{100 \times 100}{118} = 84{,}75$;

Kaufkraftverlust gegenüber dem Basisjahr: 100 – 84,75 = 15,25 %

| 2. | | | a) | b) |
|---|---|---|---|---|
| **Jahr** | **Preisindex für die Lebenshaltung** | **Index des Nominallohns** | **Index des Reallohns** | **Veränderung des Reallohns** |
| 1 | 100 | 100 | 100 | |
| 2 | 110 | 110 | 100 | unverändert |
| 3 | 115 | 120 | 104,3 | gestiegen |
| 4 | 120 | 120 | 100 | gesunken |
| 5 | 120 | 125 | 104,2 | gestiegen |
| 6 | 118 | 125 | 105,9 | gestiegen |

$$\text{Index für den Reallohn} = \frac{\text{Index Nominallohn}}{\text{Preisindex}}$$

c) Der Reallohn ist im 6. Jahr gegenüber dem Basisjahr um 5,9 % gestiegen.

# Geldschöpfung

## 3.17 Deckung des Geldes (Goldwährung) – Geldschöpfung

1. a) Dass die Landeswährung (Fides) nur noch zu 90 % mit Gold gedeckt ist, wird keinen Einfluss auf das Preisniveau haben, wenn die Geldmenge nicht vermehrt wird,

$$P = \frac{G \times U}{H}$$

Wenn die geringer werdende Golddeckung bekannt wird und deshalb aus rein psychologischen Gründen eine Vertrauenskrise eintritt, könnte das Preisniveau aus folgendem Grunde steigen: Wegen des geringer gewordenen Vertrauens in die Stabilität der Währung kann die Umlaufgeschwindigkeit des Geldes (U) steigen, damit würde die »nachfragewirksame« Geldmenge vergrößert. Das kann zu einer Erhöhung des Preisniveaus (P) führen.

b) **Aktiva** — **Bilanz der Schatzkammer** — **Passiva**

| Aktiva | | Passiva | |
|---|---|---|---|
| Goldbestände (18 000 kg) | 36 000 Fides | ausgegebene Schuldscheine | 40 000 Fides |
| Forderungen an den Landesherrn | 4 000 Fides | | |
| | 40 000 Fides | | 40 000 Fides |

2. a) **Aktiva** — **Bilanz der Schatzkammer** — **Passiva**

| Aktiva | | Passiva | |
|---|---|---|---|
| Goldbestände (18 000 kg) | 36 000 Fides | ausgegebene Schuldscheine | 42 000 Fides |
| Forderungen an den Landesherrn | 6 000 Fides | | |
| | 42 000 Fides | | 42 000 Fides |

b) Die umlaufende Geldmenge hat sich von 40 000 auf 42 000 Fides erhöht. Bei unveränderter Umlaufgeschwindigkeit bewirkt dies eine Tendenz zur Erhöhung des Preisniveaus.

3. Die Reichsbank war verpflichtet, die von ihr ausgegebenen Banknoten jederzeit in einem festgelegten Verhältnis in Goldmünzen oder Goldbarren umzutauschen.

Dafür musste sie eine Golddeckung halten. Dadurch war ihre Möglichkeit, Banknoten auszugeben, begrenzt. Für das ESZB besteht eine solche Umtauschpflicht nicht. Damit kann sie unbegrenzt Banknoten ausgeben.

4. a) Damit würde die Einführung einer Goldwährung gefordert. Geld könnte vom ESZB nur geschaffen werden, wenn ihr Goldbestände zufließen, nicht aber, wenn dies aus anderen Gründen volkswirtschaftlich notwendig oder vertretbar wäre, z.B. im Rahmen einer Konjunkturpolitik zur Beseitigung von Arbeitslosigkeit.

   b) Unter dem Aspekt der Sicherung des Geldwerts sollte eine Vergrößerung der Geldmenge vor allem mit einer Vergrößerung des Güterangebots in einer Volkswirtschaft in Zusammenhang stehen.

## 3.18 Geldschöpfung einer einzelnen Geschäftsbank – Geldschöpfung in einem System von Geschäftsbanken – Geldschöpfungsmultiplikator

1. a) Die von der Zentralbank ausgegebenen Banknoten haben den Charakter von Schuldscheinen. In dem früher üblichen System einer Goldwährung hatte die Zentralbank die Verpflichtung, die Banknoten jederzeit umzutauschen, z.B. in Gold oder Devisen. Diese Verpflichtung ergab sich aus dem »Notenbankgesetz«.

   b) Das restliche Bargeld ist im Kassenbestand von Privat- und Geschäftsleuten (»Publikum«).

   c) Das Bargeld ist in den Besitz der Privat- und Geschäftsleute entweder durch Kreditgewährung der Geschäftsbank gekommen oder auch durch Verkauf von Aktiva (z.B. Wechsel, Wertpapiere) an die Banken.

   d) BARGELD

| | | | |
|---|---|---|---|
| | Banknoten- und Münzumlauf aus der Bilanz der Zentralbank | 1000 | |
| – | Kassenbestand der Geschäftsbanken | 700 | |
| = | im volkswirtschaftlichen Kreislauf wirksame Bargeldmenge | | 300 |
| BUCHGELD | | | |
| + | täglich fällige Guthaben von Nichtbanken bei den Geschäftsbanken (Sichteinlagen) | | 2500 |
| GELDMENGE (M1) | | | 2800 |

2. a) Geschäftsbank A kann in Höhe von 250 GE Kredit gewähren (400 Kassenbestand – 10 % Liquiditätsreserve von 1500 = 150; verbleiben 250).

   b) Geschäftsbank B kann in Höhe von 200 (300 Kassenbestand – 100 Liquiditätsreserve) Kredit gewähren.

3. a) **Bilanz der Geschäftsbank A**

| Aktiva | | Passiva | |
|---|---|---|---|
| Kasse | 300 GE | Sichteinlagen von Nichtbanken | 1 500 GE |
| Forderungen aus Krediten an Nichtbanken | 1 500 GE | Verbindlichkeiten gegenüber der Zentralbank | 300 GE |
| | 1 800 GE | | 1 800 GE |

**Bilanz der Geschäftsbank B**

| Aktiva | | Passiva | |
|---|---|---|---|
| Kasse | 400 GE | Sichteinlagen von Nichtbanken | 1 100 GE |
| Forderungen aus Krediten an Nichtbanken | 900 GE | Verbindlichkeiten gegenüber der Zentralbank | 200 GE |
| | 1 300 GE | | 1 300 GE |

b) BARGELD

| | | | |
|---|---|---|---|
| | Banknoten- und Münzumlauf aus der Bilanz der Zentralbank | 1000 | |
| – | Kassenbestand der Geschäftsbanken | 700 | |
| = | im volkswirtschaftlichen Kreislauf wirksame Bargeldmenge | | 300 |
| | BUCHGELD | | |
| + | täglich fällige Guthaben von Nichtbanken bei den Geschäftsbanken (Sichteinlagen) | | 2600 |
| | GELDMENGE (M1) | | 2900 |

c) Geldschöpfungsmöglichkeit der Geschäftsbank A: 150
Geldschöpfungsmöglichkeit der Geschäftsbank B: 290
(400 Kassenbestand – 10 % Liquiditätsreserve von 1100 (110) = 290)

4. a) Überschussreserve;
Geschäftsbank A: 0
Geschäftsbank B: 180 (Kassenbestand 400, abzuf. Mindestreserve 20 % von 1100 = 220, verbleiben 180)

b) Geschäftsbank A: 0

c) Geschäftsbank B: 180

5. a) Überschussreserve: 180 (bei Bank B)

Daraus kann im Zusammenwirken der Geschäftsbanken so lange Kredit gegeben werden, bis dieser Betrag zur Mindestreserve geworden ist.

20 % = 180
100 % = x

$$\frac{180 \times 100}{20} = 900$$

Im System der Geschäftsbanken können aus der Überschussreserve von 180 bei einem Mindestreservesatz von 20 % maximal Kredite bis zur Höhe von 900 GE gewährt werden (= aktive Buchgeldschöpfung).

b) 10 – 5 – 4 – 2

6. Einlagen mit einer vereinbarten Laufzeit oder Kündigungsfrist können ebenso wie Wertpapiere im Festlegungszeitraum nicht zur Nachfrage verwendet werden. Grundlage für die gesamtwirtschaftliche Nachfrage, die auf das Preisniveau wirkt, ist die »aktuelle« Geldmenge M1.

## 3.19 Zentralbankpolitik

1. a) Kassenbestand –100; Wertpapiere +100

b) Der Gegenwert der Wertpapiere wurde bar ausgezahlt. Dadurch kam Bargeld aus dem Bereich der Banken in den Bereich der Nichtbanken. Der Bargeldumlauf hat sich um 100 GE erhöht, die Menge des Buchgelds blieb unverändert. Die Geldmenge hat sich ebenfalls erhöht.

Durch den Kauf der Wertpapiere haben die Geschäftsbanken liquide Mittel (Überschussreserve) verloren; damit ist ihre Geldschöpfungsmöglichkeit gesunken.

2. a) Geschäftsbank:
Wertpapiere +200; Kasse –200
Zentralbank:
Wertpapiere –200; Banknoten und Münzumlauf –200

b) Die Geschäftsbanken verlieren Zentralbankgeld. Die Geldmenge verändert sich dadurch nicht, da Bargeld im Bereich der Banken nicht zur Geldmenge zählt.

   Die Überschussreserve bei den Banken verringert sich und damit auch ihre Geldschöpfungsmöglichkeit.

c) Die Zentralbank kann die Geschäftsbanken zum Kauf von Wertpapieren anreizen, indem sie Verzinsung dieser Wertpapiere erhöht.

3. a) Geschäftsbanken:
   Kassenbestand −125; Mindestreserveguthaben +125
   Zentralbank:
   Banknoten und Münzumlauf −125; Mindestreserveguthaben der Geschäftsbanken +125

   b) Die Geschäftsbanken verlieren Zentralbankgeld (Überschussreserve). Ihre Geldschöpfungsmöglichkeit wird kleiner. Die Geldmenge verändert sich nicht.

# 4 Das Unternehmen

## Gründung eines Unternehmens

### 4.01 Fallstudie: Standortwahl eines Unternehmens – Entscheidungsbewertungstabelle

mögliche Lösung:

| Standortfaktoren | Wichtigkeit<br>ganz wichtiger Faktor = 10 Pkte<br>unwichtiger Faktor 1 Pkt<br>(W) | Standort A<br>Nutzen der Faktoren<br>sehr hoch = 3 Pkte<br>kein Nutzen = 0 Pkte<br>(B) | Standort A<br>Gewichteter Nutzen<br>G = W × B | Standort B<br>Nutzen der Faktoren<br>sehr hoch = 3 Pkte<br>kein Nutzen = 0 Pkte<br>(B) | Standort B<br>Gewichteter Nutzen<br>G = W × B | Standort C<br>Nutzen der Faktoren<br>sehr hoch = 3 Pkte<br>kein Nutzen = 0 Pkte<br>(B) | Standort C<br>Gewichteter Nutzen<br>G = W × B |
|---|---|---|---|---|---|---|---|
| *Grundstückspreise* | 5 | *1* | 5 | *0* | *0* | *3* | *15* |
| *Gewerbesteuer* | 5 | *2* | *10* | *1* | *5* | *3* | *15* |
| *Lohnniveau* | *10* | *2* | *20* | *1* | *10* | *3* | *30* |
| *Kundenentfernung* | *8* | *1* | *8* | *3* | *24* | *2* | *16* |
| *Regionalabsatz* | *8* | *3* | *24* | *1* | *8* | *2* | *16* |
| *Verkehrsanbindung* | *6* | *2* | *12* | *3* | *18* | *1* | *6* |
| *Freizeitwert* | *7* | *3* | *21* | *2* | *14* | *1* | *7* |
| *persönliche Präferenz* | 5 | *3* | *15* | *2* | *10* | *1* | 5 |
| Summen | | | 115 | | 89 | | 110 |

### 4.02 Gründung und Firma des Einzelunternehmens

1. Nein. Die Gründung eines Einzelhandelsgeschäftes für Eisenwaren bedarf keiner Genehmigung. In der Bundesrepublik Deutschland besteht grundsätzlich Gewerbefreiheit. GewO § 1, GG Art. 12,1. Für Einzelhandelsbetriebe ist eine Genehmigung nur notwendig beim Handel mit Waffen, Milch oder Arzneimitteln. Eine Entscheidung des Bundesverfassungsgerichts von 1966 hat den früher allgemein für den Einzelhandel geforderten Nachweis der Sachkunde für verfassungswidrig erklärt.
2. Anmeldung ist erforderlich
   - beim Amtsgericht zur Eintragung ins Handelsregister, da **Beyer** Kaufmann ist (§§ 1, 29 HGB),
   - bei der Ortsbehörde (§ 14 GewO),
   - beim Finanzamt – über die Gemeinde – (§ 138 AO),
   - bei der Berufsgenossenschaft (§§ 2, 121 SGB VII),
   - bei der Industrie- und Handelskammer (Zwangsmitgliedschaft),
   - bei der Krankenkasse (§ 5 SGB V),
   - beim Arbeitsamt (Zuteilung einer Betriebsnummer).
3. **Wilhelm Beyer** eingetragener Kaufmann; – Vorname könnte entfallen; **Eisen-Beyer** e.K.; **Sasbacher Eisenwaren** e.K.; Einzutragende können wählen zwischen

Personen-, Sach- oder Phantasiefirma; für Einzelkaufleute immer erforderlich: Zusatz »eingetragener Kaufmann/Kauffrau« oder entsprechende Abkürzung wie z. B. »e.K.« oder «e. Kfm.« – § 19 (1) Zi 1 HGB; allgemein gilt – unabhängig von der Rechtsform – für die Eintragungsfähigkeit einer Firma (§ 18 HGB):

1. **Unterscheidungskraft** gegenüber anderen Unternehmen;
2. **Geschäftsverhältnisse** müssen ersichtlich sein;
3. **Haftungsverhältnisse** müssen offengelegt werden;

4. a) Von den erlaubten Bezeichnungen sind alle noch zu verwenden, da durch Vorname und/oder Branchenangabe ausreichende Unterscheidung. Auch **Gerhard Beyer** e.K. genügt, da **Gerhard Beyer Landesproduktenhandlung** e.K. sich deutlich unterscheidet (anders wäre es bei Tätigkeit in der gleichen Branche).
   b) Eintrag schützt die Ausschließlichkeit der zuerst eingetragenen Firma für den Ort der Niederlassung; für Einreichung der Anmeldung zur Eintragung in das Handelsregister ist öffentlich beglaubigte Form erforderlich – § 12 HGB; vgl. auch § 129 BGB.
   c) § 22 HGB erlaubt Fortführung der Firmenbezeichnung. Der wirtschaftliche Wert der Firmenbezeichnung soll erhalten werden. Unterschrift mit G. Beyer erlaubt.

5. Nein. Da es sich nicht um eine Firma am selben Ort oder in derselben Gemeinde handelt (§ 30 HGB), liegt kein unzulässiger Firmengebrauch vor (§ 37 HGB). Wegen der großen räumlichen Entfernung besteht bei einem Eisenwarengeschäft keine Verwechslungsgefahr, sodass Ansprüche (Unterlassungsanspruch, Schadensersatzanspruch) nach § 15 MarkenG ausscheiden.

# Rechtsformen
# Die offene Handelsgesellschaft (OHG)

## 4.03 OHG: Firma – Geschäftsführung – Vertretung – Haftung – Gesellschaftsvertrag – Gewinnverteilung

1. Probleme und vertragliche Regelungen: Einlagen der Beteiligten (§ 2); Vergütung für die Mitarbeit (§ 4); Verteilung des Gewinns (§ 4); Berechtigung, für die Gesellschaft bindende Verträge abzuschließen (§ 5); Folgen für die Gesellschaft bei Ausscheiden eines Gesellschafters (§ 7).
2. **Kröner & Wiegert OHG, Kröner OHG, Kröner und Löffler OHG, Wismarer Delikatessengroßhandel OHG,** u. a. § 19 (1) Zi 2 HGB.
3. Notarielle Beurkundung erforderlich, da Gesellschafter Wiegert ein Grundstück einbringt. § 313 BGB.
4. OHG, da Wirksamwerden der OHG nach außen schon mit Geschäftsbeginn. Betrieb eines Handelsgewerbes mit einem nach Art oder Umfang in kaufmännischer Weise eingerichteten Geschäftsbetrieb (§ 1 (2) HGB; damit hat die Eintragung lediglich deklaratorische Wirkung. § 123 (2) HGB; also am 15.03. bereits OHG.
5. Kröner ist Vertreter ohne Vertretungsmacht (§ 177 BGB). Der Vertrag ist schwebend unwirksam. Seine Wirksamkeit ist von der Genehmigung des Mitgesellschafters Löffler oder eines Prokuristen abhängig. Wird die Genehmigung verweigert, ist der Vertrag unwirksam. Der Vertragspartner hat dann gem. § 179 BGB wahlweise Anspruch auf Erfüllung oder Schadensersatz gegen den als Vertreter ohne Vertretungsmacht handelnden Gesellschafter. Der Vertreter haftet allerdings dann nicht, wenn der andere Teil den Mangel der Vertretungsmacht kannte oder kennen musste (§ 179 (3) BGB).

6. a) Laut Gesellschaftsvertrag (§ 6f) unterliegt die Aufnahme eines Kredits der Beschlussfassung aller Gesellschafter; demnach hatte er für den Abschluss dieses Rechtsgeschäftes **keine** Geschäftsführungsbefugnis;
   b) Wiegert ist zur Vertretung der Gesellschaft ermächtigt (Einzelvertretung). Die Vertretungsmacht umfasst gewöhnliche und außergewöhnliche Geschäfte. §§ 125, 126 HGB. Damit ist der Vertrag gültig.
   c) Ja, weil er seine Geschäftsführungsbefugnis überschritten hat.
7. Aus § 128 HGB:
   a) Nein, jeder Gesellschafter haftet als Gesamtschuldner (solidarisch).
   b) Nein, die Gesellschafter haften persönlich (direkt, unmittelbar).
   c) Nein, die Gesellschafter haften mit ihrem gesamten Vermögen (unbeschränkt).
   d) Nein, Haftungsbeschränkung Dritten gegenüber unwirksam.
8.

| | eingebrachtes Kapital in EURO | Verzinsung lt. Gesellschaftsvertrag | Privatentnahmen | Restverteilung nach Köpfen | Gewinnanteil |
|---|---|---|---|---|---|
| **Kröner** | **180 000** | 9 000 | 57 600 | 1 200 | 67 800 |
| **Wiegert** | **260 000** | 13 000 | 57 600 | 1 200 | 71 800 |
| **Löffler** | **140 000** | 7 000 | 57 600 | 1 200 | 65 800 |
| **Insgesamt** | **580 000** | 29 000 | 172 800 | 3 600 | **205 400 €** |

## 4.04 OHG: Gewinn- und Verlustverteilung – Ausscheiden eines Gesellschafters

1. a)

| | eingebrachtes Kapital | 4 % Verzinsung | Restverteilung nach Köpfen | Gewinnanteil |
|---|---|---|---|---|
| **Allgeyer** | **300 000** | 12 000 | 70 000 | 82 000 |
| **Brauer** | **400 000** | 16 000 | 70 000 | 86 000 |
| **Colm** | **600 000** | 24 000 | 70 000 | 94 000 |
| **Insgesamt** | **1 300 000** | 52 000 | 210 000 | **262 000** |

b)

| | eingebrachtes Kapital | Tätigkeitsvergütung | 4 % Verzinsung | Restverteilung nach Köpfen | Gewinnanteil |
|---|---|---|---|---|---|
| **Allgeyer** | **300 000** | 60 000 | 12 000 | 16 000 | 88 000 |
| **Brauer** | **400 000** | 54 000 | 16 000 | 16 000 | 88 000 |
| **Colm** | **600 000** | 48 000 | 24 000 | 16 000 | 88 000 |
| **Insgesamt** | **1 300 000** | 162 000 | 52 000 | 48 000 | **262 000** |

c)

| | Gewinnanteil | Tätigkeitsvergütung | Restgewinn (= Gewinnanteil – Tätigkeitsvergütung | eingebrachtes Kapital | Rentabilität der Einlagen in % |
|---|---|---|---|---|---|
| **Allgeyer** | **88 000** | 60 000 | 28 000 | **300 000** | 9,33 |
| **Brauer** | **86 000** | 54 000 | 32 000 | **400 000** | 8,00 |
| **Colm** | **88 000** | 48 000 | 40 000 | **600 000** | 6,67 |
| **Insgesamt** | **262 000** | 162 000 | 100 000 | **1 300 000** | |

d) Weil die **Arbeitsleistung** nicht berücksichtigt werden würde. Bevorzugt würden die Gesellschafter, die verhältnismäßig viel Kapital eingelegt haben.

e) Weil dann die **Kapitaleinlage** nicht berücksichtigt werden würde. Bevorzugt wären die Gesellschafter mit der niedrigsten Kapitaleinlage.

f) Brauer und Colm; Colm (mit der höchsten Kapitaleinlage) ist am meisten benachteiligt. Er erhält 6,67 % Verzinsung; wegen der Zinsdifferenz zu einer alternativen Geldanlage und wegen der hohen Einlage hat er den größten Nachteil.

2. a)

| | eingebrachtes Kapital zu Beginn des Jahres | 6 % Verzinsung | abzgl. 6 % Zins für Privatentnahmen | abzgl. 6 % Zins für ausstehende Einlagen | Zinsanteil | Restverteilung nach Köpfen | Gewinnanteil |
|---|---|---|---|---|---|---|---|
| **Allgeyer** | 300000 | 18000 | 1560 | 4800 | 11640 | 83752 | 95392 |
| **Brauer** | 400000 | 24000 | 1225 | | 22775 | 83752 | 106527 |
| **Colm** | 600000 | 36000 | 1455 | | 34545 | 83752 | 118297 |
| **Insgesamt** | **1300000** | **78000** | **4240** | **4800** | **68960** | **251256** | **320216** |

b) 4 %. § 121 (1) und § 121 (2) HGB (Veränderung des Kapitalanteils durch Entnahmen)

c) Mit dem Zinsabzug für Privatentnahmen wird erreicht, dass jeder Gesellschafter im Laufe des Geschäftsjahres sein unterschiedlich hohes Eigenkapital nach den Regeln der Zinsrechnung verzinst bekommt.

d)

| | eingebrachtes Kapital zu Beginn des Jahres | 6 % Verzinsung | abzgl. 6 % Zins für Privatentnahmen | abzgl. 6 % Zins für ausstehende Einlagen | Zinsanteil | Restverteilung nach Köpfen | gesamter Gewinnanteil | Privatentnahmen | Kapital am Ende des Jahres |
|---|---|---|---|---|---|---|---|---|---|
| **Allgeyer** | 300000 | 18000 | 1560 | 4800 | 11640 | 83752 | 95392 | 42000 | 353392 |
| **Brauer** | 400000 | 24000 | 1250 | | 22775 | 83752 | 106527 | 37000 | 469527 |
| **Colm** | 600000 | 36000 | 1455 | | 34545 | 83752 | 118297 | 32000 | 686297 |
| **Insgesamt** | **1300000** | **78000** | **4240** | **4800** | **68960** | **251256** | **320216** | 111000 | **1509216** |

3. a) – c)

Da Colm nicht mehr mitarbeitet, muss den weiter mitarbeitenden Gesellschaftern für ihre Arbeitsleistung eine besondere Vergütung gegeben werden.

***Vorschlag:*** weiterhin 6 % Verzinsung; vom Gewinnrest erhalten A und B je 60 000 EUR vorweg.

| | eingebrachtes Kapital zu Beginn des Jahres | 6 % Verzinsung | abzgl. 6 % Zins für Privatentnahmen | abzgl. 6 % Zins für ausstehende Einlagen | Zinsanteil | Tätigkeitsvergütung | Restverteilung nach Köpfen | Gewinnanteil |
|---|---|---|---|---|---|---|---|---|
| **Allgeyer** | 300000 | 18000 | 1560 | 4800 | 11640 | 60000 | 43752 | 115392 |
| **Brauer** | 400000 | 24000 | 1225 | | 22775 | 60000 | 43752 | 126527 |
| **Colm** | 600000 | 36000 | 1455 | | 34545 | | 43752 | 78297 |
| **Insgesamt** | **1300000** | **78000** | **4240** | **4800** | **68960** | **12000** | **131256** | **320216** |

Berechnung des neuen Kapitals (Formel):
Altes Kapitel – Entnahmen (bzw. abzgl. Tätigkeitsvergütung, falls während des Jahres bereits ausbezahlt) + Einlagen + Gewinnanteil bzw. – Verlustanteil = neues Kapital.

4. a) Ja. Entnahmerecht bis 4 % des Kapitalanteils bei Verlust. § 122 HGB

b) Zu gleichen Teilen. § 121 (3) HGB, also je 10 000 EUR

5. a) Bis 31.12. des nächsten Jahres, da das laufende Geschäftsjahr nicht mehr 6 Monate dauert. § 132 HGB

b) Ja. Er haftet noch 5 Jahre nach seinem Ausscheiden. § 159 (1) HGB

c) Ja. Der neu eintretende Gesellschafter haftet für bereits begründete Verbindlichkeiten (§ 130 HGB).

# Die Kommanditgesellschaft (KG)

## 4.05 KG: Firma – Geschäftsführung – Vertretung – Gewinnverteilung – Wettbewerbsverbot – Privatentnahmen – Kontrollrecht

1. Vorteile: Kreditaufnahme: Keine Teilung des Gewinns mit Gesellschafter, Geschäftsführungs- und Vertretungsmacht bleibt allein bei ihm.

   Aufnahme eines Gesellschafters: keine Zinskosten. Gesellschaft wird kreditfähiger, Unterstützung durch einen Fachmann.

2. a) z. B. **Fritz Huber, Sanitärgroßhandlung KG.** §§ 161, 19 (1) Zi 3 HGB.

   b) Bisher gut eingeführter Firmenname (z. B. Fritz Huber Sanitärgroßhandlung) soll weiter bestehen; lediglich: Zusatz KG erforderlich.

   c) Der Gesellschaftsvertrag kann grundsätzlich formfrei abgeschlossen werden. Da hier ein Grundstück eingebracht wird, ist notarielle Beurkundung notwendig. BGB § 313.

3. Nein. Der Kommanditist hat keine Vertretungsmacht (§ 170 HGB). Der Vertrag ist schwebend unwirksam (§ 177 BGB).

4. a)

| | eingebrachtes Kapital in EUR | 7 % Verzinsung | Unternehmer-lohn | Restverteilung 70 : 30 |
|---|---|---|---|---|
| **Huber** | 1 200 000 | 84 000 | 72 000 | 89 600 |
| **Gütermann** | 400 000 | 28 000 | – | 38 400 |
| **Insgesamt** | **1 600 000** | **112 000** | **72 000** | **66 400** |

   b) Die gesetzl. Regelung, dass der 4 % des Kapitalanteils übersteigende Gewinn in angem. Verhältnis verteilt wird (§ 168 (2) HGB), ist zu unbestimmt und kann zu Unstimmigkeiten führen.

   c) Weil der Kommanditist weder mitarbeitet noch voll haftet, wäre es ungerecht, den Mehrgewinn auf Vollhafter und Teilhafter mit gleichen Anteilen zu verteilen.

5. a) und b) Gütermann würde Vollhafter. Im Haftungsfalle könnte sein Kapitalanteil an der Gesellschaft mit Huber gepfändet werden. Grundsätzlich gilt jedoch das Wettbewerbsverbot nicht für Kommanditisten. §§ 165, 112 HGB.

6. a) Nein. Für Vollhafter in KG gilt Wettbewerbsverbot. Er darf nicht Vollhafter in gleichartiger Handelsgesellschaft werden. §§ 161 (2) 5, 112 HGB,

   b) Ja. § 112 HGB,

   c) Ja. Kein Wettbewerb. § 112 HGB.

7. Ja. Bei gewöhnlichen Geschäften hat der Kommanditist kein Widerspruchsrecht, § 164 HGB.

8. a) Ja. Huber ist Vollhafter und hat deshalb Vertretungsmacht, §§ 161 (2), 125 und 126 (2) HGB. Danach ist eine Beschränkung der Vertretungsmacht Dritten gegenüber unwirksam.

   b) Ja. Schadenersatzanspruch Gütermanns gegen Huber. Geschäftsführung ohne Auftrag. Bei außergewöhnlichen Geschäften hat der Kommanditist ein Widerspruchsrecht. § 164 HGB. (Der Kommanditist hat bei außergewöhnlichen Geschäften nicht nur ein Widerspruchsrecht, er muss sogar gefragt werden. Baumbach-Duden zu § 164 HGB Anm. 8.)

9. a) Ja. Entnahmerecht des Komplementärs wie in OHG. §§ 161 (2), 122 HGB.

   b) Nein. Kein Entnahmerecht des Kommanditisten. § 169 HGB.

10. Nein. Er kann nur jährlich die Richtigkeit der Bilanz durch Einsicht in die Bücher prüfen. Bei wichtigem Grund weitere Aufklärung nur durch gerichtlichen Beschluss. § 166 HGB.

# Die Aktiengesellschaft (AG)

## 4.06 AG: Gründung – Grundkapital – Eigenkapital – Aktie

1. Ja. Die Gründung ist möglich, da eine oder mehrere Personen eine AG gründen können. § 2 AktG. Mindestnennbetrag des Grundkapitals von 50 000 EUR ist erreicht. § 7 AktG.

   *Hinweis: Bis zum 31. Dez. 2001 ist es noch möglich, neue Aktiengesellschaften mit einem auf DM lautenden Grundkapital (ebenso: auf DM lautende Aktien) einzutragen (§ 1 (2) S. 2 EG AktG); vor dem 01.01.99 in das Handelsregister eingetragene Aktiengesellschaften können die Nennbeträge ihres Grundkapitals und ihre Aktien vorerst weiter in DM bezeichnen (§ 1 (2) EG AktG). Bis zum 31.12.98 war laut Aktiengesetz ein Mindestgrundkapital in Höhe von 100 000 DM vorgeschrieben.*

2. a) Inhaberaktien lauten nicht auf einen bestimmten Namen, sondern auf einen Inhaber. Die Eigentumsübertragung erfolgt ohne besondere Formalität durch Einigung und Übergabe.

   Namensaktien lauten auf den Namen einer bestimmten natürlichen oder juristischen Person. Der Eigentümer der Aktie ist im Aktienbuch der AG eingetragen. Damit sind der AG ihre Aktionäre namentlich bekannt. Die Eigentumsübertragung erfolgt durch Einigung und Übergabe des **indossierten** Papiers unter Löschung und Neueintrag im Aktienregister (AktG § 67). Namenaktien können nur dann an der Börse gehandelt werden, wenn ihr Erwerb mit einer Blankoabtretungserklärung (Blankozession) verbunden ist. Dieses Übertragungsinstrument wird an Stelle des Indossaments eingesetzt.

   *Hinweis: Vinkulierte (gebundene Namensaktien) werden in gleicher Weise wie Namensaktien übertragen. Jedoch ist für die Übertragung die Zustimmung der Gesellschaft erforderlich.*

   b)
   - AG ist über Veränderungen der Aktionärsstruktur sofort informiert
   - Aktionäre sind der AG namentlich bekannt (unmittelbare Ansprache möglich)
   - Einladungen zur Hauptversammlung, Versand von Geschäfts- oder Quartalsberichten und von Aktionärsbriefen ist problemlos möglich; der umständliche Versand der Einladungen für Hauptversammlungen über Banken entfällt; dadurch lassen sich etwa 50 % Kosten sparen (vgl. Handelsblatt vom 21.03.2001)
   - regelmäßiger Kontakt mit den Aktionären kann zu einer höheren Bindung an das Unternehmen beitragen
   - Organisation der Hauptversammlung ist einfacher, weil der AG der aktuelle Status eines Aktionärs sowie die ihm zustehenden Stimmrechte bekannt sind
   - bei anstehenden »feindlichen« Übernahmen kann der Vorstand direkten Kontakt mit den Anteilseignern aufnehmen
   - Zukünftig: Namensaktien erleichtern die Durchführung virtueller Hauptversammlungen

3. a) Weil die Firma der AG die Bezeichnung »AG« oder »Aktiengesellschaft« enthalten muss (§ 4 AktG). Eigener Vorschlag: Messtechnik AG; Begründung: § 4 AktG erlaubt zwar eine Personenfirma (z. B. »Krieger AG«); bei Sachfirma kann jedoch das im Firmennamen zum Ausdruck kommende Tätigkeitsfeld eines Unternehmens werbewirksam genutzt werden.

   b) Gesellschaft BGB. § 705 BGB.

   c) Nein, Gesamtvertretungsbef. §§ 714, 709 BGB.

4. a) Weil zumindest noch die Satzung und die Urkunden über die Bestellung des Vorstands und des Aufsichtsrats vorzulegen sind, §§ 36, 37 AktG.

   b) Mit dem Zeitpunkt der Eintragung, also am 15.12., ist AG entstanden. § 41 AktG. (Mit der Einzahlung am 25.08. wurde die AG zwar errichtet, aber das heißt nur, dass ein nicht rechtsfähiger Verein entstanden ist.)

5. a) 5 Mio. EUR Grundkapital : 2 Mio. Aktien = 2,50 EUR/Aktie

   b) Nein, der auf die einzelne Aktie entfallende Betrag darf 1 EUR nicht unterschreiten (§ 8 (3) AktG). Bei einer Ausgabe von 6 Mio. Aktien würde sich ein Betrag von 5 Mio. EUR : 6 Mio. Aktien = 0,833 EUR/Aktie errechnen.

   c) 2 Mio. Aktien à 2,68 EUR = 5,36 Mio. EUR

   d) 107,2 %

   e) Mittelzufluss 5,36 Mio. EUR;
   Mittelzufluss reicht aus, um errechneten Kapitalbedarf in Höhe von 5 Mio. EUR zu decken.

6. a) 1 Mio. EUR : 2,50 EUR/Aktie = 400 000 Aktien

   b)

| | |
|---|---|
| Mittelzufluss | 5 360 000 EUR |
| – Gründungskosten | 100 000 EUR |
| »Nettovermögen« | 5 260 000 EUR |

   $\frac{5\,260\,000 \text{ EUR}}{2 \text{ Mio. Aktien}}$ = **2,63 EUR/Aktie**

## 4.07 AG: Hauptversammlung – Aufsichtsrat – Vorstand

1. Bestätigung der Deutschen Bank (oder jeder anderen Bank, die die Aktien in Verwahrung hat).

2. Ja, Stimmrecht kann schriftlich übertragen werden. § 135 AktG.

3. a) Mindestens 3, höchstens 15, da die Gesellschaft zwischen 1,5 und 10 Mio. EUR Grundkapital hat. § 95 AktG.

   b) Krieger 20, Günther 60; § 134 (1) AktG; bei Nennbetragsaktien Abstimmung nach Nennbeträgen.

   Hinweis: Gem. § 23 (3) Zi. 4 AktG können Aktien mit unterschiedlichen Nennbeträgen ausgegeben werden. Nennbetragsaktien und Stückaktien sind nebeneinander nicht möglich – § 8 (1) AktG.

   c) Ja. Produktion ist nur in der Zusammenarbeit zwischen Arbeitgeber und Arbeitnehmer möglich. Der Arbeitnehmer ist daher ein Partner, der mitbestimmen soll. § 96 AktG., § 76 BVG.

   d) Zeitel erfüllt die persönlichen Voraussetzungen nicht, da Herr Gruber bereits Aufsichtsratsmitglied der Datentechnik AG ist (Überkreuzverflechtung) –AktG § 100 (2) Zi. 3.

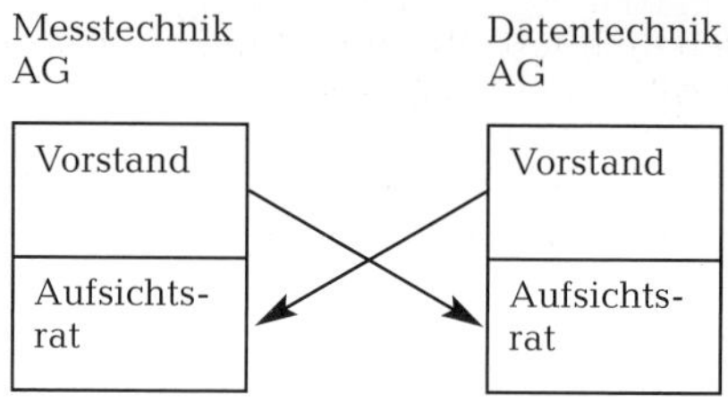


Überkreuzverflechtung
(Verbot nach § 100 (2) Zi 3 AktG)

Wenn sich Vorstände verschiedener Aktiengesellschaften im Aufsichtsrat gegenseitig kontrollieren (siehe Bild), besteht die Gefahr, dass sie ihre Kontrollaufgaben nicht im gebotenen Umfang wahrnehmen (evtl. Absprachen). Deshalb verbietet das Aktiengesetz die Überkreuzverflechtung

4. Er hat die Mehrheit in der Hauptversammlung bei der Wahl des Aufsichtsrats. §§ 134, 101 AktG. Der Aufsichtsrat wählt den Vorstand. § 84 AktG. Also kann er den Vorstand bestimmen, der unter eigener Verantwortung die Gesellschaft leitet. § 76 AktG. Die Wiederwahl des Vorstands hängt allein von ihm ab.

5. a) Ja, § 78 AktG.
   b) Nein. Zwar ist der Kaufvertrag gültig, denn der Vorstand hat Vertretungsmacht (§ 78 AktG), doch haftet der Aktionär Schulz nicht, weil der Vorstand nur die jur. Person verpflichtet hat. Die AG hat eigene Rechtspersönlichkeit. § 1 AktG.

## 4.08 AG: Kleine AG

1. – Drescher und Malz sind 65 Jahre alt und beabsichtigen, sich **mit ihrer Arbeitskraft** in naher Zukunft aus dem laufenden Geschäft zurückzuziehen:
   – OHG-Gesellschafter sind nach Gesetz zur Mitarbeit im Unternehmen verpflichtet.
   – Malz und Drescher wollen dem Unternehmen ihre Kapitalanteile – ohne Verpflichtung zur Mitarbeit – auch weiterhin zur Verfügung stellen.
   – im Falle der Aufnahme der Kinder als OHG-Gesellschafter werden diese voraussichtlich nicht auf die ihnen gesetzlich zustehenden Rechte auf Geschäftsführungs- und Vertretungsbefugnis verzichten; Grund: Haftung
   – persönliche Haftung von OHG-Gesellschaftern hemmt künftige Unternehmensentwicklung.

2. a) Es genügt, wenn sich an der Feststellung des Gesellschaftsvertrages (der Satzung) eine Person beteiligt; im vorliegenden Fall beteiligen sich 4 Personen.
   b) – Aufsichtsrat besteht nach § 95 AktG aus 3 Mitgliedern;
      – da weniger als 500 Arbeitnehmer beschäftigt werden, finden die Vorschriften über eine Beteiligung der Arbeitnehmer im Aufsichtsrat keine Anwendung – § 76 (6) BetrVG 1952; da der Aufsichtsrat von der Hauptversammlung gewählt wird, bestimmen die 4 Aktionäre allein, wie dieser sich zusammensetzt; wäre die AG vor dem 10. August 1994 in das Handelsregister eingetragen worden, so müsste der Aufsichtsrat zu einem Drittel aus Vertretern der Arbeitnehmer gebildet werden, da es sich nicht um eine **Familiengesellschaft** handelt (§ 76 (6) BVG 1952).

3. a) – bei einem Grundkapital von 6 Mio. EUR und 5 EUR Nennwert pro Aktie hätten 1,2 Mio. Aktien gedruckt werden müssen; um Druckkosten zu sparen, hat man auf eine Einzelverbriefung verzichtet.
      – Ersparnis von Kosten für die Verwaltung der 1,2 Mio. Aktien
      – der Gang zur Börse ist – zumindest aus jetziger Sicht – nicht geplant;

b) – alle Aktionäre haben jeweils eine Stimme – § 12 (1) AktG – da jeder Aktionär über den gleichen Nennbetrag verfügt;

4. a) – Vorstand beschließt mit einfacher Mehrheit über die Einberufung.
b) – solange Aktionäre wie bei dieser kleinen AG namentlich bekannt sind, kann die Hauptversammlung mit eingeschriebenem Brief einberufen werden – § 121 (4) AktG
c) – wegen des Börsenhandels der Aktien sind die Aktionäre dem Vorstand nicht namentlich bekannt; daher Bekanntmachung der Hauptversammlung in den Gesellschaftsblättern;
d) – da Aktien nicht an der Börse notiert werden, ist notarielle Beurkundung nicht erforderlich; es genügt eine vom Vorsitzenden des Aufsichtsrates gefertigte und unterzeichnete Niederschrift – § 130 (1) AktG.

# Die Gesellschaft mit beschränkter Haftung (GmbH)

## 4.09 GmbH: Mindestkapital – Firma – Geschäftsführung – Vertretung – Gesellschaftsvertrag

1. a) Aus haftungsrechtlichen Überlegungen scheidet die Gründung einer Personengesellschaft aus; keiner der Gesellschafter ist bereit, mit Privatvermögen zu haften;

b)

| | **Kleine AG** | **GmbH** |
|---|---|---|
| Einfluss der Eigenkapitalgeber auf Handlungen **des leitenden Organs** (Geschäftsführer einer GmbH/Vorstand einer AG) (§ 76 ff. AktG, § 37 GmbHG) | *unabhängiger Vorstand, nachdem von der Hauptversammlung gewählt (§ 76 ff. AktG); Besonderheiten: § 111 (4) AktG; in Fragen der Geschäftsführung kann Hauptversammlung nur entscheiden, wenn der Vorstand dies verlangt (§ 119 (2) AktG).* | *»Weisungsabhängiger« Geschäftsführer (durch Gesellschaftsvertrag oder durch Beschlüsse der Gesellschafter – § 37 GmbHG); u. U. Auswirkung familiärer Konflikte (Bsp. Erbstreitigkeiten) auf die Unternehmensführung* |
| Bildung eines **Aufsichtsrats** (§ 95 ff. AktG, § 77 (1) BVG 1952) | *zwingend vorgeschrieben (§ 95 ff. AktG)* | *fakultativ (§ 52 GmbHG); zwingend bei mehr als 500 Arbeitnehmern (§ 77 (1) BVG 1952)* |
| **Mitbestimmung** der Arbeitnehmer im Aufsichtsrat (§ 76 (1) BVG 1952, § 77 BVG 1952) | *bis 500 Arbeitnehmer mitbestimmungsfrei (§ 76 (1) BVG 1952, falls Gründung nach dem 10.08.94)* | *siehe Kleine AG § 77 BVG 1952)* |
| Formvorschriften über die Niederschrift von **Beschlüssen der Hauptversammlung/ Gesellschafterversammlung** | *Vorschriften zur notariellen Beurkundung von HV-Beschlüssen nicht erforderlich falls AG nicht börsennotiert ist (§ 130 (1) S. 2 AktG)* | *für Beschlüsse der Gesellschafterversammlung ist in § 48 GmbHG keine notarielle Beurkundung vorgeschrieben; notarielle Beurkundung ist z. B. nur für Änderungen des Gesellschaftsvertrages erforderlich (§ 53 (2) GmbHG* |
| Kapitalbeschaffung über die Börse | *möglich* | *nicht möglich (GmbH-Anteile sind an der Börse nicht handelbar)* |
| gesetzliche Vorschriften bei der Übertragung von Anteilen | *Aktien frei veräußerlich* | *notarielle Beurkundung § 15 GmbHG)* |
| Beschlussfassung über die Beschaffung von zusätzlichem **Eigenkapital** | *Ausgabe und Druck neuer Aktien nach vorausgegangener Beschlussfassung der Hauptversammlung über Satzungsänderung (§ 182 AktG)* | *Aufnahme neuer Gesellschafter oder Erhöhung der Stammeinlagen der bisherigen Gesellschafter nach Beschluss über Satzungsänderung (§ 53 GmbHG)* |

c) Laut Gesellschaftsvertrag ist ein Stammkapital in Höhe von 170 000 EUR vorgesehen; § 5 (1) GmbHG verlangt lediglich ein Stammkapital von 25 000 EUR;

d) Laut Gesellschaftsvertrag betragen die Stammeinlagen für:

| | |
|---|---|
| Adler: | 80 000 EUR, |
| Berthold: | 60 000 EUR, |
| Clemens: | 30 000 EUR. |

Laut Gesetz (§ 5 (1) GmbHG) muss die Stammeinlage mindestens 100 EUR betragen;

e) § 7 (1) GmbHG verlangt, dass vor Eintragung auf jede Stammeinlage mindestens ein Viertel eingezahlt sein muss; Sonderregelung bei Sacheinlagen; Adler verpflichtet sich zur Leistung von 35 000 EUR, Berthold zu 15 000 EUR, Clemens zu 7500 EUR (vgl. § 3 des Gesellschaftsvertrages); der Gesamtbetrag der eingezahlten Geldeinlagen des Mindeststammkapitals – § 7 (2) S. 2 GmbHG –; aus diesen Überlegungen heraus steht einer Eintragung ins Handelsregister nichts entgegen;

*Hinweis:*
***Stammkapital:*** *Garantiekapital (mindestens 25 000 EUR)*

***Stammeinlage:*** *Die von jedem Gesellschafter auf das Stammkapital zu leistende Einlage (mindestens 100 EUR). Die Summe aller Stammeinlagen entspricht dem Stammkapital (§ 5 Abs. 3 GmbHG). Bei der Gründung kann jeder Gesellschafter nur eine Stammeinlage übernehmen. Die Stammeinlagen der einzelnen Gesellschafter können aber unterschiedlich hoch sein. Bei der Gründung muss auf jede Stammeinlage (sofern sie keine Sacheinlage ist) ein Viertel eingezahlt sein.*

***Geschäftsanteil:*** *Verkörpert das Mitgliedschaftsrecht. Die Höhe des Geschäftsanteils bestimmt sich nach dem Betrag der von einem Inhaber* ***übernommenen*** *Stammeinlage (also unabhängig davon, ob auf die Stammeinlage bereits eine volle Einzahlung erfolgt ist oder nicht). Daher können der Wert der Einzahlung auf die Stammeinlage und der Wert des Mitgliedschaftsrechts (Geschäftsanteil) voneinander abweichen. Da die Stammeinlage einen bestimmten Bruchteil des Stammkapitals darstellt, kennzeichnet dieser Bruchteil die Höhe des Geschäftsanteils und damit die* ***Beteiligungsquote*** *des Inhabers. Der Geschäftsanteil selbst wird mit dem Betrag der Stammeinlage bezeichnet. Da er das Mitgliedschaftsrecht an der GmbH verkörpert, handelt es sich um den* ***Nennbetrag.*** *Sein tatsächlicher Wert richtet sich nach den Vermögensverhältnissen der GmbH. Der Geschäftsanteil ist kein Wertpapier. Er stellt ein fungibles Beteiligungsrecht dar, das veräußert und vererbt werden kann. Anteilscheine können ausgestellt werden, sind aber nichts anderes als Beweisurkunden.*

*Der Geschäftsanteil bestimmt das Stimmrecht (§ 47), die Gewinnverteilung (§ 29) und den Liquidationserlös (§ 72).*

f) **Aktiva** **Gründungsbilanz der GmbH (in EUR)** **Passiva**

| Aktiva | | Passiva | |
|---|---|---|---|
| Ausstehende Einlagen auf das gezeichnete Kapital | 112 500 | gezeichnetes Kapital | 170 000 |
| flüssige Mittel[1]) | 49 000 | | |
| Gründungskosten (Verlustvortrag) | 8 500 | | |
| | 170 000 | | 170 000 |

[1]) ¼ von 170 000 EUR = 42 500 EUR
zzgl. (Gesellschafter Adler 15 000 EUR
abzgl. Gründungskosten
5 % von 170 000 EUR 8 500 EUR
49 000 EUR

g) notarielle Form (§ 2 GmbHG)

2. a) mit Eintragung ins Handelsregister am 10. August 2001 (konstitutive Wirkung der Eintragung) – § 11 (1) HGB; im Innenverhältnis, d. h. für die Gesellschafter untereinander, entsteht die GmbH bereits am 01. Juli 2001 (vgl. § 4 Gesellschaftsvertrag), juristische Person wird sie jedoch erst mit Eintragung.

   b) Berthold muss zahlen. Adler hat bei dem Kauf im Namen der zu diesem Zeitpunkt noch nicht eingetragenen Gesellschaft gehandelt. Bis zur Eintragung der GmbH liegt eine Vorgesellschaft vor. Die Gesellschafter dieser Gesellschaft haften persönlich und gesamtschuldnerisch (§ 11 (2) GmbHG).

3. Firma kann Sach- oder Personenfirma mit Zusatz GmbH sein; Firmierungsmöglichkeit: Entsorgungstechnik Adler GmbH, Adler und Berthold GmbH u. a. (§ 4 GmbHG)

4. a) GmbH ist juristische Person und erfordert demnach ein zur Vertretung befugtes Organ wie auch die AG; Wesensmerkmal einer Kapitalgesellschaft ist u. a., dass Kapitalgeber und organschaftlicher Vertreter nicht identisch sein müssen (Trennung von Leitung und Eigentum); bei der **Personen**gesellschaft OHG besteht Identität von Leitung und Eigentum (§ 125 HGB), demnach ist eine solche Vorschrift nicht erforderlich;

   b) Ja, Geschäftsführer hat Vertretungsmacht. § 35 GmbHG

   c) Der Vertrag ist schwebend unwirksam. Adler und Bertram haben Gesamtvertretungsmacht. Schließt Adler den Vertrag alleine ab, so handelt er als Vertreter ohne Vertretungsmacht. § 177 (1) BGB

5. a) Adler 1600 Stimmen, Berthold 1200 Stimmen, Clemens 600 Stimmen. Je 50 EUR Geschäftsanteil 1 Stimme. § 47 (2) GmbHG. Der Geschäftsanteil richtet sich nach der übernommenen Stammeinlage. § 14 GmbHG

   b) Ja. § 29 GmbHG. Über Gewinnverteilung entscheiden Gesellschafter. § 46 GmbHG. Berthold und Clemens haben Mehrheit (9 : 8). § 47 GmbHG

6. § 112 (1) HGB gilt lediglich für OHG-Gesellschafter, § 60 (1) HGB bezieht sich auf den Handlungsgehilfen; GmbH-Gesellschafter unterliegen wegen der von einer Personengesellschaft abweichenden Zielsetzung kraft Gesetz einem Wettbewerbsverbot; der Geschäftsführer einer GmbH leistet jedoch kaufmännische Dienste und ist demnach Handlungsgehilfe, sodass seine Tätigkeit dem gesetzlichen Wettbewerbsverbot des § 60 (1) HGB unterliegt; für die anderen beiden GmbH-Gesellschafter bedeutet die Regelung im Gesellschaftsvertrag eine Einschränkung, die über ein gesetzliches Erfordernis hinausgeht;

7. a) § 4 des Gesellschaftsvertrages verlangt bei Veräußerung eines Geschäftsanteils die Zustimmung aller Gesellschafter (Einstimmigkeit); Adler oder Berthold können demnach den Verkauf verhindern; vgl. auch § 15 (5) GmbHG; Geschäftsanteile sind veräußerlich und vererblich. § 15 (1) GmbHG

   b) Nein. Es bedarf gerichtlicher oder notarieller Form. § 15 (3) GmbHG

## 4.10 GmbH: Handelsregister – GmbH & Co. KG

1. Die Schweriner Bootsvermietung GmbH & Co. KG ist als Personengesellschaft keine juristische Person; demnach ist der Gegenstand des Unternehmens nicht einzutragen.

2. Es handelt sich um eine Kommanditgesellschaft, deren persönlich haftende Gesellschafterin die Schweriner Bootswerft GmbH ist; da eine GmbH als juristische Person kein Privatvermögen hat, hat die unbeschränkte Haftung der Komplementär-GmbH für den Gläubiger keine praktische Bedeutung; die Haftung des Kommanditisten Kurt Kugler ist beschränkt auf die Einlage in Höhe von 40 000 EUR, nachdem diese erbracht ist;

3. In Abteilung A des Handelsregisters werden u. a. Einzelunternehmen und Personengesellschaften eingetragen; wegen der unbeschränkten Haftung und der fehlenden gesetzlichen Verpflichtung zur Aufbringung eines bestimmten Kapitals kann kein Kapital eingetragen werden;

4. – 15. Dez. 2002: deklaratorische Wirkung, da Betrieb eines Handelsgewerbes nach § 1 HGB (Kaufmannseigenschaft beginnt bereits mit Aufnahme der Geschäftstätigkeit)
   – 04. August 2002: konstitutive Wirkung gem. § 11 GmbH

5. Falls in dieser Zeit Geschäfte getätigt wurden, denen Kugler zugestimmt hat, haftet er gleich einem persönlich haftenden Gesellschafter.

# Die Partnerschaft mit beschränkter Haftung (GmbH)

## 4.11 Partnerschaft: Gründung einer Partnerschaft

1. *OHG:*
   persönliche und gesamtschuldnerische Haftung: Jeder »Partner« ist in einem eigenständigen Verantwortungsbereich tätig und somit nicht bereit, für Handlungen eines anderen zu haften;

   *GmbH:*
   - Anonymität der juristischen Person ist für Unternehmen mit Beratungstätigkeit u. U. von Nachteil
   - Körperschaftsteuerpflicht der GmbH
   - strenge Rechnungslegungsvorschriften

2. Heuer und Partnerschaft, Rechtsanwältin, Wirtschaftsprüfer, Kaufmann; § 2 PartGG

3. Die Partnerschaft übt kein Handelsgewerbe aus (§ 1 PartGG); demnach wird sie auch nicht in das Handelsregister, sondern in das Partnerschaftsregister eingetragen (§ 4 PartGG). Da sie kein Handelsgewerbe betreibt, kann sie auch nicht Kaufmann sein ( §1 HGB).

4. a) Notarielle Beurkundung (§ 313 BGB), da ein Grundstück mit Bürogebäude eingebracht wird; Schriftform genügt nicht; § 3 PartGG
   b) Vermögen ist gemeinschaftliches Vermögen der Gesellschafter (Gesellschaftsvermögen); § 1 (4) PartGG, § 718 PartGG

5. a) – Innenverhältnis: Abschluss des Partnerschaftsvertrages (15. März d.J.)
      – Außenverhältnis: Eintragung ins Partnerschaftsregister (19. Mai); konstitutive Wirkung der Eintragung ins Partnerschaftsregister; § 7 PartGG
   b) Haftungsbeschränkung ist bereichsspezifisch möglich (wesentliches Unterscheidungsmerkmal zur OHG) – § 8 (2) PartGG

6. Neben dem Vermögen der Partnerschaft Haftung der Partner als Gesamtschuldner (§ 8 PartGG); demnach kann der Büromarkt den Rechnungsbetrag
   1. von jedem Partner in voller Höhe
   2. von jedem Partner zu einem Teil (z. B. je 9000 EUR)
   3. von der Partnerschaft als »quasi-juristischer« Person verlangen.

## 4.12 Genossenschaft: Gründung – Firma – Organe – Geschäftsguthaben – Geschäftsanteil – Haftsumme

1. **Molkereigenossenschaft Ahornsweiler eG.** § 3 (1) GenG.
2. Mind. 7 Genossen (§ 4), schriftl. Statut (§ 5), Wahl des Vorstands und Aufsichtsrats (§§ 24, 36), Eintrag i. Gen.reg. (§ 10) GenG.
3. Vorstand besteht nicht aus 2 Mitgl. § 24 GenG.
4. Ja. Vorstand hat Gesamtvertretungsmacht. § 24 GenG, Vertretungsmacht ist unbeschränkt und unbeschränkbar. § 27 (2) GenG.
5. a)

| | | **Hahn** | **Graf** | **Basler** |
|---|---|---|---|---|
| Anzahl der übernommenen Geschäftsanteile | | 1 | 1 | 2 |
| Pflichteinzahlung | EUR | 150 | 150 | 300 |
| Haftsumme | EUR | 750 | 750 | 1 000 |
| Geschäftsguthaben | EUR | *150* | *300* | *1 000* |
| Nachschuss bei Insolvenz | EUR | *750* | *750* | *1 000* |

Im Insolvenzfall sind die Genossen verpflichtet, Nachschüsse zu leisten, wenn die Gläubiger aus der Insolvenzmasse nicht befriedigt werden können und das Statut solche Nachschüsse nicht ausdrücklich ausschließt. Grundsätzlich wird der nachzuschießende Betrag gleichmäßig (»nach Köpfen«) auf alle Genossen verteilt. § 105 GenG.

Jeder Genosse hat jedoch höchstens die im Statut festgelegte Haftsumme als Nachschuss zu leisten. § 119 GenG. Er muss nicht den Geschäftsanteil auffüllen. Nur wenn die Pflichteinlage noch nicht geleistet ist, ist zusätzlich zur Haftsumme noch der an der Pflichteinlage fehlende Betrag nachzuschießen.

Hahn und Graf haben deshalb höchstens die Haftsumme von 750 EUR zu leisten.

Ist ein Genosse mit mehr als einem Geschäftsanteil beteiligt, dann darf die Haftsumme nicht niedriger als der Gesamtbetrag der Geschäftsanteile sein. § 121 GenG. Da im Statut eine besondere Regelung fehlt, hat Basler höchstens einen Nachschuss von 1 000 EUR (Gesamtbetrag der beiden Geschäftsanteile zu je 500 EUR) zu leisten.

6. Nein, § 17 GenG. Im Genossenschaftsrecht gibt es keine direkte Haftung des Genossen gegenüber den Gläubigern. Nur Nachschuss zur Insolvenzmasse (§ 105 GenG).
7. a) Je eine Stimme. § 43 GenG.
   b) Bei der AktG Stimmrecht im Verhältnis der Aktien-Nennwerte bzw. bei Stückaktien nach deren Zahl (AktG § 134), bei der Genossenschaft nach Köpfen (§ 43 GenG).
   c) Ja. Mehrheit der erschienenen Genossen entscheidet. § 43 GenG.
   Keine Mindestzahl vom Gesetz gefordert (Meyer/Menlenbergh/Beuthin zu § 43 GenG: mind. 3!).

8. a) Hahn 175 EUR, Graf 325 EUR; Gewinn wird gutgeschrieben. Basler 1 000 EUR. Gewinn wird ausgezahlt. Es erfolgt so lange keine Gewinnauszahlung, sondern Gutschrift, bis der Geschäftsanteil erreicht ist. § 19 (1) GenG.
   b) Hahn 120 EUR, Graf 270 EUR, Basler 940 EUR.

9. a) Schriftliche Beitrittserklärung. § 15 (1) GenG.
   b) Durch Eintragung in Liste der Genossen. § 15 (3) GenG.

10. Die Aktie ist ein Inhaberwertpapier, das an der Börse gehandelt wird. Solche Wertpapiere werden von Kapitalanlegern bevorzugt. Das Unternehmen erschließt sich mit der Ausgabe von Aktien den Zugang zum Kapitalmarkt.

# Wahl der Rechtsform eines Unternehmens

## 4.13 Fallstudie: Entscheidung über die günstigste Rechtsform eines Unternehmens – Entscheidungsbewertungstabelle

mögliche Lösung:

| Kriterien für die Wahl der Rechtsform eines Unternehmens | Wichtigkeit<br>ganz wichtiger Faktor = 10 Pkte<br>unwichtiger Faktor 1 Pkt<br>W | OHG<br>Nutzen der Faktoren<br>sehr hoch = 3 Pkte<br>kein Nutzen = 0 Pkte<br>B | OHG<br>Gewichteter Vorteil<br>G = W × B | KG<br>Nutzen der Faktoren<br>sehr hoch = 3 Pkte<br>kein Nutzen = 0 Pkte<br>B | KG<br>Gewichteter Vorteil<br>G = W × B | GmbH<br>Nutzen der Faktoren<br>sehr hoch = 3 Pkte<br>kein Nutzen = 0 Pkte<br>B | GmbH<br>Gewichteter Nutzen<br>G = W × B |
|---|---|---|---|---|---|---|---|
| Haftungsumfang (beschränkt, unbeschränkt) | *10* | *0* | *0* | *1* | *10* | *3* | *30* |
| Beschaffung von Eigenkapital | *7* | *1* | *7* | *1* | *7* | *3* | *21* |
| Beschaffung von Fremdkapital[1] | *7* | *2* | *14* | *2* | *14* | *2* | *14* |
| Geschäftsführungs- u. Vertretungsbefugnis (EK-Geber) | *8* | *3* | *24* | *3* | *24* | *1* | *8* |
| Sicherung der Unternehmensfortführung bei Gesellschafterwechsel | *10* | *0* | *0* | *2* | *20* | *3* | *30* |
| Veröffentlichung und Prüfung des Jahresabschlusses | *5* | *3* | *15* | *3* | *15* | *0*[2] | *0* |
| Gewinn- und Verlustbeteiligung | *8* | *3* | *24* | *3* | *24* | *1* | *8* |
| Gründungskosten | *4* | *3* | *12* | *3* | *12* | *0* | *0* |
| Recht auf Privatentnahmen | *5* | *3* | *15* | *3* | *15* | *0* | *0* |
| Bildung eines Aufsichtsrats | *2* | *3* | *6* | *3* | *6* | *2*[3] | *4* |
| Einfluss der »Eigenkapitalgeber« auf Wahl des leitenden Organs | *8* | *3* | *24* | *3* | *24* | *2*[3] | *16* |
| u. a | | | | | | | |
| **Summen** | | | **141** | | **171** | | **131** |

***Hinweis:*** Über das für die Entscheidung der optimalen Unternehmensform bedeutsame Kriterium »Steuerbelastung« ist mangels Zahlenmaterial keine Aussage möglich.

[1]) falls dingliche Sicherheiten vorhanden sind, ist die Unternehmensform für die Kreditgewährung nahezu unbedeutend.

# Organisation des Betriebes
# Leitungs- und Weisungssysteme

## 4.14 Einlinien-, Mehrlinien-, Stabliniensystem – Organigramm – Instanzenbreite – Instanzentiefe – Formale und informale Beziehungen

1. Dr. Blanz.
2. Hofmann, Becker, Spitler, Wirth.
3. Liniensystem.
4. Nein; der Einkauf ist in der SPA nur in die kfm. Abteilung eingegliedert.
5. 5 Stellen für die kaufmännische Leitung, 3 für die technische Leitung.
6. Insgesamt gibt es 4 Führungsebenen.
7. a) Organisationsstelle: Untersuchungen und Vorschläge zur Aufbau- und Ablauforganisation des Betriebes für die Geschäftsleitung erstellen.

   Rechtsabteilung: Vertragsausarbeitungen und Vertragsentwürfe für die Geschäftsleitung, Gutachten über anhängende rechtliche Streitfragen für die Geschäftsleitung.

   b) Ja; die Organisationsstelle sollte unbedingt direkt der Geschäftsleitung unterstellt werden, damit nicht eine Abteilung mit der ihr unterstellten Organisationsstelle Sonderinteressen verfolgen kann.

   Auch die Rechtsabteilung ist eine typische Stabsstelle, die zur Unterstützung der Geschäftsleitung arbeitet und von dieser deshalb auch unmittelbar die Anweisungen und Aufträge erhalten sollte.
8. a) Turek an Gemeinhard (Leitung Produktion), Gemeinhard an Blumer (gesamte technische Leitung), Blumer an Dr. Blanz (Geschäftsleitung), Dr. Blanz an Kern (kaufmännische Leitung), Kern an Kosske (Leitung Verkauf), dem auch der Fuhrpark unterstellt ist, Kosske an Kirchner als Leiter des Fuhrparks.

   Prommer an Rinnert (Leitung Fertigungskontrolle), Rinnert an Blumer (technische Leitung) usw.

   b) Zeit- und Arbeitsersparnis, Entlastung der oberen Ebene von Formalitäten.
9. Solange die Fertigungskontrolle der technischen Leitung unterstellt ist, besteht die Gefahr, dass z. B. bei Terminschwierigkeiten die technische Leitung auf die Kontrolle Druck ausübt, Produkte abzunehmen, die beanstandet werden müssten.
10.

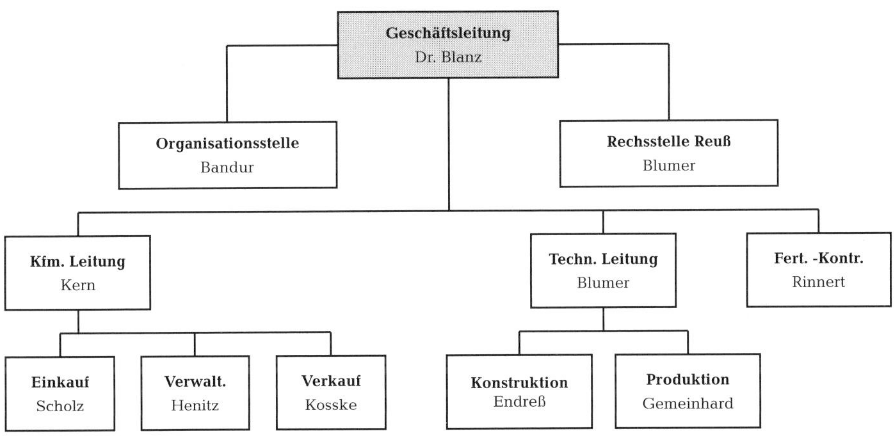

Zu Fall 4.14
13.

## Organigramm unter Berücksichtigung der Neuorganisation

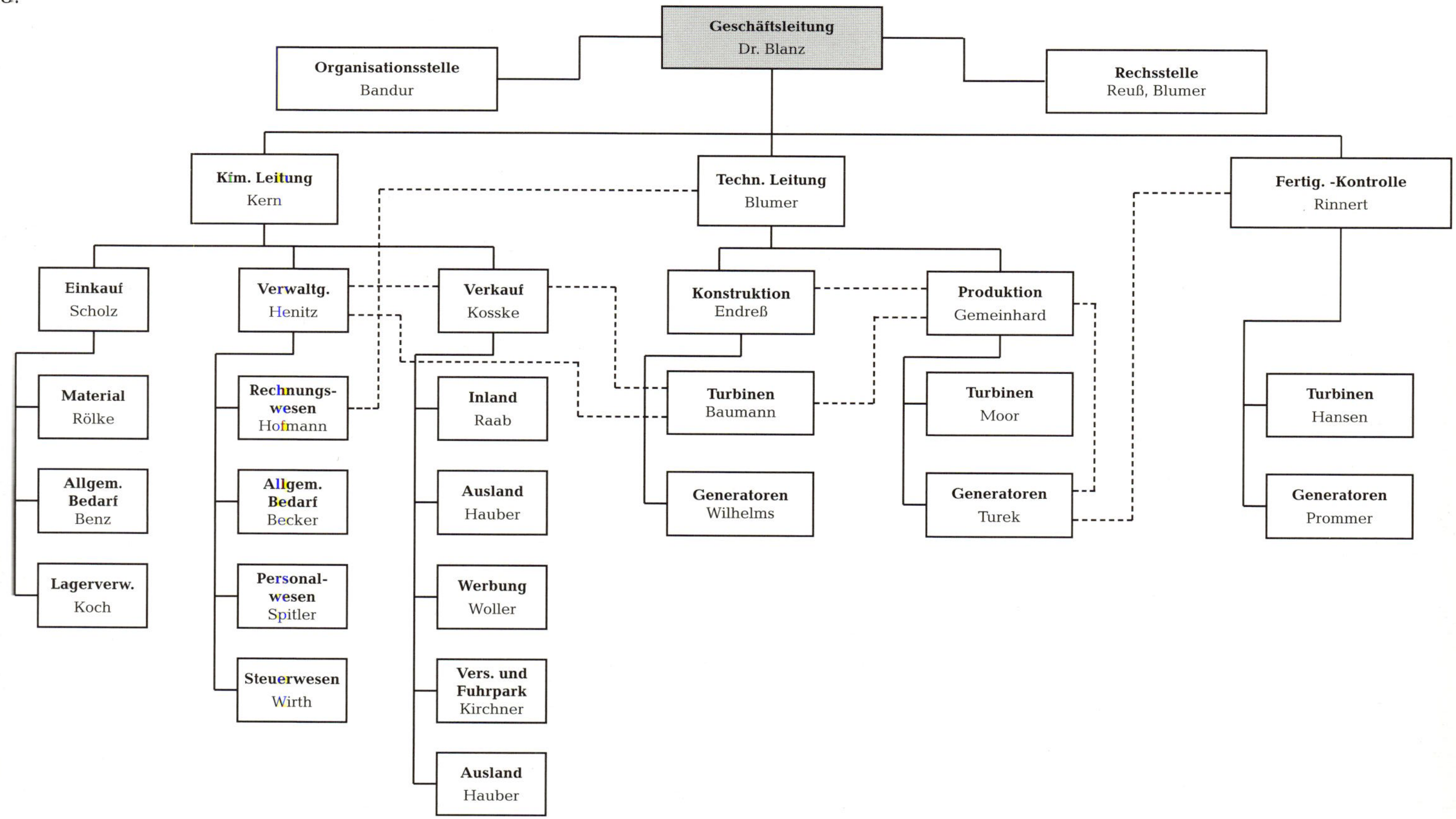

11. Einkaufsabteilung (Lieferfristen);
    Produktion (Nachbesserung terminlich möglich).
    Fertigungskontrolle (Nachbesserung ist technisch zur Zufriedenheit der Fertigungskontrolle möglich).

12. Der Fall bestätigt die Auffassung von Galbraith. Die oberste Firmenleitung kann nur entscheiden, wenn die notwendigen Informationen durch untere Ebenen vorliegen. Letztlich bestimmen sogar der Meister oder der Facharbeiter an der Werkbank, ob eine Nachbesserung möglich ist.

13. Siehe Bild Seite 73

14. Vorteile: Erfüllung des Wunsches nach Anerkennung, Gedankenaustausch, Ideenaustausch, Ausgleich für uninteressante Arbeit, persönliches Sicherheitsgefühl, Entstehung von betrieblichem Gemeinschaftsgeist, Umgehung formaler Informationswege.

    Nachteile: Störung betrieblicher Anordnungen, leistungshemmende Rivalitäten zwischen betrieblichen Gruppen, Unterdrückung individueller Initiativen, Umgehung der formalen Informationswege.

# Vollmachten

## 4.15 Einzelvollmacht – Artvollmacht – Allgemeine Handlungsvollmacht

1. ***Vorbemerkung:*** Von Geschäften mit begrenztem, leicht zu überschauenden Risiko darf man im Allgemeinen annehmen, dass sie als gewöhnliche Geschäfte im Sinne des § 54 HGB anzusehen sind. Der Handlungsbevollmächtigte darf all das nicht tun, was ungewöhnlich und selten ist. Was darunter zu verstehen ist, richtet sich nach der Natur des betreffenden Handelsgewerbes, der Stellung des Bevollmächtigten, den Verkehrsbedürfnissen und den kfm. Gebräuchen.

   a) Ja, b) ja, c) Nein. § 54(2) HGB, d) Ja, e) Ja, f) Nein. § 54 (2), g) Ja, h) Nein. § 54 (2), i) Nein. Außergewöhnliches Geschäft

2. a) Nein. Der Vertrag ist gültig. § 54 HGB. Veith hatte Einzelvollmacht für den Verkauf. Der Handlungsbevollmächtigte darf Untervollmacht erteilen (wenn nach Lage der Dinge der Geschäftsherr kein Interesse an der persönlichen Ausführung durch den Bevollmächtigten hat).

   b) Nein. Veith hatte Einzelvollmacht, die erloschen ist.

3. a) Ja, weil Untervollmacht.

   b) Nein. Hat nur Artvollmacht für den Verkauf.

4. Ja. Zur Bedienung des Fernsprechers bestellte Angestellte gelten in der Regel als ermächtigt zum Empfang von Erklärungen, die nach Brauch fernmündlich abgegeben werden können.

## 4.16 Prokura

1. Schriftverkehr

2. Die Handelsregistereintragung vom 12. Januar 2002 hat lediglich rechtsbezeugende (deklaratorische) Wirkung; im Verhältnis zu Dritten hat Thiem bereits am 2. Dezember die Prokura erlangt; das Wertpapiergeschäft kann demnach nicht mehr rückgängig gemacht werden.

3. a) Ja. Auch außergewöhnliche Geschäfte sind dem Prokuristen erlaubt. § 49 HGB
   b) Ja.
   c) Nein. Dazu bedarf es besonderer Vollmacht. § 49 (2) HGB
   d) Ja. § 49 (1)
   e) Nein. Dazu bedarf es Sondervollmacht, selbst bei geringem Wert, obwohl er Grundstücke mit großem Wert kaufen kann. § 49 (1,2) HGB.
4. Ja. Umfang der Prokura nicht einschränkbar. § 59 (1) HGB
5. Nein. Er kann keine Gesellschafter aufnehmen § 49 HGB
6. a) Nein b) Ja.
   zu a) und b): Die Eintragung des Prokuristen im Handelsregister muss Riel gegen sich gelten lassen, wenn der Dritte nicht weiß, dass die Prokura erloschen ist. § 15 HGB. Für das Erlöschen der Prokura gelten grundsätzlich die Regeln der §§ 164 – 172 BGB. Hier §§ 170, 171 BGB.

## 4.17 Gesamtprokura

1. *Rechtliche Beurteilung:*
   Verträge werden nur wirksam, wenn sie von beiden Prokuristinnen gemeinsam abgeschlossen worden sind. Die beiden Prokuristinnen kontrollieren sich gegenseitig.
   *Organisatorische Beurteilung:*
   Es ist zweckmäßig, dass sich die Leiterin der Einkaufsabteilung und die Leiterin der Verkaufsabteilung bei ihren Entscheidungen miteinander absprechen müssen, da diese Entscheidungen sich gegenseitig beeinflussen und voneinander abhängen.
2. a) 01.10., § 167 BGB, b) ab 01.10., § 171 BGB

# Krise des Unternehmens Sanierung

## 4.18 Kennzeichen der Sanierungsbedürftigkeit – Ursachen – Maßnahmen

1. **Kennzeichen:** Umsatzrückgang, Kostendruck
2. **Ursachen:** *innerbetrieblich:*
   Umweltschäden durch Nachlässigkeit im Entsorgungswesen (eventuell mangelnde Qualifikation von Mitarbeitern), fehlende Innovationsfähigkeit des Geschäftsführers hinsichtlich neuer Produktideen
   *außerbetrieblich:*
   Umsatzrückgang durch Inkrafttreten von gesetzlichen Vorschriften zum Artenschutz
3. **Maßnahmen:** *personell:* Einstellung eines neuen Geschäftsführers mit breiter angelegter Qualifikation;
   *finanziell:* Beschaffung zusätzlichen Eigenkapitals zur Finanzierung des Umweltschadens
   *absatzwirtschaftlich:* Aufgabe des Pelz- und Lederfinish; Einrichtung eines betriebseigenen Abholdienstes, der die Kleidungsstücke bei den Reinigungsannahmestellen abholt und wieder zurückbringt, u. a.

## 4.19 Zahlungsunfähigkeit als Eröffnungsgrund

1. Wegen der verschlechterten Auftragslage und dem bereits hohen Fremdkapitalanteil im Unternehmen erscheint eine Sanierung nicht sehr sinnvoll; eine Zuführung von Eigenkapital durch Aufnahme neuer Gesellschafter wird deshalb nicht möglich sein; innerbetriebliche Maßnahmen können kurzfristig keinen Erfolg bringen.

2. Den sofort fälligen Verbindlichkeiten (ohne Zins- und Tilgungsdienste aus den Bankkrediten) in Höhe von 270 000 EUR stehen Forderungen und flüssige Mittel in Höhe von 120 000 EUR gegenüber. Selbst wenn ein Verkauf der Vorräte zu einem sofortigen Mittelzufluss von 140 000 EUR zuzüglich Gewinnanteil führt, ist die Liquiditätslage immer noch sehr angespannt. Geht man davon aus, dass das Anlagevermögen zur Aufrechterhaltung der Produktion erforderlich ist – eine Veräußerung von Teilen zur Freisetzung von Liquidität also ausgeschlossen ist –, so handelt es sich wohl um ein strukturelles Liquiditätsproblem.

3. Voraussetzung für Eröffnung des Insolvenzverfahrens ist ein Eröffnungsgrund (§ 16 InsO). Allgemeiner Eröffnungsgrund ist Zahlungsunfähigkeit (§ 17 (1) InsoO). Zahlungsunfähigkeit ist nach § 17 (2) InsO insbesondere dann anzunehmen, wenn Zahlungseinstellung erfolgt ist; die betriebenen Einzelvollstreckungsmaßnahmen sind ein Hinweis auf eine bereits erfolgte Zahlungseinstellung. Der Schuldner (nicht jedoch ein Gläubiger) kann auch bereits bei drohender Zahlungsunfähigkeit die Eröffnung des Insolvenzverfahrens beantragen (§ 18 (1) InsO).

## 4.20 Insolvenzverfahren

1. Eröffnungsgrund: Zahlungsunfähigkeit (§ 17 InsO); Zahlungsunfähigkeit ist gem. § 17 (2) InsO anzunehmen, da Müller seine Zahlungen eingestellt hat.

2. Amtsgericht Weiden (§§ 2, 3 InsO); zuständig: Amtsgericht, in dessen Bezirk ein Landgericht seinen Sitz hat (§ 2 InsO); örtlich zuständig ist das Insolvenzgericht, in dessen Bezirk der Schuldner seinen Gerichtsstand hat (§ 3 InsO).

3. § 13 InsO regelt das Antragsrecht, nicht jedoch die Antragspflicht; Antragspflicht ist den jeweiligen Spezialgesetzen zu entnehmen (AG: § 92 (2) AktG; GmbH: § 64 (1) GmbHG; Genossenschaft: § 99 (1) GenG; eingetragener Verein: § 42 (2) BGB; OHG, KG, GmbH & Co KG: §§ 177a, 130a, 130b HGB). Nach den genannten Spezialgesetzen ist jeweils der gesetzliche Vertreter (Vorstand einer AG, Geschäftsführer einer GmbH) bei Vorliegen eines Insolvenzgrundes (Zahlungsunfähigkeit, Überschuldung) zur Antragstellung verpflichtet, nicht jedoch ein Einzelkaufmann oder ein Privatmann. Die beschränkte Haftung der Gesellschafter sowie die Verwaltung »fremden Eigentums« durch die Vertretungsorgane (Geschäftsführer, Vorstand) einer AG oder GmbH sind der Preis dafür, dass die Vertretungsorgane eine gesetzliche Verpflichtung zur Beantragung der Eröffnung eines Insolvenzverfahrens haben.

   Mögliche Folgen einer Insolvenzverschleppung: Freiheitsstrafe oder Geldstrafe (§ 130b HGB); Schadensersatz (§ 93 AktG).

4. Ja.
Geyer hat ein **rechtliches Interesse** an der Eröffnung des Insolvenzverfahrens, damit ihm evtl. andere Gläubiger nicht zuvorkommen (z. B. im Rahmen von Einzelvollstreckungen) und auf das vorhandene Vermögen zugreifen, er aber leer ausgeht.

Geyer kann einen **Eröffnungsgrund** schon dadurch glaubhaft machen, dass Müller die Zahlungen eingestellt hat (§ 14 InsO).

5. a) Sauer hofft auf volle Befriedigung seiner Forderung.

   b) Nein, weil Einzelvollstreckungen während der Dauer des Insolvenzverfahrens nicht möglich sind (§ 89 (1) InsO). Selbst wenn er im letzten Augenblick **vor** der Eröffnung des Insolvenzverfahrens durch Zwangsvollstreckung eine Sicherung erlangt hätte, würde dies ebenfalls nicht den gewünschten Erfolg bringen. Wegen der »Rückschlagsperre« des § 88 wird eine Sicherung unwirksam, die ein Insolvenzgläubiger im letzten Monat vor dem Antrag auf Eröffnung des Insolvenzverfahrens oder nach diesem Antrag erlangt hat.

6. Eintrag der Eröffnung des Insolvenzverfahrens im Grundbuch (§ 32 InsO); Bekanntmachung des Eröffnungsbeschlusses (§ 30 InsO); Registermitteilung; falls Schuldner in das Handels-, Genossenschafts- oder Vereinsregister eingetragen ist.

7. Briefentwurf. Im Text Nachweis von Höhe und Fälligkeit der Forderung und der Nichtbezahlung.

8. Nein. Durch die Insolvenzeröffnung verliert der Schuldner weder sein Vermögen noch seine Rechts- oder Geschäftsfähigkeit. Jedoch geht das Verwaltungs- und Verfügungsrecht über das zur Masse gehörige Vermögen auf den Verwalter über (§ 80 (1) InsO). Der Schuldner ist darüber hinaus verpflichtet, insbesondere dem Insolvenzgericht und dem Insolvenzverwalter gegenüber Auskunft über alle das Verfahren betreffenden Verhältnisse zu geben (§ 97 InsO).

   Gegebenenfalls kann das Gericht eine Postsperre (§ 99 InsO) anordnen. Bei Verweigerung einer Auskunft oder Mitwirkung ist zwangsweise Vorführung des Schuldners und Verhaftung möglich (§ 98 InsO).

9. Briefentwurf. Hinweis auf Erfüllungsinteresse.
   – Vertrag bleibt gültig, wenn Insolvenzverwalter Erfüllung verlangt (§ 103 InsO)

10. a) 15 %.

    b) Geyer erhält 900 EUR.

## 4.21 Berechnung und Verteilung der Insolvenzmasse

1. Zur Insolvenzmasse gehört das Vermögen,
   - das dem Schuldner zur Zeit der Verfahrenseröffnung gehört
   - das der Schuldner noch während des Verfahrens erlangt (§ 35 InsO):

| | |
|---|---|
| Vermögen | 1 900 000 EUR |
| Aussonderung (§ 47 InsO): Ware unter Eigentumsvorbehalt | 200 000 EUR |
| = Insolvenzmasse (§ 35 InsO) | 1 700 000 EUR |

2.

| | |
|---|---|
| Ein Lieferer hat Rohstoffe unter Eigentumsvorbehalt geliefert. Die Rohstoffe liegen noch am Lager. | *(1) § 47 InsO* |
| Eine Volksbank hat eine Forderung aus einem gewährten Kredit. Zu dessen Sicherung wurden Maschinen sicherungsübereignet. | *(2) § 51 Zi 1 InsO* |
| Eine Sparkasse hat eine Kreditforderung aus einer Kreditgewährung. Der Kredit wurde durch Eintragung einer Hypothek gesichert. | *(2) § 49 InsO* |
| Arbeitnehmer haben ihre Löhne und Gehälter für Arbeitsleistungen, die vor dem 19.09. d.J. (Eröffnungstermin für das Insolvenzverfahren) erbracht wurden, noch nicht erhalten. | *(5) §§ 108 (2), 174 InsO[1])* |
| Arbeitnehmer erbringen Arbeitsleistungen auch **nach** Eröffnung des Insolvenzverfahrens. | *(4) § 55 (1) Zi 2 InsO* |
| Gerichtskosten für das Insolvenzverfahren | *(4) § 54 Zi 1 InsO* |
| Noch abzuführende Lohn- und Kirchensteuer | *(5)* |
| Forderungen der Insolvenzgläubiger für Zinsen, die in der Zeit nach Eröffnung des Insolvenzverfahrens entstanden sind | *(6) § 39 (1) Zi 2 InsO* |
| Vergütungen und Auslagen des Insolvenzverwalters | *(3) § 54 Zi 2* |
| Liefererverbindlichkeiten | *(5)* |

[1]) Löhne und Gehälter aus der Zeit vor Eröffnung des Insolvenzverfahrens werden von der Insolvenzordnung nicht begünstigt behandelt. Jedoch sind die Arbeitnehmer insofern geschützt, als sie für ihr Arbeitsverhältnis aus **den letzten 3 Monaten vor Verfahrenseröffnung** zum Bezug von **Insolvenzgeld** berechtigt sind (§ 183 (3) SGB).

3. und 4. (Alle Beträge in EUR)

| | | |
|---|---|---|
| Insolvenzmasse (§ 35 InsO) | | 1 700 000 |
| Verwertungserlös der sicherungsübereigneten Maschinen (Mitteilung an absonderungsberechtigte Gläubiger gem. § 168 InsO) | 220 000 | |
| – Verwertungskosten | 8 000 | |
| = verbleibender Betrag für **Absonderungsgläubiger** | 212 000 | –212 000 |
| = verbleibende Masse | | 1 488 000 |
| – Gerichtskosten **(Kosten des Insolvenzverfahrens** § 54 InsO) | | 180 000 |
| – Löhne und Gehälter **(Masseverbindlichkeiten** § 55 InsO) | | 200 000 |
| = verbleibende Masse | | **1 108 000** |
| Verbindlichkeiten gegenüber dem persönlichen Gläubiger (Insolvenzgläubiger – § 38 InsO): | | |
| 1. ungesicherte Liefererverbindlichkeiten | 4 000 000 | |
| 2. unbefriedigter Teil der Absonderungsgläubiger aus Sicherungsübereignung | 88 000 | |
| | **4 088 000** | |

**Insolvenzquote: 27,1 %**

Die Forderungen der nachrangigen Insolvenzgläubiger (§ 39 InsO) aus Ordnungs- und Zwangsgeldern können wegen der fehlenden Masse nicht berücksichtigt werden (§ 39 (1) Zi 3 InsO).

## 4.22 Aussonderung – Absonderung – Aufrechnung – Anfechtung

1. Restkaufpreis v. 11 000 EUR zahlen (§ 103 (1) InsO). Dadurch geht Aussonderungsanspruch mit dem Eigentumsvorbehalt unter.
2. Sped. hat gesetzl. Pfandrecht § 441 HGB. Insolvenzverwalter soll dem Spediteur eine Frist für die Verwertung setzen. Mehrerlös ist in die Insolvenzmasse abzuführen. § 50 (1) InsO (abgesonderte Befriedigung des Spediteurs).
3. Kreissparkasse hat Recht auf abgesonderte Befriedigung gem. § 49 InsO. Insolvenzverwalter soll versteigern (gemäß Vorschriften über die Zwangsversteigerung und Zwangsverwaltung) und 80 000 EUR an die Kreissparkasse überweisen.
4. Kreissparkasse zum Verkauf und Abführung des Mehrerlöses auffordern.
5. Nein. Der Sicherungsnehmer ist nicht aussonderungs-, sondern nur absonderungsberechtigt. Nur abgesonderte Befriedigung. § 51 Zi 1 InsO.
6. 10 000 EUR werden aufgerechnet. § 94 InsO. Restforderung 6000 EUR zu 60 % verloren. Abschreibung 3 600 EUR.
7. Schenkung nach § 134 (1) InsO anfechtbar.

## 4.23 Verbraucherinsolvenz – Schuldenbereinigungsplan

1. Beantragt Karle die Eröffnung eines Insolvenzverfahrens mit erfolgreicher Restschuldbefreiung, so beschränken sich die Zahlungen des Schuldners während der folgenden 7 Jahre auf den pfändbaren Teil seines Einkommens. Nach 7 Jahren wäre der Schuldner von weiteren Zahlungen befreit. Eine Schuldenregulierung mit dem Ziel der Abwendung eines Insolvenzverfahrens ist für einen Gläubiger u. a. von Interesse, wenn er sich dadurch ein Ergebnis erhofft, durch welches er nicht – oder nur unwesentlich – schlechter gestellt wird als bei Durchführung eines Insolvenzverfahrens.
2. a) Ja, Schreiben muss gem. § 305 (2) InsO enthalten:
   - Aufforderung, die Höhe der Forderung aufzugliedern in Hauptforderung, Zinsen und Kosten
   - Hinweis auf einen bereits bei Gericht eingereichten oder in naher Zukunft beabsichtigten Antrag auf Eröffnung des Insolvenzverfahrens

   b) Der Gläubiger muss die Aufstellung auf seine Kosten erstellen (§ 305 (2) InsO).
3. Bei einem monatlichen Nettoeinkommen in Höhe von 1 780,00 EUR könnten bei einer Unterhaltspflicht für 2 Kinder derzeit monatlich 122,00 EUR gepfändet werden. Die Gläubiger werden i. d. R. dem Schuldenbereinigungsplan dann zustimmen, wenn sie möglichst bald – jedenfalls vor Ablauf der 7 Pfändungsjahre – monatliche Beträge erhalten, die den Pfändungsbetrag übersteigen.
4. Dann besteht kein Grund mehr, einen Antrag auf Eröffnung des Insolvenzverfahrens zu stellen. Mit der außergerichtlichen Einigung wären die Verbindlichkeiten teilweise erlassen. Nach Begleichung der Restschulden wäre Karle schuldenfrei.
5. Ja. Das Vollstreckungsverbot nach § 89 InsO gilt nur für den Fall, dass ein Insolvenzverfahren bereits eröffnet ist. Im Falle eines **außergerichtlichen** Einigungsversuchs ist diese Voraussetzung jedoch nicht erfüllt.
6. 1. Bescheinigung des Steuerberaters Hess, aus der sich ergibt, dass eine außergerichtliche Einigung erfolglos war
   2. Antrag auf Erteilung der Restschuldbefreiung
   3. Vermögensverzeichnis und Einkommensverzeichnis
   4. Schuldenbereinigungsplan – § 305 InsO

7. Die Gläubigereinwendungen gegen den Schuldenbereinigungsplan werden auf Antrag eines Gläubigers oder des Schuldners durch die Zustimmung des Insolvenzgerichtes ersetzt, wenn
   1. mehr als die Hälfte der Gläubiger (Kopfzahl) dem Schuldenbereinigungsplan zustimmen **und**
   2. die Ansprüche (Forderungshöhe) der zustimmenden Gläubiger mehr als 50 % der Gesamtsumme der benannten Gläubiger betragen.

   Da der Raiffeisenbank allein schon mehr als 50 % der Forderungen zustehen, ist deren Zustimmung notwendig. Damit sind die Gläubiger nicht an die Quoten aus dem Schuldenbereinigungsplan gebunden.

8. Bei gescheiterter gerichtlicher Schuldenbereinigung wird das Insolvenzverfahren von Amts wegen wieder aufgenommen (§ 311 InsO). Bei Eröffnung des (vereinfachten) Verfahrens wird allerdings – abweichend von § 29 InsO – unter den gegebenen Voraussetzungen nur der Prüfungstermin bestimmt (Verzicht auf einen Berichtstermin) – § 312 InsO. Nach Abschluss des Insolvenzverfahrens kann Karle in den Genuss der Restschuldbefreiung kommen, wenn er während der **Wohlverhaltensperiode** von 7 Jahren (§ 287 (2) InsO) seine Obliegenheiten (Ausübung einer angemessenen Tätigkeit oder Bemühen um eine solche, Herausgabe von $1/2$ des ererbten Vermögens an den Treuhänder, Anzeige von Wohnsitz- und Arbeitswechsel) nach § 295 InsO erfüllt.

## 4.24 Insolvenzverfahren – Restschuldbegleichung

1. Herr Rauer will versuchen, nach einiger Zeit vom Rest seiner Verbindlichkeiten befreit zu werden, damit ein Neubeginn möglich ist. Voraussetzung für eine Restschuldbefreiung ist, dass der Schuldner ein Insolvenzverfahren vollständig durchlaufen hat (§ 286 InsO).

2. Rauer muss die Restschuldbefreiung beantragen (§ 287 (1) InsO). Dies kann mit dem Antrag auf Eröffnung des Insolvenzverfahrens verbunden werden.

3. Von dem erzielten Nettolohn in Höhe von 2085 EUR wären bei Berechnung gem. § 850c ZPO 44 EUR pfändbar.

   Berechnung des pfändungsfreien Betrags gem. § 850 c ZPO:

| | | |
|---|---|---|
| Nettoeinkommen: | 2085,00 EUR | |
| davon pfändungsfrei nach § 850 c (1) ZPO: | | |
| Grundfreibetrag | 930,00 EUR | |
| Unterhalt Ehefrau (1. Person) | 350,00 EUR | |
| Unterhalt 3 Kinder (3 · 175,50 EUR) | 585,00 EUR | |
| »vorläufiger« pfändungsfreier Betrag | | 1865,00 EUR |

   Berechnung des »überschießenden« Betrages:

| | |
|---|---|
| Nettoeinkommen | 2085,00 EUR |
| davon pfändungsfrei nach § 850 c (1) ZPO | 1865,00 EUR |
| »überschießender« Betrag | 220,00 EUR |

   nach § 850 c (2) ZPO zusätzlich pfändungsfreier Betrag:
   vom überschießenden Betrag
   $3/10$ für den Schuldner selbst
   $2/10$ für die Ehefrau
   $3/10$ für 3 Kinder

| | |
|---|---|
| $8/10$ von 220 EUR = | 176,00 EUR |

| | | |
|---|---|---|
| pfändungsfreier Betrag (liegt unter dem Höchstbetrag – § 850c (2) Satz 2 ZPO – von 2851,00 EUR) | | 2041,00 EUR |
| Berechnung des pfändbaren Betrages: | | |
| Nettoeinkommen | 2085,00 EUR | |
| – pfändungsfreier Betrag | 2041,00 EUR | |
| **= pfändbarer Betrag** | **44,00 EUR** | |

Der pfändbare Betrag kann auch mit der Pfändungstabelle (Anlage zu § 850c ZPO) ermittelt werden. Lt. Tabelle: 43,00 EUR (Rundungsdifferenz: 1 EUR).

Diesen Teil seines Arbeitseinkommens (ggf. auch vergleichbare Bezüge) muss Herr Rauer an einen vom Gericht zu bestimmenden Treuhänder abtreten (§ 287 (2) InsO). Damit muss er sich für die Zeit von 7 Jahren mit dem pfändungsfreien Arbeitseinkommen (lt. vorliegender Berechnung 2041,00 EUR begnügen.

4. Durch den Erwerb des Laufbandes sind keine unangemessen hohen Verbindlichkeiten begründet worden. Rauer wollte das Unternehmen retten und hat deshalb dieses Gerät erworben. Die begründeten Verbindlichkeiten sind weder in der Höhe noch in ihrer Art unangemessen – § 290 (1) S. 4 InsO. Das Insolvenzgericht wird aus diesem Grunde die Restschuldbefreiung nicht versagen.

5. a) Von dem erworbenen Barvermögen muss die Hälfte (= 7500 EUR) an den Treuhänder herausgegeben werden (§ 295 (1) Zi 2 InsO.

   b) Auf Antrag eines Insolvenzgläubigers wird das Insolvenzgericht die Restschuldbefreiung widerrufen. Dies hätte u. a. zur Folge, dass er die gesamte Erbschaft herausgeben müsste (§ 296 InsO).

6. Ja. Für ein Unternehmen in der Rechtsform einer juristischen Person bestünde kein Grund, unternehmerisch weiter tätig zu sein, wenn ein Teil des erwirtschafteten Gewinnes an einen Treuhänder abgetreten werden müsste. Abgesehen davon gibt es für eine juristische Person kein pfändbares Einkommen nach einer Pfändungstabelle der ZPO.

# 5 Arbeits- und Sozialordnung

## Arbeitsvertrag

### 5.01 Arbeitsvertrag: Abschluss – Vorstellungskosten – Handels- und Wettbewerbsverbot – Ordentliche Kündigung durch den Arbeitnehmer – Lohnfortzahlung

1. a) Schriftverkehr.
   b) Einholung von Auskünften bei vertrauenswürdigen und angesehenen Personen über Leistung und Persönlichkeit des Bewerbers.
   c) Verlustgefahr für unersetzliche Originaldokumente.

2. a) Fotokopien haben keinen Beweiswert. Fälschungen sind sehr leicht möglich.
   b) Er handelt als Geschäftsführer ohne Auftrag und hat damit Anspruch auf Ersatz der Vorstellungskosten (BGB §§ 677, 683).
   c) Der Arbeitsvertrag kann mündlich abgeschlossen werden und kam deshalb schon am 25.01. zustande. Der Arbeitgeber hat spätestens 1 Monat nach dem vereinbarten Beginn des Arbeitsverhältnisses die wesentlichen Vertragsbedingungen schriftlich niederzulegen, die Niederschrift zu unterschreiben und dem Arbeitnehmer auszuhändigen. Die gem. § 2 des NachwG geforderte Niederschrift der wesentlichen Vertragsbedingungen erfüllt lediglich Beweisfunktion und ist für das Zustandekommen des Arbeitsvertrags nicht maßgebend. In diesem Fall ist sie auch gar nicht notwendig, da der Arbeitsvertrag schriftlich abgeschlossen wurde (NachwG § 2 Abs. 4).

3. a) Schriftverkehr
   b) Anzuwenden ist BGB § 622 Absatz 1. Das Arbeitsverhältnis endet am 31. März. Die verlängerten Kündigungsfristen des § 622 Absatz 2 BGB bei längerer Betriebszugehörigkeit gelten nur bei Kündigung durch den Arbeitgeber; diese Regelung ist eine reine Schutzvorschrift für den Arbeitnehmer.
   c) Schnaitmann müsste damit rechnen, auf Schadenersatz in Anspruch genommen zu werden (z. B. Mehrkosten für eine Ersatzkraft bis zum gesetzlichen Kündigungstermin).

4. a) Gem. § 60 HGB (Gesetzliches Wettbewerbsverbot) darf der Handlungsgehilfe kein Handelsgewerbe betreiben. Der Fachverlag ist ein Handelsgewerbe, wenn ein in kaufmännischer Weise eingerichteter Geschäftsbetrieb erforderlich ist (HGB § 1, Abs. 2).
   Das in § 60 HGB formulierte Verbot, ein Handelsgewerbe zu betreiben, muss nach der Rechtsprechung des Bundesarbeitsgerichts einschränkend ausgelegt werden, um verfassungskonform zu sein. Der Betrieb eines Handelsgewerbes darf dem kaufmännischen Angestellten nur versagt werden, wenn dies den Arbeitgeber schädigen kann, d. h. wenn der Angestellte ein Handelsgewerbe betreibt, das in Konkurrenz zu dem des Arbeitgebers steht. Dies trifft hier nicht zu. Mit dem Fachverlag macht Schnaitmann seinem Arbeitgeber keine Konkurrenz.
   b) Ja. Kein Handelsgewerbe und nicht im Geschäftszweig des Arbeitgebers. § 60 HGB.
   c) Nein. Wettbewerbshandlungen sind auch »gelegentlich« verboten. § 60 HGB.
   d) Nein. §§ 60, 84 HGB verbieten das. Vertraglich wurde die Weitergeltung nach dem Ausscheiden aus dem Arbeitsverhältnis schriftlich vereinbart. Gesetzlich besteht das Wettbewerbsverbot nur für die Dauer des Arbeitsverhältnisses.

5. §§ 60, 61 HGB. Der Arbeitgeber kann Schadenersatz fordern. Bei Geschäften für eigene Rechnung kann er selbst in das Geschäft eintreten; bei Geschäften für fremde Rechnung Vergütung herausfordern; fristlose Kündigung § 626 BGB.

6. Nein. Eine vertraglich vereinbarte Kündigungsfrist darf für den Arbeitnehmer nicht länger sein als für den Arbeitgeber. BGB § 622 (6).

7. Lohnfortzahlung 6 Wochen (EntgeltFZG § 3). Krankheit ist unverschuldet. Betriebe mit bis zu 20 Arbeitnehmern erhalten von der gesetzlichen Krankenkasse 80 % der Lohnfortzahlungskosten zuzüglich der darauf entfallenden Sozialversicherungsbeiträge erstattet (§ 10 ff. Lohnfortzahlungsgesetz). Die Mittel werden durch eine Umlage der am Ausgleich beteiligten Arbeitgeber aufgebracht. LFZG § 11.

8. Ja, der Arbeitgeber muss das Gehalt während der Zeit der Arbeitsunfähigkeit zahlen, da die Arbeitsunfähigkeit ohne Verschulden des Arbeitnehmers eingetreten ist (EntgeltFZG § 3). Bei Arbeitsunfähigkeit, die auf Sportunfälle zurückzuführen ist, liegt Verschulden nur vor, wenn sich der Arbeitnehmer die Verletzung bei der Ausübung einer sog. gefährlichen Sportart zugezogen hat oder bei einer nicht besonders gefährlichen Sportart in grober Weise gegen anerkannte Regeln dieser Sportart verstoßen hat. Zu den gefährlichen Sportarten rechnet die Rechtsprechung z. B. Drachenfliegen oder Motor-Cross-Rennen, nicht aber Fußball.

# Ausbildungsvertrag

## 5.02 Ausbildungsvertrag: Abschluss – Wesen des Ausbildungsverhältnisses – Pflichten des Auszubildenden und des Ausbilders – Haftung von Arbeitnehmern für Schäden – Kündigung Minderjähriger

1. Für den Abschluss des Ausbildungsvertrages gibt es keine Formvorschrift. Der wesentliche Inhalt des Ausbildungsvertrages muss nur anschließend schriftlich festgehalten werden. Das Ausbildungsverhältnis ist am 15.07. (in Anwesenheit und mit Zustimmung der Eltern) rechtsgültig entstanden.

2. a) Ausbildender prüft, ob der Auszubildende für den gewählten Beruf geeignet ist; Auszubildender prüft, ob Neigung vorhanden ist (§ 13 BBiG).
   b) (1) Ja. Kündigungsfrist 4 Wochen. BBiG § 15 (2), 2.
      (2) Ja, aus wichtigem Grund. BBiG § 15 (2), 1.
      (3) Nein. Kein Berufswechsel, kein wichtiger Grund.
      (4) Ja. Wichtiger Grund. BBiG § 6 (2) und § 15.

3. a) Ja. Dem Auszubildenden dürfen nur Verrichtungen übertragen werden, die dem Ausbildungszweck dienen. BBiG § 6 (2).
   b) Ja. Liegt im Rahmen des Ausbildungszwecks, wenn für angemessenen Zeitraum.
   c) Ja. Das Ausbildungsverhältnis ist auch ein Erziehungsverhältnis (BBiG § 6 (1), 5.)
   d) Ja. Haftung aus unerlaubter Handlung. BGB § 823.
   e) Für Auszubildende gelten die Grundsätze, die die Rechtsprechung für die Verletzung von Pflichten aus dem Arbeitsverhältnis entwickelt hat. Ein Auszubildender haftet wie jeder Arbeitnehmer für jeden Schaden, der durch schuldhafte Pflichtverletzung entstanden ist. Eine schuldhafte Pflichtverletzung liegt nicht nur bei vorsätzlichem, sondern auch bei fahrlässigem Handeln vor (§ 276 BGB). Die Rechtsprechung des Bundesarbeitsgerichts hat die Haftung des Arbeitnehmers jedoch der Höhe nach eingeschränkt. Dabei sollen folgende Umstände Beachtung finden:
      - Die Größe der mit Arbeit verbundenen Gefahr,
      - der Grad des dem Arbeitnehmer zur Last fallenden Verschuldens,
      - die Höhe des Arbeitsentgelts,

- sonstige mit der Leistungsfähigkeit des Arbeitnehmers zusammenhängende Umstände (Unterhaltspflichten, Alter, Dauer der Betriebszugehörigkeit).

Wenn der Auszubildenden Petra überhaupt ein Verschulden anzulasten wäre, dann wäre es außerst gering. Berücksichtigt man zusätzlich, dass Petra nur eine Ausbildungsvergütung erhält, dann wird Petra den Schaden nicht ersetzen müssen.

4. Nein. Verletzung der Schweigepflicht könnte sogar wichtiger Grund zur Kündigung sein (BBiG §§ 9, 15).

5. Nein. Die Berufsschulzeit ist auf die Arbeitszeit anzurechnen. JArbSchG § 9.

6. Fortzahlung der Ausbildungsvergütung für 6 Wochen. Bei Krankheit findet Entgeltfortzahlungsgesetz Anwendung (BBiG § 12, EntgeltFZG § 3).

7. Ja, gem. § 17 BBiG ist ein Arbeitsverhältnis entstanden.

8. Ja. Ein minderjähriger Arbeitnehmer, der mit Ermächtigung seines gesetzlichen Vertreters Arbeit angenommen hat, ist im Zweifel berechtigt, das Arbeitsverhältnis ohne besondere ausdrückliche Zustimmung des gesetzlichen Vertreters zu kündigen (BGB § 113). Für Berufsausbildungsverträge gilt diese Ermächtigung des § 113 nicht. Würde für *Petra* noch ein Berufsausbildungsverhältnis bestehen, dann könnte sie dieses nur mit Zustimmung ihres gesetzlichen Vertreters kündigen.

## Arbeitsschutzgesetze

### 5.03 Kündigung des Arbeitsverhältnisses durch den Arbeitgeber: Kündigungsfristen – Kündigungsgründe – Kündigungsschutz – Abmahnung

1. Die Kündigungsfrist bei einer ordentlichen Kündigung beträgt nach § 622 BGB in diesem Fall 3 Monate zum Ende eines Kalendermonats, da A. schon 8 Jahre im Betrieb beschäftigt ist. Die Kündigung könnte damit – wenn sie überhaupt zulässig ist – frühestens zum 31. Mai ausgesprochen werden.

2. Die Firma Schaub beschäftigt mehr als 10 Arbeitnehmer, Armbruster ist schon länger als 6 Monate im Betrieb beschäftigt. Das KSchG ist deshalb anwendbar.

   Die häufigen Verspätungen des A. gehören in die Gruppe der verhaltensbedingten Gründe im Sinne des § 1 Abs. 1 KSchG. Bei den verhaltensbedingten Gründen zur sozialen Rechtfertigung einer Kündigung ist stets Verschulden gefordert. Das liegt hier offensichtlich vor. Die sich wiederholenden Verspätungen sind daher grundsätzlich ausreichend, eine verhaltensbedingte Kündigung nach § 1 Abs. 1 KSchG zu rechtfertigen.

3. Die Rechtsprechung hat den Grundsatz entwickelt, dass eine Kündigung immer nur das letzte Mittel sein darf. Sowohl eine ordentliche wie auch eine außerordentliche Kündigung sind nur wirksam, wenn eine Interessenabwägung unter Berücksichtigung des Prinzips der Verhältnismäßigkeit (Ultima-Ratio-Prinzip) stattgefunden hat und alle anderen nach den Umständen möglichen und angemessenen milderen Mittel erschöpft sind. Dies erfordert bei Störungen im Leistungsbereich, dass eine Kündigung nur wirksam ist, wenn eine Abmahnung vorausgegangen ist. Die Abmahnung muss den Verstoß gegen den Arbeitsvertrag klar bezeichnen (Bestandsfunktion) und deutlich darauf hinweisen, dass im Wiederholungsfall mit arbeitsrechtlichen Konsequenzen (Kündigung) zu rechnen ist (Warnfunktion).

4. Betr.: Abmahnung
Sehr geehrte(r) Frau/Herr ...
Sie sind im Monat ... an ... Arbeitstagen, und zwar jeweils zwischen ... und ... Minuten, zu spät am Arbeitsplatz erschienen. Ihre tägliche Arbeitszeit beginnt um ... Uhr. Ihr Verhalten stellt eine fortgesetzte Verletzung der Ihnen obliegenden arbeitsvertraglichen Pflicht zur pünktlichen Arbeitsaufnahme dar. Wir sind nicht gewillt, dieses Verhalten weiterhin zu dulden, und fordern Sie auf, Ihre arbeitsvertraglichen Pflichten zukünftig uneingeschränkt zu erfüllen. Wir weisen ausdrücklich darauf hin, dass Sie im Wiederholungsfall mit einer Kündigung Ihres Arbeitsverhältnisses rechnen müssen.
..., den ... (Unterschrift)

***Quelle:*** Spiegelhalter, Handlexikon Arbeitsrecht, München 1991, Sachwort Abmahnung, IX. Muster

5. Ein wichtiger Grund im Sinne des § 626 BGB liegt vor, wenn dem Kündigenden die Fortsetzung des Arbeitsverhältnisses bis zum nächsten ordentlichen Kündigungstermin nach Treu und Glauben unzumutbar ist. Auch bei der außerordentlichen Kündigung gilt das Prinzip der Verhältnismäßigkeit (Ultima-Ratio-Prinzip). Wenn schon die ordentliche Kündigung nicht möglich ist, dann erst recht nicht die außerordentliche Kündigung. Im Wiederholungsfall ist zu entscheiden, ob er ordentlich oder außerordentlich (fristlos) kündigen kann. Man kann wohl davon ausgehen, dass nach Treu und Glauben dem Arbeitgeber auch dann noch zuzumuten ist, den Ablauf der Kündigungsfrist für eine ordentliche Kündigung abzuwarten, wenn Armbruster auch nach erfolgter Abmahnung wieder zu spät zur Arbeit erscheint.

## 5.04 Betriebsbedingte Kündigung – Sozialauswahl

1. Der Einwand, die Stillegung der Abteilung Kleingeräte sei wirtschaftlich nicht erforderlich, wird nicht zum Erfolg führen. Es handelt sich um eine Unternehmensentscheidung, die vom Arbeitsgericht auf ihre Zweckmäßigkeit nicht überprüft werden darf. Es gibt keinen Anhaltspunkt dafür, dass die Entscheidung völlig willkürlich war. Die Kündigung ist deshalb durch betriebsbedingte Gründe im Sinne des KSchG § 1 Abs. 2 veranlasst.
2. Eine im Sinne des § 1 KSchG betriebsbedingte Kündigung ist trotzdem sozial ungerechtfertigt, wenn der Arbeitgeber bei der Auswahl soziale Gesichtspunkte nicht oder nicht ausreichend berücksichtigt hat. Zu berücksichtigen sind insbesondere die Dauer der Betriebszughörigkeit, das Lebensalter, der Familienstand und die wirtschaftliche Lage des zu kündigenden Arbeitnehmers. Da Bareis die Tätigkeit des Dahlmann selbst längere Zeit ausgeführt hat, sind die beiden Arbeitnehmer voll austauschbar. Zwar ist Bareis etwas jünger, er ist jedoch länger im Betrieb beschäftigt und hat drei Kinder zu unterhalten, Dahlmann nur eines. Bei sozialer Abwägung zwischen diesen beiden Arbeitnehmern durfte der Arbeitgeber deshalb dem Arbeitnehmer Bareis nicht die Kündigung aussprechen. Eine Klage, die innerhalb von 3 Wochen nach Zugang der Kündigung beim Arbeitsgericht eingereicht werden muss (KSchG § 4), wird wahrscheinlich Erfolg haben.

## 5.05 Arbeitsschutz

1. a) Die Höchstarbeitszeit ist in § 3 ArbZG auf 8 Stunden für jeden Werktag festgelegt. Als Werktage gelten die Tage von montags bis samstags. Die wöchentliche Höchstarbeitszeit beträgt damit 48 Stunden.

Die tägliche Höchstarbeitszeit kann jedoch in freier Vereinbarung zwischen Arbeitgeber und Arbeitnehmer auf 10 Stunden erhöht werden. Damit ist eine wöchentliche Arbeitszeit von 60 Stunden möglich, wenn an keinem Tag die Höchstarbeitszeit von 10 Stunden überschritten wird. Für diese Erhöhung der Arbeitszeit bedarf es keiner besonderen Begründung.

Für die Erhöhung der Arbeitszeit setzt der § 3 ArbZG jedoch eine zeitliche Begrenzung: In einem Zeitraum von 6 Monaten (24 Wochen) dürfen im Durchschnitt 8 Stunden täglicher Arbeitszeit nicht überschritten werden.
Die Verlängerung der Arbeitszeit des Arbeiters wäre damit höchstens auf 60 Stunden möglich. Das würde dem Arbeiter aber nicht den erhofften finanziellen Vorteil bringen, da die Arbeitszeit innerhalb des gesetzlichen Zeitraums von 6 Monaten im Durchschnitt doch täglich 8 Stunden nicht überschreiten darf.

b) Ja. Wenn auch der Arbeitnehmer seinen Arbeitsvertrag frei abschließen darf, so könnte er dem Arbeitgeber gegenüber doch oft in der schwächeren Position sein und unter Druck einer gesundheitsschädigenden Regelung seiner Arbeitszeit zustimmen. Im gegebenen Fall wird der 22-jährige Arbeiter davor geschützt, unbedacht gesundheitliche Schädigungen aus finanziellen Gründen in Kauf zu nehmen.

   Andererseits ist mit dem 6-monatigen Ausgleichszeitraum den Tarif-, Betriebs- und Einzelvertragspartnern eine große Flexibilität in der Verteilung der Arbeitszeit zugestanden.

2. 6 Werktage × 8 Stunden tägl. Arbeitszeit = 48 Stunden wöchentlich : 5 Arbeitstage = 9,6 Stunden je Arbeitstag.

3. Am nächsten Tag 9 Uhr. Die ununterbrochene Ruhezeit muss 11 Stunden betragen (§ 5 ArbZG).

4. Ja. wenn innerhalb 6 Monaten der Ausgleich erfolgt (§ 3 ArbZG). In einem Tarifvertrag oder aufgrund eines Tarifvertrags in einer Betriebsvereinbarung könnte ein anderer Ausgleichszeitraum festgelegt werden (§ 7 ArbZG).

## 5.06 Jugendarbeitsschutz

1. Am nächsten Morgen frühestens 8 Uhr. JArbSchG § 13 fordert 12 Stunden Ruhepause.

2. Ja, weil die Unterrichtszeit 5 Unterrichtseinheiten je 45 Minuten nicht überschritten hat. § 9 JArbSchG.

3. Er hat Anspruch auf 25 Tage Urlaub, da er zu Beginn des Jahres noch nicht 18 Jahre alt war. § 19 (1) JArbschG.

4. Nein. § 23 JArbSchG verbietet für Jugendliche Arbeiten, für die das Arbeitstempo nicht nur gelegentlich vorgeschrieben ist. Damit ist die Beschäftigung Jugendlicher am Fließband verboten.

## 5.07 Kündigungsschutz: ungleiche Kündigungsfrist – Besonders geschützte Personenkreise (Betriebsrat, werdende Mutter, Schwerbeschädigte)

1. Nein. Gem. BGB § 622 (6) darf für den Arbeitnehmer keine längere Kündigungsfrist vereinbart werden als für den Arbeitgeber.

2. Will ein Arbeitgeber einen Arbeitnehmer wegen Krankheit entlassen, dann werden vom Arbeitsrecht wegen der erhöhten Schutzbedürftigkeit des erkrankten Arbeitnehmers strenge Maßstäbe angelegt. Unmöglich ist die Entlassung wegen Krankheit jedoch nicht. Bei einer Entlassung wegen Krankheit kommen insbesondere vier Fallgruppen vor: häufige Kurzerkrankung – lang andauernde Erkrankung – dauerhafte Leistungsunfähigkeit – erhebliche krankheitsbedingte Leistungsminderung. In dem gegebenen Fall beruft sich der Arbeitgeber auf häufige Kurzerkrankungen des Arbeitnehmers. Gem. Kündigungsschutzgesetz handelt es sich um eine Kündigung aus »personenbedingten Gründen«. Verlangt wird eine umfassende Interessenabwägung. Zu den dabei zu berücksichtigenden Gesichtspunkten gehören z. B. folgende Umstände: Lebensalter, Dauer der Betriebszugehörigkeit, Auswirkung des krankheitsbedingten Ausfalls auf den Betrieb (Störungen des Produktionsablaufs, wirtschaftliche Lage des Unternehmens). Vor allem sind auch die Auswirkungen auf die Arbeitnehmer zu berücksichtigen, die die gleiche Tätigkeit wie der häufig erkrankte Arbeitnehmer ausüben und während des fast regelmäßig auftretenden krankheitsbedingten Fehlens ihres Kollegen seine Arbeit mit übernehmen müssen. Es kommt also immer auf den Einzelfall an. Die Häufigkeit der Erkrankung und die Zahl der Fehltage je Jahr lassen hier die Vermutung zu, dass auch bei sorgfältiger Interessenabwägung die Kündigung erlaubt sein wird.

3. Ja. Nach dem erneuten Verstoß Appenzellers gegen das Wettbewerbsverbot (HGB § 60) trotz vorhergehender Abmahnung ist dem Arbeitgeber Schilling nach Treu und Glauben nicht mehr zuzumuten, das Arbeitsverhältnis bis zum Ablauf der Kündigungsfrist fortzusetzen (BGB § 626). Gem. § 15 KSchG ist ein Mitglied des Betriebsrats zwar gegen eine ordentliche Kündigung geschützt, die außerordentliche Kündigung ist aber möglich.

4. Nein. Die Vortäuschung einer Krankheit durch Frau Hiller ist zwar ein wichtiger Grund im Sinne des § 626 BGB zur fristlosen Kündigung ihres Arbeitsverhältnisses. Grundsätzlich wäre zu prüfen, ob durch diesen einmaligen Vorfall das Vertrauensverhältnis zwischen Arbeitgeber und Arbeitnehmer so gestört wurde, dass der Vorfall auch ohne Abmahnung schon zur Rechtfertigung einer fristlosen Entlassung ausreichen würde. Das ist hier jedoch nicht von Bedeutung, weil Frau Hiller gem. § 9 MuSchG nicht nur gegen eine ordentliche, sondern auch gegen eine außerordentliche Kündigung geschützt ist.

5. Das Kündigungsschutzgesetz ist anzuwenden, weil die Elektronik GmbH mehr als 5 Arbeitnehmer beschäftigt und Gutmann in dem Unternehmen schon länger als 6 Monate beschäftigt ist. Die Kündigung ist durch dringende betriebliche Erfordernisse bedingt (KSchG § 1), weil eine ganze Abteilung wegfällt und für die dort beschäftigten Arbeitnehmer keine andere Beschäftigungsmöglichkeit im Unternehmen besteht.

   Gutmann steht als Schwerbehinderter unter dem Schutz des Schwerbehindertengesetzes. Gem. § 15 SchwbG bedarf die Kündigung der vorherigen Zustimmung der Hauptfürsorgestelle. Die Kündigungsfrist beginnt erst mit der Entscheidung der Hauptfürsorgestelle.

## 5.08 Befristeter Arbeitsvertrag

1. Ja. Befristung ist zulässig, wenn sie durch einen sachlichen Grund gerechtfertigt ist (§ 14 (1) Zi 3). Krankheitsvertretung ist sachlicher Grund.

2. Befristung (hier: sachlicher Grund) muss schriftlich vereinbart werden, sonst ist sie unwirksam (§ 14 (4) TzBfG); bei Nichtbeachtung der Formvorschrift gilt Arbeitsvertrag auf unbestimmte Zeit geschlossen;

3. a) Das befristete Arbeitsverhältnis wird mit Wissen des Arbeitgebers auch nach Zweckerreichung fortgesetzt; demnach gilt es auf unbestimmte Zeit verlängert und kann zum vorgesehenen Termin nicht beendet werden (§15 TzBfG).

   b) Gem. § 622 BGB beträgt die Kündigungsfrist 4 Wochen zum 15. oder zum Ende eines Kalendermonats. Der späteste Kündigungstermin ist demnach der 03. Okt., wenn der Arbeitsvertrag am 31. Okt. enden soll.

# Mitbestimmung

## 5.09 Betriebsrat: Wahl und Zusammensetzung – Jugendvertretung

1. Die Wahlvorschriften des § 14 ff. BetrVG wurden nicht eingehalten. Die Wahl war z. B. nicht geheim.

2. Nein. Die Wahl war nicht unmittelbar. § 14 BetrVG.

3. Nein. Wahlberechtigt sind Arbeitnehmer erst ab 18 Jahre. § 7 BetrVG.

4. Wahlberechtigt sind insgesamt 540 Arbeitnehmer:

| | | |
|---|---|---|
| Beschäftigte | 600 | |
| Jugendliche unter 18 Jahre | 56 | (§ 7 BetrVG) |
| | 544 | |
| leitende Angestellte | 4 | |
| Wahlberechtigte | 540 | |

   Leitende Angestellte sind nicht wahlberechtigt, da das BetrVG gem. § 5 (3) auf leitende Angestellte keine Anwendung findet.

   Von 540 Wahlberechtigten sind 378 Frauen. Das sind 70 %. § 15 BetrVG schreibt zwingend vor, dass Männer und Frauen im Betriebsrat entsprechend ihrem zahlenmäßigem Verhältnis im Betrieb vertreten sein müssen. Im Betriebsrat bei Herde und Wannewetsch OHG müssten damit 8 Frauen vertreten sein. Diese Regelung gilt ab 01.08.2001. Es wird vorhergesehen, dass sich daraus Probleme ergeben werden, die wohl erst vom Bundesarbeitsgericht geklärt werden können.

5. Ja. Alle Arbeitnehmer über 18 Jahre sind wahlberechtigt. §§ 5, 7 BetrVG.

6. a) Er ist nicht 6 Monate im Betrieb. § 8 BetrVG.

   b) Ja, weil er in weniger als 6 Monaten noch keinen Einblick in die Verhältnisse des Betriebs hat.

7. Ja. Im Augenblick der Wahl ist er noch nicht 25 Jahre alt. § 61 (2) BetrVG.

8. Ja. Wählbar sind alle wahlberechtigten Arbeitnehmer. § 8 BetrVG.

9. Nein. Arbeitgeber muss Lohn für die Zeit der Tätigkeit im Betriebsrat zahlen. § 37 (3) BetrVG.

## 5.10 Mitbestimmung in wirtschaftlichen Angelegenheiten – Mitbestimmungsmodelle – Sozialplan

1. Für die GmbH gelten allein die Mitwirkungs- und Mitbestimmungsregelungen des BetrVG. Da im Betrieb mehr als 100 Arbeitnehmer beschäftigt sind, ist ein Wirtschaftsausschuss zu bilden (BetrVG § 106). Der Arbeitgeber hat den Wirtschaftsausschuss rechtzeitig und umfassend über wirtschaftliche Angelegenheiten des

Unternehmens zu unterrichten, welche die Interessen der Arbeitnehmer wesentlich berühren. Dazu gehört der Verkauf aller oder eines wesentlichen Teils der Geschäftsanteile durch Gesellschafter der GmbH. (Spiegelhalter, Handlexikon Arbeitsrecht, München 1991, Sachwort »Wirtschaftsausschuss«).

Verhindern kann der Betriebsrat den Verkauf der Geschäftsanteile aber nicht. Wegen der bisher nur vermuteten Verlegung einer Teilfabrikation nach dem Zusammenschluss der GmbH mit der SÜMAG kann erst nach der Fusion der Betriebsrat der SÜMAG tätig werden.

2. a) Da die GmbH mehr als 500 Beschäftigte hatte, war gem. § 77 BetrVG ein Aufsichtsrat zu bilden. An diesem Aufsichtsrat waren die Arbeitnehmer gemäß § 6 BetrVG 1952 zu einem Drittel beteiligt.

   Damit bestand wohl die Möglichkeit, wirtschaftliche Fragen mitzudiskutieren. Eine echte Chance zur Durchsetzung von Anliegen der Arbeitnehmer war aber nicht gegeben. Nach der Fusionierung hat das Unternehmen insgesamt mehr als 2000 Beschäftigte. Deshalb gilt (gem. § 1) das Mitbestimmungsgesetz. Der Aufsichtsrat setzt sich dann zusammen (§ 7 MitbestG) aus sechs Aufsichtsratsmitgliedern der Anteilseigner und sechs Aufsichtsratsmitgliedern der Arbeitnehmer. Zwar besteht damit keine volle paritätische Mitbestimmung, weil die Anteilseigner (Aktionäre) es in der Hand haben, den Aufsichtsratsvorsitzenden zu stellen, der bei Stimmengleichheit mit seinen Stimmen entscheidet. Trotzdem wird der Einfluss der Arbeitnehmer in der durch Fusion vergrößerten SÜMAG bedeutend größer sein als früher in der Verpackungs GmbH. Außerdem ist ein Arbeitsdirektor als gleichberechtigtes Mitglied des Vorstandes zu bestimmen (§ 33 MitbestG).

   b) Da die SÜMAG vor der Fusionierung weniger als 2000 Beschäftigte hatte, galten dieselben Mitbestimmungsregelungen wie für die Verpackungs GmbH. Der Anteil der Arbeitnehmer wird infolge der Fusionierung auf 50 % erhöht, außerdem wird ein Arbeitsdirektor bestellt.

3. Zwar können die Arbeitnehmer ihre Interessen schon im Aufsichtsrat vertreten, die Berücksichtigung ihrer Interessen nicht aber erzwingen. Die geplante Teilstilllegung ist mit dem Arbeitgeber im Wirtschaftsausschuss zu beraten.

   Die vorgeschriebene Beratung kann zur Einigung führen. Der Betriebsrat kann z. B. sein Einverständnis erklären, weil in den Verhandlungen erreicht wird, dass weniger Arbeitnehmer als ursprünglich vorgesehen von der Betriebsänderung betroffen sind.

   Kommt ein Interessenausgleich nicht zustande, so können sowohl der Betriebsrat wie der Unternehmer den Präsidenten des Landesarbeitsamtes um Vermittlung ersuchen. Bleibt auch dieser Einigungsversuch erfolglos, so kann jede Seite die Einigungsstelle anrufen (§ 112 Abs. 2 BetrVG). Kommt die Einigung nicht zustande, dann ist der Unternehmer völlig frei, die ihm richtig erscheinende wirtschaftliche Entscheidung zu treffen. Trotzdem ist das Verfahren um den Interessenausgleich nicht belanglos. Schöpft der Arbeitgeber nicht alle Einigungsstellenverfahren aus, so muss er ggf. Abfindungen nach § 113 BetrVG zahlen.

   Von diesen Maßnahmen zum Interessenausgleich ist der Sozialplan zu unterscheiden. Er dient dem Ausgleich der wirtschaftlichen Nachteile, die dem Arbeitnehmer infolge der geplanten Betriebsänderung entstehen. Er betrifft lediglich die sozialen und personellen Konsequenzen. Die Maßnahme selbst ist dann nicht mehr in Frage gestellt. Ziel des Sozialplans ist die volle Kompensation des Nachteils, wenn nicht die wirtschaftliche Situation des Unternehmens lediglich eine »Milderung« zulässt. Kommt eine Einigung über den Sozialplan nicht zustande, dann entscheidet die Einigungsstelle über den Sozialplan (§ 112 BetrVG).

4. Ergänzungen zur Berücksichtigung berechtigter Einwendungen:

   Ein Arbeitsplatzwechsel ist für den Arbeitnehmer nicht zumutbar,

   a) wenn er infolge eines körperlichen Leidens den neuen Arbeitsplatz nur mit wesentlich größeren Beschwernissen erreichen kann und ein Umzug an den neuen Arbeitsort aus berechtigten Gründen von ihm abgelehnt wird;
   b) wenn es sich um einen Teilzeit-Beschäftigten mit maximal 5 Arbeitsstunden pro Arbeitstag handelt;
   c) wenn ihm anstelle seiner bisherigen Vollzeit-Beschäftigung ein Teilzeit-Arbeitsplatz angeboten wird.
   e) Ein Arbeitsplatz ist für den Arbeitnehmer zumutbar, wenn er entweder gleichwertig ist oder in seiner Bewertung nicht mehr als zwei Arbeitswertgruppen oder eine Gehaltsgruppe unter dem bisherigen Arbeitsplatz liegt.
   f) Zusätzlich zu den Beträgen nach Ziffer 5.3 erhalten
      - Arbeitnehmer mit unterhaltsberechtigten Kindern einen Abfindungsbetrag von 750 EUR brutto pro Kind,
      - Schwerbehinderte einen Abfindungsbetrag von 1000 EUR brutto.

   (Die Ergänzungen aufgrund der Aufgabenteile 2a, b, c, e und f sind in dem originalen Sozialplan, auf dem die Aufgabenstellung beruht, enthalten.)

## 5.11 Rollenspiel: Betriebsratssitzung – Entlassung wegen Krankheit

**Betriebsratssitzung: Entlassung wegen Krankheit**

Die Teilnehmer sollen die Rollen unter ihrem tatsächlichen Namen übernehmen. Die Betriebsratsmitglieder reden sich meist mit dem Vornamen an.

Der kollegiale, menschlich-soziale Aspekt wird wohl insbesondere von dem Betriebsratsmitglied B vertreten werden. Sie müsste ihre Zustimmung zu der Entlassung Frau Wegmann gegenüber persönlich vertreten und wäre mit den wirtschaftlichen und sozialen Folgen dieser Entlassung täglich ganz persönlich konfrontiert.

Betriebsratsmitglied E wird es nicht so leicht fallen, in der Betriebsratssitzung den sozialen Aspekt besonders zu betonen, da er die sich daraus ergebenden Lasten auf nicht absehbare Zeit in erheblichem Umfang ganz persönlich zu tragen hat.

Nach der Abstimmung des Betriebsrats sollte das Ergebnis mit der Klasse diskutiert werden. Dabei wäre herauszustellen, dass es sich im Kern um die Frage handelt, ob eine Kündigung wegen Krankheit sozial gerechtfertigt ist (§ 1 KSchG).

Der Fall fällt unter die Gruppe der personenbedingten Kündigungen.

Personenbedingte Kündigungen wegen Krankheit kommen insbesondere in vier Arten vor: häufige Kurzerkankung – langandauernde Erkrankung – dauerhafte Leistungsunfähigkeit – erhebliche krankheitsbedingte Leistungsminderung.

Nach der Rechtsprechung muss die Prüfung der Zulässigkeit bei diesen vier Arten krankheitsbedingter Kündigung in drei Stufen erfolgen. Diese drei Gesichtspunkte hätten deshalb auch in der Betriebsratssitzung zur Sprache kommen sollen.

1. Stufe: Prognose hinsichtlich künftigen Gesundheitszustandes.
Sind weitere Kurzerkrankungen im bisherigen Umfang zu erwarten?

2. Stufe: Beeinträchtigung betrieblicher Interessen.
Führen die krankheitsbedingten Fehlzeiten zu einer erheblichen Beeinträchtigung der betrieblichen Interessen?

3. Stufe: Interessenabwägung.
Ist es dem Arbeitgeber zumutbar, die Beeinträchtigungen hinzunehmen?

Eine arbeitsgerichtliche Überprüfung würde im Falle des Arbeitnehmers Wegmann zu dem Ergebnis führen, dass die Kündigung zulässig ist.

## 5.12 Zeitlohn – Faktoren der Berechnung

1. a)

| Lohngruppe | I | II | III | IV | V | VI | **VII** | VIII | IX | X |
|---|---|---|---|---|---|---|---|---|---|---|
| % des Ecklohnes | 72,5 | 76 | 80 | 85 | 90 | 95 | **100** | 110 | 120 | 133 |
| Lohngruppenfaktor | *0,725* | *0,76* | *0,80* | *0,85* | *0,90* | *0,95* | **1** | *1,10* | *1,20* | *1,33* |

b)

| Ortsklasse | **I** | II |
|---|---|---|
| % der Ortsklasse I | **100** | 97 |
| Ortsklassenfaktor | **1** | *0,97* |

c)

| Altersklasse | bis 16 | 16 | 17 | 18 | 19 | 20 | **21** | 22 |
|---|---|---|---|---|---|---|---|---|
| % der Altersklasse 21 | 60 | 70 | 80 | 85 | 90 | 95 | **100** | 105 |
| Altersklassenfaktor | *0,60* | *0,70* | *0,80* | *0,85* | *0,90* | *0,95* | **1** | *1,05* |

2. a) $10 \times 1{,}20 \times 0{,}85 \times 0{,}97 = 9{,}89$

b) Der Lohngruppenfaktor berücksichtigt die persönliche Leistung des Arbeitnehmers (Leistungslohn); Altersklassen- und Ortsklassenfaktor berücksichtigen soziale Verhältnisse (Soziallohn).

c)
$$\begin{array}{rl} 9{,}89 \times 37 = & 365{,}93 \text{ EUR} \\ +\ 12{,}36 \times 8 = & \underline{98{,}88 \text{ EUR}} \\ & \underline{\underline{464{,}81 \text{ EUR}}} \end{array}$$

3. a) Stundenlohn: $10 \times 1{,}2 \times 1{,}0 \times 0{,}97 = 11{,}64$ EUR

Überstundenlohn: $11{,}64$ EUR $\times 1{,}25 = 14{,}55$ EUR

$$\begin{array}{rl} 37 \times 11{,}64 \text{ EUR} = & 430{,}68 \text{ EUR} \\ 8 \times 14{,}55 \text{ EUR} = & \underline{116{,}40 \text{ EUR}} \\ & \underline{\underline{547{,}08 \text{ EUR}}} \end{array}$$

b) Persönliche Stellungnahme.

## 5.13 Akkordlohn – Normalleistung

1. 100 Dezimalminuten = 60 Zeitminuten

25 Dezimalminuten = x Zeitminuten

$$\frac{60 \times 25}{100} = 15$$

Die Anforderungen wurden nicht verändert. 25 Dezimalminuten entsprechen 15 Minuten einer 60-Minuten-Stunde.

2. 12,00 EUR = 4 Stück Der Arbeiter muss 4 Stück herstellen, um 12,00 EUR je Stunde zu verdienen (da er 25 Dezimalminuten für 1 Stück gutgeschrieben bekommt);

10,00 EUR = x Stück Wie viel Stück muss er herstellen, damit er 10,00 EUR verdient, wie bisher im Zeitlohn?

$$x = \frac{4 \times 10}{12} = 3{,}33 \text{ Stück}$$

Er muss *mehr* als 3,33 Stück herstellen, um mehr als bisher im Zeitlohn zu verdienen. Mit seiner bisherigen Normalleistung von 4 Stück verdient er also schon mehr!

3. Ja. Ein Akkordarbeiter kann durch Engpässe in der Fertigung oder andere unverschuldete Störungen kurzfristig in seiner Arbeit behindert sein.

4. a) 184 × 25 = **4600** Dezimalminuten

b) $\frac{12{,}00}{100} = 0{,}12$

c) 4600 × 0,12 = 552,00 EUR

d) effektiver Stundenlohn aufgrund der

| | |
|---|---|
| Akkordlohnabrechnung: | 552,00 : 37 = 14,92 EUR |
| Stundenlohn im Zeitlohn nach Tarif: | 10,00 EUR |
| **Mehrverdienst je Stunde** | 4,92 EUR |

5.

| je Stunde hergestellte Stückzahl | Zeitlohn | | Akkordlohn | |
|---|---|---|---|---|
| | Stunden-verdienst | Lohnkosten je Stück | Stundenverdienst im Akkordlohn | Lohnkosten je Stück |
| 1 | 10,00 EUR | 10,00 EUR | 12,00 EUR | 12,00 EUR |
| 2 | 10,00 EUR | 5,00 EUR | 12,00 EUR | 6,00 EUR |
| 3 | 10,00 EUR | 3,33 EUR | 12,00 EUR | 4,00 EUR |
| 4 | 10,00 EUR | 2,50 EUR | 12,00 EUR | 3,00 EUR |
| 5 | 10,00 EUR | 2,00 EUR | 15,00 EUR | 3,00 EUR |
| 6 | 10,00 EUR | 1,67 EUR | 18,00 EUR | 3,00 EUR |
| 7 | 10,00 EUR | 1,43 EUR | 21,00 EUR | 3,00 EUR |
| 8 | 10,00 EUR | 1,25 EUR | 24,00 EUR | 3,00 EUR |

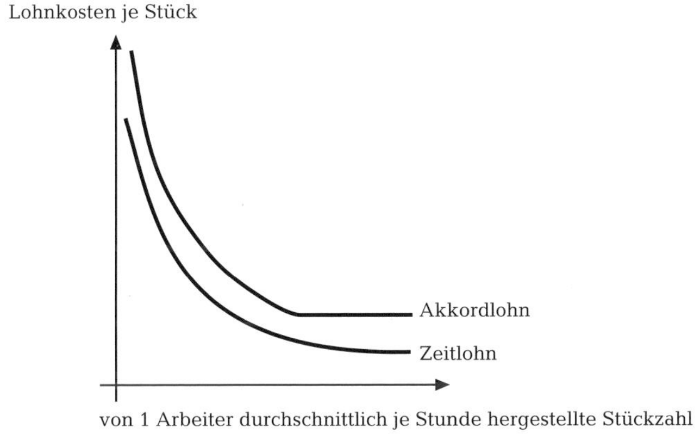

6. **Beurteilung des Akkordlohns vom Standpunkt des Arbeitnehmers:**

Nachteil: Gefahr, dass zu hohes Arbeitstempo zu gesundheitlichen Schäden führt. Risiko vorübergehender eingeschränkter Leistungsfähigkeit geht überwiegend zu Lasten des Arbeitnehmers.

Vorteil: Leistungsbezogene Entlohnung.

**Beurteilung des Akkordlohns vom Standpunkt des Unternehmens:**

Nachteil: Gefahr, dass die Qualität der Arbeit zurückgeht.

Vorteil: Die leistungsbezogene Entlohnung kann zu besserer Auslastung der Maschinen führen. Damit sinkt der Anteil der fixen Kosten je Stück.

Die Lohnkosten je Stück bleiben konstant (wenn der Arbeitnehmer mindestens die Normalleistung erbringt).

Kein Risiko mehr für Minderleistungen des Arbeitnehmers (wenn mindestens die Normalleistung erbracht wird).

## 5.14 Gruppenakkord

1. a) 4000 : 5 = 800 EUR

b) $\frac{\text{Gruppenakkordlohn}}{\text{Summe d. Stundenlöhne A bis E}} = \frac{4000}{40} = 100$ EUR

A: 10 × 100 = 1 000,00 EUR
B: 9 × 100 = 900,00 EUR
C: 8 × 100 = 800,00 EUR
D: 7 × 100 = 700,00 EUR
E: 6 × 100 = 600,00 EUR

c) $\frac{\text{Gruppenakkordlohn}}{\text{Summe der Arbeitsstunden}} = \frac{4000}{120} = 33{,}33$ EUR

A: 33,33 × 25 = 833,33 EUR
B: 33,33 × 27 = 899,99 EUR
C: 33,33 × 23 = 766,66 EUR
D: 33,33 × 26 = 866,66 EUR
E: 33,33 × 19 = 633,33 EUR

2. Unterschiedliche Vorbildung, Belastung, Berufserfahrung, Alter.

## 5.15 Prämienlohn

1. Mit der Prämie soll erreicht werden, dass die Produktion um 10 % erhöht wird; das Produktionsergebnis je Arbeitsgruppe und Stunde soll also von 120 auf 132 Bleche steigen. Wenn die Arbeitsgruppe entsprechend der betrieblichen Zielsetzung je Stunde 12 Bleche mehr herstellt, dann erhält jeder Arbeiter der Gruppe eine Prämie von 12 × 0,15 EUR = 1,80 EUR je Stunde.

2. Vor der Einführung des Prämienlohns:

| | |
|---|---|
| Zeitlohn | 50,00 EUR |
| Maschinenkosten | 600,00 EUR |
| **Fertigungskosten** | **650,00 EUR** |

Fertigungskosten je Blech: 650 : 120 = 5,417 EUR

Nach der Einführung des Prämienlohns:

| | | |
|---|---|---|
| Zeitlohn | 50,00 EUR | |
| Prämie (5 × 12 × 0,15) | 9,00 EUR | 59,00 EUR |
| Maschinenkosten | | 600,00 EUR |
| **Fertigungskosten** | | **659,00 EUR** |

Fertigungskosten je Blech: 659 : 132 = 4,992 EUR

3. 5,417 EUR (Kosten je Blech bisher) × 132 (neue Produktionsmenge) = 715,044 EUR Fertigungskosten.

| | | |
|---|---|---|
| Fertigungskosten | 715,044 EUR | |
| unveränderte Maschinenkosten | 600,000 EUR | |
| für Lohn | 115,044 EUR | |
| für Zeitlohn | 50,000 EUR | |
| für Prämie | 65,044 EUR | (12 Bleche zusätzlich, 5 Mann); |

| | |
|---|---|
| 12 Bleche 5 Mann | 65,044 EUR |
| 1 Blech 1 Mann | x EUR |

$$\frac{65{,}044}{12 \times 5} = 1{,}084 \text{ EUR}$$

Die Prämie je Mann für ein zusätzlich über das 120. Stück hergestellte Blech kann 1,08 EUR betragen, wenn der durch den erhöhten Einsatz der Arbeitnehmer eingetretene Produktionsfortschritt ganz an die Arbeitnehmer weitergegeben werden soll.

# Tarifparteien und Arbeitskampf

## 5.16 Koalitionsfreiheit – Organisationsprinzipien der Gewerkschaft – Tariffähigkeit – Tarifvertrag – Günstigkeitsprinzip – Allgemeinverbindlichkeitserklärung

1. a) Im Lohntarifvertrag wird der Lohn festgelegt. Übliche Laufzeit ist 1 Jahr. In Rahmen- oder Manteltarifverträgen werden die allgemeinen Arbeitsbedingungen geregelt. Die Änderung dieser grundsätzlichen Regelungen erfolgt nicht so oft. Es ist sinnvoll, die langandauernden Regelungen in einem besonderen Vertrag zusammenzufassen.

   b) Regelungen im Rahmen- oder Manteltarifvertrag: Einteilung der Arbeitnehmer in Lohn- oder Gehaltsgruppen, Arbeitszeit, Kündigung, Arbeitsbefreiung aus persönlichen Gründen, Verfahren der Arbeitsbewertung.

2. a) Ja. Vor dem Zweiten Weltkrieg bestanden viele kleine Einzelgewerkschaften. Danach wurden Gewerkschaften gegründet, die sich nicht nach dem Beruf eines Arbeitnehmers richten, sondern alle Arbeitnehmer eines Industriezweigs organisieren (Industriegewerkschaften). Für alle Arbeitnehmer, die sich mit dem Metallbau beschäftigen, ist die IG Metall zuständig. Der Tarifvertrag der IG Metall mit dem Arbeitgeberverband gilt auch für den Küchenchef der Werkskantine eines Betriebs in diesem Industriezweig.

   b) Nein. Ein Tarifvertrag gilt gem. § 3 TVG nur für die Mitglieder der Tarifvertragsparteien. In der Regel wenden die Arbeitgeber die tarifvertraglichen Regelungen jedoch auch auf Nichtmitglieder der Gewerkschaft an, um sie nicht zu einem Beitritt zu veranlassen.

Der Tarifvertrag kann nach § 5 TVG vom Bundesminister für Arbeit und Sozialordnung für allgemein verbindlich erklärt werden. Dann gilt er unabhängig von der Mitgliedschaft des Arbeitnehmers in der Gewerkschaft und des Arbeitgebers im Arbeitgeberverband.

3. Die Regelungen des Tarifvertrags gelten als Mindestarbeitsbedingungen. Abweichungen in Einzelarbeitsverträgen sind gem. § 4 Abs. 3 TVG nur zugunsten des Arbeitnehmers erlaubt. Dieser Grundsatz wird als »Günstigkeitsprinzip« bezeichnet. **Becker** kann deshalb auf der Grundlage des Tarifvertrags 3900 EUR Gehalt und aus dem Einzelarbeitsvertrag 26 Tage Urlaub beanspruchen.

4. Die vorgeschlagene Regelung ist unzulässig. Sie verstößt gegen Art. 9 Abs. 3 des Grundgesetzes, der garantiert, dass sich Arbeitnehmer zu Gewerkschaften und Arbeitgeber in Arbeitgeberverbänden frei zusammenschließen können (Koalitionsfreiheit). Die Koalitionsfreiheit schließt auch das Recht ein, sich nicht zu organisieren (»negative« Koalitionsfreiheit). Niemand darf gezwungen werden, einer Gewerkschaft beizutreten. Wenn in einem Tarifvertrag vereinbart wäre, bestimmte Vergünstigungen nur den Gewerkschaftsmitgliedern zu gewähren, würde dadurch (nach herrschender Meinung) ein unzulässiger Druck ausgeübt.

5. Nicht jede Verbindung von Arbeitnehmern und Arbeitgebern stellt eine Koalition im Sinne des Art. 9 Abs. 3 GG dar. Aufgrund der Rechtsprechung werden an eine Koalition vor allem folgende Anforderungen gestellt:

   (1) Es muss sich um einen freiwilligen Zusammenschluss von Arbeitgebern oder Arbeitnehmern handeln.

   (2) Der Zusammenschluss muss auf Dauer angelegt sein.

   (3) Zweck der Vereinigung muss die Wahrung und Förderung der Arbeits- und Wirtschaftsbedingungen sein.

   (4) Die Vereinigung muss von »sozialen Gegenspielern« frei sein.

   (5) Es muss sich um eine überbetriebliche Vereinigung handeln.

   Der Berufsverband der Küchenmeister erfüllt die Bedingung 5 nicht, da er sowohl Arbeitgeber als auch Arbeitnehmer organisiert. Er kann damit nicht als Tarifvertragspartner auftreten.

## 5.17 Gewerkschaftlich organisierter Streik – wilder Streik – Rechtsfolgen des Streiks – Friedenspflicht – Schlichtung – Aussperrung

1. a) Gesetzliche Regelungen zum Arbeitskampf fehlen. Nur aus Art. 9 Abs. 3 Grundgesetz geht hervor, dass der Arbeitskampf erlaubt ist. Das Recht des Arbeitskampfes ist deshalb weitgehend Richterrecht. Damit ein Streik rechtmäßig ist, wird gefordert:

      1) Der Streik darf nicht gegen die tarifvertragliche Friedenspflicht verstoßen.

      2) Das Ziel des Streiks muss tariflich regelbar sein.

      3) Der Streik muss das letztmögliche Mittel zur Erreichung des Zieles sein (Ultima-Ratio-Prinzip).

      Der Arbeitnehmer beteiligt sich an einem rechtmäßigen Streik, da der Tarifvertrag ausgelaufen ist und damit eine Friedenspflicht nicht mehr besteht, da sich der Streik auf den Abschluss eines neuen Tarifvertrags mit höheren Löhnen richtet und andere Möglichkeiten zur Erreichung dieses Zieles nicht erkennbar sind (ein Schlichtungsverfahren ist offensichtlich nicht vorgesehen).

Durch den Streik sind die Hauptleistungspflichten des Arbeitsvertrags vorübergehend aufgehoben (Arbeitspflicht und Vergütungspflicht). Nebenpflichten (z. B. Verschwiegenheitspflicht des Arbeitnehmers und Fürsorgepflicht des Arbeitgebers) bleiben bestehen.

Die EMO AG muss an die streikenden Arbeitnehmer keinen Lohn zahlen.[1]

b) Der Streik ist eine Waffe der Arbeitnehmer im Arbeitskampf. Das Arbeitskampfrisiko haben deshalb die Arbeitnehmer zu tragen. Andres muss nicht beschäftigt werden und erhält auch keinen Lohn.

c) Arbeitsverweigerung ist grundsätzlich ein Kündigungsgrund. Für die mit einem rechtmäßigen Streik verbundene Arbeitsverweigerung gilt dies jedoch nicht. Durch den Streik ist die Hauptpflicht der Arbeitsleistung vorübergehend ausgesetzt (siehe auch oben unter a).

2. a) Nach allgemeinen arbeitsrechtlichen Grundsätzen muss der Arbeitgeber das Risiko tragen, dass wegen Materialmangel oder auch wegen Absatzmangel im Betrieb nicht gearbeitet werden kann (Betriebs- oder Wirtschaftsrisiko). Nach der Rechtsauffassung des Bundesarbeitsgerichts entfällt der Lohnanspruch aber dann, wenn sich der Arbeitsausfall als »Fernwirkung« aus einem Streik ergibt und eine Lohnzahlung die »Kampfparität« der Parteien des Arbeitskampfes beeinflussen könnte. Das ist immer der Fall, wenn die nur mittelbar betroffenen Unternehmen im selben Tarifgebiet ansässig sind und der gleichen Branche angehören. Für die FERMO GmbH entfällt die Lohnzahlungspflicht schon deshalb, weil sie diese beiden Voraussetzungen erfüllt.

b) Durch die Beschränkung des Streiks auf wenige Betriebe hat die Gewerkschaft geringere Streikunterstützung zu zahlen.

3. a) Die nicht organisierten Arbeitnehmer erhalten weder Streikunterstützung noch Lohn. Auch Arbeitslosenunterstützung wird nicht gewährt, weil damit die Bundesanstalt für Arbeit in den Arbeitskampf zugunsten der Gewerkschaft eingreifen würde. Arbeitnehmer, die weder Lohn noch Streikunterstützung beziehen, erhalten bei Nachweis der Bedürftigkeit Sozialhilfe.

b) Die vorgeschlagene Maßnahme ist unzulässig. Die Streikposten dürfen keine Nötigung begehen. Sie müssen z. B. eine Gasse lassen, damit arbeitswillige Arbeitnehmer das Werksgelände betreten können.

4. a) Bei einer staatlichen Zwangsschlichtung kann der Staat willkürlich in die Lohnbildung und damit in den marktwirtschaftlichen Lenkungsprozess eingreifen. Die Politik ist überfordert, wenn sie den »gerechten« Lohn festlegen und den Zielkonflikt mit dem unter ökonomischen Gesichtspunkten zweckmäßigen Lohn ausgleichen soll. Mit einer staatlichen Zwangsschlichtung erhält der Staat viel Macht, die er missbrauchen kann.

b) In der Bundesrepublik Deutschland gibt es keine staatliche Zwangsschlichtung. Die vor 1933 gültige staatliche Zwangsschlichtung war für alle Tarifparteien und auch für den Staat von Nachteil. Es gibt nur eine zwischen den Tarifvertragsparteien freiwillig vereinbarte Schlichtung, zu deren Durchführung DGB und BDA ihren Mitgliedern eine Musterschlichtungsvereinbarung empfohlen haben.

5. Es wird immer noch heftig darüber gestritten, ob die Aussperrung ein zulässiges Kampfmittel ist. Die Verfassung des Landes Hessen erklärt die Aussperrung in Art. 29 sogar ausdrücklich für rechtswidrig.

---

[1]) Die Frage, ob die Arbeitnehmer Anspruch auf Arbeitslosengeld haben (vgl. SGB III § 146), wird in Aufgabe 5.24 behandelt.

Das Bundesarbeitsgericht hat entschieden, dass Abwehraussperrungen berechtigt sein können, wenn die Gewerkschaft durch Anwendung besonderer Kampftaktiken (z. B. eng begrenzte Teilstreiks, d. h. Schwerpunktstreiks) bei den Verhandlungen ein Übergewicht erzielt. Dann wird in der Aussperrung ein notwendiges Mittel gesehen, um die Kampfparität zu erhalten. Die Rechtsprechung hält die Aussperrung aber nur dann für gerechtfertigt, wenn das Gebot der Verhältnismäßigkeit beachtet wird. Auf einen eng begrenzten Teilstreik darf nicht mit der Aussperrung sämtlicher Arbeitnehmer des Tarifgebiets geantwortet werden. Aussperren kann jeder Betrieb im Tarifgebiet, der dem kampfführenden Arbeitgeberverband angehört.

6. Der vorgeschlagene Streik würde die Friedenspflicht verletzen, da der Tarifvertrag noch gültig ist. Würde ihn die Gewerkschaft trotzdem durchführen, müsste sie den Arbeitgebern (gem. § 823 BGB) den entstehenden Schaden ersetzen.

7. Die Geschäftsleitung hat Recht. Es handelt sich um einen »wilden« Streik, da er nicht von der Gewerkschaft organisiert ist. Streikende Arbeitnehmer können wegen Arbeitsverweigerung entlassen werden.

# Einkommen und Beschäftigung

## 5.18 Lohnbildung auf dem Arbeitsmarkt

1. und 2. (siehe Tabelle unten)

Zu 2.

Nach einer Lohnerhöhung von 7 % würde der Betrieb D Verlust erzielen. Wenn es ihm nicht gelingt, durch Rationalisierung seine Kosten zu senken oder für seine Produkte einen höheren Preis zu erzielen, muss er Mitarbeiter entlassen oder gar die Produktion ganz einstellen. Alle anderen Betriebe könnten die Lohnerhöhung jedoch verkraften.

| Betrieb | A | B | C | D |
|---|---|---|---|---|
| Produktionskosten je Stück (k) in EUR (konstant) | 100 | 110 | 120 | 135 |
| Lohnanteil an den Produktionskosten je Stück in EUR | 40 | 50 | 60 | 80 |
| Absatzmenge (M) in Tsd. Stück | 2000 | 1500 | 1200 | 1000 |
| Umsatzerlöse (U) in Tsd. EUR | 280 000 | 210 000 | 168 000 | 140 000 |
| Gesamtkosten (K) in Tsd. EUR | 200 000 | 165 000 | 144 000 | 135 000 |
| Gewinn (G) in Tsd. EUR | 80 000 | 45 000 | 24 000 | 5 000 |
| Auswirkung einer Lohnerhöhung von 7 % auf Produktionskosten je Stück in EUR | + 5 600 | + 5 250 | + 5 040 | + 5 600 |
| verbleibender Gewinn nach Lohnerhöhung von 7 % in Tsd. EUR | 74 000 | 39 750 | 18 960 | – 600 |

3. a) Betrieb A erzielt einen sehr hohen Gewinn. Er könnte eine sehr viel stärkere Lohnerhöhung verkraften als die, die bei einem für die ganze Branche gültigen Abschluss mit Rücksicht auf die weniger erfolgreichen Betriebe erzielt werden kann. Die Mitarbeiter erwarten, dass die Leitung des Betriebs A rasch bereit

wäre, die von der Gewerkschaft geforderte Lohnerhöhung zu gewähren, und evtl. sogar eine Lohnerhöhung über die von der Branche geforderten 7 % zu erreichen wäre.

b) Die Macht der Gewerkschaft im Arbeitskampf wird geschmälert, wenn sie einzelnen Arbeitgebern als Verhandlungspartner gegenübertritt. Sie hat dann nur noch die Arbeitnehmer dieses Betriebs hinter sich und nicht mehr die große Masse der Arbeitnehmer des gesamten Industriezweigs. Diese Zersplitterung ihrer Kampfkraft will die Gewerkschaftsbewegung grundsätzlich vermeiden.

4. Der bisher übertariflich gewährte Lohnanteil darf auf die tarifmäßige Lohnerhöhung angerechnet werden (Aufsaugprinzip), wenn der neue Lohn dann immer noch höher ist als der vor der Tariferhöhung vereinbarte Lohn.

## 5.19 Beitrag eines Unternehmens zum Inlandsprodukt – Einkommensverteilung in einem Unternehmen – »Gerechter« Lohn

1. Zahlungen an Lieferanten (Vorleistungen) entstehen z. B. für gekaufte Roh-, Hilfs- und Betriebsstoffe, Energielieferungen, Mieten, Versicherungsbeiträge, zugekaufte Handelswaren.

2. a)

| | | |
|---|---|---|
| | Einnahmen aus dem Verkauf von Waren | 19 257 |
| + | Beteiligungserträge und sonstige Erträge | 1 181 |
| | | 20 438 |
| – | Zahlungen an Lieferanten (= Vorleistungen) | 11 819 |
| | Brutto-Wertschöpfung (Beitrag zum Bruttoinlandsprodukt) | 8 619 |

b)

| | | |
|---|---|---|
| | Brutto-Wertschöpfung | 8 619 |
| – | Wertverlust an Firmeneigentum (= Abschreibung) | 1 943 |
| | Netto-Wertschöpfung (Beitrag zum Nettoinlandsprodukt zu Marktpreisen) | 6 676 |

3. Einkommen ist in Höhe der Netto-Wertschöpfung entstanden (6676)

4.

| | | | |
|---|---|---|---|
| **Mitarbeiter** | | | |
| Löhne u. Gehälter, soziale Abgaben und so. soz. Leistungen (ohne lohnabhängige Steuern) | | 4 207 | 63,02 % |
| **Kapital- und Kreditgeber** | | | |
| Dividende für Aktionäre (ohne Steuern) | 457 | | |
| Zinsen für Kreditgeber | 174 | 631 | 9,45 % |
| **Staat** | | | |
| lohnabhängige Steuern | 742 | | |
| Steuern der Unternehmung (Einkommen, Ertrag, Verbrauch, sonstige) | 643 | | |
| Steuern auf Dividende | 153 | 1 538 | 23,04 % |
| **Unternehmen** | | | |
| Zuführung zu den Rücklagen | | 300 | 4,49 % |
| Netto-Wertschöpfung | | 6 676 | 100,00 % |

5. Persönliche Stellungnahme

Anregungen:

Zwar verteilt sich der Prozentanteil der Mitarbeiter am Einkommen (63 %) gegenüber den Kapitalgebern auf eine viel größere Personenzahl. Das bedeutet aber auch, dass bei Verteilung des gesamten Anteils der Kapitaleigner an der Wertschöpfung (9,43 %) auf die Mitarbeiter das Einkommen eines Mitarbeiters durchschnittlich nur um rund 15 % steigen würde.

Der Anteil der Kapitaleigner an der Wertschöpfung wird von der marxistischen Theorie als »arbeitsloses« und damit ungerechtes Einkommen kritisiert. Dabei ist u.a. zu bedenken, dass die Gewährung einer Dividende funktionsnotwendig ist, damit eine freiheitliche (auch soziale) Marktwirtschaft bestehen kann.

In der Diskussion könnte auch der Einwand gebracht werden, der Zins sei als arbeitsloses Einkommen grundsätzlich ungerecht. Häufig wird erwidert, der Zins sei eine gerechte Vergütung für Konsumverzicht bzw. für das vorläufige Zurückstellen des Konsums. Er kann aber auch als Verzicht auf einen anderweitigen Einsatz des Geldkapitals für Erwerbszwecke gesehen werden. Der Sparer könnte, statt das Geld zur Bank zu bringen, sich eine Eigentumswohnung kaufen und diese vermieten. Dafür könnte er Miet(zins) erhalten.

Die Frage nach der Angemessenheit des Staatsanteils kann zu einer umfassenden politischen Diskussion führen. Es wird sich die Frage ergeben, welche Leistungen des Staates eingeschränkt werden sollen. Bei dem Vorschlag, dass vor allem »unproduktive« Verwaltungsbürokratie beseitigt werden sollte, muss zumindest bedacht werden, dass die Ausgaben für Verwaltungsleistungen insgesamt gar nicht den Hauptanteil an den Staatsausgaben ausmachen und auch durch Rationalisierung allenfalls reduziert werden können. Die Gewährung von Sozialleistungen (z.B. Kindergeld, Bafög), Krankenhäuser, Hochschulen und Schulen z.B. erfordert auch einen gewissen Umfang von Verwaltungsleistungen. Immer mehr Dienstleistungen des Staates werden gefordert: Die Personalausgaben für Professoren, Lehrer, Sozialpädagogen und Erzieherinnen im Kindergarten, Richter, Krankenhausärzte und Pflegepersonal, Polizisten z.B. machen einen erheblichen Anteil der Staatsausgaben aus.

Die Unterscheidung zwischen »produktiver« und »unproduktiver« Arbeit sollte dann erörtert werden.

Die Zuführung von Gewinnanteilen zu den Rücklagen geht in erster Linie zu Lasten der Kapitaleigner, obwohl das Unternehmen in erheblichem Umfang auch gewinnabhängige Prämien an die Mitarbeiter zahlt. Einwände gegen die Rücklagenbildung könnten aus einem zu kurzfristigen Denken entstanden sein. Die für zukünftige Investitionen gebundenen finanziellen Mittel (Rücklagen) sind Quelle künftiger Gewinne. Die Frage nach der Gerechtigkeit der Einkommensverteilung sollte sich maßgeblich auf die Ausschüttung des Gewinns beziehen.

## 5.20 Arten der Arbeitslosigkeit – Beschäftigungspolitik

A: 4

B: 6

C: 2,3

D: 1,5

## 5.21 Arbeitslosigkeit und Beschäftigungspolitik

1. Der DGB und der BDI streiten sich um das richtige Heilmittel gegen Arbeitslosigkeit. Jede Partei hält die andere für unfähig und unwissend. Der Patient ist verängstigt und verunsichert und befürchtet, zum Opfer dieses Streits zu werden, entweder weil das Falsche oder weil gar nichts geschieht.

2. Gibt der Staat Investitionsanreize, dann werden private Unternehmer veranlasst, Investitionen durchzuführen und Güter zu produzieren, die vom Markt verlangt werden.

   Zu den **Investitionsanreizen** sind zu rechnen:

   a) erhöhte Abschreibungsmöglichkeiten,

   c) staatliche Zinszuschüsse,

   e) Förderung des Bausparens (auch der Bau von Mietwohnungen ist eine Investition),

   f) Senkung des Steuersatzes für einbehaltene Gewinne.

   Führt der Staat ein **Beschäftigungsprogramm** zur Beseitigung von Arbeitslosigkeit durch, dann tritt er selbst als Nachfrager oder Arbeitgeber auf. Zu dieser Maßnahmengruppe gehören:

   b) Bau eines schiffbaren Kanals zwischen zwei großen Flüssen,

   d) zusätzliche Einstellung von Arbeitskräften durch den Staat (Verwaltungsbeamte, Krankenschwestern, Ärzte, Lehrer, Richter, Polizeibeamte usw.)

# Sozialversicherung

## 5.22 Sozialversicherung – Gesetzliche Krankenversicherung – Private Krankenversicherung – Pflegeversicherung

1. Frau Schupp ist versicherungspflichtig in der sozialen Krankenversicherung wie alle Arbeitnehmer, deren regelmäßiges Jahreseinkommen die Versicherungspflichtgrenze nicht überschreitet (SGB V §§ 5, 6). Sie ist versichert aufgrund der versicherungspflichtigen Beschäftigung.

   Die Mitgliedschaft beginnt mit dem Tag des Eintritts in die Beschäftigung (SGB V § 186), auch wenn die Anmeldung (SGB § 198) versäumt wurde.

2. Klett ist nicht versicherungspflichtig, da sein Einkommen über der Versicherungspflichtgrenze liegt (SGB V § 6). Zwar ist er als Berufsanfänger versicherungsberechtigt (SGB V § 9). In diesem Falle beginnt die Mitgliedschaft jedoch erst mit der Beitrittserklärung (SGB V § 188). Die AOK muss die Arztkosten deshalb nicht zahlen.

3. a) Nein. Striebel ist versicherungspflichtig, d. h. versichert mit Eintritt in das Arbeitsverhältnis (SGB V § 5). Die AOK hat keine Möglichkeit, ihn als Mitglied abzulehnen.

   b) Nein. In der Sozialversicherung sind sog. »günstige Risiken« pflichtversichert; dem entspricht, dass auch »ungünstige Risiken« aufgenommen werden müssen.

   c) Eine Privatversicherung würde den Abschluss eines Versicherungsvertrages ablehnen, eine höhere Prämie fordern oder bestehende Vorerkrankungen von der Versicherungsleistung ausschließen.

4. a)

| | **gesetzliche Krankenversicherung Informationsquelle: SGB V** | **private Krankenversicherung Informationsquelle: Prospekt »Süddeutscher Ring«** |
|---|---|---|
| **Höhe des Beitrags**<br>**Der Höchstbeitrag des Arbeitgeberbeitrags zu einer privaten Krankenversicherung wird gem. SGB V § 257 (2) unter Anwendung des durchschnittlichen Beitragssatzes aller gesetzlichen Krankenkassen berechnet, der jährlich neu ermittelt wird. In der Lösung wird zur Vereinfachung angenommen, dass der Arbeitgeber bei Übertritt Klötzels in eine private Krankenkasse den Arbeitgeberbeitrag in der bisherigen Höhe weiterzahlt. Auf das Ergebnis des Vergleichs hat das keinen Einfluss. | 14 % von 3 375 EUR (Bemessungsgrenze 2002) = 472,50 EUR<br>davon Arbeitnehmeranteil 50 % = 236,25 EUR | Herr Klötzel 300,76 EUR<br>Frau Klötzel 366,18 EUR<br>------------------------------<br>796.48 EUR<br>ges. Arbeitgeberanteil* 233,54 EUR<br>------------------------------<br>selbst zu tragen 562,94 EUR<br>* Jedoch Leistungsausschluss für Sohn Georg oder höherer Beitrag |
| **Leistungsausschluss bei alten Leiden** | kein Leistungsausschluss | Leistungsausschluss für alle Erkrankungen des Sohnes Georg, die in Zusammenhang mit der chronischen Bronchits stehen, oder erhöhter Beitrag für Sohn Georg (in Berechnung oben noch nicht enthalten) |
| **Leistungsumfang** | | |
| **ambulante Heilbehandlung** | 100 % ohne zeitliche Begrenzung Eigenbeteiligung (»Zuzahlung«) bei Arznei- und Heilmitteln (SGB V §§ 31, 32) | 100 % ohne zeitliche Begrenzung, jedoch im Kalenderjahr 50 EUR Selbstbeteiligung |
| **stationäre Behandlung** | ohne zeitliche Begrenzung Für längstens 14 Tage Eigenbeteiligung 9 EUR (Stand 01.01.2002) je Tag. Kein Anspruch auf Ein- oder Zweibettzimmer und Chefarztbehandlung | 100 %ige Erstattung ohne Selbstbeteiligung. Kostenersatz für Ein- oder Zweibettzimmer. Chefarztbehandlung |
| **zahnärztliche Behandlung** | zahnärztliche Behandlung 100 %<br>kieferorthopädische Behandlung 80 %<br>Zahnersatz 50 % | 100 %<br><br>75 %<br>75 % |
| **Krankengeld** | 80 % des Regelentgelts (wenn kein Arbeitsentgelt mehr gezahlt wird), wegen derselben Krankheit hö. 78 Wochen innerhalb 3 Jahren | kein Krankengeld |
| **Vorfinanzierung der Kostenregulierung** | Keine. Kasse rechnet direkt mit Leistungsträger (Arzt, Krankenhaus) ab. | Meist erstattet private Kasse auch unbezahlte Rechnungen |

b) Der Gesetzgeber hält höher verdienende Arbeitnehmer nicht mehr für schutzbedürftig. Er unterstellt, dass sie für das Risiko des Krankheitsfalles selbst vorsorgen können.

5. a) Ja. Klarenberger erfüllt die Voraussetzungen des SGB V § 9 (1) für eine freiwillige Weiterversicherung (vor dem Ausscheiden mindestens 12 Monate versichert bzw. in den letzten 5 Jahren 24 Monate). Die Erklärung hat innerhalb 3 Monaten zu erfolgen.

b) Arbeitnehmer, die aus der Versicherungspflicht ausscheiden, würden von der Privatversicherung nur mit erheblichen Riskozuschlägen oder unter Ausschluss von Leistungen für bereits bestehende chronische Erkrankungen aufgenommen. Da die Beiträge nach dem Eintrittsalter gestaffelt sind, hätten sie meist schon deshalb höheren Beitrag zu zahlen.

6. a) Ja. Berufsanfänger sind, unabhängig von ihrem Einkommen, versicherungsberechtigt (SGB V § 9, 1). Die Anmeldung muss innerhalb von 3 Monaten nach Eintritt in das Beschäftigungsverhältnis erfolgen (§ 9, Abs. 2).

b) Wer in einer privaten Krankenversicherung gegen Krankheit versichert ist, muss eine private Pflegeversicherung abschließen (SGB XI § 1 Abs. 2 SGB).

c) Eine mögliche Stellungnahme: Weder durch die gesetzliche Krankenkasse noch durch eine Krankheitskostenversicherung bei einem privaten Krankenversicherer werden im Pflegefall besondere Leistungen (Dienst-, Sach- oder Geldleistungen) zur Deckung der Pflegekosten erbracht.

Die Pflegekosten übersteigen in der Regel bei weitem das Renteneinkommen. Pflegebedürftige Menschen mussten in der Vergangenheit meist Sozialhilfe in Anspruch nehmen. Es erscheint deshalb berechtigt, diese Versorgungslücke nach dem Prinzip der Sozialversicherung zu schließen.

7. a) Ja. Krankenhausbehandlung wird ohne zeitliche Begrenzung gewährt (SGB §§ 27, 39).

b) Das Krankenhaus rechnet mit der AOK direkt ab.

c) Bei der Stellungnahme zu beachten:

Ein Krankenhauspatient wird voll versorgt und hat deshalb gewisse Einsparungen an seinen Lebenshaltungskosten, obwohl er Lohn oder Krankengeld erhält. Zudem ist die Selbstkostenbeteiligung (seit 01.01.2002 9 EUR/Tag) für höchstens 14 Tage zu leisten (SGB V § 39).

d) Grundsätzlich hat ein Arbeitnehmer Anspruch auf Lohnfortzahlung (80 %), wenn er wegen einer Erkrankung arbeitsunfähig wird. Bei jeder erneuten Erkrankung ist der Lohn für 6 Wochen weiter zu zahlen (EntgeltFZG § 3).

Einschränkungen gibt es jedoch, wenn der Arbeitnehmer immer wieder wegen derselben Krankheit arbeitsunfähig wird. Fabricius hat während seines Krankenhausaufenthaltes keinen Anspruch auf Lohnzahlung mehr, weil er in den letzten 6 Monaten wegen der gleichen Erkrankung bereits 6 Wochen Lohnfortzahlung erhalten hat.

e) Fabricius erhält keine Lohnfortzahlung mehr. Damit ist er grundsätzlich berechtigt, Krankengeld zu beziehen (SGB V §§ 44, 49 Abs. 1). Krankengeld wird grundsätzlich unbegrenzt gewährt (SGB V § 48 Abs. 1). Für den Fall der Arbeitsunfähigkeit wegen derselben Krankheit gilt jedoch eine Ausnahmeregelung. In diesem Fall wird Krankengeld für höchstens 78 Wochen innerhalb von 3 Jahren gewährt.

Fabricius erhält schon deshalb noch Krankengeld, weil er in den vergangenen 3 Jahren weniger als 78 Wochen erkrankt war (und außerdem ein Teil dieser 40 Wochen sehr wahrscheinlich noch durch Lohnfortzahlung abgedeckt war).

## 5.23 Gesetzliche Rentenversicherung – Lebensversicherung zur Deckung der Versorgungslücke – Sparen als Daseinsvorsorge

1. Pfeiffer ist gem. SGB VI § 1 versicherungspflichtig wie alle Personen, die gegen Arbeitsentgelt oder zu ihrer Berufsausbildung beschäftigt sind.

2. a) Wenn er in allen Versicherungsjahren so viel verdient hätte wie der Durchschnitt der Versicherten, dann hätte Pfeiffer in 35 Versicherungsjahren 35 × 1,0 = 35 Entgeltpunkte erreicht. (Seine Rente wird dann 885,99 EUR betragen.)

   b) EP: 60;
   Raf: 1,0 (Altersrente);
   AR bei Antragstellung: 25,31406 EUR
   geschätzte Altersrente, monatlich: 60 × 1,0 × 25,31406 = 1 518,84 EUR

   c) Monatliche Rente wegen Erwerbsunfähigkeit (EP 50, nach 28 Versicherungsjahren): 50 × 1,0 × 25,31406 EUR = 1 265,70 EUR

3. In der Rentenversicherung wird das Einkommen höchstens bis zur Bemessungsgrenze berücksichtigt. Für Einkommen, das darüber hinausgeht, zahlt der Versicherte keine Beiträge, dieser Einkommensteil wirkt sich damit auch nicht auf die Berechnung der Entgeltpunkte aus (SGB VI § 157).

4. a) Eintrittsalter 35 Jahre; Versicherungsdauer bis zur Erreichung des 60. Lebensjahres: 25 Jahre; Jahresbeitrag je 1 000 EUR Versicherungssumme: 30,03 EUR.

   Berechnung der Versicherungssumme:
   300 EUR monatlich × 12 = 3 600 EUR Jahresbeitrag;
   3 600 EUR: 30,03 = rd. 120 000 EUR.

   b) Berechnung der monatlichen Rente bei Inanspruchnahme des Rentenwahlrechts:

   Versicherungssumme in Tsd. EUR: 120
   Jahresbetrag der Rente je 1 000 EUR, Versicherungssumme: 59,47 EUR
   Jahresrente: 120 × 59,47 = 7 136,40 EUR
   Monatsrente: 7 136,40 : 12 = 594,70 EUR

   c) Die Sozialversicherung deckt die Versicherungsleistungen nach dem sog. Umlageprinzip. Gem. SGB VI § 158 sind die Beitragssätze so festzulegen, dass die von den Versicherten eingehenden Beitragseinnahmen die im folgenden Kalenderjahr anfallenden Ausgaben decken. Die Renten der gesetzlichen Rentenversicherung werden also nicht aus nach versicherungsmathematischen Grundsätzen angesammelten Kapitalbeträgen bestritten.

   Die Privatversicherung legt die Beiträge unter Berücksichtigung des Risikos fest (das sich bei einer Lebensversicherung vor allem aus dem Eintrittsalter und der für dieses Alter statistisch festgestellten Sterbewahrscheinlichkeit ergibt) und sammelt für den Eintritt des Versicherungsfalles Kapitalbeträge an.

   Steigt das Einkommen des Versicherten im Laufe seines Erwerbslebens, dann steigt damit sein Lebensstandard, den er mit der Lebensversicherung für seine Zeit als Rentner sichern will. Wenn der Versicherungsnehmer bei steigendem Einkommen trotzdem nur die fest vereinbarte Versicherungsprämie zahlt, kann die Versicherungsleistung sich auch nur auf diese Prämie beziehen, die auf einem Lebensstandard mit geringerem Einkommen beruht.

   Der Versicherte könnte auch eine dynamische Lebensversicherung abschließen, bei der eine jährliche Beitragssteigerung um einen bestimmten Prozentsatz vereinbart wird. Dann steigt auch die Versicherungssumme laufend. Dabei handelt es sich um nichts anderes, als um einen jährlich neuen Abschluss eines Versicherungsvertrages, die Versicherung berücksichtigt bei der versicherungsmathematischen Berechnung der sich aus dem Erhöhungsbetrag sicher später einmal ergebenden Versicherungsleistung jeweils das erhöhte Eintrittsalter. Der Versicherte hat nur den einzigen Vorteil, dass die Versicherung bei den jährlichen Erhöhungen der Versicherungssumme auf eine Überprüfung des Gesundheitszustandes verzichtet.

   Das Prinzip der dynamischen Rente der gesetzlichen Rentenversicherung ist grundverschieden von der privaten dynamischen Lebensversicherung. Nach der Rentenformel steigt die Rente eines Versicherten schon dann, wenn das durchschnittliche Einkommen aller Versicherten der gesetzlichen Rentenversicherung steigt, auch wenn sein eigenes Einkommen nicht steigt und er deshalb keine erhöhten Beiträge gezahlt hat.

5. a) Selbstständige sind grundsätzlich in der Rentenversicherung nicht versicherungspflichtig (Ausnahmen z. B. selbstständige Lehrer und Erzieher, die keine versicherungspflichtigen Arbeitnehmer beschäftigen, SGB VI § 2). Nicht versicherungspflichtige Personen, die das 16. Lebensjahr vollendet haben, können jedoch freiwillig der gesetzlichen Rentenversicherung beitreten. Dazu muss Pfeiffer jedoch einen Antrag stellen (SGB VI § 4 (4)).

   b) Die Schreibkraft ist versicherungsfrei, weil sie eine geringfügige Tätigkeit ausübt (SGB IV § 8, SGB VI § 5 (2)).

6. Sparen kann Versichern nicht ersetzen, da die Versicherung das Todesfallrisiko sofort übernimmt. Sie muss schon nach Erhalt einer einzigen Prämie ihre Leistung erbringen, wenn der Versicherungsnehmer stirbt. Andererseits ist es bei geschickter Kapitalanlage möglich, eine höhere Rendite als die Erlebensfall-Leistung im Rahmen einer Lebensversicherung zu erzielen.

## 5.24 Arbeitslosenversicherung – Arbeitslosengeld – Arbeitslosenhilfe

1. a) – c) Ja. Beitragspflichtig sind alle Personen, die als Arbeitnehmer gegen Entgelt arbeiten oder zu ihrer Ausbildung beschäftigt sind. SGB IV § 2, 7.

   d) Der Handelsvertreter ist selbstständiger Kaufmann gem. HGB § 84. Selbstständige sind nicht beitragspflichtig zur Arbeitslosenversicherung.

2. a) Ja, der kaufm. Angestellte erhält Arbeitslosengeld. Arbeitslosengeld ist eine Versicherungsleistung; seine Gewährung ist deshalb nicht an die Voraussetzung der Bedürftigkeit gebunden. Eine Anwartschaft gem. § SGB III § 123 ist erfüllt, da der kaufm. Angestellte in den letzten 3 Jahren vor der Arbeitslosmeldung 12 Monate beitragspflichtig beschäftigt war.

   b) Ja. Wer Arbeitslosengeld oder Arbeitslosenhilfe bezieht, ist krankenversichert. SGB V § 5.

3. Nein, obwohl die Anwartschaft für die Versicherungsleistung Arbeitslosengeld erfüllt ist. Wer arbeitsunfähig ist, steht der Arbeitsvermittlung nicht zur Verfügung. Dies ist gem. SGB V § 118 eine weitere Voraussetzung für die Gewährung von Arbeitslosengeld und Arbeitslosenhilfe.

4. Der Berufskraftfahrer erhält Arbeitslosenhilfe, weil er Arbeitslosengeld bezogen hat, dieser Anspruch aufgebraucht ist und Bedürftigkeit vorliegt (SGB III § 190).

5. Nein. Das Arbeitsamt darf durch Gewährung von Arbeitslosengeld oder Arbeitslosenhilfe nicht in den Arbeitskampf eingreifen. SGB III § 164.

6. a) Nein. Schüler und Studenten, die ein Arbeitsverhältnis aufnehmen, sind nicht beitragspflichtig. SGB III § 27 (4).

   b) Nein. Es gibt keine Möglichkeit, der Arbeitslosenversicherung freiwillig beizutreten.

# 6 Beschaffung und Lagerhaltung (Materialwirtschaft)

## Beschaffungsprozess (Ablauf des Beschaffungsvorgangs)

### 6.01 Bestandsbuchführung – Bedarfsmeldeschein – Bezugsquellendatei – Anfrage – Angebotsvergleich – Bestellung – Wareneingang – Rechnungskontrolle – Datenflussplan

1. Jan. 30.: WA 34 Abgang 15, tatsächlicher Bestand 47, disponibler Bestand 27

2. Am 27. Jan. wurde der Meldebestand unterschritten

3. a) Meldebeschaffungsdatei, Liefererdatei

   Beide Dateien sind miteinander verknüpft, sodass die Dateneingabe nur einmal erfolgen muss.

   b) vgl. Auszug aus der Liefererdatei und die dort ausgewiesenen Datenfelder

   c) Lieferdatei

4. IHK, Prospekte, Kataloge, Zeitschriften, Messen, Ausstellungen, Branchenadressbücher, Datenbanken im Internet: www.abconline.de (ABC der deutschen Wirtschaft), www.wlwonline.de (Wer liefert was?), www.branchenbuch.de (Branchenverzeichnis) u.a.m.

5. a) Auf schnellste Lieferung hinweisen.

   b) Ja. Änderungen der Verkaufsbedingungen der Lieferer, Eintrag neuer Bezugsquellen, schnelleres Auffinden der Bezugsquellen

6. Entsprechende Daten dem Angebot entnehmen und den einzelnen Feldern der Liefererdatei zuordnen.

7. Da sofortige Lieferung nötig, nur Angebotsvergleich zwischen Dörken & Mantel und Gulde.

| Name des Lieferers | Dörken & Mantel | Gulde KG | |
|---|---|---|---|
| | Stückpreise | | |
| Listenpreis | 70,50 | 66,40 | |
| – Rabatt | | 3,32 | |
| + Zuschläge | 70,50 | 69,72 | |
| = Zieleinkaufspreis | | 69,72 | |
| – Skonto | | 2,09 | |
| = Bareinkaufspreis | 70,50 | 67,63 | |
| + Verpackungskosten | 0,67 | 0,20 | |
| + Transportkosten | 1,33 | | |
| = Einstandspreis | 72,50 | 67,83 | |
| Bestellmenge | 150 | 150 | |
| Einstandspreis für die gewünschte Menge | 10 875,00 | 10 174,00 | |

8. a) Gulde ist der preisgünstigste unter den zuverlässigen und lieferbereiten Lieferern.

   b) 150 · 3,32 = 498,00 – 14,94 (= 3 % Skonto) = 483,06 EUR; Verpackungskosten werden davon nicht berührt.

9. Schnellste Beförderungsart verlangen. Für Lieferung Termin setzen, da Bedarf in etwa 10 bis 14 Tagen.

10. Als Bestellnr. wird vom Programm die lfd. Nr. vorgeschlagen; Materialart bzw. Materialnr. muss eingegeben werden; als Bestelldatum schlägt das Programm das aktuelle Kalenderdatum vor, Liefertermin lt. Angebot oder gewöhnliche Lieferfristen eingeben, Lieferer-Nr. (zugehörige Lieferstammdaten werden dann automatisch eingelesen), Positionsnr., Materialnr. und Bestellmenge eingeben, Einzelpreis wird u. U. aus Lieferdatei vorgeschlagen.

11. Bei dem Datensatz mit Materialnr. 3120 werden das Bestelldatum und die Bestellmenge ausgewiesen (vgl. Aufgabe 1).

12. a) Aktuelles Tagesdatum und Liefertermine; falls Liefertermin überschritten ist, wird die dazugehörige Bestellung (Materialnr., Lieferer-Nr., Liefertermin) ausgedruckt.

   b) Vermeidung eigener Produktionsausfälle und Lieferungsverzögerungen

13. a) Ausfertigung und Eintragung aufgrund der Daten des Bestellvorgangs.

   b) Buchung in der Lagerbuchhaltung (Materialbestände), Terminüberwachung, Vermeidung von Mahnungen

   c) In der Materialbestandsliste (vgl. Aufgabe 1) werden die bei der Bestellung (Aufgabe 11) dorthin übertragenen Daten (Bestelldatum und Bestellmenge) wieder gelöscht. Stattdessen erfolgt unter dem Datum des Wareneingangs die Fortschreibung des Lagerbestandes (10.02., Beleg: Best. 54, Zugang: 150, Lagerbestand 212 bzw. 192)

14. a) Angebotsdaten, Bestelldaten, Wareneingangsmeldung, Rechnung

   b) Finanzbuchhaltung (Kreditoren)

15. a) (1) Der Einkäufer/Disponent erhält eine Anforderung in Form eines Bedarfsmeldescheins oder eines Bestellvorschlags. Beim Bestellvorschlag handelt es sich um einen EDV-Ausdruck, in dem alle Materialpositionen aufgeführt sind, die den Meldebestand erreicht oder unterschritten haben. Die dazu notwendige Überprüfung führt der Computer nach jeder Buchung oder in regelmäßigen zeitlichen Abständen durch. (Bei entsprechendem Datenaustausch auf EDV-Basis zwischen Lieferern und Kunden geht die Bestellung u. U. ohne weitere Nachprüfung direkt dem Lieferer zu.)

   (2) Die Anforderung wird vom Einkäufer/Disponent geprüft. Dabei sind Änderungen oder Ergänzungen hinsichtlich Menge, Termin etc. möglich, um beispielsweise sich abzeichnende Preisänderungen auf dem Beschaffungsmarkt zu berücksichtigen.

   (3) Mithilfe der Materialnummer ermittelt das EDV-Programm aus der Materialstammdatei die Stammdaten des jeweiligen Materials und aus der Liefererdatei den oder die möglichen Lieferer. Dabei werden auch die für die einzelnen Lieferer geltenden Konditionen (Lieferzeit, Mindestbestellmengen, Rabatte etc.) berücksichtigt.

   (4) Die aus der Materialstamm- und Liefererdatei entnommenen Daten ergänzt der Einkäufer/Disponent durch die konkreten Bestelldaten (Menge, Liefertermin etc.).

(5) Das EDV-Programm vergibt eine Bestellnr., druckt die Bestellung aus und speichert die Daten zum Zweck der Terminüberwachung in einer Bestelldatei. In der Materialstammdatei wird die Bestellung als ausstehende Lieferung ebenfalls erfasst. Dadurch ist gewährleistet, dass bei der Lagerbestandsüberwachung in Form einer sog. Dispositionsliste die ausstehende Lieferung als Bestellbestand ausgewiesen wird.

(6) Bei Bestellungsannahme (Auftragsbestätigung) durch den Lieferer gibt der Einkäufer/Disponent die entsprechende Bestellnr. ein und bestätigt in der Bestelldatei Liefermenge und Liefertermin.

(7) Ausstehende Lieferungen können nach Materialnummer oder Liefertermin sortiert und ausgedruckt werden. Für Lieferungen, deren Liefertermin überschritten ist, kann eine spezielle Rückstandsliste und bei Bedarf ein entsprechendes Mahnschreiben ausgedruckt werden.

(8) Das Material wird geprüft und im Lager einsortiert. Werden Mängel festgestellt, erfolgt eine entsprechende Meldung an den Einkäufer/Disponenten, der ggf. eine Mängelrüge veranlasst.

(9) Der Erhalt des Materials wird dem Einkäufer/Disponenten von der Materialannahmestelle in Form einer Materialeingangsmeldung mitgeteilt. Der Einkäufer/Disponent nimmt eine sachliche Prüfung (Vergleich mit Bestellung) vor und vermerkt den Materialeingang in der Bestelldatei. In der Materialstammdatei wird automatisch der Lagerbestand aktualisiert (Umwandlung von Bestellbestand in verfügbaren Lagerbestand).

(10) Nach Überprüfung der Eingangsrechnung durch den Einkäufer/Disponent wird diese von der Finanzbuchhaltung gebucht und zur Zahlung angewiesen. Für die Zahlung kommen u. a. Überweisungsformulare, Überweisung mittels Online-Banking oder belegloser Datenträgeraustausch über Magnetbänder o. Ä. in Frage. Der Rechnungsausgleich wird in der Lieferdatei erfasst.

b) Bestelldatei

c) Zugriff auf die Bestelldatei und Ausdruck einer Rückstandsliste ggf. mit Mahnschreiben.

# Ablauf des Beschaffungsvorgangs

## 6.02 Lagerkarte – Bedarfsmeldeschein – Pendelkarte

1. Eintrag des Vorgangs in die Lagerkarte
2. Ausfüllen der Bedarfsmeldung
3. Eintrag der Bestellung auf der Bestellkarte und Bedarfsmeldung
4. Eintrag auf der Lagerkarte
5. a) Eintrag auf der Lager- und Pendelkarte

   b) Eintrag auf der Pendelkarte

   c) Die Pendelkarte wird direkt hinter die zugehörige Lagerkarteikarte eingeordnet. Durch ein Schauloch in der Lagerkarte kann festgestellt werden, ob die Pendelkarte vorhanden (= schwarzer Punkt) oder unterwegs ist.

   Bei Unterschreiten des Meldebestandes werden von der Lagerverwaltung Datum, Bestand, Bestellmenge und geforderter Liefertermin in die Pendelkarte eingetragen.

Da alle anderen Informationen wie Bestelltext, Artikel- und Liefererdaten bereits auf der Pendelkarte vermerkt sind, ergibt sich im Vergleich zum Ausfüllen einer Bedarfsmeldung eine Verringerung von Fehlerquellen und Schreibarbeit.

Für die Einkaufsabteilung hat die Pendelkarte den Vorteil, dass der Bestelltext direkt für Anfragen oder Bestellungen übernommen werden kann und Übertragungsfehler somit ausgeschlossen sind. Außerdem wird durch die Pendelkarte die Führung einer separaten Bestellkartei (Einkaufskartei) in den meisten Fällen überflüssig.

Nach Veranlassung der Bestellung durch die Einkaufsabteilung geht die Pendelkarte wieder an die Lagerverwaltung zurück und wird mit der Rückseite in die Lagerkartei eingeordnet. Im Schauloch der zugehörenden Lagerkarte erscheint ein roter Punkt, der besagt, dass die Bestellung läuft.

Bei Eintreffen der Lieferung wird die Pendelkarte umgedreht und der schwarze Punkt ist wieder sichtbar.

d) Das Pendelkartenverfahren eignet sich für die Materialarten mit verbrauchsgesteuerter Disposition. Das sind Materialarten, für die die Bedarfsermittlung nicht auf der Basis eines Produktionsplanes, sondern in Abhängigkeit von der Höhe des Lagerbestandes erfolgt. Es handelt sich dabei um Materialarten mit relativ geringem Wert und geringer Qualitätsschwankung (C-Güter), für die sich ein detaillierter Angebotsvergleich nicht lohnt.

Für hochwertige Materialien oder Materialien mit unregelmäßigem Verbrauch eignet sich das Pendelkartenverfahren nicht. U. U. würde sonst aufgrund des gesunkenen Lagerbestandes eine Bestellung ausgelöst, obwohl in naher Zukunft kein Bedarf besteht.

## Kosten der Materialwirtschaft

### 6.03 Einstandspreis der Beschaffungsmenge – Unmittelbare (bestellmengenabhängige) und mittelbare (bestellmengenunabhängige, bestellfixe) Beschaffungskosten

1. 

| | |
|---|---|
| Anfangsbestand | 3 000 Einheiten |
| – geplanter Schlussbestand | 2 000 Einheiten |
| Bestandsminderung | 1 000 Einheiten |
| Erwarteter Absatz | 18 000 Einheiten |
| – Bestandsminderung | 1 000 Einheiten |
| Beschaffungsmenge | 17 000 Einheiten |
| Grundpreis (17 000 × 100 EUR) | 1 700 000 EUR |
| – 10 % Rabatt | 170 000 EUR |
| Zieleinkaufspreis (Rechnungspreis) | 1 530 000 EUR |
| – 3 % Skonto | 45 900 EUR |
| Bareinkaufspreis | 1 484 100 EUR |
| + Verp.-Kosten (170 × 20 EUR) | 3 400 EUR |
| + Fracht (1 % v. 1 484 100 EUR) | 14 841 EUR |
| **Einstandspreis** | 1 502 341 EUR |

2. **Mittelbare (bestellmengenunabhängige) Beschaffungskosten**
Briefporto, Mietkosten, Personalkosten, Abschreibungen, Büromaterial
**Unmittelbare (bestellmengenabhängige) Beschaffungskosten**
Rechnungspreis der Rohstoffe, Transportversicherung, Verpackung, Importzoll

## 6.04 Lagerkosten – Lagerzins

1. a) 99 Geräte
   b) 99 – 80 = 19 Geräte
   c) Kurzfristig lieferunfähig; Kaufinteressenten wenden sich an Konkurrenz; Imageminderung; Gewinnminderung; geringere Fixkostendeckung.
2. Zukauf von 100 Stück zu vorhandenem Lagerbestand bringt Gefahr, dass Geräte veralten; hohe Lagerkosten; zu geringe Sortimentstiefe bei Fernsehern; Preissenkung wird keine entsprechende Erhöhung der Nachfrage hervorrufen.
3. a) Alle Kosten können durch die Lagerung von Ware verursacht sein, mit Ausnahme der Kosten der Werbung.
   b) Lagereinrichtung: Miete, Sachkosten für Geschäftsräume, Zinsaufwendungen, Abschreibungen, Versicherungen.
   Lagerverwaltung: Löhne, Gehälter, sonstige Geschäftskosten.
   Lagervorräte: Zinsaufwendungen, Versicherungen.
4. Der Geschäftsfreund würde damit auf die Verzinsung des im Lager gebundenen Eigenkapitals verzichten (Opportunitätskosten).

## 6.05 Lagerkostenzusatz

1. $$\text{Lagerkostensatz} = \frac{\text{Lagerkosten} \times 100}{\text{durchschnittlicher Lagerbestand in EUR}}$$
2. Im 1. bis 3. Jahr sind die Lagerkosten zwar gestiegen. Die Steigerung war aber geringer als der Anstieg des durchschnittlichen Lagerbestandes. Daher ist der Lagerkostensatz in diesen Jahren gesunken.
3. a) Die Lagerkosten umfassen auch fixe Kosten, die unabhängig von der Höhe des durchschnittlichen Lagerbestandes sind. Diese fixen Kosten bleiben bei einer Verringerung des durchschnittlichen Lagerbestandes in voller Höhe weiter bestehen.
   b) Fixe Kosten: Abschreibungen auf das Lagergebäude, Zinsen für die Finanzierung des Lagergebäudes, Gehalt des Lagerverwalters.

## 6.06 Lieferbereitschaftsgrad (Servicegrad) – Fehlmengenkosten

1. $$\text{Lieferbereitschaftsgrad} = \frac{\text{sofort lieferbare Menge (580)}}{\text{insgesamt nachgefragte Menge (485)}} \times 100 = 120\,\%$$ (gerundet)
2. Bei einem Lieferbereitschaftsgrad von über 90 % steigen die Zins- und Lagerkosten wegen der hohen Sicherheitsbestände erfahrungsgemäß überproportional an.
3. 90,79 %
4. Bei sinkendem Lieferbereitschaftsgrad steigen die Fehlmengenkosten (z. B. durch Preisdifferenzen bei Beschaffung von Ersatzmaterial, zusätzliche Transportkosten für Eil- und Express-Sendung, Konventionalstrafen, entgangenen Gewinn, Imageverlust).

## 6.07 Eigenfertigung oder Fremdbezug (Make or Buy) – Schlanke Produktion (Lean Production)

1. a) Vorteile: Flexible Reaktionsmöglichkeit auf Marktänderung, geringere Kapitalbindung durch Verzicht auf Fertigungskapazitäten, evtl. Kostenvorteil

   Nachteile: extreme Abhängigkeit von Zulieferern, evtl. Leerkapazitäten

   b) Voraussetzungen: enge Kooperation zwischen Zulieferer und Hersteller (Vernetzung der Produktionspläne zwischen Zulieferer und Hersteller mittels EDV), Zuverlässigkeit des Zulieferers hinsichtlich Qualität, Lieferterminen; kostengünstiger Fremdbezug

2. a) *Monatliche Gesamtkosten bei Eigenfertigung*

| | |
|---|---|
| Fixkosten | 2 000 000 EUR |
| + variable Kosten (5 000 Stück × 1 500 EUR) | 7 500 000 EUR |
| Gesamtkosten | 9 500 000 EUR |

   *Monatliche Gesamtkosten bei Fremdbezug*
   5 000 Stück × 2 000 EUR = 10 000 000 EUR

   Bei der gegebenen Situation ist die Eigenfertigung monatlich um 0,5 Mio. EUR günstiger.

   b) Kritische Mengen: Kosten der Eigenfertigung = Kosten bei Fremdbezug

$$2\,000\,000 + 1\,500 \times X = 2000 \times X$$
$$2\,000\,000 = 500 \times X$$
$$X = 4000$$

   Die Eigenfertigung ist ab einer monatlichen Menge von 4 000 Stück günstiger.

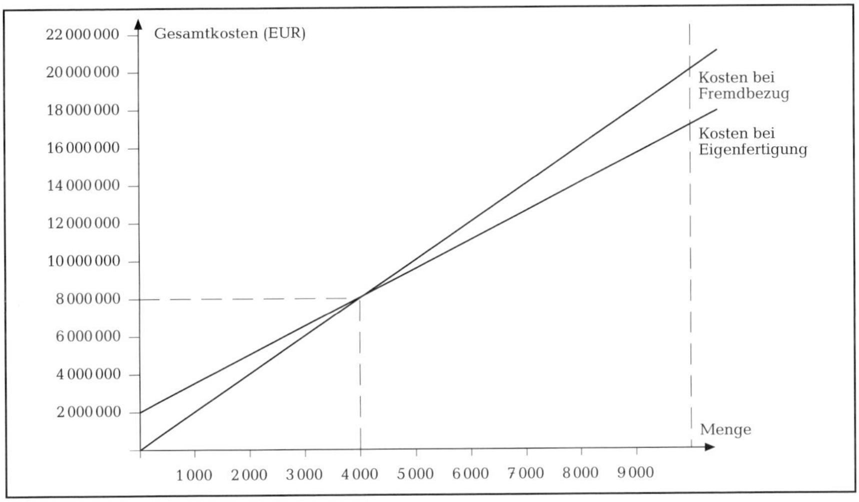

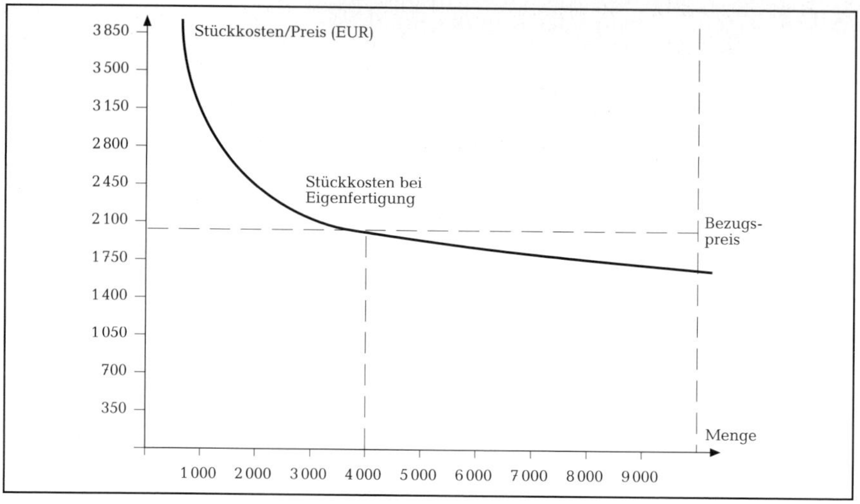


c) Monatliche Gesamtkosten bei Fremdbezug:

5000 Stück × 1800 EUR = 9000000 EUR; der Fremdbezug ist jetzt monatlich um 0,5 Mio. EUR günstiger als die Eigenfertigung.

3. Wenn die freien Lagerkapazitäten anderweitig genutzt und so Kosten für Bau oder Anmietung eines anderen Lagers eingespart werden können, wirkt sich das kostenmäßig zugunsten des Fremdbezugs aus.

4. a) Wert des Sicherheitsbestandes: 2 500 Stück × 1 500 EUR = 3 750 000 EUR; davon 20 % = 750 000 EUR Zins- und Lagerkosten p. a.; davon 1/12 = 62 500 EUR monatlich

b) Die Zins- und Lagerkosten für den Sicherheitsbestand betragen jeden Monat konstant 62 500 EUR. Sie erhöhen daher die fixen Kosten bei der Eigenfertigung und wirken sich somit kostenmäßig zuungunsten der Eigenfertigung aus. Der Fremdbezug wird dadurch vorteilhafter.

c) Die Eigenfertigung wird um 62 500 EUR teurer. Gegenüber Aufgabe 2a) beträgt der Kostenvorteil der Eigenfertigung jetzt nur noch 437 500 EUR. Die kritische Menge liegt jetzt bei 4125 Stück.

Gegenüber Aufgabe 2c) ist die Eigenfertigung jetzt um 562 500 EUR teurer als der Fremdbezug. Die kritische Menge liegt jetzt bei 6 875 Stück.

# Bedarfsplanung

## 6.08 Bedarfsermittlung – Bedarfsarten (Primärbedarf – Sekundärbedarf – Zusatzbedarf – Bruttobedarf – Nettobedarf – Beschaffungsbedarf)

1. Primärbedarf (Produktionsmenge) bei Grillgeräten: 1 500

   Primärbedarf (Produktionsmenge) bei Fahrgestellen: 750

2.

| | | | | |
|---|---|---|---|---|
| Primärbedarf bei Grillgeräten | × | Zahl der Motoren je Gerät | = | Sekundärbedarf bei Motoren |
| 1 500 | × | 1 | = | 1 500 |
| Primärbedarf bei Fahrgestellen | × | Zahl der Räder je Fahrgestell | = | Sekundärbedarf bei Rädern |
| 750 | × | 4 | = | 3 000 |

3. Bruttobedarf bei Motoren: 1500 + 150 = 1650

Bruttobedarf bei Rädern: 3000 + 300 = 3300

4. Motoren:

| | | |
|---|---|---|
| | Bruttobedarf | 1 650 |
| – | Lagerbestand am Anfang | 50 |
| + | Sicherheitsbestand | 120 |
| = | Nettobedarf | 1 720 |

Räder:

| | | |
|---|---|---|
| | Bruttobedarf | 3 300 |
| – | Lagerbestand am Anfang | 200 |
| + | Sicherheitsbestand | 240 |
| = | Nettobedarf | 3 340 |

5. Grillgeräte Planungsperiode 1

| | | | |
|---|---|---|---|
| AB | 150 | Verkauf | 1 600 |
| Herstellung | 1 500 | EB | 50 |

Motoren Planungsperiode 1

| | | | |
|---|---|---|---|
| AB | 50 | Abgang | 1 650 |
| Zugang | 1 720 | EB | 120 |

Räder Planungsperiode 1

| | | | |
|---|---|---|---|
| AB | 200 | Abgang | 3 300 |
| Zugang | 3 340 | EB | 240 |

6. Grillgeräte Planungsperiode 2

| | | | |
|---|---|---|---|
| AB | 50 | Verkauf | 2 000 |
| Herstellung | 2 300 | EB | 350 |

Es werden 2 300 Grillgeräte produziert.

a) Nettobedarf Motoren:

| | | |
|---|---|---|
| | Sekundärbedarf | 2 300 |
| + | Zusatzbedarf 10 % | 230 |
| = | Bruttobedarf | 2 530 |
| – | Lagerbestand am Anfang | 120 |
| + | Sicherheitsbestand | 250 |
| = | Nettobedarf (Beschaffungsbedarf) | 2660 |

b) Nettobedarf Motoren unter Berücksichtigung von Vormerk- und Bestellbestand:

| | | |
|---|---|---|
| | Sekundärbedarf | 2 300 |
| + | Zusatzbedarf 10 % | 230 |
| = | Bruttobedarf | 2 530 |
| – | Lagerbestand am Anfang | 120 |
| + | Sicherheitsbestand | 250 |
| + | Vormerkbestand | 50 |
| – | Bestellbestand | 100 |
| = | Nettobedarf (Beschaffungsbedarf) | 2610 |

7.

| | |
|---|---|
| | Sekundärbedarf |
| + | Zusatzbedarf |
| = | Bruttobedarf |
| – | Lagerbestand (AB) |
| + | Sicherheitsbestand |
| + | Vormerkbestand |
| – | Bestellbestand |
| = | Nettobedarf (Beschaffungsbedarf) |

# Beschaffungsplanung
# Planung des Beschaffungszeitpunktes

## 6.09 Meldebestand – Mindestbestand – Fehlmengenkosten – Eiserner Bestand (Sicherheitsbestand)

1. 2400 Tonnen (200 × 12).

2. a) ab 18.01., 5 Tage.
   b) Aufträge gehen verloren, Stammkunden beziehen von der Konkurrenz.
   c) 3400 Tonnen, 12 Tage normale Lieferfrist, 5 Tage Verzögerung.
   d) Hochwasser, Niedrigwasser, Naturkatastrophen, Unfälle, Streik, politische Ereignisse, unerwartete Nachfragesteigerung.
   e) 4000 Tonnen.

## 6.10 Meldebestand – Höchstbestand – Bestellzeitpunkt – Bestellintervall

1. (150 × 14) + (150 × 6) = 3000 Tonnen.

2. (Tagesabsatz × Lieferfrist in Tagen) + eiserner Bestand = Meldebestand

3. Mindestbestand: 900; Höchstbestand: 4050; Meldebestand: 3000; Bestellmenge: 3150; Bestellzeitpunkt: Tag 1, Tag 22; Bestellintervall: 21 Tage (= Reichweite der Bestellmenge) = Bestellmenge (3150)/Tagesbedarf (150) = 21

# Planung des Beschaffungsmenge (Optimale Bestellmenge)

## 6.11 Optimale Bestellmenge: tabellarische, grafische und formelmäßige Ermittlung

1. Optimale Bestellmenge: 200 Mengeneinheiten

| Alternative Bestell-mengen | Anzahl der Bestellungen im Jahr | Durch-schnittlicher Lagerbestand in EUR | Lagerkosten im Jahr (EUR) | Bestellfixe Kosten im Jahr (EUR) | Summe bestellfixe Kosten und Lagerkosten im Jahr (EUR) | Unmittelbare Beschaf-fungskosten (Menge × Einstands-preis) (EUR) | Gesamte Kosten der Material-wirtschaft im Jahr (EUR) | Kosten der Material-wirtschaft je Einheit (EUR) |
|---|---|---|---|---|---|---|---|---|
| 1 | 2 | 3 | 4 | 5 | 6 | 7 | 8 | 9 |
| 50 | 20 | 312,50 | 50,00 | 800,00 | 850,00 | 12 500,00 | 13 350,00 | 13,35 |
| 100 | 10 | 625,00 | 100,00 | 400,00 | 500,00 | 12 500,00 | 13 000,00 | 13,00 |
| 125 | 8 | 781,25 | 125,00 | 320,00 | 445,00 | 12 500,00 | 12 945,00 | 12,95 |
| **200** | **5** | **1 250,00** | **200,00** | **200,00** | **400,00** | **12 500,00** | **12 900,00** | **12,90** |
| 250 | 4 | 1562,50 | 250,00 | 160,00 | 410,00 | 12 500,00 | 12 910,00 | 12,91 |
| 500 | 2 | 3 125,00 | 500,00 | 80,00 | 580,00 | 12 500,00 | 13 080,00 | 13,08 |
| 1000 | 1 | 6 250,00 | 1 000,00 | 40,00 | 1 040,00 | 12 500,00 | 13 540,00 | 13,54 |

2.

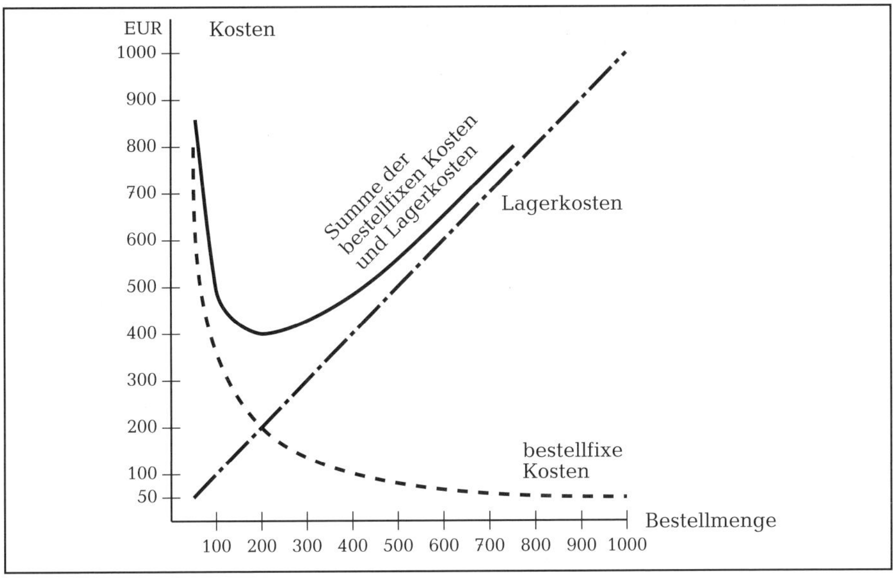


Die Summe aus Beschaffungskosten und Lagerkosten ist bei einer Bestellmenge von 200 Mengeneinheiten am geringsten. Unter der Annahme gleich bleibender unmittelbarer Beschaffungskosten (Jahresbedarf × Einstandspreis = 12 500 EUR) liegt das Minimum der Gesamtkosten (12 900 EUR) bei derselben Bestellmenge (optimale Bestellmenge = 200 Stück) wie das Minimum der Summe aus bestellfixen Kosten und Lagerkosten (400 EUR). Unter dieser Voraussetzung liegt auch der Schnittpunkt zwischen Lagerkostenkurve (200 EUR) und der Kurve der bestellfixen Kosten (200 EUR) bei derselben Bestellmenge. Ändert sich aber beispielsweise in Abhängigkeit von der Bestellmenge der Einstandspreis (z. B. bei Mengenrabatten), gilt dieser Zusammenhang nicht mehr.

3. $\sqrt{\dfrac{200 \times 40 \times 1\,000}{12{,}50 \times 16}} = 200$ Mengeneinheiten

4. a) **Aufteilung der jährlichen Beschaffungsmenge in gleich bleibende Bestellmengen:**

Produktionsaufträge sind oft abhängig von der jeweiligen Nachfrage; Lieferer können nicht immer die für den Käufer optimale Bestellmenge liefern.

**Unabhängigkeit der Einstandspreise von der Bestellmenge und dem Bestellzeitpunkt:**

Gewährung gestaffelter Rabattsätze durch Lieferer; sich verändernde Marktpreise zu einzelnen Bestellzeitpunkten.

**Gleich bleibender Lagerabgang:**

Nur bei Vorratsproduktion möglich; Abhängigkeit der Produktion von der Auftragslage.

**Eintreffen der neuen Lieferung zum Zeitpunkt des Aufbrauchs des Lagerbestandes:**

Abhängig von den Produktionsverhältnissen des Lieferers; unvorhersehbare Ereignisse, welche bei Festsetzung des Reservebestandes nicht berücksichtigt werden konnten.

**Gleich bleibende Lager- und Bestellkosten:**

Problem der exakten Kostenermittlung; Schwankungen der Kosten aufgrund sich verändernder Marktdaten (z. B. Arbeitsmarkt).

b) Eine unter den angenommenen Bedingungen ermittelte optimale Bestellmenge ist zumindest ein Anhaltspunkt für beschaffungspolitische Entscheidungen. Die optimale Bestellmenge hat den Charakter einer Zielgröße, wodurch die Kosten des Beschaffungsbereiches in gewissen vorgegebenen Grenzen gehalten werden können.

# Plan- und Interaktionspiele zur Beschaffungsplanung

## 6.12 PC-Interaktionsspiel DISPO 1: Beschaffungsplanung bei bekannten, aber schwankenden Bedarfsmengen

Bei den Modellen zur Ermittlung der optimalen Bestellmenge wird i. d. R. davon ausgegangen, dass die Bedarfsmenge für einen Planungszeitraum (z. B. erwarteter Jahresbedarf) bekannt ist und der Verbrauch während dieses Zeitraums gleichmäßig erfolgt (z. B. konstanter Tagesbedarf). In der Praxis schwankt der Verbrauch jedoch häufig während des Planungszeitraums (z. B. saisonabhängiger Monatsbedarf). Wenn die schwankenden Bedarfsmengen für eine begrenzte Zahl zukünftiger Teilperioden (z. B. Monate) innerhalb des Planungszeitraums (z. B. Jahr) fest vorhersagbar sind *(deterministisch vorhersagbare Bedarfsmengen)*, ist zu bestimmen, wann und wie viel bestellt werden soll, damit die Gesamtkosten (Beschaffungs- und Lagerkosten) möglichst gering sind. Die kostengünstigsten Entscheidungen hinsichtlich Bestellzeitpunkt und Bestellmenge sind im Rahmen der *Dynamischen Optimierung* ermittelbar. Dabei werden für die optimale Bestellstrategie die Bedarfsmengen so vieler Teilperioden zu einer Bestellmenge zusammengefasst, bis die ansteigenden Lagerkosten die Vorteile einer geringeren Bestellhäufigkeit kompensieren.

1. Optimale Lösung

| Monat | 01 | 02 | 03 | 04 | 05 | 06 | 07 | 08 | 09 | 10 | 11 | 12 |
|---|---|---|---|---|---|---|---|---|---|---|---|---|
| Bestell-menge | 270 | 0 | 230 | 0 | 190 | 0 | 215 | 0 | 260 | 0 | 300 | 0 |

In diesem Fall ist es am kostengünstigsten, jeweils den Bedarf für die nächsten beiden Monate zu bestellen.

| | |
|---|---|
| Bestellfixe Kosten 6 × 200 EUR | = 1200 EUR |
| Lagerkosten 735 Stück × 1,20 EUR | = 882 EUR |
| Gesamtkosten | 2082 EUR |

2. Folgende Überlegung ist bei der optimalen Bestellstrategie zu berücksichtigen:

   Bei hohen bestellfixen Kosten kann es kostengünstiger sein, Bestellung und Lieferung für mehrere Teilperioden zusammenzufassen und im Voraus zu bestellen. Den sich daraus ergebenden erhöhten Lagerkosten steht eine Verringerung der bestellfixen Kosten gegenüber.

3. Je geringer die bestellfixen Kosten im Verhältnis zu den Lagerkosten, desto häufiger muss bestellt werden und umgekehrt.

## 6.13 Planspiel: Beschaffungsplanung und Lagerhaltung bei der Getränkehandlung LEMCO

**Merkmale des Planspiels LEMCO**

1. Die Auswertung des Planspiels durch den Spielleiter ist sowohl manuell als auch mittels eines Computerprogramms[1]) möglich. Die Schüler können aber auch selbst die Auswertung vornehmen, sodass u. U. auf einen Spielleiter verzichtet werden kann.[2])

2. Das Planspiel bezieht sich ausschließlich auf den Funktionsbereich BESCHAFFUNG (= funktionales Planspiel). Einziger Entscheidungsparameter ist die Bestellmenge.

3. Im Gegensatz zu Planspielen, bei denen ein Marktmodell simuliert wird, besteht beim Planspiel LEMCO keine Interdependenz zwischen den Entscheidungen der einzelnen Teilnehmergruppen. Die Entscheidung einer Teilnehmergruppe beeinflusst also das Ergebnis der anderen Teilnehmergruppen nicht direkt (= isoliertes Planspiel).

4. Die einzelnen Teilnehmergruppen repräsentieren alle dasselbe Unternehmen (= Mikroplanspiel). Die Unternehmen stehen also nicht in Wettbewerb um Marktanteile o. Ä. miteinander. Die Konkurrenz der Teilnehmergruppen untereinander bezieht sich ausschließlich auf die Höhe der Beschaffungs- und Lagerkosten.

**Einsatzmöglichkeiten des Planspiels LEMCO**

1. Das Planspiel kann einerseits als Einstieg in die Unterrichtseinheit »Beschaffung/Lagerhaltung« dienen. Andererseits ist der Einsatz aber auch am Ende dieser Unterrichtseinheit als zusammenfassender Überblick sinnvoll. In jedem Fall ist es möglich, eine enge Beziehung zu anderen (computergestützten) Aufgaben herzustellen. Anknüpfungsmöglichkeiten ergeben sich beispielsweise zu den Bereichen LAGERKENNZAHLEN, OPTIMALE BESTELLMENGE und PC-INTERAKTIONSSPIELE: BESCHAFFUNGSPLANUNG.

2. Die Zahl der Spielperioden ist beliebig. Ca. 5 Spielperioden können als ausreichend angesehen werden, um wesentliche Erfahrungen und Erkenntnisse, die mit dem Planspiel bezweckt werden, zu vermitteln. Bei manueller Auswertung durch den Spielleiter werden für 5 Perioden ca. 90 Minuten benötigt.

3. Die Zahl der Teilnehmergruppen ist beliebig. Bei manueller Auswertung durch den Spielleiter sollten jedoch aus Zeitgründen nicht mehr als 5 Gruppen teilnehmen.

   Für das Planspiel werden neben dem Klassenzimmer keine weiteren Räumlichkeiten benötigt.

4. Spielablauf bei manueller Auswertung durch den Spielleiter[3]

4.1 Nach Ende des Entscheidungsprozesses (1. Periode: höchstens 20 Min., Folgeperioden: 5 bis 10 Min.) liefert jede Gruppe ein Exemplar ihres Entscheidungsblattes beim Spielleiter ab. Das Entscheidungsblatt muss Angaben hinsichtlich Bestellmenge (Punkt 1.) und Eilauftrag (Punkt 2.) beinhalten.

4.2 Der Spielleiter überträgt die Bestellmengen jeder Gruppe von den Entscheidungsblättern auf die von ihm geführten Ergebnisblätter (Bestellmenge dieser Periode = Einkaufsmenge der nächsten Periode). Ebenso vermerkt er sich die Entscheidung der einzelnen Gruppen hinsichtlich des Eilauftrages.

---

[1]) Eine entsprechnde Diskette ist unter der Best.-Nr. 88013 beim Verlag erhältlich.

[2]) Die Vorgehensweise ohne Spielleiter ist im Aufgabenbereich beschrieben.

[3]) Zur Vorgehensweise bei computergestützter Auswertung werden entsprechende Hinweise beim Kauf der Diskette mitgeliefert.

4.3 Der Spielleiter ermittelt nach eigenem Belieben die für alle Spielgruppen gleiche Absatzmenge (Nachfrage) unter Beachtung der Schwankungsgrenzen (maximal ±30% Abweichung gegenüber der Vorperiode, aber Gesamtabsatz nie mehr als 500 und nie weniger als 250 Kästen). In der ersten Periode kann als Absatzmenge eine beliebige Zahl zwischen 250 und 500 angenommen werden. Um sowohl Fehlmengen als auch hohe Lagerbestände zu provozieren, sollte der Spielleiter die Absatzmengen – u. U. in Abhängigkeit von den Lagerbeständen der Spielgruppen – in den einzelnen Perioden möglichst stark schwanken lassen.

4.4 Der Spielleiter trägt die ermittelte Absatzmenge in die Entscheidungsblätter ein (Punkt 3.) und gibt diese den Spielgruppen zurück.

4.5 Die Spielgruppen füllen die Ergebnisblätter für die jeweilige Periode aus und ermitteln ihr Periodenergebnis. Dabei hat es sich aus Motivations- und Aktivitätsgründen als zweckmäßig erwiesen, jeden Teilnehmer sein eigenes Ergebnisblatt ausfüllen zu lassen, obwohl je Gruppe ein einziges Exemplar ausreichen würde. Zur Kontrolle berechnet der Spielleiter parallel dazu auf den von ihm geführten Ergebnisblättern der einzelnen Gruppen ebenfalls das jeweilige Periodenergebnis. Dabei ist besonders auf die richtige Bewertung des Wareneinsatzes in Abhängigkeit von der jeweiligen Rabattstufe zu achten.

4.6 Die Gruppen füllen ihr Entscheidungsblatt aus, indem sie das ermittelte Periodenergebnis als Kontrolle für den Spielleiter eintragen (Punkt 4.) und ihre Entscheidungen hinsichtlich Bestellmenge (Punkt 1. der nächsten Periode) und Eilauftrag (Punkt 2. der nächsten Periode) angeben.

5. Am Ende des Spiels sollte unbedingt eine Auswertung und Interpretation der Ergebnisse vorgenommen werden. Dazu könnten beispielsweise die Veränderungen des Lagerbestandes eines Unternehmens grafisch dargestellt, das Verhältnis von Bestell- zu Lagerkosten analysiert und der Zusammenhang zwischen Umsatz- und Gewinnentwicklung erläutert werden. Des Weiteren besteht die Möglichkeit, auf der Basis der Planspielergebnisse verschiedene Lagerkennzahlen zu berechnen und die optimale Bestellmenge zu ermitteln (vgl. Beispieldaten).

**Durchführung des Planspiels LEMCO**

1. Jeder Schüler erhält einen Satz Spielunterlagen (Spielbeschreibung und Formulare). Der Spielleiter benötigt bei manueller Auswertung entsprechend der Zahl der Teilnehmergruppen je einen Satz Ergebnisblätter.

2. Die Einführung in die Spielregeln und Spielvorgaben sollte anhand der ausgeteilten Unterlagen im Klassenverband erfolgen. Dabei ist es von besonderer Bedeutung, den zyklischen Spielablauf deutlich zu machen.

3. Bildung von beliebig vielen Spielgruppen mit je 3 bis 5 Teilnehmern.

**Beispieldaten**

**Entscheidungsblatt** **Unternehmen Nr. 1**

1. Tragen Sie Ihre Bestellmenge für die Lieferung in der nächsten Woche ein.

| Woche | 1 | 2 | 3 | 4 | 5 | 6 | 7 | 8 | 9 | 10 |
|---|---|---|---|---|---|---|---|---|---|---|
| Bestellmenge (Kästen) | 400 | 350 | 50 | 350 | 300 | 700 | 200 | | | |

2. Tragen Sie ein, ob Sie im Falle zu geringer Lagerbestände einen Eilauftrag erteilen wollen. Geben Sie danach das ausgefüllte Entscheidungsblatt beim Spielleiter ab.

| Woche | 1 | 2 | 3 | 4 | 5 | 6 | 7 | 8 | 9 | 10 |
|---|---|---|---|---|---|---|---|---|---|---|
| Eilauftrag (Ja/Nein) | ja | ja | ja | ja | ja | ja | ja | | | |

3. Der Spielleiter trägt hier die Absatzmenge ein und gibt Ihnen dann das Entscheidungsblatt zurück.

| Woche | 1 | 2 | 3 | 4 | 5 | 6 | 7 | 8 | 9 | 10 |
|---|---|---|---|---|---|---|---|---|---|---|
| Absatzmenge (vom Spielleiter ermittelt) | 350 | 250 | 320 | 416 | 350 | 455 | 500 | | | |

4. Tragen Sie als Kontrolle für den Spielleiter ab der zweiten Woche das von Ihnen ermittelte Ergebnis (Gewinn/Verlust) der Vorwoche ein.

| Woche | 1 | 2 | 3 | 4 | 5 | 6 | 7 | 8 | 9 | 10 |
|---|---|---|---|---|---|---|---|---|---|---|
| Gewinn/Verlust in EUR | 600 | 400 | 327 | 333 | 751 | 783 | 2 150 | | | |

**Beispieldaten**

**Ergebnisblatt 1**

**Lagerbestände – Lagerkosten – Wareneinsatz** Unternehmen Nr. 1

| Woche | 1 | 2 | 3 | 4 | 5 | 6 | 7 | 8 | 9 | 10 |
|---|---|---|---|---|---|---|---|---|---|---|
| Nachfrage (Kästen) (wird vom Spielleiter festgelegt) | 350 | 250 | 320 | 416 | 350 | 455 | 500 | | | |
| Anfangsbestand (AB) = EB aus der Vorwoche (Kästen) | 500 | 150 | 300 | 330 | 64 | 64 | 0 | | | |
| + Liefermenge (= Bestellmenge der Vorwoche) | 0 | 400 | 350 | 50 | 350 | 300 | 700 | | | |
| + Eillieferung (Kästen) | – | – | – | 100 | – | – | – | | | |
| = Angebotsmenge | 500 | 550 | 650 | 480 | 414 | 364 | 700 | | | |
| – Absatzmenge (= Nachfragemenge, aber max. Angebotsmenge) | 350 | 250 | 320 | 416 | 350 | 364 | 500 | | | |
| Endbestand (EB) (Kästen) | 150 | 300 | 330 | 64 | 64 | 0 | 200 | | | |
| Fehlmenge (Kästen) | – | – | – | – | – | 91 | – | | | |
| Lagerkosten (EUR) (AB + EB)/2 × 2,00 | 650 | 450 | 630 | 394 | 128 | 64 | 200 | | | |
| durchschnittlicher Einstandspreis (EUR) | 6,00 | 6,00 | 6,54 | 7,41 | 7,06 | 7,01 | 5,00 | | | |
| Wareneinsatz (EUR | 2 100 | 1 500 | 2 093 | 3 083 | 2 471 | 2 552 | 2 500 | | | |

**Beispieldaten**
**Ergebnisblatt 2**

**Ermittlung des Periodenergebnisses (in EUR)** Unternehmen Nr. 1

| Woche | 1 | 2 | 3 | 4 | 5 | 6 | 7 | 8 | 9 | 10 |
|---|---|---|---|---|---|---|---|---|---|---|
| Umsatzerlöse | 3 500 | 2 500 | 3 200 | 4 160 | 3 500 | 3 640 | 5 000 | | | |
| Wareneinsatz | 2 100 | 1 500 | 2 093 | 3 083 | 2 471 | 2 552 | 2 500 | | | |
| + Bestellkosten für fristgerechte Bestellung | 50 | 50 | 50 | 50 | 50 | 50 | 50 | | | |
| + zusätzliche Bestellkosten für Eilbestellung | – | – | – | 200 | – | – | – | | | |
| + Werbekosten (= Fehlmenge der Vorwoche × 1) | – | – | – | – | – | 91 | – | | | |
| + Lagerkosten | 650 | 450 | 630 | 394 | 128 | 64 | 200 | | | |
| + Verwaltungskosten | 100 | 100 | 100 | 100 | 100 | 100 | 100 | 100 | 100 | 100 |
| = Gesamtkosten | 2 900 | 2 100 | 2 873 | 3 827 | 2 749 | 2 857 | 2 850 | | | |
| Ergebnis (+ = Gewinn, – = Verlust) | 600 | 400 | 337 | 333 | 751 | 783 | 2 150 | | | |
| Summe der Wochenergebnisse | 600 | 1 000 | 1 327 | 1 660 | 2 411 | 3 194 | 5 344 | | | |

# Angebotsvergleich und Liefererauswahl

## 6.14 Angebotsvergleich anhand des Einstandspreises

1.

| | Mayer KG | | | Electronics GmbH | | | Unisys GmbH | | |
|---|---|---|---|---|---|---|---|---|---|
| Bestellmenge | 100 | 500 | 1000 | 100 | 500 | 1000 | 100 | 500 | 1000 |
| **Stückpreise** | | | | | | | | | |
| Listenpreis | 22,00 | 22,00 | 22,00 | 23,00 | 23,00 | 23,00 | 25,00 | 25,00 | 25,00 |
| – Rabatt | | | 1,10 | | | 3,45 | | | 5,00 |
| + Zuschläge | 1,10 | | | | | | | | |
| **= Zieleinkaufspreis** | **23,10** | **22,00** | **20,90** | **23,00** | **23,00** | **19,55** | **25,00** | **25,00** | **20,00** |
| – Skonto | 0,46 | 0,44 | 0,42 | | | | 0,75 | 0,75 | 0,60 |
| **= Bareinkaufspreis** | **22,64** | **21,56** | **20,48** | **23,00** | **23,00** | **19,55** | **24,25** | **24,25** | **19,40** |
| + Verpackung | | | | 0,10 | 0,10 | 0,10 | 0,10 | | |
| + Transport | | | | | | | | | |
| **= Einstandspreis** | **22,64** | **21,56** | **20,48** | **23,10** | **23,10** | **19,65** | **24,35** | **24,25** | **19,40** |

Bestellmenge 100 Stück: günstigster Einstandspreis 22,64 EUR (Mayer KG)
Bestellmenge 500 Stück: günstigster Einstandspreis 21,56 EUR (Mayer KG)
Bestellmenge 1000 Stück: günstigster Einstandspreis 19,40 EUR (Unisys GmbH)

2. Bei einer Bestellmenge von 1000 Stück ist aufgrund des Mengenrabatts bei allen drei Anbietern der Einstandspreis je Stück am niedrigsten. Dass sich die Mircrotec GmbH trotzdem für eine geringere Bestellmenge mit einem höheren Einstandspreis je Stück entscheidet, kann folgende Ursachen haben:
   - Da es sich um ein neues Produkt handelt, ist die Produktions- und Absatzmenge noch ungewiss. Es wäre daher risikoreich, Bauteile für 1000 Endprodukte auf Vorrat zu beschaffen.
   - Die Lagerkapazitäten oder die liquiden Mittel reichen nicht für die Beschaffung von 1000 Bauteilen auf einmal aus.
   - Die Lagerkosten bei einer Beschaffungsmenge von 1000 Stück sind größer als der sich durch den Mengenrabatt ergebende Preisvorteil.

## 6.15 Fallstudie: Angebotsvergleich und Liefererauswahl – Entscheidungsbewertungstabelle

Lösungsvorschlag

| **Entscheidungskriterien** | | **Simquick** | | **Compair** | | **Olinetto** | |
|---|---|---|---|---|---|---|---|
| | **G** | **B** | **G × B** | **B** | **G × B** | **B** | **G × B** |
| Lieferzeit | 8 | 3 | 24 | 1 | 8 | 3 | 24 |
| Liefertermine | 10 | 3 | 30 | 3 | 30 | 1 | 10 |
| Qualität | 10 | 2 | 20 | 2 | 20 | 2 | 20 |
| Image | 7 | 2 | 14 | 2 | 14 | 1 | 7 |
| Marktstellung | 4 | 1 | 4 | 2 | 8 | 2 | 8 |
| Bestellabwicklung | 5 | 3 | 15 | 2 | 10 | 1 | 5 |
| technische Beratung | 7 | 2 | 14 | 2 | 14 | 2 | 14 |
| Garantieabwicklung | 8 | 2 | 16 | 3 | 24 | 1 | 8 |
| Ersatzteile | 7 | 3 | 21 | 3 | 21 | 1 | 7 |
| Design | 3 | 1 | 3 | 2 | 6 | 3 | 9 |
| Werbung | 6 | 1 | 6 | 2 | 12 | 3 | 18 |
| Summe | | | 167 | | 167 | | 130 |

| | **Simquick** | **Compair** | **Olinetto** |
|---|---|---|---|
| Bestellmenge | 50 Stück | 50 Stück | 50 Stück |
| **Stückpreise** | | | |
| Listenpreis | 6 000 | 5 400 | 5 300 |
| – Rabatt | 600 | | |
| + Zuschläge | | | |
| **= Zieleinkaufspreis** | **5 400** | **5 400** | **5 300** |
| – Skonto | | 108 | |
| **= Bareinkaufspreis** | | **5 292** | |
| + Verpackung | 10 | | 10 |
| + Transport | | | |
| **= Einstandspreis** | **5 410** | **5 292** | **5 310** |

## 6.16 ABC-Analyse als Grundlage für Wirtschaftlichkeitsuntersuchungen im Bereich der Lagerhaltung

1.

| Lagergut, geordnet nach der Größe des Verbrauchswertes | Wert des Verbrauchs im Jahr (EUR) | Verbrauchswert in % des Gesamtverbrauchswertes | Summierte (kumulierte) Verbrauchswerte in % | Gruppe |
|---|---|---|---|---|
| Eiche-Furnier | 990 000 | 44,0 | 44,0 | A |
| Mahagoni-Furnier | 450 000 | 20,0 | 64,0 | A |
| Kunststoff-Furnier | 247 500 | 11,0 | 75,0 | A |
| Press-Span-Platten | 202 500 | 9,0 | 84,0 | B |
| Sperrholz-Platten | 180 000 | 8,0 | 92,0 | B |
| Schrauben (Kartons) | 67 500 | 3,0 | 95,0 | B |
| Klebstoff (Gebinde) | 45 000 | 2,0 | 97,0 | C |
| Möbelrollen | 24 750 | 1,1 | 98,1 | C |
| Beschläge | 22 500 | 1,0 | 99,1 | C |
| Metallschienen | 20 250 | 0,9 | 100,0 | C |
| Summe | 2 250 000 | 100,0 | | |

2. Gruppe A: Eichefurnier, Mahagonifurnier, Kunststofffurnier
Diese drei Güter haben einen Anteil von 75 % am Gesamtverbrauchswert.

Gruppe B: Pressspanplatten, Sperrholzplatten, Schrauben
Diese drei Güter haben einen Anteil von 20 % am Gesamtverbauchswert.

Gruppe C: Klebstoff, Metallrollen, Beschläge, Metallschienen
Diese vier Güter haben einen Anteil von 5 % am Gesamtverbauchswert.

3. Aus Zeit- und Kostengründen sollten die Mitarbeiter der Einkaufsabteilung ihre Aktivitäten vor allem auf die Güter der Gruppe A konzentrieren. Bei den C-Gütern handelt es sich um Kleinmaterialien mit geringer Kapitalbindung, die zudem wenig Lagerraum beanspruchen. Hier sollte die Beschaffung vereinfacht werden, um eine zeitliche Entlastung der Mitarbeiter der Einkaufsabteilung zu erreichen.

Maßnahmen:

A-Güter
möglichst genaue Bedarfsermittlung, permanente Verbrauchs- und Bestandskontrolle, möglichst kleiner Sicherheitsbestand (Kapitalbindung), besondere Anstrengungen bei Marktbeobachtung, Beschaffung, Liefererauswahl, Preisgestaltung.

C-Güter
grobe Schätzung des Bedarfs, Bestandskontrolle nur von Fall zu Fall, hohe Sicherheitsbestände.

Einige Beschaffungsaktivitäten können rationalisiert werden (z. B. Bestellvorgang), andere können entfallen (z. B. Marktbeobachtung, Angebotsvergleich, Liefererauswahl, Qualitätskontrolle). Insgesamt kann die Beschaffung in regelmäßigen Abständen routinemäßig vorgenommen werden. Aus Rationalisierungsgründen ist es u. U. sinnvoll, sich nur auf einen Lieferer zu konzentrieren, da diese Güter kaum Preis- und Qualitätsdifferenzen bei verschiedenen Lieferern aufweisen.

# Wirtschaftlichkeit der Lagerhaltung

## 6.17 Durchschnittlicher Lagerbestand – Umschlagshäufigkeit – Lagerdauer – Lagerzinsen – Lagerzinssatz

1. und 2.

$$\frac{10 + 15 + 8 + 17 + 1 + 5 + 17 + 17 + 13 + 22 + 19 + 14 + 18}{13} = 13{,}5$$

3. $\frac{\text{Lagerabgang}}{\varnothing\ \text{Lagerbestand}} \quad \frac{121}{13{,}5} = 8{,}96 \approx 9$

4. Offsetpapier ist ein Verbrauchsgut und hat deshalb eine hohe Umschlagshäufigkeit; der Kleinoffsetdrucker hat als Gebrauchsgut eine geringe Umschlagshäufigkeit.

5. Durchschnittliche Lagerdauer:

   Kleinoffsetdrucker $\frac{360}{9} = 40$ Tage

   Offsetpapier $\frac{360}{50} = 7{,}2$ Tage

6. a) Wareneinsatz: 688 000 EUR

   b) durchschnittlicher Lagerbestand 99 577 EUR

   Umschlagshäufigkeit: $\frac{688\,000}{99\,577} = 6{,}9$

   durchschnittliche Lagerdauer: $\frac{360}{6{,}9} = 52{,}2$ Tage

   Bei Aufgabe 5 handelt es sich um Lagerumschlagshäufigkeit und durchschnittliche Lagerdauer einzelner Artikel des Sortiments (in Stück), bei Aufgabe 6 um die Kennzahlen für das gesamte Sortiment (in EUR).

   c) Umschlagshäufigkeit: $\frac{\text{Wareneinsatz}}{\varnothing\ \text{Lagerbestand}}$

7. Die Umschlagshäufigkeit ist im Branchendurchschnitt günstiger. Das kann daran liegen, dass der Büromaschinenhändler ein anderes Sortiment hat als der Durchschnitt der Branche. Seine Mindestbestände können zu hoch sein. Er kann z. B. technisch überholte Geräte als Ladenhüter auf Lager liegen haben.

8. a) 6 % von 99 577 EUR (= ∅ Lagerbestand) = 5974,62 EUR

   b) $\frac{99\,577 \times 6 \times 52{,}2}{100 \times 360} = 866{,}32$ EUR

   c) 6 % von 5 000 EUR = 300 EUR

   d) 6 % von 5 000 EUR für 40 Tage = 33,33 EUR

   e) 5 000 EUR ≙ 100 %
   33,33 EUR ≙ x % x = 0,67 %

   f) $\frac{\text{Jahreszinssatz (Zinskostensatz)} \times \varnothing\ \text{Lagerdauer}}{360}$

## 6.18 Lagerkennzahlen und Sortimentsgestaltung in einem Handelsbetrieb

1.

| Warengruppe | 1 | 2 | 3 | 4 | 5 | Gesamtes Sortiment |
|---|---|---|---|---|---|---|
| ∅ Lagerstand (EUR) | 160 000 | 95 000 | 75 000 | 100 000 | 70 000 | 500 000 |
| ∅ Umschlagshäufigkeit | 5,4 | 6,2 | 5,7 | 2,7 | 3,0 | 4,7 |
| *Branchendurchschnitt* | *7,0* | *5,6* | *5,2* | *4,0* | *3,2* | *5,0* |
| ∅ Lagerdauer (Tage) | 67 | 58 | 63 | 133 | 120 | 76 |
| Lagerzinssatz (%) | 1,86 | 1,62 | 1,74 | 3,70 | 3,33 | 2,12 |
| Lagerzinsen je Umschlag (EUR) | 2 977 | 1 543 | 1 308 | 3 704 | 2 333 | 10 615 |

2. – Die Lagerdauer gibt an, wie lange die Bestände durchschnittlich auf Lager liegen. Je höher die **Umschlagshäufigkeit,** desto geringer die **Lagerdauer** und umgekehrt.

$$\text{Lagerdauer} = \frac{360}{\text{Umschlagshäufigkeit}}$$

In der Praxis wird auch anstelle der 360 (Zins-) Tage nach dem Fabrikkalender mit Arbeitstagen (z. B. 240) gerechnet.

– Bei gegebenem Jahreszinssatz (Marktzinssatz) gilt: Je höher die **Umschlagshäufigkeit,** desto geringer der **Lagerzinssatz** und umgekehrt. Bei hoher Umschlagshäufigkeit ist die Kapitalbindungsdauer kurz. Folglich sind die in % ausgedrückten Kapitalbindungskosten (= Lagerzinssatz) gering.

$$\text{Lagerzinssatz} = \frac{\text{Jahreszinssatz} \times \varnothing\ \text{Lagerdauer}}{360}$$

– Bei gegebenem Jahreszinssatz (Marktzinssatz) gilt: Je höher der ∅ **Lagerbestand** (= gebundenes Kapital), desto höher die **Lagerzinsen** (= Kapitalbindungskosten) und umgekehrt.

$$\text{Lagerzinsen je Umschlag} = \frac{\varnothing\ \text{Lagerbestand} \times \text{Jahreszinssatz} \times \varnothing\ \text{Lagerdauer}}{100 \times 360}$$

oder

$$\text{Lagerzinsen je Umschlag} = \frac{\varnothing\ \text{Lagerbestand} \times \text{Lagerzinssatz}}{100}$$

Die Höhe der Lagerzinsen hängt somit vom ∅ Lagerbestand, vom Marktzinssatz und von der Lagerdauer ab.

3. Die Umschlagshäufigkeit gibt an, wie oft der ∅ Lagerbestand während eines Geschäftsjahres umgesetzt wird.

$$\text{Umschlagshäufigkeit} = \frac{\text{Wareneinsatz}}{\varnothing\ \text{Lagerbestand}}$$

Die vom Branchendurchschnitt abweichende Umschlagshäufigkeit kann durch

– einen abweichenden Wareneinsatz
und/oder
einen abweichenden ∅ Lagerbestand bei den einzelnen Warengruppen bedingt sein.

**Wareneinsatz:**

Bei gleichem ∅ Lagerbestand führt eine Erhöhung des Wareneinsatzes zu einer höheren Umschlagshäufigkeit und damit zu einer Minderung von Lagerdauer, Lagerzinssatz und Lagerzinsen. Der Wareneinsatz wird in erster Linie von der Absatzleistung des Unternehmens bestimmt. Eine Abweichung der Umschlagshäufigkeit vom Branchendurchschnitt kann daher durch Unterschiede hinsichtlich der Absatzmöglichkeiten bzw. der absatzpolitischen Maßnahmen bedingt sein.

**∅ Lagerbestand:**

Bei gleichem Wareneinsatz führt eine Senkung des ∅ Lagerbestandes zu einer höheren Umschlagshäufigkeit und zu einer Minderung der Lagerkosten. Eine Abweichung der Umschlagshäufigkeit vom Branchendurchschnitt kann daher durch Unterschiede hinsichtlich der Höhe des ∅ Lagerbestandes bei den einzelnen Warengruppen bedingt sein. Ziel der Lagerhaltungspolitik muss es sein, unter Beachtung der Lieferfähigkeit die Lagerbestände so niedrig wie möglich zu halten. Mögliche Maßnahmen:

- Beschaffung kleinerer Mengen in kürzeren Zeitabständen (optimale Bestellmenge ermitteln),
- Sicherheitsbestände verringern,
- Sortiment bereinigen (»Ladenhüter« eliminieren),
- Breite und Tiefe des Sortiments überprüfen.

4. Nein, da keine Informationen über den Stückgewinn/Stückverlust der einzelnen Artikel vorliegen. Wenn beispielsweise der Absatzpreis je Stück für die Warengruppe mit der höchsten Umschlagshäufigkeit die Selbstkosten je Stück nicht deckt bzw. keinen positiven Deckungsbeitrag leistet, würde eine Erhöhung der Absatzmenge zusätzliche Verluste erbringen. Eine Sortimentspolitik auf der Basis von Lagerkennzahlen kann zu Fehlentscheidungen führen, da in erster Linie der Deckungsbeitrag einer Warengruppe entscheidend ist.

5.

| **Warengruppe 4** | **vorher** | **nachher** |
|---|---|---|
| ∅ Lagerbestand (EUR) | 100 000 | 100 000 |
| ∅ Umschlagshäufigkeit | 2,7 | 4,5 |
| ∅ Lagerdauer (Tage) | 133 | 80 |
| Lagerzinssatz (%) | 3,70 | 2,22 |
| Lagerzinsen (EUR) je Umschlag | 3 703,70 | 2 222,22 |
| HKZ (%) | 20,37 | 15,56 |
| Gewinnzuschlag (%) | 15 | 10 |

**Kalkulation (EUR)**

| **Warengruppe 4** | **vorher** | **nachher** |
|---|---|---|
| Wareneinsatz | 270 000 | 450 000 |
| + Handlungskosten | 55 000 | 70 000 |
| = Selbstkosten | 325 000 | 520 000 |
| + Gewinn | 48 750 | 52 000 |
| = Verkaufserlöse | 373 750 | 572 000 |

## 6.19 Kostenvergleich Eigenlager/Fremdlager – Kritische Lagermenge

1. a)

| Lagermenge 80 000 Stück | Eigenlagerung | Fremdlagerung |
|---|---|---|
| Fixkosten (EUR) | 190 000 | 0 |
| variable Lagerkosten (EUR) | 128 000 | 280 000 |
| Gesamtkosten (EUR) | 318 000 | 280 000 |

b) x = Kritische Lagermenge

Fixkosten Eigenlagerung + variable Kosten Eigenlagerung = variable Kosten Fremdlager

$190\,000 + 1{,}60 \times x = 3{,}50 \times x$; $x = 100\,000$ Stück

2.

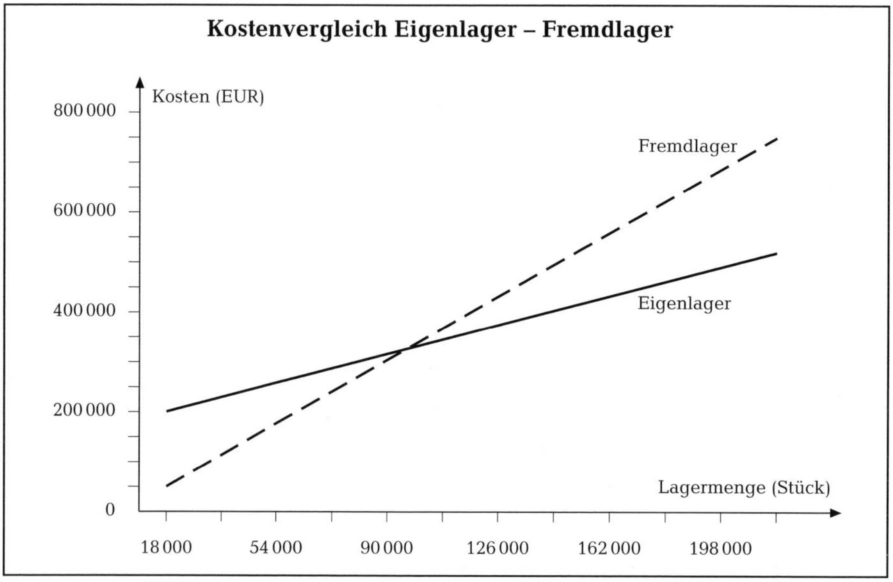


# Wechselwirkungen und Zielkonflikte im Bereich der Materialwirtschaft

## 6.20 Vernetzungsdiagramm zur Materialwirtschaft – Zielkonflikte

1. Nr. 1:
Je höher die Bestellmenge, desto niedriger der Einstandspreis (Mengenrabatt) (–)
Nr. 2: Je höher die Bestellmenge, desto geringer die Bestellhäufigkeit (–)
Nr. 3:
Je höher die Bestellmenge, desto höher der durchschnittliche Lagerbestand (+)
Nr. 4:
Je höher der durchschnittliche Lagerbestand, desto höher die Lagerkosten (+)
Nr. 5:
Je höher der durchschnittliche Lagerbestand, desto höher die Lieferbereitschaft (+)
Nr. 6:
Je höher der durchschnittliche Lagerbestand, desto höher die Kapitalbindung (+)

Nr. 7: Je höher die Lieferbereitschaft, desto niedriger die Fehlmengenkosten (–)
Nr. 8: Je höher die Kapitalbindung, desto höher die Zinskosten (+)
Nr. 9: Je höher die Bestell- und Lieferhäufigkeit, desto höher die sozialen Kosten (+)
Nr. 10: Je höher die Bestellhäufigkeit, desto höher die bestellfixen Kosten (+)
Nr. 11: Je höher die bestellfixen Kosten, desto höher die Gesamtkosten (+)
Nr. 12: Je höher der Einstandspreis, desto höher die Gesamtkosten (+)
Nr. 13: Je höher die Lagerkosten, desto höher die Gesamtkosten (+)
Nr. 14: Je höher die Zinskosten, desto höher die Gesamtkosten (+)
Nr. 15: Je höher die Fehlmengenkosten, desto höher die Gesamtkosten (+)
Nr. 16: Je höher die Gesamtkosten, desto niedriger der Gewinn (–)
Nr. 17: Je höher die sozialen Kosten, desto höher die Gesamtkosten (+); *die sozialen Kosten werden aber betriebswirtschaftlich nicht erfasst und mindern nicht den Gewinn.*

2. Ausgleich gegenläufiger Kostentendenzen: große Bestellmengen bedeuten geringe bestellfixe Kosten, aber hohe Lagerkosten und umgekehrt.

3. Der Käufer kann mit einem geringeren durchschnittlichen Lagerbestand auskommen und den Mindestbestand niedriger halten. Das spart Lagerkosten. Sofern die Marktmacht des Verkäufers ausreicht, wird er sich die ihm entstehenden Lagerkosten durch einen erhöhten Verkaufspreis vergüten lassen. Dadurch erhöht sich für den Käufer der Einstandspreis, sodass es sich lediglich um eine Kostenverlagerung handelt. Durch die mehrmalige Lieferung von Teilmengen steigen zudem – im Vergleich zur einmaligen Lieferung der Gesamtmenge – die Transportkosten und die Umweltbelastung.

4. Vorteile des Streckengeschäfts:
   Verringerung von Lagerkosten beim Händler
   Einsparung von Transport-, Be- und Entladekosten
   Verringerung des Risikos von Transportschäden
   Verkürzung der Lieferfristen
   u. U. kürzere Transportwege und damit geringere Umweltbelastung

5. a) Nr. 1: Je mehr (stärker, häufiger) Anwendung des jit-Konzepts, desto größer die Transporthäufigkeit (+) (gleichgerichtete Wirkung: je mehr – desto mehr)
   Nr. 2: Je größer die Transporthäufigkeit, desto größer der Verkehrsstau (+) (gleichgerichtete Wirkung: je mehr – desto mehr)
   Nr. 3: Je größer der Verkehrsstau, desto unpünktlicher die Lieferung (–) (entgegengesetzte Wirkung: je mehr – desto weniger)
   Nr. 4: Je unpünktlicher die Lieferung, desto weniger Anwendungen des jit-Konzepts (+) (gleichgerichtete Wirkung: je weniger – desto weniger)

   b) Das Dilemma lässt sich wie folgt verdeutlichen: Das jit-Konzept trägt zur Erhöhung der Transportvorgänge und damit des Verkehrsaufkommens bei. Dadurch wird die Gefahr von Verkehrsstaus erhöht. Diese Verkehrsstaus gefährden die pünktliche Lieferung. Die pünktliche Lieferung ist aber der zentrale Kern des gesamten Konzepts.

   *Ergebnis:* Die verstärkte Anwendung des jit-Konzepts führt aufgrund seiner Folgewirkungen zu seiner eigenen Einschränkung.

   c) negative Rückkopplung: +, +, –, +
   je mehr – desto weniger
   Bei negativen Rückkopplungen wird die Wirkung eines Elements durch sich selbst eingeschränkt. Solche Rückkopplungen tragen zur Stabilisierung eines Systems bei.

## 6.21 Berücksichtigung umweltpolitischer Ziele in der Materialwirtschaft

1. a) Die Ziele stehen teilweise miteinander in Konflikt, d.h., die Verfolgung eines Zieles beeinträchtigt die Realisierung eines anderen Zieles; nicht alle Ziele können gleichzeitig erreicht werden.

   b) je höher die Lieferbereitschaft, desto höher die Lagerkosten
   je höher die Produktqualität, desto höher die Einstandspreise
   je niedriger die Bestände und die Kapitalbindung, desto geringer die Lieferbereitschaft
   je niedriger der Einstandspreis aufgrund von Mengenrabatt, desto höher die Bestände

2. Ressourcen schonendes Produktionsprogramm: Produktionsprogramm, bei dem der Verbrauch von Produktionsfaktoren (z.B. Energie, Rohstoffe) verringert wird; Vermeidung von Verschleißproduktion, sparsamer Umgang mit Material, Substitution usw.

   hoher Verwertungsgrad des Materials: Verwendung von recyclingfähigen Materialien, Materialien ohne oder mit geringen Entsorgungsproblemen

   schadstoffarme Produktion und Produkte: umweltverträglicher Produktionsprozess, umweltfreundliche Produkte (blauer Engel), Verringerung von Rückständen (Abfällen) bei der Produktion

3. Materialbeschaffung:
   Auswahl umweltverträglicher/umwelfreundlicher Materialien; Einflussnahme auf Lieferer zur Aufnahme umweltverträglicher Materialien in ihr Produktionsprogramm

   Einsatz umweltfreundlicher Transportwege und Transportmittel, Berücksichtigung der Transporthäufigkeit als umweltbelastendes Element bei der Festlegung der Bestellmenge

   Materiallagerung:
   Vermeidung von umweltgefährdenden Störfällen durch Freisetzung von Schadstoffen (z.B. Bodenbelastung bei der Lagerung von Chemikalien)

   Materialverteilung:
   Umweltverträgliche Verpackung; Mehrwegverpackung; umweltverträgliche Transportwege, Transportmittel und Transporthäufigkeiten; Verkehrssicherheit der Transportmittel zur Vermeidung von Unfällen und dadurch bedingte Freisetzung von Schadstoffen

   Materialentsorgung:
   Abfallvermeidung, Abfallverminderung, Recycling, umweltgerechte Abfallbeseitigung (Sondermülldeponien)

4. a) Verringerung der Lagerkosten vs. Umweltbelastung (soziale Kosten)

   b) Schülerabhängige Antwort

# 7 Betriebliche Leistungserstellung

## Grundbegriffe

### 7.01 Begriff und Arten betrieblicher Leistungserstellung – Betriebstypen

1. **Gewinnung:** Bergwerk, Fischfang
   **Fertigung:** Autofabrik, Bauunternehmung, Schreinerei
   **Veredlung:** Kornmühle, Schnapsbrennerei, Kohlekraftwerk
   **Dienstleistung:** Spedition, Bank, Friseur, Immobilienmakler, Versicherung, Steuerberatungsbüro, Privatschule, Rechtsanwaltskanzlei, Werbeagentur, Tankstelle mit Werkstatt, Kiosk, Hotel, Omnibusbetrieb, Reisebüro, Versandhaus, Supermarkt.

2. Zur Leistungserstellung gehören:
   Braunkohleabbau, Lokführer bei der Deutschen Bahn AG, Kostenrechnung in einem Industriebetrieb, Tätigkeit eines Kochs in einer Gaststätte, Wertpapierkauf durch eine Bank, Erstattung der Reparaturkosten durch eine Versicherung, Schülerbeförderung durch einen privaten Omnibusbetrieb, Materialtransport zur Baustelle mit einem Lkw der Bauunternehmung.
   Alle übrigen Tätigkeiten finden entweder nicht in Betrieben statt oder gehören zu den Bereichen Absatz (Leistungsverwertung) bzw. Finanzierung.

## Kosten und Beschäftigung

### 7.02 Fixe Kosten – Variable Kosten – Gesetz der Massenproduktion – Eigenfertigung und Fremdbezug (Make or Buy)

1. Es ist günstiger, den Katalog in der hauseigenen Druckerei herstellen zu lassen; dort entstehen Kosten für die Herstellung eines Katalogs in Höhe von **5,20 EUR.**

   $$\frac{20\,000 + 5 \times 100\,000}{100\,000} = \underline{\underline{5{,}20 \text{ EUR}}}.$$ Die fremde Druckerei verlangt 6,00 EUR.

2. a) und 4. a) und 5.

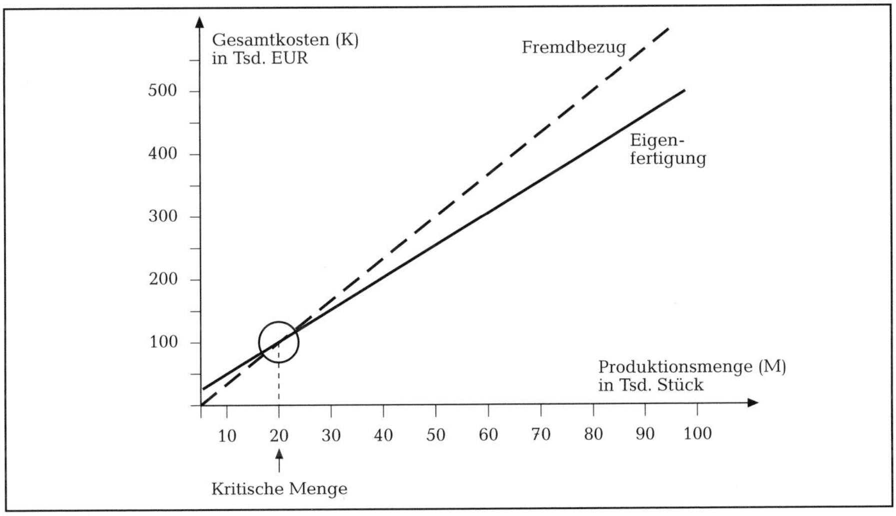

2. b) und 4. a) und 5.

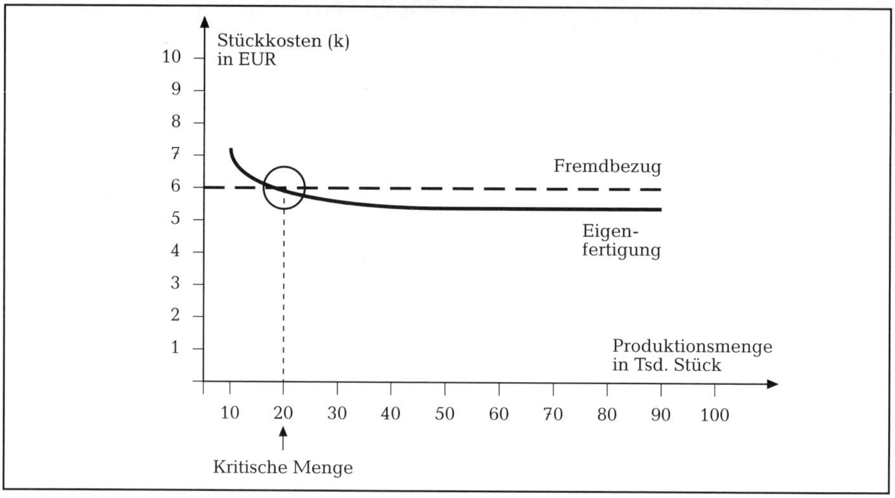


3. Bei zunehmender Auflagenhöhe verteilen sich die Fixkosten in Höhe von 20 000 EUR auf eine immer größer werdende Stückzahl, sodass die Fixkosten je Stück und damit auch die Gesamtkosten je Stück ständig sinken (Fixkostendegression, Gesetz der Massenproduktion).

6. Kosten der Eigenfertigung = Kosten des Fremdbezugs
   20 000 + 5 × X = 6 × X
   X = 20 000 Stück (kritische Menge)

7. Die hauseigene Druckerei hat variable Kosten, die je Stück konstant 5 EUR betragen. Wohl verteilen sich die fixen Kosten bei Vergrößerung der Produktionsmenge auf eine immer größere Produktionsmenge, die Stückkosten bleiben jedoch immer knapp über den 5 EUR variablen Kosten je Stück.

## 7.03 Kapazität – Beschäftigungsgrad – Gewinnschwelle – Gewinnmaximum

1. Bei Erhöhung der Produktion von 6600 auf 7400 Einheiten, also um 800 Einheiten, steigen die Kosten um 6400 EUR.

   Da die variablen Kosten proportional verlaufen, betragen die variablen Kosten je Stück 6400 : 800 = **8 EUR.**

2. Die variablen Kosten betragen bei einer Produktionsmenge von 7400 Einheiten 8 × 7400 = 59 200 EUR.

   Die Gesamtkosten betragen bei dieser Produktionsmenge 74 200 EUR.

   Die fixen Kosten ergeben sich aus der Differenz der Gesamtkosten und der variablen Kosten und betragen 15 000 EUR.

3. Bei Auslastung zu 50 %:

| | | |
|---|---|---|
| Kosten: | 15 000 + 4000 × 8 | = 47 000 EUR |
| Erlös: | 4000 × 12 | = 48 000 EUR |
| Gewinn: | | 1000 EUR |
| Umsatzrendite: | | 2,1 % |
| Bei Auslastung zu 100 %: | | |
| Kosten: | 15 000 + 8000 × 8 | = 79 000 EUR |
| Erlös: | 8000 × 12 | = 96 000 EUR |
| Gewinn: | | 17 000 EUR |
| Umsatzrendite: | | 17,7 % |

4. Der Gewinn wird mit zunehmender Produktionsmenge immer größer, bis die Kapazitätsgrenze erreicht wird. Dort hat dieser Betrieb seinen maximalen Gewinn.

5. und 6.

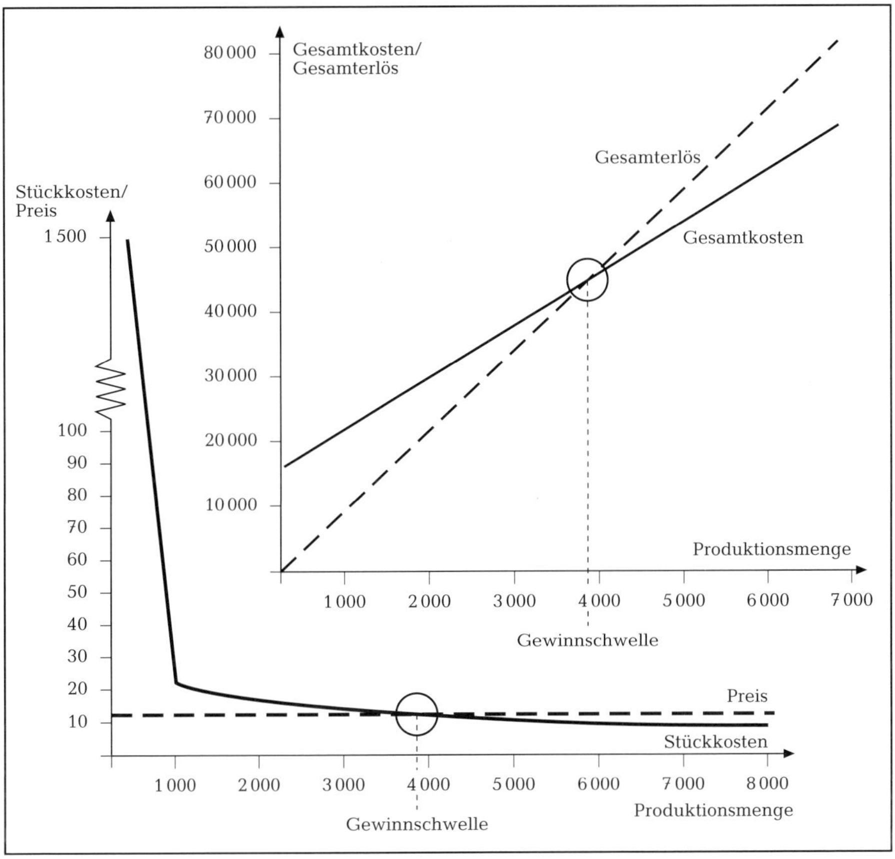


7. Bei der Gewinnschwelle gilt:

Gesamterlös = Gesamtkosten

$p \times x = K_{fix} + k_v \times x$

$x (p - k_v) = K_{fix}$

$x = \frac{K_{fix}}{p - k_v} = \frac{15\,000}{4} = 3\,750$ Stück

## 7.04 Gewinnmaximum – Betriebsminimum – Verfahrensvergleich – Kostenvergleichsrechnung

1. Gesamtkosten bei Handarbeit: 12 000 + (500 × 90) = 34 500 EUR
   Gesamtkosten bei Maschinenarbeit: 24 000 + (500 × 30) = 31 500 EUR
   Die maschinelle Fertigung ist um 3 000 EUR kostengünstiger.

2. Gesamtkosten bei Handarbeit: 12 000 + (350 × 90) = 27 750 EUR
   Gesamtkosten bei Maschinenarbeit: 24 000 + (350 × 30) = 29 250 EUR
   Bei einer Produktions- und Absatzmenge von 350 Stück ist die Handarbeit um 1 500 EUR kostengünstiger.

3. $12\,000 + 45 \times X = 24\,000 + 15 \times X$

   $30 \times X = 12\,000$

   $X = 400$

   Bei einer Produktionsmenge von 400 Stück sind die Kosten bei beiden Verfahren gleich hoch.

4. a) Gesamtkosten bei Handarbeit: $12\,000 + (500 \times 50) = 37\,000$ EUR
   Gesamtkosten bei Maschinenarbeit: $24\,000 + (350 \times 20) = 34\,000$ EUR

   Die maschinelle Fertigung ist im Vergleich zur Ausgangssituation nach wie vor um 3000 EUR kostengünstiger, da sich für beide Verfahren die variablen Kosten um den gleichen Betrag erhöht haben.

   b) Welches Verfahren günstiger ist, hängt im vorliegenden Fall (gleicher Preis und gleiche Menge bei beiden Verfahren) allein von den Kosten ab. Die maschinelle Fertigung ist im Vergleich zur Ausgangssituation nach wie vor die günstigste.

5. In dem Unternehmen steigt bei der gegebenen Kostensituation der Gewinn bei jeder Ausweitung der Produktion, da die Stückkosten immer weiter sinken. Dies liegt daran, dass der Anteil der fixen Kosten an den Stückkosten bei jeder Produktionsausweitung sinkt und die variablen Kosten **je Stück** konstant bleiben. Das Gewinnmaximum liegt sowohl bei Verfahren A wie bei Verfahren B an der Kapazitätsgrenze. Gewinnmaximum: Verfahren A 5 500 EUR, Verfahren B 8 500 EUR.

6. Wenn der Preis unter die variablen Kosten je Stück, also unter 15 EUR sinkt, sollte das Unternehmen die Produktion vorübergehend einstellen, die Betriebsbereitschaft aber aufrechterhalten.

   Liegt der Preis bei 15 EUR oder darüber, aber noch unter den Selbstkosten, dann erzielt das Unternehmen zwar Verlust, der Verlust ist aber geringer als bei **vorübergehender** Stillegung des Betriebs, weil dann ja die fixen Kosten als Kosten für die Betriebsbereitschaft trotzdem anfallen würden.

   ***Beispiel:***

   Das Unternehmen produziert 500 Wäschespinnen nach dem Verfahren B. Gesamtkosten: $24\,000 + 15 \times 500 = 31\,500$ EUR. Kosten für 1 Stück 63 EUR.

   Kann auf dem Markt nur ein Preis von 50 EUR erzielt werden, dann entsteht je Stück ein Verlust von 13 EUR, insgesamt von 6 500 EUR. Würde der Betrieb vorübergehend stillgelegt, dann entstünden die 24 000 EUR fixe Kosten als Verlust.

   Durch den Preis von 50 EUR wurden 35 EUR mehr als die variablen Kosten je Stück von 15 EUR ersetzt. Damit wurde der Verlust durch Verkauf unter den Selbstkosten um $500 \times 15 = 17\,500$ EUR verringert.

   Würde der Preis nicht einmal die variablen Kosten je Stück von 15 EUR decken, dann sollte das Unternehmen bei rein kostenrechnerischer Betrachtung die Produktion einstellen, auch wenn mit einer baldigen Preissteigerung gerechnet wird.

# Industrielle Fertigung
# Planung des Fertigungsprogramms

## 7.05 Erzeugnisgliederung und Stücklisten

1. Baugruppen: Scharniere

   Einzelteile: Schalen, Scharnierbänder, Nieten, Zylinderstifte

   Rohstoffe: Tiefziehblech

2.

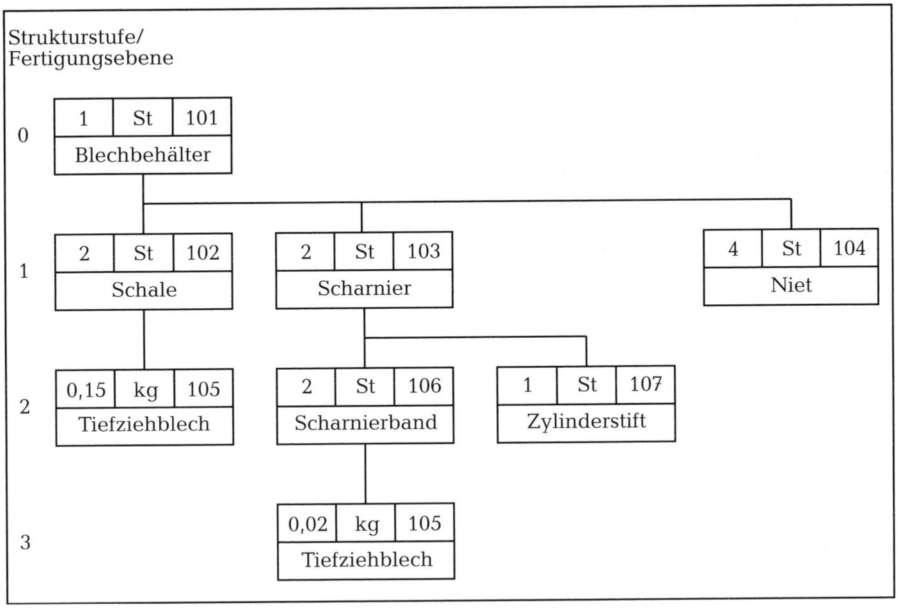


3.

| Mengenstückliste | | | |
|---|---|---|---|
| Teile-Nr.: **101** | | Bezeichnung: **Blechbehälter** | |
| Teile-Nr. | Bezeichnung | Menge | Mengeneinheit |
| 102 | Schalen | 2 | St |
| 103 | Scharniere | 2 | St |
| 104 | Niet | 4 | St |
| 105 | Tiefziehblech | 0,38 | kg |
| 106 | Scharnierband | 4 | St |
| 107 | Zylinderstift | 2 | St |

4. Dient als Dispositionsgrundlage für die Materialbeschaffung (Teilbedarfsermittlung).

Da die Erzeugnisstruktur nicht erkennbar ist und mehrfach verwandte Baugruppen, Einzelteile und Rohstoffe in einer Position ausgewiesen werden, ist die darüber hinausgehende Aussagekraft von Mengenstücklisten auf Erzeugnisse mit einfacher Struktur beschränkt. Im vorliegenden Fall wird beispielsweise der Rohstoff »Tiefziehblech« nur **einmal** ausgewiesen, obwohl er für die Einzelteile 102 (Schale) **und** 106 (Scharnierband) benötigt wird.

5.

| Strukturstückliste | | | | | | | | |
|---|---|---|---|---|---|---|---|---|
| Teile-Nr.: **101** | | | | | | Bezeichnung: **Blechbehälter** | | |
| Fertigungsebene | | | | | Teile-Nr. | Bezeichnung | Menge | Mengeneinheit |
| 1 | | | | | 102 | Schale | 2 | St |
| | 2 | | | | 105 | Tiefziehblech | 0,15 | kg |
| 1 | | | | | 103 | Scharnier | 2 | St |
| | 2 | | | | 106 | Scharnierband | 2 | St |
| | | 3 | | | 105 | Tiefziehblech | 0,02 | kg |
| | 2 | | | | 107 | Zylinderstift | 1 | St |
| 1 | | | | | 104 | Niet | 4 | St |

6. Die Erzeugnisstruktur und der Fertigungsablauf sind erkennbar, sodass die Materialdisposition stufenweise und damit genauer und kostengünstiger als mit Mengenstücklisten durchgeführt werden kann. Außerdem ist die Terminplanung stufenweise möglich. Da aber mehrmals in einem Erzeugnis enthaltene Baugruppen, Einzelteile und Rohstoffe jedesmal neu aufgeführt werden, weisen Strukturstücklisten i. d. R. einen großen Umfang und – bei EDV-mäßiger Erfassung – einen hohen Speicherbedarf auf. Die Art der Mengenangaben erschwert die Bedarfsermittlung, da die Menge der zugehörenden Einzelteile mit der Mengenangabe der Baugruppe zu multiplizieren ist.

7.

| **Baukastenstückliste** | | | | |
|---|---|---|---|---|
| Teile-Nr.: **101** | | Bezeichnung: **Blechbehälter** | | |
| Stufe | Teile-Nr. | Bezeichnung | Menge | Mengeneinheit |
| 1 | 102 | Schale | 2 | St |
| 1 | 103 | Scharnier | 2 | St |
| 1 | 104 | Niet | 4 | St |

| **Baukastenstückliste** | | | | |
|---|---|---|---|---|
| Teile-Nr.: **103** | | Bezeichnung: **Scharnier** | | |
| Stufe | Teile-Nr. | Bezeichnung | Menge | Mengeneinheit |
| 2 | 106 | Scharnierband | 2 | St |
| 2 | 107 | Zylinderstift | 1 | St |

| **Baukastenstückliste** | | | | |
|---|---|---|---|---|
| Teile-Nr.: **102** | | Bezeichnung: **Schale** | | |
| Stufe | Teile-Nr. | Bezeichnung | Menge | Mengeneinheit |
| 3 | 105 | Tiefziehblech | 0,15 | kg |

| **Baukastenstückliste** | | | | |
|---|---|---|---|---|
| Teile-Nr.: **106** | | Bezeichnung: **Scharnierband** | | |
| Stufe | Teile-Nr. | Bezeichnung | Menge | Mengeneinheit |
| | 105 | Tiefziehblech | 0,02 | kg |

8. Die Erzeugnisstruktur für mehrstufige Erzeugnisse ist nur schwer erkennbar, da dazu alle zu einem Erzeugnis gehörenden Baukastenstücklisten herangezogen werden müssen. Der Materialbedarf ist nicht direkt ersichtlich, sondern muss berechnet werden.

   Kommen Baugruppen und eigengefertigte Teile auf verschiedenen Ebenen mehrmals vor, was im vorliegenden Beispiel allerdings nicht zutrifft, muss die Baukastenstückliste nur einmal erstellt und gespeichert werden. Dadurch wird der Speicheraufwand, der Änderungsaufwand und die Fehlerquote beim Eingeben und Ändern der Stücklistendaten von Wiederholteilen verringert.

9. Die Baukastenstückliste ist wegen des vergleichsweise geringen Speicherungs- und Änderungsaufwandes am besten für den EDV-Einsatz geeignet. Aus dem Satz von Baukastenstücklisten, die zu einem Erzeugnis gehören, kann sowohl die Mengenstückliste als auch die Strukturstückliste erzeugt werden.

10. Konstruktion: Auskunft über die in der Konstruktionszeichnung dargestellten Teile
    Arbeits-/Fertigungsplanung: Grundlage für die Ablaufplanung der Fertigung
    Beschaffung: Grundlage für die Materialbedarfsermittlung (Materialarten und Materialmengen)
    Lager: Grundlage für die termingerechte Bereitstellung von Teilen
    Rechnungswesen: Grundlage für die Vor- und Nachkalkulation

## 7.06 Werkstattfertigung – Innerbetrieblicher Standort – Fließfertigung (Reihenfertigung)

1. Bisherige Kosten:

| | Material-lager | Stanzerei | Dreherei | Bohrerei | Fräserei | Schleiferei | Lackiererei | Zw.Lager/ Montage |
|---|---|---|---|---|---|---|---|---|
| Material-lager | | | | | | | | |
| Stanzerei | 12 × 10 EUR = 120 EUR | | | | | | | |
| Dreherei | | 12 × 10 EUR = 120 EUR | | | | | | |
| Bohrerei | | | 4 × 10 EUR = 40 EUR | | | | | |
| Fräserei | | | 6 × 5 EUR = 30 EUR | 10 × 5 EUR = 50 EUR | | | | |
| Schleiferei | | | | 10 × 5 EUR = 50 EUR | | | | |
| Lackiererei | 4 × 10 EUR = 40 EUR | | 5 × 5 EUR = 25 EUR | 6 × 10 EUR = 60 EUR | | 10 × 5 EUR = 50 EUR | | |
| Zw.lager/ Montage | | | | | | 8 × 10 EUR = 80 EUR | 2 × 10 EUR = 20 EUR | |
| Fertiglager | | | | | | 4 × 10 EUR = 40 EUR | 7 × 10 EUR = 70 EUR | 8 × 5 EUR = 40 EUR |

Innerbetriebliche Transportkosten pro Tag: 835 EUR

Vorschlag zur Umorganisation (Es gibt mehrere Lösungen, die zu einer Einsparung von Transportkosten führen. Wesentlich ist, dass Werkstätten, zwischen denen die häufigsten Transporte durchgeführt werden, benachbart sind.)

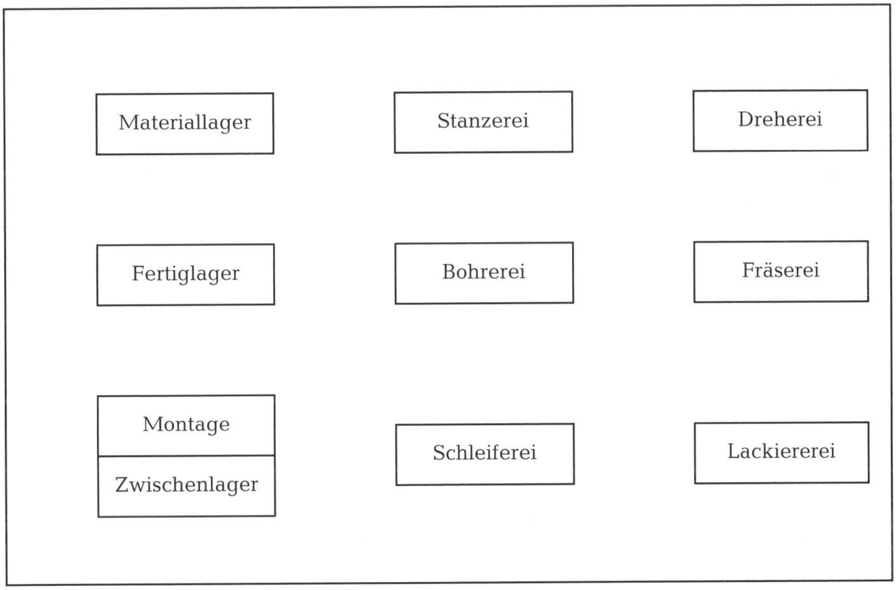

Transportkosten nach der Umorganisation:

| | Materiallager | Stanzerei | Dreherei | Bohrerei | Fräserei | Schleiferei | Lackiererei | Zw.Lager/ Montage |
|---|---|---|---|---|---|---|---|---|
| Materiallager | | | | | | | | |
| Stanzerei | 12 × 5 EUR = 60 EUR | | | | | | | |
| Dreherei | | 12 × 5 EUR = 60 EUR | | | | | | |
| Bohrerei | | | 4 × 5 EUR = 20 EUR | | | | | |
| Fräserei | | | 6 × 5 EUR = 30 EUR | 10 × 5 EUR = 50 EUR | | | | |
| Schleiferei | | | | 10 × 5 EUR = 50 EUR | | | | |
| Lackiererei | 4 × 10 EUR = 40 EUR | | 5 × 10 EUR = 50 EUR | 6 × 5 EUR = 30 EUR | | 10 × 5 EUR = 50 EUR | | |
| Zw.lager/ Montage | | | | | | 8 × 5 EUR = 40 EUR | 2 × 10 EUR = 20 EUR | |
| Fertiglager | | | | | | 4 × 5 EUR = 20 EUR | 7 × 10 EUR = 70 EUR | 8 × 5 EUR = 40 EUR |

Innerbetriebliche Transportkosten pro Tag: 640 EUR

Die Umorganisation der Werkstätten lohnt sich nur, wenn die Kostenersparnis durch die Verkürzung der Transportwege langfristig größer ist als die durch die Umorganisation entstehenden Kosten.

2.

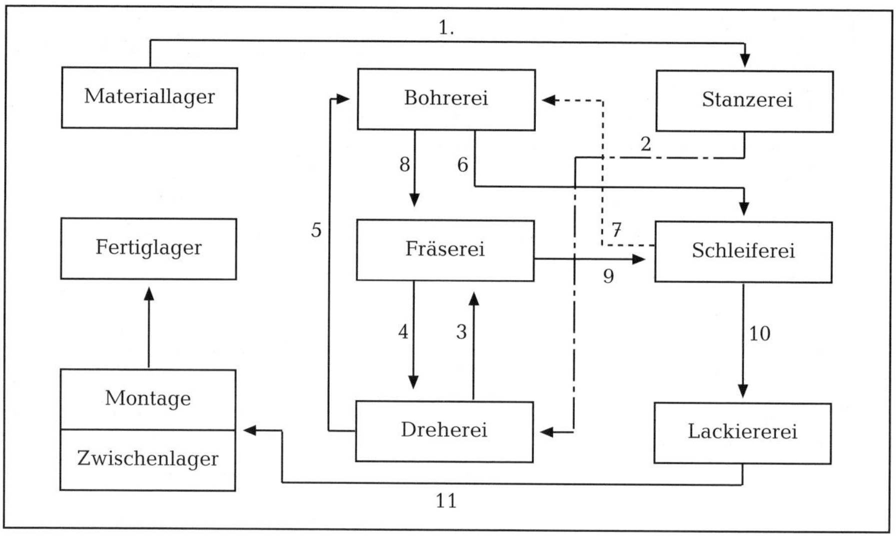


Transportkosten je Durchlauf: 80 EUR

3. Bei einer Umorganisation entsprechend dem Lösungsvorschlag zu Alternative I betragen die Transportkosten 65 EUR je Durchlauf. Eine weitere Reduzierung auf 60 EUR wäre bei einem Tausch zwischen Lackiererei und Schleiferei möglich.

4. a) Bei der Werkstattfertigung durchlaufen die Werkstücke mehrere Werkstätten, in denen gleichartige Maschinen und Arbeitsplätze zusammengefasst sind (Verrichtungsprinzip). Das hat u. U. große innerbetriebliche Transportwege zur Folge, da die Werkstücke in unterschiedlicher Reihenfolge zwischen den einzelnen Werkstätten hin und her transportiert werden müssen. Außerdem

können Wartezeiten und Zwischenläger entstehen. Bei den Maschinen handelt es sich um Universalmaschinen, die ggf. für verschiedene Zwecke umrüstbar sind. Die Arbeitskräfte besitzen aufgrund häufiger Produktionsumstellungen große Arbeitserfahrung und Vielseitigkeit.

Die Werkstattfertigung bietet ein Höchstmaß an Flexibilität (Anpassungsmöglichkeit an Kundenaufträge und Marktveränderungen) und eignet sich für die Einzel- und Serienfertigung. Sie ist dann sinnvoll, wenn es in dem Betrieb immer wieder wechselnde Produktionsvorgänge gibt (Produktvielfalt).

b) Bei der Fließfertigung[1]) erfolgt die Anordnung der Betriebsmittel und Arbeitsplätze nach der Reihenfolge der Bearbeitung (Prozessfolgeprinzip). Im vorliegenden Fall, in dem die Arbeitsvorgänge wegen ihrer oft unterschiedlichen Dauer nicht zeitlich gebunden und die Arbeitsplätze räumlich unabhängig voneinander sind, spricht man von Reihenfertigung. Der Weitertransport der Werkstücke erfolgt dabei ohne Fließband und ohne bestimmten Arbeitstakt. Dieses Fertigungsverfahren, das sich durch eine Verkürzung der Durchlaufzeiten gegenüber der Werkstattfertigung auszeichnet, bedingt im vorliegenden Fall die zusätzliche Anschaffung von Maschinen (z. B. Drehen I und Drehen II).

Reihenfertigung ist nur dann sinnvoll, wenn sich der Arbeitsablauf über einen längeren Zeitraum nicht verändert.

## 7.07 Organisationsformen der Fertigung – Fertigungstypen

1. A/4; B/3; C/2; D/1

2.

| Merkmale \ Organisationsform | Werkstattfertigung | Fließfertigung |
|---|---|---|
| Durchlaufzeiten | hoch | niedrig |
| Transportkosten | hoch | niedrig |
| Lagerkosten | hoch | niedrig |
| Investitionsbedarf | niedrig | hoch |
| Anpassungsfähigkeit an Marktveränderungen | hoch | niedrig |
| Anpassungsmöglichkeit bei Beschäftigungsschwankungen | niedrig | hoch |
| Übersichtlichkeit des Produktionsprozesses | niedrig | hoch |
| Störanfälligkeit | niedrig | hoch |
| Stückkosten | hoch | niedrig |
| Belastung der Mitarbeiter durch monotone Arbeit | niedrig | Fließband: hoch<br>Transferstr.: niedrig |
| Qualifikation der Mitarbeiter | hoch | Fließband: niedrig<br>Transferstr.: hoch |
| Lohnkosten | hoch | niedrig |
| Fehlerquote/Ausschuss | hoch | niedrig |
| Anwendbarkeit der Divisionskalkulation | nicht möglich; Zuschlagskalkulation nötig | insbes. bei Massenfertigung anwendbar |
| Verwendung von Spezialmaschinen | Universalmaschinen | hoch |
| Arbeitsproduktivität | niedrig | hoch |

[1]) Der Begriff Fließfertigung wird hier als Oberbegriff zu Reihen- und Fließbandfertigung benutzt. Zuweilen wird dieser Begriff aber auch gleichbedeutend mit Reihen-, Straßen- oder Linienfertigung verwendet.

3.

| Produkte \ Fertigungstypen | Einzelfertigung | Mehrfachfertigung | | |
|---|---|---|---|---|
| | | Massenfertigung | Sortenfertigung | Serien fertigung |
| Herrenanzüge unterschiedlicher Qualität und Größe | | | X | |
| Autos | | | | X |
| Elektrizität, Gas | | X | | |
| Bücher | | | | X |
| Benzin | | X | | |
| Teppiche | | | X | |
| Zigaretten | | X | | |
| Glühbirnen | | X | | |
| Bier | | | X | |
| Schrauben | | X | X | |
| Schiffe | X | | | |
| Staudamm | X | | | |
| Papier | | X | X | |
| Möbel | | | | X |
| Radios | | | | X |

4.

| Organisationsformen \ Fertigungstypen | Einzelfertigung | Mehrfachfertigung (Sorten-, Serien-, Massenfertigung) |
|---|---|---|
| Werkstattfertigung | Werkstattfertigung ist nur dann zweckmäßig, wenn bei der Fertigung ständig wechselnde Produktionsvorgänge vorkommen. Das ist bei der Einzel- und Kleinserienfertigung der Fall. | |
| Fließfertigung (Reihen-, Fließband-, Transferfertigung) | | Die Voraussetzungen für die Fließfertigung sind nur bei Mehrfachfertigung (Großserien-, Sorten- und Massenfertigung gegeben. |
| Gruppenfertigung | Gruppenfertigung ist dann besonders geeignet, wenn in einem Betrieb mit einem vielfältigen Fertigungsprogramm und kleinen Serien die Fließfertigung nicht in Frage kommt, gleichzeitig aber bestimmte Einzelteile für alle oder viele Produkte des Betriebs benötigt werden. Anwendungsmöglichkeit grundsätzlich bei Einzel-, Serien- und Sortenfertigung. | |

## 7.08 Lean Production in der Automobilindustrie

1. Lean Production zeichnet sich u. a. aus durch: geringe Fertigungszeit, geringe Entwicklungszeit, geringer Raumbedarf, geringe Lagerdauer und geringer Lagerbestand.

2. Gruppenarbeit ist vorherrschend, intensive Qualifizierung der Arbeitskräfte, geringere Zahl der Lohngruppen deutet auf geringere Unterschiede hinsichtlich der Qualifikation und der Tätigkeitsart bei den einzelnen Arbeitern und damit auf einen geringeren Grad der Arbeitsteilung hin.

3.

| | **Massenproduktion nach tayloristischem Muster (»Fordismus«)** | **Lean Production (»Toyotismus«)** |
|---|---|---|
| Fertigungsverfahren | 1, 5, 6 | 2, 3, 4 |
| Grad der Arbeitsteilung | 8, 9, 13 | 7, 10, 11, 12 |
| Arbeitsumfang und Arbeitsbedingungen | 14, 16, 17 | 15 |
| Qualifikation der Arbeitskräfte | 18 | 19 |
| Qualitätskontrolle und -sicherung | 21 | 20, 22, 23 |
| Prinzip der Materialwirtschaft | 24 | 25 |

4. Durch Verringerung der Fertigungstiefe (d. h., der Anteil der von Zulieferern gekauften Teile steigt) wird die Tätigkeit im Automobilwerk selbst zunehmend auf die Montage fremdbezogener Bauteile beschränkt. Das führt zu einer schnelleren und kostengünstigeren Produktion.

   Anteil der von Zulieferern gekauften Bauteile 1995: BMW: 60 %, Audi 60 %, VW 55 %, Ford 50 %, Opel 50 %, Mercedes 35 %.

5. Die Beschaffung konzentriert sich immer mehr auf einige wenige Systemlieferanten, die ihrerseits mit anderen Unternehmen zusammenarbeiten. Die Systemlieferanten liefern einbaufertige Teile, die nur noch montiert werden müssen. Das System »Autotür« beinhaltet beispielsweise auch die komplette Verglasung, elektrische Fensterheber, Kabelbäume, Armlehne, Verriegelungsmechanismus, Türverkleidung, Rückspiegel samt elektrischer Verstellung sowie die exakt abgestimmte Lackierung.

6. Das durch das Just-in-time-Prinzip bedingte erhöhte Verkehrsaufkommen führt zu größerer Verkehrsdichte mit entsprechenden Staus und vermehrter Umweltbelastung.

7. Ursachen:
   Arbeitskräftemangel, Belastung der Arbeiter am Fließband, hohe Fluktuation, einseitige Lohngrundlage (Produktivität)

   Änderungen:
   »Humanisierung der Arbeitswelt«, Verzicht auf lagerlose Fertigung am Band; Einführung von Puffern (Band wird in einzelne Bänder aufgeteilt, die durch Zwischenlager unterbrochen sind), Band kann von einer Gruppe angehalten werden, ohne dass andere Arbeitsgruppen dadurch behindert werden, Änderung der Lohnberechnung; bisher: abhängig von der Produktivität (Akkordlohn); jetzt: Aufteilung in Grundgehalt und qualifikationsabhängigen Zuschlag.

# Fertigungsvorbereitung (Arbeitsvorbereitung)

## 7.09 Arbeitsplan – Auftragszeit nach REFA – Zeitakkord

1. Stücklisten enthalten in ihrer Grundform die Zusammenstellung **aller** Baugruppen und Einzelteile eines Erzeugnisses. Für **alle** Positionen der Stückliste wird ein Arbeitsplan (i. d. R. mittels EDV) erstellt. Stücklisten sind somit Voraussetzung für die Erstellung von Arbeitsplänen. Der Arbeitsplan kann als Bindeglied zwischen Stückliste und technischem Arbeitsablauf angesehen werden.

2. a) Der Arbeitsplan zeigt den technischen Arbeitsablauf und gibt Antwort auf die Fragen
aus welchem Material (woraus ?)
mit welchen Betriebsmitteln (womit ?)
mit welchen Arbeitsgängen (wie ?)
mit welchem Zeitaufwand (wann ?)
das Erzeugnis bzw. seine Bau- und Einzelteile hergestellt werden.

b) Die Ergebnisse der Arbeitsplanung sind u. a. Ausgangsdaten für die
- Materialbereitstellung (Art, Menge, Zeit)
- Terminplanung (Ermittlung der Durchlaufzeiten und Fertigstellungstermine)
- Lohnabrechnung (Vorgabezeiten und Lohngruppen)
- Kostenrechnung (Angebotskalkulation, Kostenarten-, Kostenstellen-, Kostenträgerrechnung)

3. Für einen Blechbehälter werden 4 Scharnierbänder benötigt (vgl. Abb.).
Nach REFA werden folgende beide Vorgabezeiten unterschieden:
- Belegungszeit der Betriebsmittel
- Auftragszeit

Im vorliegenden Fall sind Belegungszeit und Auftragszeit identisch.

| | |
|---|---|
| Betriebsmittelrüstzeit | 10 Min. |
| + Betriebsmittelstückzeit 200 × 4 × 1 Min. | 800 Min. |
| = Belegungszeit | 810 Min. |
| | 13 Stunden 30 Minuten |

4.

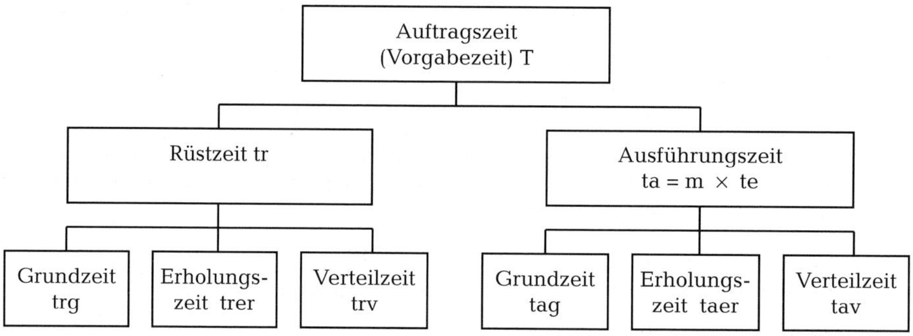


Die Erholungszeit kann als prozentualer Zuschlag zur Grundzeit angegeben werden: 6 Min. Pause nach 60 Min. Arbeitszeit = 10 % Zuschlag zur Grundzeit (tag)

| | **Rüstzeit** | **Stückzeit** | **Ausführungszeit** |
|---|---|---|---|
| **Grundzeit** | 8 Min. (trg) | 1 Min. | 800 × 1 Min.<br>= 800 Min. (tag) |
| **Verteilzeit** | 15 % von 8 Min.<br>= 1,2 Min. (trv) | 10 % von 1 Min..<br>= 0,1 Min. | 800 × 0,1 Min.<br>= 80 Min. (tav) |
| **Erholungszeit** | 10 % von 8 Min.<br>= 0,8 Min. (ter) | 10 % von 1 Min.<br>= 0,1 Min. | 800 × 0,1 Min.<br>= 80 Min. (taer) |
| **Summe** | Rüstzeit<br>= 10 Min. (tr) | Stückzeit<br>= 1,2 Min. (te) | Ausführungszeit<br>= 960 Min. (ta) |

5. Refa-Grundgleichung: T = tr + m × te
m = 800 Stück
te = 5,2 Min. (Summe der Stückzeiten aller Tätigkeiten)
tr = 15 Min.

Es wird hier nur die längste Rüstzeit (15 Min. für Arbeitsvorgangsnr. 20 bzw. 30) angesetzt, da davon ausgegangen wird, dass das Vorbereiten, Einrichten und Wiederherstellen der Arbeitsplätze parallel und nicht nacheinander erfolgt.

| | | | | | | | | |
|---|---|---|---|---|---|---|---|---|
| **Auftragszeit** (Vorgabezeit) T | = Rüstzeit (tr) | + | Menge | × | Stückzeit | | | |
| | = 15 Min. | + | 800 | × | 5,2 Min. | = | 4175 Min. | |
| | | | | | | = | 69,583 Std. | |
| | | | | | | = | 69 Std. 35 Min. | |

6. 60 Min. : 1,2 Min. je Stück = 50 Stück (Normalleistung je Stunde: 50 Stück)

7. 120 % von 50 = 60 Stück (Istleistung je Stunde: 60 Stück)
60 Stück × 7,5 Std = 450 Stück pro Tag

8. a) 9,90 EUR × 7,5 Std. = 74,25 EUR
+ 15 % 11,14 EUR Akkordzuschlag
= 85,39 EUR
+ 20 % 17,08 EUR Leistungsgrad 120 %
= 102,47 EUR

oder: Der Zeitakkord wird vorgegeben (vgl. Arbeitsplan und Aufgabe 4):

$$\text{Zeitsatz (Zeitakkordsatz)} = \frac{60 \text{ Min.}}{\text{Normalleistung je Stunde}} = \frac{60}{50} = 1{,}2 \text{ Min. (vgl. 4)}$$

Verdienst je Minute: Akkordrichtsatz: 19,80 + 2,97 (15 %) = 22,77

$$\text{Minutenfaktor} = \frac{\text{Akkordrichtsatz/h}}{60} = \frac{(9{,}90 + 1{,}485)}{60} = 0{,}18975 \text{ EUR}$$

Bruttolohn = Stückzahl × Zeitsatz × Minutenfaktor
= 450 × 1,2 × 0,18975 = 102,47 EUR

Wegen der einfacheren Verrechnungsmöglichkeit wird beim Zeitakkord meist mit 100-Minuten-Stunden (Dezimalstunden) gerechnet. Die Zeitvorgabe erfolgt dann in Dezimalminuten. In diesem Fall gilt:

$$\text{Zeitsatz in Dezimalminuten (Zeitakkordsatz)} = \frac{100 \text{ Min.}}{\text{Normalleistung/h}} = \frac{100}{50} = 2 \text{ Min.}$$

Verdienst je Minute:
Akkordrichtsatz: 9,90 + 1,485 (15 %) = 11,385

$$\text{Dezimal-Minutenfaktor} = \frac{\text{Akkordrichtsatz/h}}{100} = \frac{11{,}385}{100} = 0{,}11385 \text{ EUR}$$

Bruttolohn = Stückzahl × Zeitsatz (Dez.Min.) × Dez.-Minutenfaktor
= 450 × 2 × 0,11385 = 102,47 EUR

b)

| | |
|---|---|
| Akkordlohn in 7,5 Stunden | 102,47 EUR |
| Grundlohn in 7,5 Stunden (7,5 × 9,90) | 74,25 EUR |
| Differenz in 7,5 Stunden | 28,22 EUR |
| Differenz in 1 Stunde | 3,76 EUR |

9.

| | | |
|---|---|---|
| Verdienst je Stunde: | 84,15 EUR : 7,5 Std. | = 11,22 EUR |
| Grundlohn je Stunde | 8,50 EUR | |
| + 20 % Akkordzuschlag | 1,70 EUR | |
| | 10,20 EUR (Akkordrichtsatz) | |
| – Akkordrichtsatz | | 10,20 EUR |
| Zuschlag wegen erhöhten Leistungsgrades | | 1,02 EUR = 10 % |
| Leistungsgrad: 110 % | | |

oder

$$\text{Leistungsgrad} = \frac{\text{Istleistung}}{\text{Normalleistung}} \times 100$$

Normalleistung lt. Arbeitsplan: 60 Stück pro Stunde

$$\text{Zeiteinsatz in Dezimalminuten: } \frac{100 \text{ Min.}}{60 \text{ Stück}} = 1{,}67 \text{ Min.}$$

Gutschrift je Minute:

$$\text{Dezimal-Minutenfaktor} = \frac{10{,}20 \text{ (Akkordrichtsatz)}}{100} = 0{,}102 \text{ EUR}$$

| | | |
|---|---|---|
| Bruttolohn | = Stückzahl × Zeiteinsatz (Dez.-Min.) | × Dez.-Minutenfaktor |
| 84,15 | = Stückzahl × 1,667 | × 0,102 EUR |
| Stückzahl | = 495 Stück in 7,5 Stunden | |
| | = 66 Stück in 1 Stunde | |

$$\text{Leistungsgrad} = \frac{66}{60} \times 100 = 110\,\%$$

# Fertigungssteuerung

## 7.10 Losgröße – losgrößenabhängige und losgrößenunabhängige Kosten

1. a) 12 000 : 2 = 6000 Stück
   b) 62 000 EUR : 2 = 31 000 EUR
   c) 10 % vom Wert des durchschnittlichen Lagerbestandes;
      10 % von 31 000 = 3100 EUR
   d) 65 100 : 12 000 = 5,425 EUR
2. Wert des durchschnittlichen Lagerbestandes: (6000 × 5 + 2000) : 2 = 16 000 EUR

| | |
|---|---|
| Druckkosten: 12 000 × 5 EUR = | 60 000 EUR |
| Druckvorbereitungskosten 2 × 2 000 | 4 000 EUR |
| Herstellkosten des Jahresbedarfs | 64 000 EUR |
| + Lagerkosten 10 % von 16 000 | 1 600 EUR |
| Gesamtkosten des Jahresbedarfs | 65 600 EUR |

Kosten je Stück: 65 600 : 12 000 = 5,467 EUR
Die Stückkosten sind um 0,042 EUR höher als bei 1. d)
Begründung: Die Lagerkosten sind zwar um 1500 EUR geringer, dafür sind aber die Rüstkosten um 2000 EUR höher, sodass die Gesamtkosten der Jahresproduktion um 500 EUR höher sind als im Fall 1.

500 EUR : 12 000 Stück = 0,042 EUR Mehrkosten je Stück.

3.

| 0 | Jahresbedarf: 12 000 Stück | | | |
|---|---|---|---|---|
| 1 | Losgröße Stück | 6000 (Halbjahresbedarf) | 12 000 (Jahresbedarf) | 24 000 (Zweijahresbedarf) |
| 2 | Anzahl der Lose pro Jahr | 2 | 1 | 0,5 |
| 3 | variable Kosten je Stück EUR (Material, Lohn) | 5,00 | 5,00 | 5,00 |
| 4 | variable Herstellkosten je Los EUR (1 × 3) | 30 000 | 60 000 | 120 000 |
| 5 | Kosten der Druckvorbereitung je Los (Rüstkosten) EUR | 2 000 | 2 000 | 2 000 |
| 6 | Gesamte Herstellkosten je Los EUR (4 + 5) | 32 000 | 62 000 | 122 000 |

| | | | | |
|---|---|---|---|---|
| 7 | variable Herstellkosten für den Jahresbedarf EUR (0 × 3) | 60 000 | 60 000 | 60 000 |
| 8 | Kosten der Druckvorbereitung (Rüstkosten) für den Jahresbedarf EUR (2 × 5) | 4 000 | 2 000 | 1 000 |
| 9 | Gesamte Herstellkosten für den Jahresbedarf EUR (7 + 8) | 64 000 | 62 000 | 61 000 |
| 10 | Zins- und Lagerkostensatz % | 10 | 10 | 10 |
| 11 | Durchschnittlich im Lager gebundenes Kapital pro Jahr EUR (50 % von 6) | 16 000 | 31 000 | 61 000 |
| 12 | Zins- und Lagerkosten EUR (10 × 11) | 1 600 | 3 100 | 6 100 |
| 13 | Gesamtkosten des Jahresbedarfs EUR (9 + 12) | 65 600 | 65 100 | 67 100 |
| 14 | Kosten je Stück des Jahresbedarfs EUR (13 : 0) | 5,467 | 5,425 | 5,592 |

4. Losgrößenabhängig: Zins- und Lagerkosten
   Losgrößenunabhängig: Rüstkosten, variable Herstellkosten

5. Je größer die Losgröße, desto geringer die Rüstkosten.
   Je größer die Losgröße, desto höher die Lagerkosten.

6. Zwischen 6000 und 24 000.

## 7.11 Tabellarische, grafische und formelmäßige Ermittlung der optimalen Losgröße

***Hinweis:***
Bei Anwendung flexibler Fertigungssysteme sind die Rüstkosten nahezu bedeutungslos, sodass in diesem Falle das Problem der optimalen Losgröße und der optimalen Variantenfolge (vgl. Aufgabe 7.12) nicht auftritt.

1.

| Losgröße in Stück | Zahl der Fertigungslose | Rüstkosten (EUR) | durchschnittlicher Lagerbestand (EUR) | Lagerkosten (EUR) | Summe (Rüst- + Lagerkosten) (EUR) |
|---|---|---|---|---|---|
| 500 | 100 | 50 000 | 10 000 | 2 000 | 52 000 |
| 1 000 | 50 | 25 000 | 20 000 | 4 000 | 29 000 |
| 1 500 | 33,3 | 16 650 | 30 000 | 6 000 | 22 250 |
| 2 000 | 25 | 12 500 | 40 000 | 8 000 | 20 500 |
| 2 500 | 20 | 10 000 | 50 000 | 10 000 | 20 000 |
| 3 000 | 16,67 | 8 335 | 60 000 | 12 000 | 20 335 |
| 3 500 | 14,28 | 7 140 | 70 000 | 14 000 | 21 140 |
| 4 000 | 12,5 | 6 250 | 80 000 | 16 000 | 22 250 |
| 4 500 | 11,1 | 5 555 | 90 000 | 18 000 | 23 555 |
| 5 000 | 10 | 5 000 | 100 000 | 20 000 | 25 000 |

2. Bei einer Losgröße von 2500 Stück ist die Summe aus Rüst- und Lagerkosten am geringsten.

3.

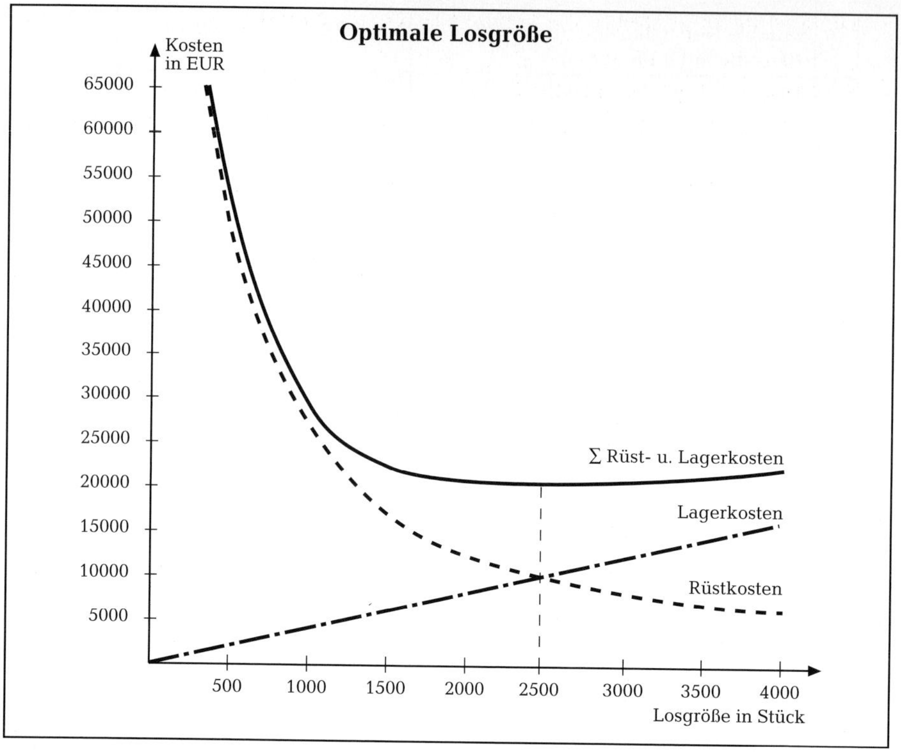


4. Das Minimum der Summe aus Rüst- und Lagerkosten liegt bei 2500 Stück. Dies entspricht unter den hier vorliegenden Bedingungen dem Schnittpunkt zwischen Lagerkosten- und Rüstkostenkurve.

5.

$$\text{Xopt} = \sqrt{\frac{200 \times 50\,000 \times 500}{40 \times 20}} = 2\,500$$

6. – Die Auftragsmenge bzw. der Periodenbedarf ist im Voraus bekannt und kann in gleich große Lose aufgeteilt werden. In der Praxis spielen jedoch Nachfrageveränderungen und Preiserwartungen i. d. R. eine wesentliche Rolle bei Festlegung der Produktionsmenge (z. B. größere Stückzahl bei erwarteten Preissteigerungen und umgekehrt).
   – Die Herstellkosten je Stück bleiben unverändert.
   – Die Rüstkosten sind fix.
   – Die Abnahme des Lagerbestandes erfolgt gleichmäßig (konstanter Tagesbedarf ohne saisonale oder konjunkturelle Schwankungen).
   – Die Lagerkosten hängen vom durchschnittlichen Lagerbestand ab.
   – Die Fertigungs- und Lagerkapazitäten reichen für die optimale Losgröße aus.
   – Die Finanzierungsmittel reichen für die Finanzierung des Lagerbestandes aus.

## 7.12 Reihenfolgeplanung – Probleme der optimalen Losgröße

1. Es ergeben sich zwei mögliche Variantenfolgen:
   a) Pullover → Jacken → Westen → Pullover → …
   b) Pullover → Westen → Jacken → Pullover → …

Die Rüstkosten betragen bei den beiden Variantenfolgen

a) 500 + 400 + 700 = 1600 EUR

b) 600 + 300 + 600 = 1500 EUR

Die optimale Variantenfolge ist somit: Pullover → Westen → Jacken → Pullover → …

2. Da die kontinuierliche Lieferung von Westen vertraglich vereinbart ist (vgl. Nr. 7.11), dürfte im vorliegenden Fall ein Verzicht auf Absatz und Umsatz bei Westen nicht in Frage kommen. Diese Lösung wäre ohnehin nur dann sinnvoll, wenn die dadurch entstehende Gewinneinbuße geringer ist als die zusätzlichen Kosten, die durch das Abweichen von der optimalen Losgröße zur Aufrechterhaltung der Lieferfähigkeit entstehen.

Im vorliegenden Fall muss von der optimalen Losgröße abgewichen werden, indem entweder die Losgröße bei Westen – zwecks höheren Lagerbestandes – erhöht oder die Losgröße bei Pullovern – zwecks verkürzter Produktionsdauer – gesenkt wird. In beiden Fällen steigen die Kosten.

## 7.13 Netzplan (Einführung) – Terminplanung – Gesamtpuffer – Kritischer Weg

1. Lösungen zu den Aufgaben 1, 3, 6, 9 10 und 11

| 1 | 2 | 3 | 4 | 5 | 6 | 7 | 8 | 9 | 10 | 11 |
|---|---|---|---|---|---|---|---|---|---|---|
| Vorgang | | Dauer in Tagen | Vor-gänger | Nach-folger | frühester Anfangs- zeitpunkt | frühester End- zeitpunkt | spätester Anfangs- zeitpunkt | spätester End- zeitpunkt | Gesamt-puffer | freie Puffer |
| Nr. | Bezeichnung | | | | FAZ | FEZ | SAZ | SEZ | GP | FP |
| 1 | Entscheidung | 1 | – | 2,3 | 0 | 1 | 0 | 1 | 0 | 0 |
| 2 | Marktanalyse | 30 | 1 | 5 | 1 | 31 | 1 | 31 | 0 | 0 |
| 3 | Entwurf | 14 | 1 | 4 | 1 | 15 | 9 | 23 | 8 | 0 |
| 4 | Detailzeichng. | 8 | 3 | 5 | 15 | 23 | 23 | 31 | 8 | 8 |
| 5 | Werbe-vorbereitung | 10 | 2,4 | – | 31 | 41 | 31 | 41 | 0 | 0 |

2.

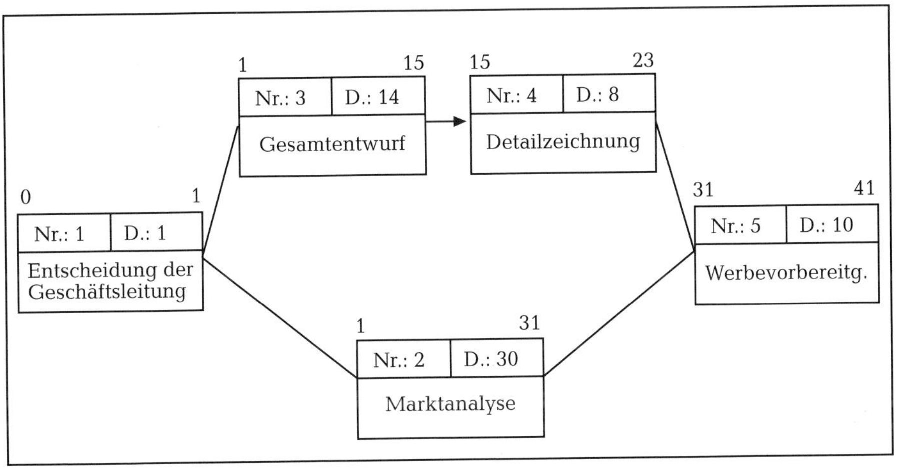

4. Nach den Eintragungen zu Aufgabe 4 sieht der Netzplan folgendermaßen aus:

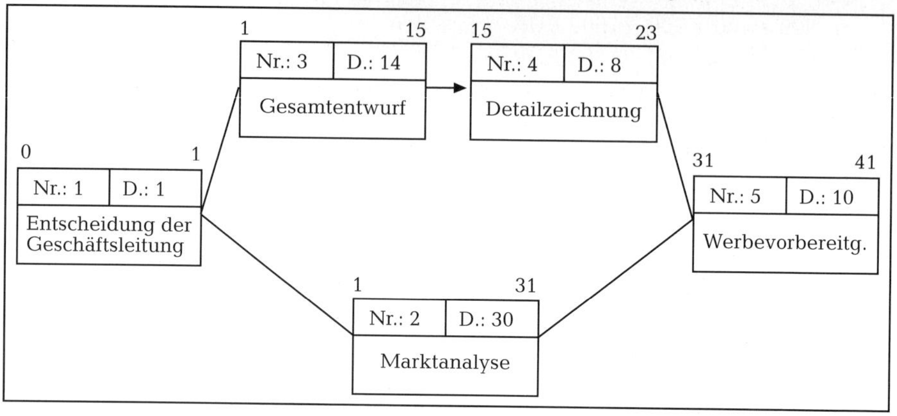


5. Am 41. Tag.

7. Die Detailzeichnungen müssen spätestens am 31. Tag beendet sein, da an diesem Tag mit der Werbevorbereitung begonnen werden muss. Da für die Detailzeichnung 8 Tage benötigt werden, ist der späteste Anfangszeitpunkt (SAZ) der 23. Tag.

8. Nach den Eintragungen zu Aufgabe 8 sieht der Netzplan folgendermaßen aus:

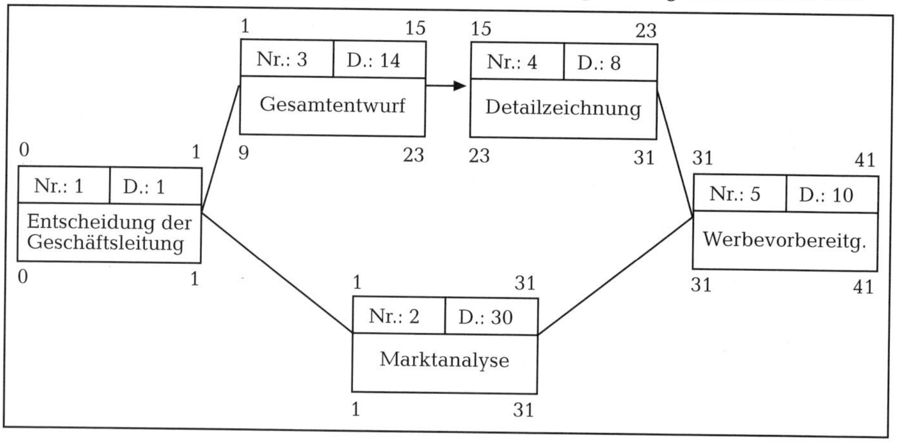


12. Nach den Eintragungen von Aufgabe 12 sieht der Netzplan folgendermaßen aus:

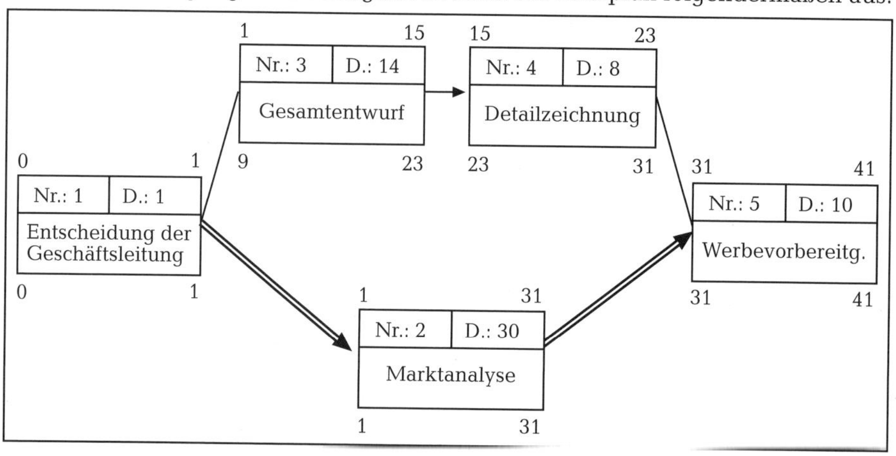


13. Der frühestmögliche Endzeitpunkt kann nicht erreicht werden.

## 7.14 Fallstudie zur Terminplanung: Balkendiagramm – Maschinenbelegungsplan – Netzplan

Die Bearbeitung der Fallstudie soll nach Möglichkeit in Gruppenarbeit erfolgen. Für die Erstellung eines der beiden Balkendiagramme (progressiv oder retrograd) und des Maschinenbelegungsplanes sowie für die anschließende Gruppenpräsentation mittels Folien sind ca. 2 Unterrichtsstunden nötig. Die Erstellung des Netzplanes sowie des nicht bearbeiteten Balkendiagramms kann als Hausaufgabe erfolgen. Erfahrungsgemäß ist es zweckmäßig, wenn die Schüler ihre Lösungen zunächst mit Bleistift erstellen. Für eine bessere Übersicht können (insbesondere bei der Erstellung der Folien) die Teilaufträge 167/I, 167/II und 167/III in unterschiedlichen Farben eingezeichnet werden.

***Hinweis:***
Im Folgenden (ab nächster Seite) wird für die Terminplanung (Balkendiagramm und Netzplan) davon ausgegangen, dass

1. jede Maschine bzw. jeder Arbeitsplatz nur **einmal** vorhanden ist und gleichartige Arbeitsgänge (z. B. Plakette stanzen und Deckel stanzen) daher nacheinander erfolgen müssen,

2. innerhalb der drei Baugruppen der nächste Arbeitsgang erst dann begonnen werden kann, wenn der vorhergehende **vollständig** abgeschlossen ist (Werkstattfertigung; z. B. zuerst 2000 Plaketten stanzen, dann 2000 Plaketten prägen).

   Würde eine Fließfertigung unterstellt (z. B. jede gestanzte Plakette wird sofort an den benachbarten Arbeitsplatz zum Prägen weiter gereicht, sodass die Arbeitsgänge parallel zueinander erfolgen), würde sich die in der Terminplanung ausgewiesene Fertigungsdauer erheblich verringern.

## Vereinfachter Arbeitsplan Pokal Typ »Herkules«

**Fertigungslos** **Stück** **Auftragsnummer**

| Lfd. Nr. | Arbeitsgänge | Masch.-Nr. | Maschinen | Rüstzeit Min. | Ausführungszeit je Stück Sekunden | Gesamtauftragszeit Min. | Std. | Tage (1 Tag = 8 Std.) |
|---|---|---|---|---|---|---|---|---|
| 1 | Entscheidung, Kalk. | | | | | | 8 | 1 |
| | **Baugruppe, Plakette Auftragsnummer 167/1** | | | | | | | |
| 2 | 1. Plakette stanzen | 10 | Stanzmaschine | 80 | 12,0 | 480 | 8 | 1 |
| 3 | 2. Plakette prägen | 11 | Hydraulische Presse | 30 | 13,5 | 480 | 8 | 1 |
| 4 | 3. Am Unterteil Gewinde andrehen | 12 | Drehautomat | 20 | 57,0 | 1920 | 32 | 4 |
| 5 | 4. Kegel andrehen | 12 | Drehautomat | 20 | 57,0 | 1920 | 32 | 4 |
| 6 | 5. Unterteil von der Stange abstechen | 12 | Drehautomat | 10 | 28,5 | 960 | 16 | 2 |
| 7 | 6. Unterteil an Plakette anlöten | 13 | Lötvorrichtung | 10 | 28,5 | 960 | 16 | 2 |
| 8 | 7. Plakette lackieren (goldfarben) | 14 | Spritzanlage | 40 | 42,0 | 1440 | 24 | 3 |
| | **Baugruppe Deckel Auftragsnummer 167/II** | | | | | | | |
| 9 | 1. Deckel ausstanzen und lochen | 10 | Stanzmaschine | 80 | 12,0 | 480 | 8 | 1 |
| 10 | 2. Deckel tiefziehen | 11 | Hydraulische Presse | 30 | 13,5 | 480 | 8 | 1 |
| 11 | 3. Deckel lackieren (hellgrün) | 14 | Spritzanlage | 10 | 28,5 | 960 | 16 | 2 |
| | **Baugruppe Pokalzylinder mit Boden Auftragsnummer 167/III** | | | | | | | |
| 12 | 1. Pokalzylinder absägen | 15 | Metallkreissäge | 10 | 28,5 | 960 | 16 | 2 |
| 13 | 2. Zylinder sicken (Rundung eindrücken) | 16 | Sickenmaschine | 30 | 13,5 | 480 | 8 | 1 |
| 14 | 3. Boden ausstanzen | 10 | Stanzmaschine | 30 | 13,5 | 480 | 8 | 1 |
| 15 | 4. Boden einlöten | 13 | Lötvorrichtung | 40 | 42,0 | 1440 | 24 | 3 |
| 16 | 5. Zylinder lackieren (dunkelgrün) | 14 | Spritzanlage | 40 | 42,0 | 1440 | 24 | 3 |
| 17 | Montage, Verpacken, Versand | 17 | Versand | – | – | | 16 | 2 |

**Progressive Terminplanung**
**Balkendiagramm: 2 000 Pokale Typ »Herkules«** **Auftragsnr. 167**

**TAGE**

| Nr. | Arbeitsgänge | 1 | 2 | 3 | 4 | 5 | 6 | 7 | 8 | 9 | 10 | 11 | 12 | 13 | 14 | 15 | 16 | 17 | 18 | 19 | 20 | 21 | 22 | 23 | 24 | 25 |
|---|---|---|---|---|---|---|---|---|---|---|---|---|---|---|---|---|---|---|---|---|---|---|---|---|---|---|
| 1 | Entscheidung, Planung, Kalkulation | ■ | | | | | | | | | | | | | | | | | | | | | | | | |
| **Plakette** Auftrags Nr. 167/I | | | | | | | | | | | | | | | | | | | | | | | | | | |
| 2 | Plakette stanzen | | ■ | | | | | | | | | | | | | | | | | | | | | | | |
| 3 | Plakette prägen | | | ■ | | | | | | | | | | | | | | | | | | | | | | |
| 4 | Gewinde am Unterteil drehen | | | | ■ | ■ | ■ | ■ | | | | | | | | | | | | | | | | | | |
| 5 | Kegel andrehen | | | | | | | | ■ | ■ | ■ | ■ | | | | | | | | | | | | | | |
| 6 | Unterteil von der Stange abstechen | | | | | | | | | | | | ■ | ■ | | | | | | | | | | | | |
| 7 | Unterteil an Plakette anlöten | | | | | | | | | | | | | | ■ | ■ | | | | | | | | | | |
| 8 | Plakette lackieren (goldfarben) | | | | | | | | | | | | | | | | ■ | ■ | ■ | | | | | | | |
| **Deckel** Auftrags Nr. 167/II | | | | | | | | | | | | | | | | | | | | | | | | | | |
| 9 | Deckel ausstanzen und lochen | | | ■ | | | | | | | | | | | | | | | | | | | | | | |
| 10 | Deckel tiefziehen | | | | ■ | | | | | | | | | | | | | | | | | | | | | |
| 11 | Deckel lackieren (hellgrün) | | | | | ■ | ■ | | | | | | | | | | | | | | | | | | | |
| **Zylinder/Boden** Auftrags Nr. 167/III | | | | | | | | | | | | | | | | | | | | | | | | | | |
| 12 | Zylinder absägen | | ■ | ■ | | | | | | | | | | | | | | | | | | | | | | |
| 13 | Zylinder sicken (Rundung eindrücken) | | | | ■ | | | | | | | | | | | | | | | | | | | | | |
| 14 | Boden stanzen | | | | | ■ | | | | | | | | | | | | | | | | | | | | |
| 15 | Boden anlöten | | | | | | ■ | ■ | ■ | | | | | | | | | | | | | | | | | |
| 16 | Zylinder lackieren (dunkelgrün) | | | | | | | | | ■ | ■ | ■ | | | | | | | | | | | | | | |
| | | | | | | | | | | | | | | | | | | | | | | | | | | |
| 17 | Montage, Verpackung, Versand | | | | | | | | | | | | | | | | | | | ■ | ■ | | | | | |

**Retrograde Terminplanung** (Beginn der Rückwärtsrechnung am 22. Tag, da der Juli lt. Fabrikkalender 22 Arbeitstage hat)
**Balkendiagramm: 2 000 Pokale Typ »Herkules«** **Auftragsnr. 167**

**TAGE**

| Nr | Arbeitsgänge | 1 | 2 | 3 | 4 | 5 | 6 | 7 | 8 | 9 | 10 | 11 | 12 | 13 | 14 | 15 | 16 | 17 | 18 | 19 | 20 | 21 | 22 | 23 | 24 | 25 |
|---|---|---|---|---|---|---|---|---|---|---|---|---|---|---|---|---|---|---|---|---|---|---|---|---|---|---|
| 1 | Entscheidung, Planung, Kalkulation | | | ■ | | | | | | | | | | | | | | | | | | | | | | |
| **Plakette** Auftrags Nr. 167/I | | | | | | | | | | | | | | | | | | | | | | | | | | |
| 2 | Plakette stanzen | | | | ■ | | | | | | | | | | | | | | | | | | | | | |
| 3 | Plakette prägen | | | | | ■ | | | | | | | | | | | | | | | | | | | | |
| 4 | Gewinde am Unterteil drehen | | | | | | ■ | ■ | ■ | ■ | | | | | | | | | | | | | | | | |
| 5 | Kegel andrehen | | | | | | | | | | ■ | ■ | ■ | ■ | | | | | | | | | | | | |
| 6 | Unterteil von der Stange abstechen | | | | | | | | | | | | | | ■ | ■ | | | | | | | | | | |
| 7 | Unterteil an Plakette anlöten | | | | | | | | | | | | | | | | ■ | ■ | | | | | | | | |
| 8 | Plakette lackieren (goldfarben) | | | | | | | | | | | | | | | | | | ■ | ■ | ■ | | | | | |
| **Deckel** Auftrags Nr. 167/II | | | | | | | | | | | | | | | | | | | | | | | | | | |
| 9 | Deckel ausstanzen und lochen | | | | | | | | | ■ | | | | | | | | | | | | | | | | |
| 10 | Deckel tiefziehen | | | | | | | | | | | | | | | | | | ■ | | | | | | | |
| 11 | Deckel lackieren (hellgrün) | | | | | | | | | | | | | | | | | | | ■ | ■ | | | | | |
| **Zylinder/Boden** Auftrags Nr. 167/III | | | | | | | | | | | | | | | | | | | | | | | | | | |
| 12 | Zylinder absägen | | | | | | | | | | | ■ | ■ | | | | | | | | | | | | | |
| 13 | Zylinder sicken (Rundung eindrücken) | | | | | | | | | | | | | ■ | | | | | | | | | | | | |
| 14 | Boden stanzen | | | | | | | | | | | | | | ■ | | | | | | | | | | | |
| 15 | Boden anlöten | | | | | | | | | | | | | | | ■ | ■ | ■ | | | | | | | | |
| 16 | Zylinder lackieren (dunkelgrün) | | | | | | | | | | | | | | | | | | ■ | ■ | ■ | | | | | |
| | | | | | | | | | | | | | | | | | | | | | | | | | | |
| 17 | Montage, Verpackung, Versand | | | | | | | | | | | | | | | | | | | | | ■ | ■ | | | |

## Lösungsvorschlag für progressive Vorgehensweise:

### Maschinenbelegungsplan

| **Nr. der Arbeitstage lt. Fabrikkalender ⇒** | 132 | 133 | 134 | 135 | 136 | 137 | 138 | 139 | 140 | 141 | 142 | 143 |
|---|---|---|---|---|---|---|---|---|---|---|---|---|
| **Kalendertage (Datum) ⇒** | 29.06. | 30.06. | 01.07. | 02.07. | 05.07. | 06.07. | 07.07. | 08.07. | 09.07. | 12.07. | 13.07. | 14.07. |
| | | | | | | | | | | | | |
| Nr. **Maschine/Abteilung** | | | | | | | | | | | | |
| 00 Entscheidung, Planung, Kalkulation | | | 167 | | | | | | | | | |
| 10 Stanzmaschine | 162 | 162 | | 167/I | 167/II | | 165 | 165 | | 167/III | 166 | 166 |
| 11 Hydraulische Presse | 158 | | | | 167/I | 167/II | 163 | 163 | | | 164 | 164 |
| 12 Drehautomat | 161 | 161 | 162 | 162 | | 167/I | 167/I | 167/I | 167/I | 167/I | 167/I | 167/I |
| 13 Lötvorrichtung | 160 | 160 | 161 | 161 | 162 | 162 | 162 | 162 | 163 | 163 | 167/III | 167/III |
| 14 Spritzanlage | | 158 | 160 | 160 | 161 | 161 | 167/II | 167/II | 162 | 162 | | |
| 15 Metallkreissäge | 162 | 162 | 163 | 163 | 164 | 164 | 167/III | 167/III | | | 165 | 165 |
| 16 Sickenmaschine | 161 | 161 | 162 | 162 | 163 | 163 | 164 | 164 | 167/III | | | |
| 17 Versandabteilung | 157 | 157 | 158 | 158 | 159 | 159 | 160 | 160 | 160 | 160 | 161 | 161 |

| **Nr. der Arbeitstage lt. Fabrikkalender ⇒** | 144 | 145 | 146 | 147 | 148 | 149 | 150 | 151 | 152 | 153 | 154 | 155 |
|---|---|---|---|---|---|---|---|---|---|---|---|---|
| **Kalendertage (Datum) ⇒** | 15.07. | 16.07. | 19.07. | 20.07. | 21.07. | 22.07. | 23.07. | 26.07. | 27.07. | 28.07. | 29.07. | 30.07. |
| | | | | | | | | | | | | |
| Nr. **Maschine/Abteilung** | | | | | | | | | | | | |
| 00 Entscheidung, Planung, Kalkulation | | | | | | | | | | | | |
| 10 Stanzmaschine | 166 | 166 | | | | | | | | | | |
| 11 Hydraulische Presse | 165 | 165 | 166 | 166 | | | | | | | | |
| 12 Drehautomat | 167/I | 167/I | 167/I | | 166 | 166 | | | | | | |
| 13 Lötvorrichtung | 167/III | | | 167/I | 167/I | | 166 | 166 | 166 | 166 | | |
| 14 Spritzanlage | 163 | 164 | 167/III | 167/III | 167/III | 167/I | 167/I | 167/I | | | | |
| 15 Metallkreissäge | 165 | 165 | 166 | 166 | | | | | | | | |
| 16 Sickenmaschine | | | 165 | 165 | 166 | 166 | | | | | | |
| 17 Versandabteilung | 161 | 161 | 162 | 162 | 163 | 163 | 164 | 164 | 167 | 167 | | 165 |

## Lösungsvorschlag für retrograde Vorgehensweise:

### Maschinenbelegungsplan

| **Nr. der Arbeitstage lt. Fabrikkalender ⇒** | 132 | 133 | 134 | 135 | 136 | 137 | 138 | 139 | 140 | 141 | 142 | 143 |
|---|---|---|---|---|---|---|---|---|---|---|---|---|
| **Kalendertage (Datum) ⇒** | 29.06. | 30.06. | 01.07. | 02.07. | 05.07. | 06.07. | 07.07. | 08.07. | 09.07. | 12.07. | 13.07. | 14.07. |
| | | | | | | | | | | | | |
| Nr. **Maschine/Abteilung** | | | | | | | | | | | | |
| 00 Entscheidung, Planung, Kalkulation | | | 167 | | | | | | | 167/III | | |
| 10 Stanzmaschine | 162 | 162 | | 167/II | 167/I | | 165 | 165 | | | 166 | 166 |
| 11 Hydraulische Presse | 158 | | | | 167/II | 167/I | 163 | 163 | | | 164 | 164 |
| 12 Drehautomat | 161 | 161 | 162 | 162 | | | 167/I | 167/I | 167/I | 167/I | 167/I | 167/I |
| 13 Lötvorrichtung | 160 | 160 | 161 | 161 | 162 | 162 | 162 | 162 | 163 | 163 | | |
| 14 Spritzanlage | | 158 | 160 | 160 | 161 | 161 | | | 162 | 162 | | 167/III |
| 15 Metallkreissäge | 162 | 162 | 163 | 163 | 164 | 164 | 167/III | 167/III | | | 165 | 165 |
| 16 Sickenmaschine | 161 | 161 | 162 | 162 | 163 | 163 | 164 | 164 | 167/III | | | |
| 17 Versandabteilung | 157 | 157 | 158 | 158 | 159 | 159 | 160 | 160 | 160 | 160 | 161 | 161 |

| **Nr. der Arbeitstage lt. Fabrikkalender ⇒** | 144 | 145 | 146 | 147 | 148 | 149 | 150 | 151 | 152 | 153 | 154 | 155 |
|---|---|---|---|---|---|---|---|---|---|---|---|---|
| **Kalendertage (Datum) ⇒** | 15.07. | 16.07. | 19.07. | 20.07. | 21.07. | 22.07. | 23.07. | 26.07. | 27.07. | 28.07. | 29.07. | 30.07. |
| | | | | | | | | | | | | |
| Nr. **Maschine/Abteilung** | | | | | | | | | | | | |
| 00 Entscheidung, Planung, Kalkulation | | | | | | | | | | | | |
| 10 Stanzmaschine | 166 | 166 | | | | | | | | | | |
| 11 Hydraulische Presse | 165 | 165 | 166 | 166 | | | | | | | | |
| 12 Drehautomat | 167/I | 167/I | 167/I | 167/I | 166 | 166 | | | | | | |
| 13 Lötvorrichtung | 167/III | 167/III | 167/III | | 167/I | 167/I | 166 | 166 | 166 | 166 | | |
| 14 Spritzanlage | 163 | 164 | 167/II | 167/III | 167/III | 167/III | 167/I | 167/I | 167/I | | | |
| 15 Metallkreissäge | 165 | 165 | 166 | 166 | | | | | | | | |
| 16 Sickenmaschine | | | 165 | 165 | 166 | 166 | | | | | | |
| 17 Versandabteilung | 161 | 161 | 162 | 162 | 163 | 163 | 164 | 164 | | 167 | 167 | 165 |

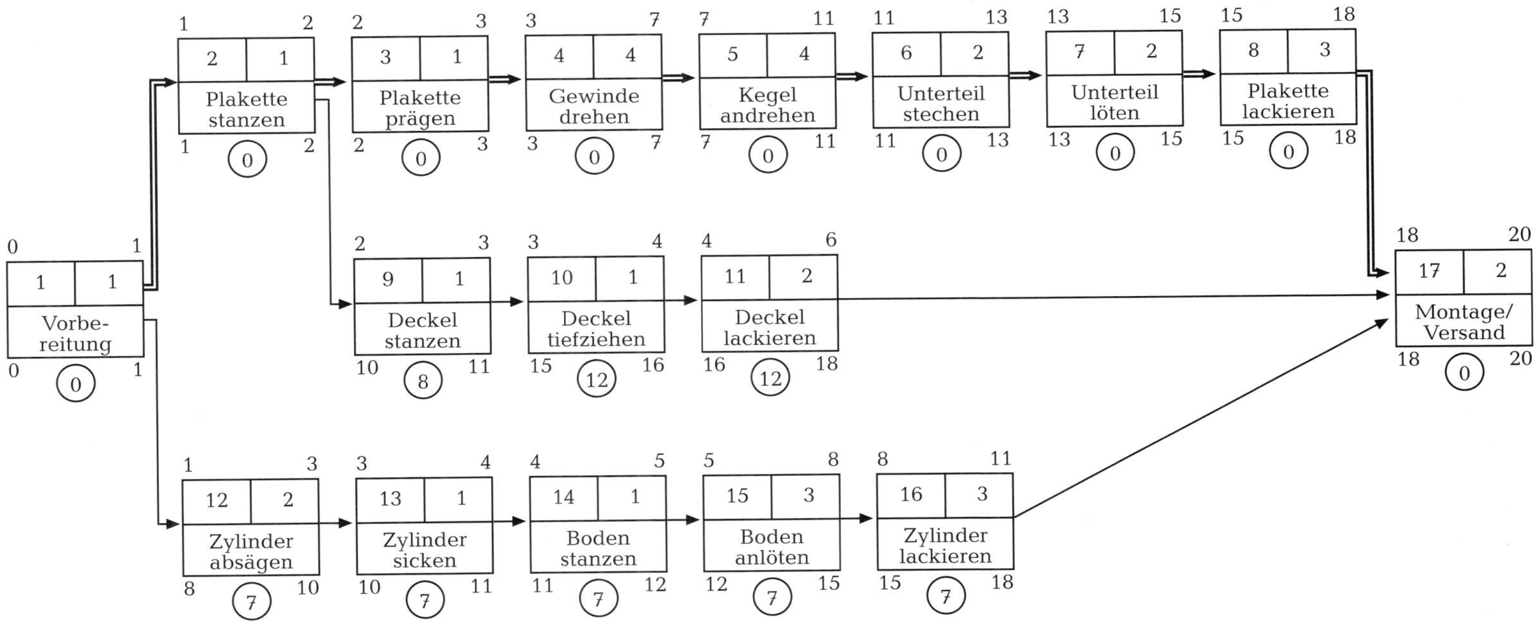


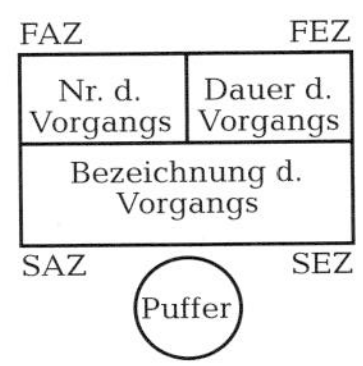


FAZ = frühester Anfangszeitpunkt
FEZ = frühester Endzeitpunkt
SAZ = spätester Anfangszeitpunkt
SEZ = spätester Endzeitpunkt

**Kritischer Weg:** 1, 2, 3, 4, 5, 6, 7, 8, 17

Hinweis: Vorgang 2 und 9 können nicht gleichzeitig beginnen, da nur **eine** Stanzmaschine verfügbar ist. In allen anderen Fällen, in denen eine bestimmte Maschine durch verschiedene Vorgänge beansprucht wird (z. B. Vorgang 9 und 14: Stanzmaschine, Vorgang 3 und 10: Presse, Vorgang 7 und 15: Lötvorrichtung, Vorgang 8, 11 und 16: Spritzanlage) ergeben sich dagegen keine Konflikte bei der Maschinenbelegung.

## 7.15 Berechnung der Wirtschaftlichkeit – Rationalisierungsinvestition

1. Die Entwicklung der Kennzahl zeigt, dass sich die Wirtschaftlichkeit in den beobachteten 3 Jahren verbessert hat; bezogen auf ein EUR Kosten wird die Leistung immer größer. Damit ist aber nicht gesagt, dass im 3. Jahr das erzielte Ergebnis im Sinne des Wirtschaftlichkeitsprinzips optimal ist. Es ist ja durchaus möglich, dass bei Maschineneinsatz nach dem gegenwärtigen Stand der Technik und bei besserer Organisation des Produktionsprozesses noch ein besseres Ergebnis erzielt werden könnte.

2. Da Preisveränderungen weder auf den Beschaffungs- noch auf den Absatzmärkten stattgefunden haben, muss die Veränderung der Wirtschaftlichkeit auf eine Verbesserung der technischen Effizienz des Leistungsprozesses zurückzuführen sein (Verbesserung der Organisation des Produktionsprozesses, Einsatz von Maschinen mit höherer Effizienz, Rationalisierung).

3. a) **Bei Einsatz der beiden Verfahren und einer Absatzmenge von 3 000 Bürostühlen:**

**altes Verfahren:**

Leistung: 3 000 Stück × 500 EUR = 1 500 000 EUR
Kosten: 500 000 EUR + 3 000 Stück × 100 EUR = 800 000 EUR

$$\text{Wirtschaftlichkeit} = \frac{1\,500\,000}{800\,000} = 1{,}875$$

**neues Verfahren:**

Leistung: 3 000 Stück × 500 EUR = 1 500 000 EUR
Kosten: 650 000 EUR + 3 000 Stück × 40 EUR = 850 000 EUR

$$\text{Wirtschaftlichkeit} = \frac{1\,500\,000}{770\,000} = 1{,}94$$

Das maschinenintensive Verfahren arbeitet wirtschaftlicher.

b) Das maschinenintensive Verfahren arbeitet erst ab einer bestimmten Produktionsmenge wirtschaftlicher. Das Risiko der Investition besteht darin, dass der Absatz sich nicht wie vorgesehen entwickelt. Wird z. B. nur eine Absatzmenge von 2200 Stück erzielt, dann beträgt bei Einsatz des maschinenintensiven Verfahrens die Kennzahl der Wirtschaftlichkeit für das maschinenintensive Verfahren nur 1,36.

## 7.16 Ziel und Maßstab der Rationalisierung – Betriebliche Kennzahlen: Produktivität – Wirtschaftlichkeit – Rentabilität – Liquidität

1.

| Jahr | 1 | 2 | 3 |
|---|---|---|---|
| Umsatzerlöse | 3 750 000 | 3 840 000 | 5 035 000 |
| Materialaufwand | 1 125 000 | 1 200 000 | 1 425 000 |
| Lohnaufwand | 1 629 000 | 1 716 000 | 2 255 000 |
| sonst. Aufwendungen | 875 000 | 950 000 | 1 050 000 |
| Gesamtaufwand | 3 629 000 | 3 866 000 | 4 730 000 |
| Gewinn/Verlust | 121 000 | – 26 000 | 305 000 |
| Eigenkapital | | | |
| Anfangsbestand | 1 000 000 | 1 121 000 | 1 095 000 |
| Endbestand | 1 121 000 | 1 095 000 | 1 400 000 |

2.

| Jahr | 1 | 2 | 3 |
|---|---|---|---|
| Arbeitsproduktivität | 0,166 | 0,182 | 0,173 |
| Wirtschaftlichkeit | 1,03 | 0,99 | 1,06 |
| Eigenkapitalrentabilität | | | |
| – bezogen auf Anfangskapital | 12,10 % | – 2,32 % | 27,85 % |
| – bezogen auf ∅ Eigenkapital | 11,41 % | – 2,35 % | 24,45 % |
| Umsatzrentabilität | 3,23 % | – 0,68 % | 6,06 % |

3. von Jahr 1 auf Jahr 2:

Steigerung der Produktivität wegen Produktionssteigerung bei vermindertem Arbeitseinsatz;

Verminderung von Wirtschaftlichkeit und Rentabilität wegen Aufwandserhöhung;

von Jahr 2 auf Jahr 3 :

Verminderung der Produktivität wegen zu geringer Produktionssteigerung im Verhältnis zum gestiegenen Arbeitseinsatz;

Steigerung von Wirtschaftlichkeit und Rentabilität wegen Erhöhung der Erträge (Umsatzerlöse);

4. a)

| Maschine | I | II |
|---|---|---|
| Umsatzerlöse | 321 000 | 535 000 |
| Materialaufwand | 90 000 | 150 000 |
| Lohnaufwand | 107 500 | 64 500 |
| sonst. Aufwendungen | 75 000 | 180 000 |
| Gesamtaufwand | 272 500 | 394 500 |
| Gewinn/Verlust | 48 500 | 140 500 |
| Arbeitsproduktivität | 0,24 | 0,67 |
| Wirtschaftlichkeit | 1,18 | 1,34 |
| Rentabilität | 32,33 % | 46,83 % |

4. b)

| Jahr | 4 |
|---|---|
| Produktions- und Absatzmenge (Stück) | 21 000 |
| Insgesamt geleistete Arbeitsstunden | 113 000 |
| ∅ Arbeitskosten je Stunde | 21,50 EUR |
| Materialkosten je Stück | 75,00 EUR |
| sonstige Aufwendungen | 1,23 Mio. EUR |
| ∅ Stückpreis je Behälter | 267,50 EUR |
| Umsatzerlöse | 5 617 500 |
| Materialaufwand | 1 575 000 |
| Lohnaufwand | 2 429 500 |
| sonst. Aufwendungen | 1 230 000 |
| Gesamtaufwand | 5 234 500 |
| Gewinn/Verlust | 383 000 |
| Eigenkapital | |
| Anfangsbestand | 1 400 000 |
| Endbestand | 1 783 000 |
| Arbeitsproduktivität | 0,19 |
| Wirtschaftlichkeit | 1,07 |
| Eigenkapitalrentabilität | |
| – bezogen auf Anfangskapital | 27,36 % |
| – bezogen auf ∅ Eigenkapital | 24,07 % |
| Umsatzrentabilität | 6,82 % |

5. Konkurrierende Zielbeziehung zwischen Rentabilität und Liquidität: hohe Rentabilität geht zu Lasten von Liquidität. Liquidität muss Vorrang vor Rentabilität haben, da sonst u. U. Zahlungsunfähigkeit droht.

## 7.16 Normung – Typung – Spezialisierung – Baukastensystem

| | |
|---|---|
| Normung: | 2, 4 |
| Typung: | 5, 7 |
| Spezialisierung: | 1, 6 |
| Baukastensystem: | 3 |

# 8 Absatz

## Marketing als Konzept marktorientierter Unternehmensführung

### 8.01 Marketing – Käufermarkt – Produktmanagement – Matrixorganisation

1. Verkäufermarkt: Nachfrage größer als Angebot. Die Anbieter haben gegenüber den Nachfragern eine starke Marktstellung. Da die Nachfrager auf das Gut angewiesen sind, können die Anbieter ihre Preisvorstellungen und sonstigen Bedingungen leichter durchsetzen.

   Käufermarkt: Angebot größer als Nachfrage. Die Nachfrager haben gegenüber den Anbietern eine starke Marktstellung, da sie zwischen verschiedenen Anbietern wählen können (Konkurrenz, Marktsättigung, »Der Kunde ist König«).

   Heute ist nicht die Produktion, sondern der Absatz der Engpass in den meisten Unternehmen. Das macht eine kundenorientierte Denkweise und Ausrichtung aller unternehmerischen Aktivitäten auf absatzpolitische Ziele erforderlich (= Marketing).

2. Die Ausschreibung einer speziellen Stelle für einen **Produktmanager** sowie die Aufgabenbeschreibung in der Anzeige (zuständig für Produktpolitik, Marktanalysen- und -prognosen, Werbung, Verkaufsförderung usw.) sind Hinweise auf eine marktorientierte Unternehmensführung. Die Aufgabenbeschreibung »Abstimmung der Marketingkonzeption mit anderen Abteilungen« macht deutlich, dass es sich dabei um eine das ganze Unternehmen einbeziehende Denkweise handelt.

3. Einkauf, Fertigung (Entwicklung), Absatz (Marketingstrategie, Produktpolitik, Absatzplanung, Werbung, Vertrieb), Verwaltung (Kostenrechnung, Kalkulation).

4. Die Produktmanagerin hat für die von ihr betreute Produktgruppe (Damenkleidung) u. a. folgende Aufgaben: Marktbeobachtung, Marktanalysen, Marktprognosen, Planung von Marketingmaßnahmen (Produkt-, Kontrahierungs-, Kommunikations-, Distributionspolitik), Planung und Ausarbeitung der Marketingstrategie (Marktsegmentierungsstrategie, Wettbewerbsstrategie, Produktstrategie) zusammen mit den anderen Abteilungen, Koordination aller für die Produktgruppe bedeutsamen Aufgaben und Stellen, Kontrolle sämtlicher Pläne und des Produktetats (z. B. Werbeetat), Überwachung des Produkterfolgs (Marktanteil, Umsatz, Kosten, Deckungsbeitrag, Gewinn, ...).

   Im vorliegenden Fall ist die Stelle der Produktmanagerin eine Stabsstelle. Sie hat also keine Anweisungsbefugnisse gegenüber anderen Stellen. Durch Beschaffung von Informationen und Beratung bereitet sie die von der Leitung der Absatzabteilung zu treffenden Entscheidungen vor. Die Durchsetzungsmöglichkeiten einer von der Produktmanagerin zu entwickelnden Marketingkonzeption für Damenkleidung hängen dabei maßgeblich vom Grad der Zusammenarbeit mit den anderen Abteilungen und der Überzeugungskraft der Stelleninhaberin ab. Wenn die Stelle mit einer fähigen und dynamischen Bewerberin besetzt wird, die aber ihre Ideen aufgrund der vorliegenden Organisationsstuktur nicht durchsetzen kann und am Widerstand der betroffenen Abteilungen scheitert, ist – wenn keine organisatorischen Änderungen vorgenommen werden (vgl. Frage 5) – zu erwarten, dass sie künftig keine kreativen Vorschläge mehr einbringt, ihr Engagement verringert und letztlich frustriert kündigt. Da sie keine Entscheidungskompetenz und Anweisungsbefugnis außerhalb ihrer eigenen Stelle hat, kann sie – entgegen dem Hinweis in der Stellenausschreibung – auch nicht für das Ergebnis verantwortlich gemacht werden.

   Wenn die Stelle des Produktmanagers tatsächlich als Stabsstelle in die bestehende Organisationsstruktur eingebunden werden soll, wird in der Stellenausschreibung eindeutig gegen den Organisationsgrundsatz der Einheit von Aufgabe, Kompetenzen und Verantwortung verstoßen. Im vorliegenden Fall besteht ein Ungleichgewicht hinsichtlich Verantwortung und Kompetenz.

5. Bei der Matrixorganisation hat der Produktmanager die Kompetenz, in allen Funktionsbereichen (Einkauf, Fertigung, Absatz, Verwaltung) zu entscheiden, was für das von ihm betreute Produkt getan werden soll und wann diese Maßnahmen ergriffen werden sollen. Die Leiter der einzelnen Funktionsbereiche (Funktionsmanager) entscheiden lediglich über das Wie der vom Produktmanager festgelegten Marketingmaßnahmen. Die Matrixorganisation ist damit eine marketingorientierte Organisationsstruktur. Sie bietet sich insbesondere in Unternehmen mit vielen verschiedenartigen Produkten an. Voraussetzung für den Erfolg ist eine entsprechende Ausstattung der Produktmanager mit Entscheidungsbefugnissen. Außerdem müssen alle Abteilungen diese (horizontale) Kompetenz des Produktmanagers akzeptieren, um Konflikte an den Schnittstellen zu vermeiden. Bei einer Matrixorganisation entsteht allerdings ein erheblicher Zeit- und Personalaufwand.

# Marktforschung und Absatzplanung

## 8.02 Fallstudie: Absatzorientierte Standortwahl – Methoden der Marktforschung – Konkurrenz- und Nachfrageanalyse

1. Die Überprüfung anhand des Fragenkatalogs führt zu einer positiven Bewertung des geplanten Standorts.
2. Berechnung der möglichen Nachfrage bzw. des möglichen Umsatzes:

**Einnahmen und Ausgaben ausgewählter privater Haushalte im Berichtsjahr**

| | Haushaltstyp 1 | Haushaltstyp 2 | Haushaltstyp 3 | Summe |
|---|---|---|---|---|
| Ausgaben für Foto- und Kinogeräte einschl. Filmen u.Ä. je Haushalt und Monat | 2,10 EUR | 10,80 EUR | 16,40 EUR | |
| Zahl der Haushalte in Dobertal | 2 000 | 2 160 (60 % v. 3 600) | 1 440 (40 % v. 3 600) | 5 600 |
| Ausgaben der Haushalte in Dobertal für Foto- und Kinogeräte etc. pro Jahr | 50 400 EUR (12 × 2,10 × 2 000) | 279 936 EUR (12×10,80×2 160) | 283 392 EUR (12×16,40×1 440) | 613 728 EUR |
| abzüglich Umsatzvolumen, das in die Landeshauptstadt abfließt (50 %) | | | | 306 864 EUR |
| Umsatzvolumen in Dobertal pro Jahr | | | | 306 864 EUR |
| Umsatzvolumen pro Jahr unter Berücksichtigung des Fremdenverkehrs (geschätzter Zuschlag 10 %) | | | | 337 550 EUR |
| Umsatzvolumen pro Jahr nach Abzug des Anteils der ortsansässigen Drogerie und des SB-Lebensmittelmarktes (geschätzt: 20 %) | | | | 270 040 EUR |
| Jahresumsatz je $m^2$ Geschäftsfläche | | | | 3 600 EUR (270 040/75) |
| Jahresumsatz je $m^2$ Verkaufsfläche | | | | 4 910 EUR (270 040/55) |

Der mit Hilfe der Sekundäranalyse ermittelte Jahresumsatz je m² Geschäftsfläche würde ca. 10 % und der Jahresumsatz je m² Verkaufsfläche ca. 25 % unter dem Branchendurchschnitt liegen. Dennoch sprechen u.a. folgende Gründe für eine Eröffnung der Filiale:

- gute Lage des Ladenlokals,
- günstige Konkurrenzsituation,
- Möglichkeit, bei entsprechender Absatzpolitik, das bisher in die Landeshauptstadt abfließende Umsatzvolumen in verstärktem Maße der neuen Filiale zuzuleiten,
- erwartete Zunahme der Einwohnerzahl durch Zuzug aus der Landeshauptstadt,
- erwartete Zunahme des Fremdenverkehrs.

## 8.03 Absatzplanung: Absatzstrategische Alternativen – Absatzrisiko

1. Alternative 2:

   Die Nachfrage nach A nimmt mit sinkendem Preis zu (elastische Nachfrage). B wird teilweise durch A substituiert (Substitutionsgüter).

   Alternative 3:

   Die Absatzsteigerung der Produkte A und B liegt jeweils bei 100 000 Stück gegenüber Alternative 1. Preise bleiben unverändert, sodass die Absatzsteigerung als eine Reaktion auf die erhöhten Werbeausgaben angenommen werden kann.

2. a)

| | Alternative 1 | | | Alternative 2 | | |
|---|---|---|---|---|---|---|
| | A | B | C | A | B | C |
| Var. Kosten | 45 000 | 62 500 | 35 000 | 54 000 | 57 500 | 36 000 |
| Fixe Kosten | 125 000 | 100 000 | 100 000 | 125 000 | 100 000 | 100 000 |
| | 170 000 | 162 500 | 135 000 | 179 000 | 157 500 | 136 000 |
| Kosten ohne Werbung | | 467 500 | | | 472 500 | |
| Werbung | | 25 000 | | | 25 000 | |
| Ges. Kosten | | 492 500 | | | 497 500 | |
| Erlöse | 180 000 | 200 000 | 157 500 | 198 000 | 184 000 | 162 000 |
| Ges.-Erlös | | 537 500 | | | 544 000 | |
| Gewinn | | 45 000 | | | 46 500 | |

| | Alternative 3 | | | Alternative 4 | | |
|---|---|---|---|---|---|---|
| | A | B | C | A | B | C |
| Var. Kosten | 60 000 | 87 500 | 37 000 | 67 500 | 81 250 | 36 000 |
| Fixe Kosten | 125 000 | 116 000 | 100 000 | 142 500 | 116 000 | 100 000 |
| | 185 000 | 203 500 | 137 000 | 210 000 | 197 250 | 136 000 |
| Kosten ohne Werbung | | 525 500 | | | 543 250 | |
| Werbung | | 75000 | | | 75 000 | |
| Ges. Kosten | | 600 500 | | | 618 250 | |
| Erlöse | 240 000 | 280 000 | 166 500 | 247 500 | 260 000 | 162 000 |
| Ges.-Erlös | | 686 500 | | | 669 500 | |
| Gewinn | | 86 000 | | | 51 250 | |

b) Jede Entscheidung für eine bestimmte Alternative eines Absatzplanes hat zur Folge, dass alle Aktivitäten des Beschaffungs-, Produktions-, Absatz-, Finanz- und Personalbereichs an den geplanten Daten der gewählten Alternative orientiert werden müssen.

Die Entscheidung für Alternative 3 bedeutet demnach eine aufgrund der angenommenen Marktsituation (Bedürfnisstruktur, Kaufwille, Kaufkraft, Konkurrenzstrategie, saisonale und witterungsbedingte Situationen) erwartete Reaktion auf bestimmte absatzpolitische Maßnahmen.

Die Entscheidung für eine Alternative erfolgt somit immer unter Risiko, welches sich im Beschaffungsbereich (Mengen- und Preisrisiken beim Einkauf, Lagerrisiko), im Produktionsbereich (z. B. ungenügende Ausnutzung der Betriebskapazität) und im Finanzierungsbereich (Ausrichtung der Kapitalbedarfsrechnung und der Finanzierung auf die gewählte Alternative) fortsetzt.

# Produkt- und Sortimentspolitik

## 8.04 Produktpolitik: Produktinnovation – Produktvariation – Produktdifferenzierung – Produktdiversifikation – Produkteliminierung

1. Laterale Diversifikation
2. Differenzierung
3. Innovation
4. Differenzierung
5. Eliminierung
6. Laterale Diversifikation
7. Vertikale Diversifikation
8. Horizontale Diversifikation
9. Horizontale Diversifikation
10. Variation
11. Differenzierung
12. Differenzierung
13. Differenzierung
14. Variation
15. Horizontale Diversifikation
16. Variation
17. Differenzierung
18. Variation
19. Differenzierung

## 8.05 Produktlebenszyklus

1. Phase 1 = Forschung und Entwicklung, Phase 2 = Einführung, Phase 3 = Wachstum, Phase 4 = Reife, Phase 5 = Marktsättigung, Phase 6 = Rückgang

2. Preispolitik

| **Phasen** / **Absatzpolitische Maßnahmen** | **Einführung** | **Wachstum** | **Reife** | **Sättigung** | **Rückgang** |
|---|---|---|---|---|---|
| **Preis** | hoch (= Exklusiv-Preispolitik) oder niedrig (= Penetrationspreisstrategie durch niedrige Einführungspreise) hier: Hochpreispolitik | Preissenkung bei bisheriger Exklusivpreispolitik bzw. Preiserhöhung bei bisheriger Niedrigpreispolitik hier: Preissenkung nach Hochpreispolitik | Orientierung an der Konkurrenz; i. d. R. Preissenkung aufgrund zunehmender Konkurrenz und zunehmender elastischer Nachfrage | niedrig, Preisdifferenzierung | niedrig, Preisnachlässe (evtl. sogar Preiserhöhung) |

3.

| Phasen<br>Absatzpolitische Maßnahmen | Einführung | Wachstum | Reife | Sättigung | Rückgang |
|---|---|---|---|---|---|
| **Produktpolitik** | | Produktverbesserung, Produktvariation, wenn Konkurrenzprodukte auftreten | Produktverbesserung, Produktvariation, Produktdifferenzierung, um sich von den zunehmenden Konkurrenzprodukten zu unterscheiden | Produktvariation, Produktdifferenzierung | am Ende der Phase: Produkteliminierung |
| **Werbung** | Einführungswerbung (Produkt bekannt machen) | Expansionswerbung; keine nennenswerte Einschränkung der Werbung | Erhaltungswerbung (Erinnerungswerbung) | Erhaltungswerbung (Erinnerungswerbung) | Einschränkung der Werbung, Reduktionswerbung (=Bindung der Kunden an andere/neue Produkte aus dem Produktionsprogramm) |

4. Die Maßnahmen führen i.d.R. zu Kostensteigerungen. Ob der Gewinn trotz der Kostenerhöhung steigt oder sinkt, hängt von der Umsatzentwicklung ab.

   Umsatz, Kosten und Gewinn können sich in den einzelnen Phasen folgendermaßen entwickeln:

   **Phase 1: Forschung und Entwicklung:** Da noch kein Umsatz anfällt, sondern nur Kosten entstehen, ist die Phase durch Verluste gekennzeichnet.

   **Phase 2: Einführung:** Da einerseits die verkaufte Menge und der Umsatz noch klein sind, andererseits aber hohe Kosten für die Markterschließung (Vertriebs- und Werbekosten) anfallen, entsteht ein Verlust.

   **Phase 3: Wachstum:** Die Wachstumsphase beginnt, wenn das Produkt erstmals Gewinne einbringt. Absatzmenge und Umsatz steigen. Starke Umsatzzuwächse. Möglicherweise treten Konkurrenzprodukte auf mit der Folge eines starken Preis- und Konditionenwettbewerbs.

   **Phase 4: Reifephase:** Weitere Umsatzsteigerung bis zum Maximum; die Wachstumsraten der Umsätze sinken am Ende dieser Phase auf 0, Produktdifferenzierung, um sich von den zunehmenden Konkurrenzprodukten zu unterscheiden, i.d.R. Preissenkungen aus Wettbewerbsgründen und wegen der zunehmend elastischen Nachfrage.

   **Phase 5: Sättigungsphase:** Umsatz und Gewinn sinken; negatives Umsatzwachstum; Produktvariation und Produktdifferenzierung; Versuche, den Lebenszyklus zu verlängern.

   **Phase 6: Rückgang:** Starker Umsatzrückgang; negative Wachstumsraten; Verluste; Ursachen: z.B. technisch bessere Substitutionsgüter, Kaufkraft- und Einkommensänderungen, ...

5. a) ja d) ja g) ja
   b) ja e) nein h) nein
   c) nein f) nein i) nein

## 8.06 Produktionsprogramm – Sortimentsbreite und Sortimentstiefe – Diversifikation – Produktplanung – Deckungsbeitragsrechnung

1. Die Aufnahme des neuen Produkts steht im vorliegenden Falle in einem lockeren, aber technisch sinnvollen Zusammenhang mit dem bisherigen Leistungsprozess des Unternehmens. Storz wird mit dem Sportgerät auf einem neuen Markt tätig, indem er seine Kenntnisse, Erfahrungen und vorhandene Organisation für die Herstellung und den Absatz des neuen Produkts verwertet. Mit der Diversifizierung wird das Absatzrisiko, das mit der Festlegung auf eine bestimmte Sortimentsstruktur verbunden ist, vermindert.

2. Storz will mit den bisherigen Abnehmern im Geschäft bleiben und die vorhandenen Produktionsanlagen noch ausnützen. Mit der Aufnahme des neuen Produkts entstehen Risiken, z. B. wenn
   - die Konkurrenz mit einem ähnlichen Produkt früher auf den Markt kommt,
   - sich die Herstellung des Produkts als zu teuer erweist,
   - die allgemeine wirtschaftliche Entwicklung rückläufig wird,
   - sich die Bedürfnisstruktur der Konsumenten ändert.

3. Regaltyp 1 sollte aus dem Produktionsprogramm herausgenommen werden, da er den geringsten Beitrag zur Deckung der Fixkosten leistet.

   Rechnerische Begründung:

Bisheriger Gewinn pro Monat

**Vollkostenrechnung**

| | Typ 1 | Typ 2 | Typ 3 | Summe |
|---|---|---|---|---|
| Erlös | 18 000 | 26 000 | 31 000 | 75 000 |
| – Kosten | 14 800 | 21 100 | 31 000 | 66 900 |
| **= Gewinn** | 3 200 | 4 900 | 0 | **8 100** |

**Deckungsbeitragsrechnung**

| | Typ 1 | Typ 2 | Typ 3 | Summe |
|---|---|---|---|---|
| Erlös | 18 000 | 26 000 | 31 000 | 75 000 |
| – variable Kosten | 11 100 | 15 800 | 23 200 | 50 100 |
| = Deckungsbeitrag | 6 900 | 10 200 | 7 800 | 24 900 |
| – Fixkosten | | | | 16 950 |
| **= Gewinn** | | | | **7 950** |

Würde Typ 3 gestrichen, ergäbe sich folgende Situation:

**Deckungsbeitragsrechnung**

| | Typ 1 | Typ 2 | Typ 3 | Summe |
|---|---|---|---|---|
| Erlös | 18 000 | 26 000 | 0 | 44 000 |
| – variable Kosten | 11 100 | 15 800 | 0 | 26 900 |
| = Deckungsbeitrag | 6 900 | 10 200 | 0 | 17 100 |
| – Fixkosten | | | | 16 950 |
| **= Gewinn** | | | | **150** |

Wenn Typ 1 gestrichen wird, ergibt sich dagegen folgende Situation:

| | Typ 1 | Typ 2 | Typ 3 | Summe |
|---|---|---|---|---|
| Erlös | 0 | 26 000 | 31 000 | 57 000 |
| – variable Kosten | 0 | 15 800 | 23 200 | 39 000 |
| = Deckungsbeitrag | 0 | 10 200 | 7 800 | 18 000 |
| – Fixkosten | | | | 16 950 |
| = **Gewinn** | | | | **1 050** |

# Betriebliche Preispolitik

## 8.07 Betriebliche Preispolitik bei vollständiger und unvollständiger Konkurrenz

1. Kfix = Fixe Kosten insgesamt 250 000 EUR
   kv = variable Kosten je Stück 450 EUR
   Evp = Einzelhandelsverkaufspreis 1 240 EUR
   R = Rabatt an den Einzelhandel 40 %
   x = Absatzmenge

   $$\frac{Kfix}{x} + kv = Evp - R; \quad \frac{250\,000}{x} + 450 = 1\,240 - 496$$

   $$250\,000 = 294\,x$$
   $$x = 850$$

   Wenn die Absatzmenge von 850 Stück überschritten wird, erzielt das Unternehmen Gewinn.

2. **Beurteilung der Konzeption A**
   Die Panther AG bietet das Benzin-Mofa unter starkem Wettbewerb an. In dieser Situation hat das Unternehmen gar keine andere Möglichkeit, als sich am Marktpreis als Leitpreis zu orientieren. Sonst würde es innerhalb kürzester Zeit seinen gesamten Absatz an die Konkurrenz verlieren.

   Mit der neu entwickelten Batterie für Elektro-Mofas hat das Unternehmen gegenüber den Konkurrenzangeboten einen entscheidenden Vorteil. Wenn es trotzdem seine Preispolitik zunächst an dem Preis für die technisch unterlegenen Konkurrenzprodukte orientiert, kann man dieses Vorgehen als übertrieben vorsichtig bezeichnen. Es ist zu erwarten, dass mit dieser Preispolitik den Konkurrenten sehr rasch beachtliche Marktanteile abgewonnen werden. Damit ist aber nicht gesagt, dass bei dieser Preispolitik mit dem zurzeit auf dem Markt konkurrenzlosen Elektro-Mofa auch der größtmögliche Gewinn erzielt wird. Das Ergebnis der Markterkundung zeigt, dass dies nicht der Fall ist. Der größtmögliche Gewinn liegt bei einem Einzelhandelspreis von 1583 EUR. Mit einem Preis, der über dem der Konkurrenz liegt, würde der Wert des neuen Produkts sogar noch werbewirksam betont.

   **Beurteilung der Konzeption B**
   Orientiert das Unternehmen den Preis an den Stückkosten, die bei der im Einführungsjahr absetzbaren Produktionsmenge von 3000 Stück entstehen, dann würde das Elektro-Mofa zum Preis von 2 000 EUR auf dem Markt angeboten. Bei diesem Preis wird eine Umsatzrendite von $16^2/_3\%$ erzielt. Der Preis ist gegenüber dem Preis für die technisch nicht ganz gleichwertigen Konkurrenzprodukte (1 300 EUR) jedoch so hoch, dass der Absatz bei dieser Absatzmenge stagnieren würde. Bei Preisen, die aufgrund einer Vollkostenrechnung festgelegt werden, kann sich ein Unternehmen geradezu »aus dem Markt herauskalkulieren«.

**Beurteilung der Konzeption C**

Die Panther AG ist mit ihrem neuen Produkt der Konkurrenz technisch überlegen. Dass damit eine gewisse Marktmacht erlangt wurde, zeigt auch das Ergebnis der Markterkundung. Bei Preisen über denen der Konkurrenz (1300 EUR) besteht immer noch eine beachtliche Nachfrage nach dem neu entwickelten Elektro-Mofa. Der größte Stückgewinn wird bei einem Einzelhandelspreis von 1750 EUR erzielt. Bei einer Preissenkung auf 1583 EUR steigt der Gesamtgewinn weiter, obwohl der Stückgewinn sinkt. Das liegt daran, dass bei dieser Preissenkung die Absatzmenge prozentual stärker steigt als die prozentuale Preissenkung ausmacht (Elastizität der Nachfrage).

Selbst wenn in einer Einführungsphase bei einem Preis von 1 583 EUR nicht sofort ein Absatz von 6 500 Stück, sondern nur von 3 000 Stück erreicht wird, sollte das Unternehmen diesen Preis festlegen. Zwar entstehen bei einer Produktionsmenge von 3 000 Stück Stückkosten von 1 000 EUR und der Fabrikabgabepreis beträgt (bei einem Einzelhandelsverkaufspreis von 1583 EUR) nur 950 EUR. Auf der Basis einer Vollkostenrechnung entsteht ein Verlust je Stück von 50 EUR. Über die variablen Stückkosten hinaus wird aber immer noch ein Deckungsbeitrag zu den fixen Kosten in Höhe von 450 EUR erzielt. Wenn die Zahlen, die die Markterkundung ergeben haben, einigermaßen zuverlässig sind, wird der Absatz bei diesem Preis bald auf 6 500 Stück steigen und den maximal möglichen Gewinn erbringen.

| empfohlener Einzelhandelspreis (EUR) 1 | Absatzmenge (Stück) 2 | Fabrikabgabepreis (40 % Rabatt) 3 | fixe Kosten je Stück (EUR) 4 | variable Kosten je Stück (EUR) 5 | Gesamtkosten je Stück (EUR) 6 | Stückgewinn (EUR) 7 | Gesamtgewinn (EUR) 8 |
|---|---|---|---|---|---|---|---|
| 2 167 | 2 000 | 1 300 | 750,00 | 500 | 1 250,00 | 50,00 | 100 000 |
| 2 083 | 2 500 | 1 250 | 600,00 | 500 | 1 100,00 | 150,00 | 375 000 |
| 2 000 | 3 000 | 1 200 | 500,00 | 500 | 1 000,00 | 200,00 | 600 000 |
| 1 917 | 3 500 | 1 150 | 428,57 | 500 | 928,57 | 221,43 | 775 000 |
| 1 833 | 4 000 | 1100 | 375,00 | 500 | 875,00 | 225,00 | 900 000 |
| 1 750 | 5 000 | 1 050 | 300,00 | 500 | 800,00 | 250,00 | 1 250 000 |
| 1 667 | 5 800 | 1 000 | 258,62 | 500 | 758,62 | 241,38 | 1 400 000 |
| 1 583 | 6 500 | 950 | 230,77 | 500 | 730,77 | 219,23 | 1 425 000 |
| 1 500 | 7 100 | 900 | 211,27 | 500 | 711,27 | 188,73 | 1 340 000 |
| 1 417 | 7 600 | 850 | 197,37 | 500 | 697,37 | 152.63 | 1 160 999 |
| 1 333 | 8 000 | 800 | 187,50 | 500 | 687,50 | 112,50 | 900 000 |

## 8.08 Preispolitik eines Monopolisten – Marktsegmentierung – Preisdifferenzierung

1. a) Der größtmögliche Gewinn wird bei einem Preis von 13 500 EUR erzielt.

| | | | | | | | | | | | | | |
|---|---|---|---|---|---|---|---|---|---|---|---|---|---|
| Preis (in Tsd. EUR) | 16,5 | 16 | 15,5 | 15 | 14,5 | 14 | 13,5 | 13 | 12,5 | 12 | 11,5 | 11 | 10,5 |
| Absatzmenge (in Tsd. Stück) | 43,5 | 46 | 49 | 53 | 58 | 64 | 70 | 75 | 80 | 83 | 85 | 87 | 89 |
| Umsatzerlös (in Mio. EUR) | 717,75 | 736 | 759,5 | 795 | 841 | 896 | 945 | 975 | 1 000 | 996 | 977,5 | 957 | 934,5 |
| Gesamtkosten (in Mio. EUR) | 626,25 | 645 | 667,5 | 697,5 | 735 | 780 | 825 | 862,5 | 900 | 922,5 | 937,5 | 952,5 | 967,5 |
| Gewinn (in Mio. EUR) | 91,5 | 91 | 92 | 97,5 | 106 | 116 | 120 | 112,5 | 100 | 73,5 | 40 | 4,5 | – 33 |

b) Wird der Preis von 13 500 EUR auf 13 000 EUR gesenkt, dann steigt der Umsatzerlös wegen der gestiegenen Absatzmenge um 30 Mio. EUR. Die Kosten steigen jedoch um 37,5 Mio. EUR. Der Gewinn muss damit um 7,5 Mio. EUR sinken.

2. a) Umsatzerlös beim Preis von 16 500 EUR und einer Absatzmenge von 3 500 Autos:

   16 500 × 3 500 = 57,75 Mio. EUR

   Variable Gesamtkosten bei einer Produktionsmenge von 4000 Stück (Preis 16 000 EUR):

   4000 × 7 500 (variable Kosten je Stück) = 30 Mio. EUR

   Deckungsbeitrag bei einem Umsatzerlös von 77,5 Mio. EUR und variablen Gesamtkosten von 37,5 Mio. EUR:

   77,5 Mio. EUR – 37,5 Mio. EUR = 40 Mio. EUR

b) Eine Vollkostenrechnung bringt das Ergebnis, dass der größtmögliche Gewinn von 120 Mio. EUR beim Preis von 13 500 EUR erzielt wird. Bei diesem Preis wird auch der größtmögliche Deckungsbeitrag (Überschuss des Umsatzerlöses über die variablen Gesamtkosten) in Höhe von 420 Mio. EUR erreicht.

   Der Gewinn kann auch aus der Deckungsbeitragsrechnung abgeleitet werden:

| | |
|---|---|
| Deckungsbeitrag | 420 Mio. EUR |
| – fixe Kosten | 300 Mio. EUR |
| Gewinn | 120 Mio. EUR |

c) Auf dem englischen Markt ist der Deckungsbeitrag bei einem Preis von 12 500 EUR am größten.

d) Auf dem Markt Resteuropa ist der Deckungsbeitrag bei einem Preis von 16 500 EUR am größten.

e) Bei einer Marktsegmentierung mit Preisdifferenzierung wird folgender Gewinn erzielt:

| | |
|---|---|
| Deckungsbeitrag auf dem englischen Markt | 130 Mio. EUR |
| Deckungsbeitrag auf dem Markt Resteuropa | 360 Mio. EUR |
| Summe der Deckungsbeiträge | 490 Mio. EUR |
| – fixe Kosten | 300 Mio. EUR |
| Gewinn | 190 Mio. EUR |

   Ohne Preisdifferenzierung wird nur ein Gesamtgewinn von 120 Mio. EUR erzielt.

f) Eine Preisdifferenzierung zwischen den Teilmärkten Frankreich und Resteuropa könnte kaum erfolgreich sein. Innerhalb der Europäischen Gemeinschaft bestehen keine Zollgrenzen. Würde in Frankreich das neu entwickelte Drei-Liter-Auto billiger als in Resteuropa angeboten, dann müsste damit gerechnet werden, dass neue Autos in den Raum re-importiert werden, in dem sie teurer angeboten werden, zudem die Transportkosten unerheblich wären.

   Mit einem Re-Import aus England ist schon deshalb nicht zu rechnen, weil die dort angebotenen Autos mit Rechtssteuerung ausgestattet sind. Auch die Transportkosten wären höher.

## 8.09 Planspiel MINIMAX: Produktionsplanung und Preispolitik bei der MINIMAX GmbH (MINI-Planspiel mit GewinnMAXimierung)

### Merkmale des Planspiels MINIMAX

1. Die Auswertung des Planspiels durch den Spielleiter ist sowohl manuell als auch mittels eines Computerprogramms[1]) möglich.
2. Das Planspiel bezieht sich auf die Funktionsbereiche PRODUKTION und ABSATZ (= funktionales Planspiel). Entscheidungsparameter sind die Produktionsmenge und der Absatzpreis.
3. Es besteht eine Interdependenz zwischen den Entscheidungen der einzelnen Teilnehmergruppen. Die Preisgestaltung eines Unternehmens beeinflusst durch die Marktreaktion nicht nur die eigenen, sondern auch die Absatzmöglichkeiten aller anderen Unternehmen. Dabei wirkt sich der Vorteil eines Unternehmens zugleich als Nachteil der anderen aus (= interdependentes Modell).
4. Die einzelnen Teilnehmergruppen repräsentieren verschiedene, miteinander konkurrierende Unternehmen (= Makroplanspiel).

### Einsatzmöglichkeiten des Planspiels MINIMAX

1. Das Planspiel eignet sich als Einführung in die Betriebswirtschaftslehre. Es kann aber auch jederzeit in einem späteren Stadium sinnvoll eingesetzt werden. Spezielle Vorkenntnisse sind nicht erforderlich. In jedem Fall ist es möglich, eine enge Beziehung zu anderen Aufgaben herzustellen.
2. Die Zahl der Spielperioden ist zunächst auf 4 beschränkt. Bei manueller Auswertung durch den Spielleiter werden dafür ca. 90 Minuten benötigt. Es ist aber ohne Schwierigkeiten möglich, weitere Spielperioden anzufügen.
3. Die Zahl der Teilnehmergruppen ist für die manuelle Auswertung zunächst auf 4 beschränkt. Bei entsprechender Ausdehnung der Absatzmenge ist eine Erhöhung möglich. Bei computerunterstützter Auswertung ist die Zahl der Teilnehmergruppen von 3 bis 6 frei wählbar.
4. Für das Planspiel werden neben dem Klassenzimmer keine weiteren Räumlichkeiten benötigt.

### Durchführung des Planspiels MINIMAX

1. Jeder Schüler erhält einen Satz Spielunterlagen (Spielbeschreibung und Formulare). Der Spielleiter benötigt bei manueller Auswertung entsprechend der Zahl der Teilnehmergruppen je einen Satz Entscheidungs- und Ergebnisblätter.
2. Die Einführung in die Spielregeln und Spielvorgaben sollte anhand der ausgeteilten Unterlagen im Klassenverband erfolgen. Dabei ist es von besonderer Bedeutung, den zyklischen Spielablauf deutlich zu machen.
3. Danach werden die Spielgruppen mit je 3 bis 5 Teilnehmern gebildet.
4. Spielablauf bei manueller Auswertung durch den Spielleiter[2]).

4.1 Nach Ende des Entscheidungsprozesses (1. Periode: ca. 20 Min., Folgeperioden: ca. 10 Min.) liefert jede Gruppe ein Exemplar ihres Entscheidungsblattes beim Spielleiter ab. Das Entscheidungsblatt muss Angaben hinsichtlich des Verkaufspreises und der Produktionsmenge beinhalten (Punkt 1).

---

[1]) Eine entsprechende Diskette ist unter der Best.-Nr. 88013 beim Verlag erhältlich.

[2]) Zur Vorgehensweise bei computerunterstützter Auswertung werden entsprechende Hinweise beim Kauf der Diskette mitgeliefert.

4.2 Der Spielleiter überträgt die Produktionsmengen und Verkaufspreise von den Entscheidungsblättern auf die von ihm geführten Entscheidungs- und Ergebnisblätter der einzelnen Gruppen.

4.3 Der Spielleiter ermittelt nach untenstehender Regel Absatzmengen der einzelnen Spielgruppen in Abhängigkeit vom jeweiligen Verkaufspreis.

4.4 Der Spielleiter trägt die ermittelten Absatzmengen bei Punkt 2. und die Verkaufspreise der Konkurrenten bei Punkt 3. in die Entscheidungsblätter ein und gibt diese den Spielgruppen zurück.

4.5 Die Spielgruppen füllen die Ergebnisblätter für die jeweilige Periode aus und ermitteln ihr Periodenergebnis. Dabei hat es sich aus Motivations- und Aktivitätsgründen als zweckmäßig erwiesen, jeden Teilnehmer sein eigenes Ergebnisblatt ausfüllen zu lassen, obwohl je Gruppe ein einziges Exemplar ausreichen würde. Zur Kontrolle berechnet der Spielleiter parallel dazu auf den von ihm geführten Ergebnisblättern der einzelnen Gruppen ebenfalls das jeweilige Periodenergebnis. Dabei ist besonders auf die richtige Berücksichtigung der Bestandsveränderungen zu achten.

4.6 Die Gruppen füllen ihr Entscheidungsblatt aus, indem sie das ermittelte Periodenergebnis als Kontrolle für den Spielleiter eintragen (Punkt 4.) und ihre Entscheidungen hinsichtlich Verkaufspreis und Produktionsmenge (Punkt 1. der nächsten Periode) angeben.

5. Am Ende des Spiels sollte unbedingt eine Auswertung und Interpretation der Ergebnisse vorgenommen werden. Dazu kann beispielsweise die Entwicklung von Absatz-/Produktionsmengen, Preisen, Kosten, Umsatz und Gewinnen grafisch dargestellt und die Abhängigkeit der Größen voneinander analysiert werden (vgl. Vernetzungsdiagramm). Des Weiteren besteht die Möglichkeit, auf der Basis der Planspielergebnisse für ein Unternehmen die Gewinnschwelle im Zeitablauf zu ermitteln und eine Deckungsbeitragsrechnung vorzunehmen (vgl. Beispieldaten).

*Zu 4.3: Mögliche Verteilungsregel bei manueller Auswertung:*

| | |
|---|---|
| *Unternehmen mit dem höchsten Preis* | *10% der Aufträge,* |
| *Unternehmen mit dem zweithöchsten Preis* | *20% der Aufträge,* |
| *Unternehmen mit dem dritthöchsten Preis* | *30% der Aufträge,* |
| *Unternehmen mit dem niedrigsten Preis* | *40% der Aufträge.* |
| | *100%* |

*Verlangen mehrere Unternehmen einen gleich hohen Preis, wird ein entsprechender Mittelwert gebildet (z. B. 15%, 15%, 30%, 40% oder 10%, 20%, 35%, 35%).*

**Beispieldaten**
**Entscheidungsblatt** Unternehmen Nr. 1

1. Tragen Sie Ihre Preis-/Mengenentscheidungen ein. Geben Sie danach das ausgefüllte Entscheidungsblatt beim Spielleiter ab.

| Quartal | 1 | 2 | 3 | 4 |
|---|---|---|---|---|
| Verkaufspreis (EUR) (max. 300 EUR) | 250 | 150 | 160 | 140 |
| Produktionsmenge (max. 1500 Stück) | 650 | 350 | 1200 | 100 |

2. Der Spielleiter trägt hier die von Ihnen erzielte Absatzmenge ein.

| Quartal | 1 | 2 | 3 | 4 |
|---|---|---|---|---|
| Absatzmenge in Stück | 200 | 900 | 800 | 600 |

3. Der Spielleiter trägt hier die Preise Ihrer Konkurrenten aus der letzten Periode ein.

| Quartal | 1 | 2 | 3 | 4 |
|---|---|---|---|---|
| Preis Unternehmen 1 | 250 | 150 | 160 | 140 |
| Preis Unternehmen 2 | 180 | 160 | 150 | 150 |
| Preis Unternehmen 3 | 170 | 140 | 140 | 150 |
| Preis Unternehmen 4 | 170 | 160 | 150 | 160 |

4. Tragen Sie als Kontrolle für den Spielleiter ab der zweiten Periode das von Ihnen errechnete Netto-Quartalsergebnis des vergangenen Quartals ein

| Quartal | 1 | 2 | 3 | 4 |
|---|---|---|---|---|
| Nettogewinn/<br>Nettoverlust in EUR | 7750 | 15975 | 20800 | |

**Ergebnisblatt 1 (Bestandsrechnung)** Unternehmen Nr. 1

| Quartal | 1 | 2 | 3 | 4 |
|---|---|---|---|---|
| Anfangsbestand (AB) (Stück) | 0 | 450 | 0 | 400 |
| + Produktionsmenge (max. 1500 Stück) | 650 | 350 | 1200 | 100 |
| = Angebotsmenge | 650 | 800 | 1200 | 500 |
| – Absatzmenge<br>(höchstens Angebotsmenge) | 200 | 800 | 800 | 500 |
| = Endbestand (EB) (Stück) | 450 | 0 | 400 | 0 |
| durchschnittlicher Lagerbestand in EUR<br>(AB + EB)/2 × 100 | 22500 | 22500 | 20000 | 20000 |

**Beispieldaten**

**Ergebnisblatt 2 Ermittlung des Periodenergebnisses (in EUR)** Unternehmen Nr. 1

| Quartal | 1 | 2 | 3 | 4 |
|---|---|---|---|---|
| Umsatzerlöse | 50000 | 120000 | 128000 | 70000 |
| + Bestandserhöhung bzw.<br>– Bestandminderung | + 45000 | – 45000 | + 40000 | – 40000 |
| = Gesamtleistung | 95000 | 75000 | 168000 | 30000 |
| variable Produktionskosten | 65000 | 35000 | 120000 | 10000 |
| + fixe Kosten | 20000 | 20000 | 20000 | 20000 |
| + Lagerkosten (10 % vom durchschnittlichen Lagerbestand in EUR) | 2250 | 2250 | 2000 | 2000 |
| = Gesamtkosten | 87250 | 57250 | 142000 | 32000 |
| Quartalsergebnis<br>(Gewinn/Verlust) | 7750 | 17750 | 26000 | – 2000 |
| – Gewinnsteuern | – | 1775 | 5200 | – |
| = Nettogewinn/<br>Nettoverlust | 7750 | 15975 | 20800 | – 2000 |
| Summe der<br>Nettoquartalsergebnisse | 7750 | 23725 | 44525 | 42525 |

Vernetzungsdiagramm

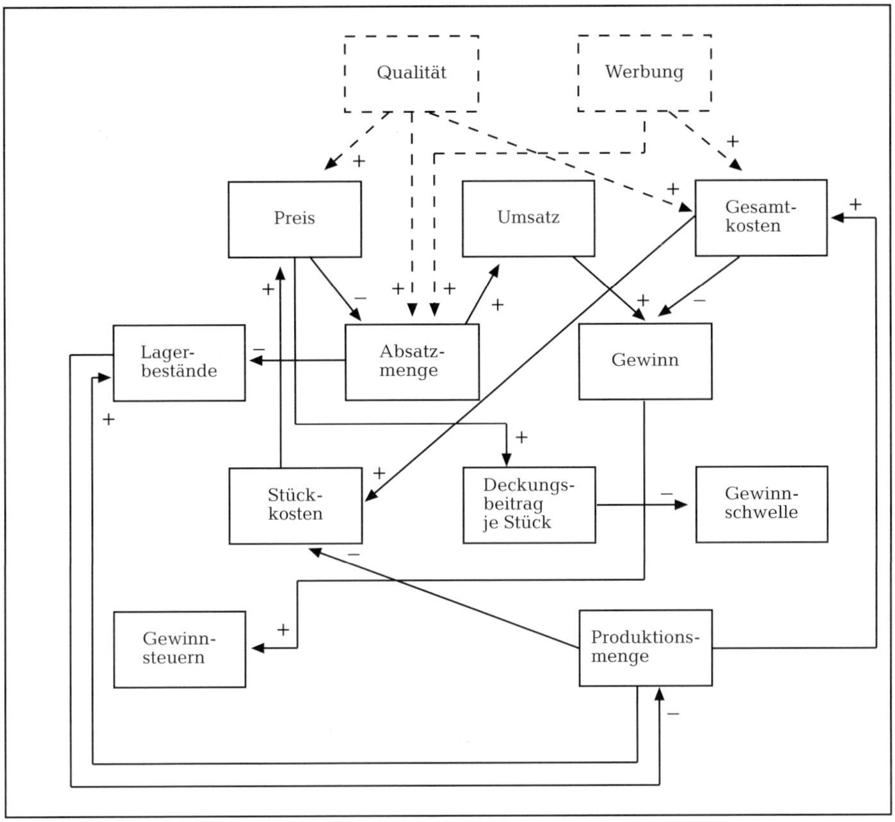


## 8.10 Plan- und Strategiespiel STRATOLIGO: Anbieterverhalten auf einem oligopolistischen Markt – Kartellbildung

Das Spiel basiert auf dem sog. »Gefangenen-Dilemma« (vgl. dazu ausführlich die Lösung zu Aufgabe Nr. 10.17).

Die Wirkung des Gefangenen-Dilemmas zeigt sich im vorliegenden Fall darin, dass es für den einzelnen Oligopolisten (= Kartellmitglied) zweckmäßiger ist, sich nicht an die vereinbarte Mengenbeschränkung zu halten, weil sich daraus für ihn eine bessere Situation (= höherer Gewinn) ergibt. Da diese Überlegung aber für alle Oligopolisten gilt, wird sich unter der Zielsetzung der Gewinnmaximierung tendenziell kein Unternehmen an die Mengenbeschränkung halten. Die Angebotsmenge wird daher steigen und der Preis niedrig sein. Dies ist zum Vorteil der Verbraucher. Diese für die Gesamtwirtschaft positive Wirkung der Konkurrenz beruht darauf, dass sich die Unternehmen beim Wettbewerb in einer Gefangenen-Dilemma-Situation befinden, in der jedes Unternehmen versucht, individuell rational zu handeln und seinen eigenen Gewinn zu maximieren. Das tatsächliche Ergebnis ist dabei aber davon abhängig, wie die anderen Unternehmen reagieren. Würden alle Unternehmen sich nicht an Individualvorteilen orientieren, sondern kollektiv rational handeln, würden letztlich alle Unternehmen einen höheren Gewinn erzielen und einen individuellen Vorteil aus diesem Verhalten ziehen. Kollektiv rationales Handeln würde bedeuten, den Gesamtgewinn aller Unternehmen zu maximieren und nicht den Gewinn eines einzelnen Unternehmens.

Das vorliegende Spiel wird – ohne den ökonomischen Hintergrund eines Oligopolmarktes – in der gruppendynamischen Literatur in verschiedenen Varianten z. B. unter dem Titel »Gewinne, so hoch du kannst!« bzw. »Verschaff' dir so viel Punkte, wie du kannst!« beschrieben. (Vgl. u. a. G. Stenford, Gruppenentwicklung im Klassenraum und anderswo, Braunschweig 1980, S. 130 ff.). Dementsprechend kommt es bei diesem Spiel nicht auf das Endergebnis (= Höhe des Gewinns), sondern auf das Verhalten der Gruppen und die sich daraus ergebenden gruppendynamischen Erscheinungen während des Spiels an:

- Gruppenegoismen vs. Kooperation,
- Gesamtinteressen vs. Partikularinteresse,
- Einhaltung von Verabredungen vs. Vertragsbruch

etc.

In wirtschaftsethischer Hinsicht beinhaltet das Spiel eine besondere Brisanz: Das normalerweise als verwerflich anzusehende Verhalten des Vertragsbruchs führt im vorliegenden Fall durch Unterlaufen des Quotenkartells zu einer Begünstigung der Verbraucher und damit gesamtgesellschaftlich zu einem positiven Ergebnis. Im vorliegenden Fall ist das Verhalten eines Oligopolisten, der aus eigennützigen Motiven (Gewinnsteigerung) den gesetzeswidrigen Kartellvertrag bricht, unter ethischen Gesichtspunkten als positiv zu bewerten, da auf diesem Wege die mit der illegalen Kartellbildung einhergehende Ausschaltung des Leistungswettbewerbs unterlaufen wird.

Tabelle 1: Gewinn und Verlust bei unterschiedlichen Strategiekombinationen in 1000 EUR (ausgefüllt)

| Nr. | Strategiekombinationen | Gesamtangebot (Stück) | Marktpreis je Stück (EUR) | Gewinn je Unternehmen vor Steuern | Gewinn je Unternehmen nach Steuern | Verlust je Unternehmen | Konsumentennutzen |
|---|---|---|---|---|---|---|---|
| 1 | 4 mal A | 20 400 | 200 | --- | --- | 90 | + 360 |
| | 0 mal B | | | --- | --- | | |
| 2 | 3 mal A | 18 200 | 220 | 12 | 6 | --- | + 216 |
| | 1 mal B | | | --- | --- | 252 | |
| 3 | 2 mal A | 16 000 | 250 | 165 | 82 | --- | 0 |
| | 2 mal B | | | --- | --- | 165 | |
| 4 | 1 mal A | 13 800 | 300 | 420 | 210 | --- | – 360 |
| | 3 mal B | | | --- | --- | 20 | |
| 5 | 0 mal A | 11 600 | 400 | --- | --- | --- | – 1 080 |
| | 4 mal B | | | 270 | 135 | --- | |

Beispieldaten Gruppe:

Entscheidungs- und Ergebnistabelle

| Runde | Zeit (Min.) | Beratung | Entscheidung Unternehmen | | | | kumulierte Gewinne/Verluste nach Steuern/Strafen (1000 EUR) | | | | Konsumentennutzen kumuliert (1000 EUR) |
|---|---|---|---|---|---|---|---|---|---|---|---|
| | | | 1 | 2 | 3 | 4 | U1 | U2 | U3 | U4 | |
| 1 | 10 | intern | A | B | B | A | + 82 | − 165 | − 165 | + 82 | 0 |
| 2 | 1 | intern | A | A | A | A | − 8 | − 255 | − 255 | − 8 | + 360 |
| 3 | 3<br>1 | extern<br>intern | B | A | A | A | − 260 | − 243 | − 243 | + 2 | + 576 |
| 4 | 1 | intern | A | A | A | A | − 350 | − 333 | − 333 | − 88 | + 936 |
| 5 Bonus/ Malus 3fach | 3<br>1 | extern<br>intern | A | B | A | B | − 227 | − 828 | − 219 | − 583 | + 936 |
| 6 | 1 | intern | A | A | A | A | − 317 | − 918 | − 309 | − 673 | + 1 296 |
| 7 | 1 | intern | A | A | A | A | − 407 | − 1 008 | − 399 | − 763 | + 1 656 |
| 8 Bonus/ Malus 5fach | 3<br>1 | extern<br>intern | B | A | A | A | − 1 667 | − 948 | − 399 | − 703 | + 2 736 |
| 9 | 1 | intern | A | A | A | A | − 1 757 | − 1 038 | − 429 | − 793 | + 3 096 |
| 10 Bonus/ Malus 10fach | 3<br>1 | extern<br>intern | A | B | A | B | − 1 107 | − 2 688 | − 389 | − 2 443 | + 3 096 |

# Werbepolitik

## 8.11 Grundbegriffe der Werbung – Werbekonzeption

a) Werbeziel, Werbezweck: Einführungswerbung für das neue Produkt, Erhaltungswerbung für das bisherige Produktionsprogramm.

b) Werbeobjekt: Erfrischungsgetränke

c) Zielgruppe, Werbesubjekt: Jugendliche und junge Erwachsene

d) Werbebotschaft: frisch, sportlich, leistungsfördernd

e) Werbemittel: Anzeigen, Radio- und Fernsehspots, Werbeplakate

f) Werbeträger: Zeitschriften, Radio, Fernsehen, Banden in Sportstadien

g) Werbezeitpunkt: April bis September

h) Zielgebiet: bundesweit

i) Werbeetat: 5 Mio. EUR

## 8.12 Werbeetat – Auswahl von Werbeträgern

1. Marktziele der Werbung, verfügbare Mittel
Die Größen Umsatz, Gewinn, Deckungsbeitrag, Marktanteil liegen für das neue Waschmittel noch nicht vor und hängen ihrerseits wiederum von der Höhe des Werbeetats ab.

2. und 3.

| Nr. | Zeitschrift | Zahl der Leser pro Ausgabe (= Seitenpreis × 1 000/ Tausenderpreis) | Zahl der lesenden Hausfrauen | Anzeigenpreis je 1 000 lesende Hausfrauen (Tausenderpreis für die Zielgruppe »Hausfrauen«) |
|---|---|---|---|---|
| 1 | Frauenjournal | 160 000 | 144 000 (90 %) | 90,28 |
| 2 | Britta | 320 000 | 256 000 (80 %) | 148,44 |
| 3 | Carmen | 340 000 | 255 000 (75 %) | 94,12 |
| 4 | Heim und Haus | 500 000 | 275 000 (55 %) | 83,64 |
| 5 | Neue Mode | 320 000 | 224 000 (70 %) | 78,13 |

Die Zeitschriften sollten in aufsteigender Reihenfolge der zielgruppenspezifischen Tausenderpreise ausgewählt werden. Demzufolge sind je 3 Anzeigen in den Zeitschriften Nr. 5, 4 und 1 zu platzieren.

| | | |
|---|---|---|
| Nr. 5 Neue Mode | 3 × 17 500 EUR = | 52 500 EUR |
| Nr. 4 Heim und Haus | 3 × 23 000 EUR = | 69 000 EUR |
| Nr. 1 Frauenjournal | 3 × 13 000 EUR = | 39 000 EUR |
| Summe: | | 160 500 EUR |
| Etatüberschuss: | | 4 500 EUR |

4.

| | Zeitung A | Zeitung B |
|---|---|---|
| Zahl der lesenden Hausfrauen | 1 500 000 | 1 100 000 |
| zusätzliche Absatzmenge im nächsten Quartal | 600 000 Stück | 550 000 Stück |
| | | |
| zusätzlicher Umsatz im nächsten Quartal | 750 000 EUR | 687 500 EUR |
| – zusätzliche variable Kosten im nächsten Quartal | 300 000 EUR | 275 000 EUR |
| – zusätzliche Kosten für die Anzeigenwerbung im nächsten Quartal | 120 000 EUR | 100 000 EUR |
| = zusätzlicher Deckungsbeitrag im nächsten Quartal | 330 000 EUR | 312 500 EUR |

Der durch die Werbung bedingte zusätzliche Absatz führt in beiden Fällen zu einem zusätzlichen positiven Deckungsbeitrag. Daher lohnt sich die Werbung. Die Werbung sollte in Zeitung A erfolgen, da hier der zusätzliche Deckungsbeitrag um 17 500 EUR höher ist.

## 8.13 Rollenspiel: Werbung und Bedürfnisse

**Hinweise zu dem Rollenspiel**

**Pro und Contra: Soll unnütze und geschmacklose Werbung, die Verbraucher nur zu sinnlosem oder gar schädlichem Konsum verführt, verboten werden?**

**Einführung in das Rollenspiel:**

Aufgabenstellung, zu besetzende Rollen und Organisation des Spielablaufs sollten vom Lehrer motivierend vorgetragen werden. Er weist darauf hin, dass die Anwälte mit ihren eigenen Zeugen die Befragung vorbesprechen sollten.

Für die Durchführung des Spiels werden mindestens 55 Minuten benötigt. Dabei wird vorausgesetzt, dass sich alle Personen strikt an die folgenden Zeitvorgaben halten (in der Reihenfolge des Ablaufs):

| | |
|---|---|
| Moderator: zur Einführung | 5 Minuten |
| Pro-Anwalt: Eröffnungsplädoyer | 5 Minuten |
| Contra-Anwalt: Eröffnungsplädoyer | 5 Minuten |
| Pro-Anwalt: Befragung des Sachverständigen der Gegenpartei | 5 Minuten |
| Contra-Anwalt: Befragung des Sachverständigen der Gegenpartei | 5 Minuten |
| Pro-Anwalt: Befragung des eigenen Sachverständigen | 5 Minuten |
| Contra-Anwalt: Befragung des eigenen Sachverständigen | 5 Minuten |
| Pro-Anwalt: Schlussplädoyer | 5 Minuten |
| Contra-Anwalt: Schlussplädoyer | 5 Minuten |
| Schlussabstimmung und Befragung des Publikums | 10 Minuten |

Aus Erfahrung wird empfohlen, die Durchführung des Rollenspiels in einer Doppelstunde durchzuführen. Wenn nach der Schlussabstimmung, in der Phase der »Befragung des Publikums«, die Klasse mit einbezogen wird, kann sich eine lebhafte Diskussion ergeben, die nicht abgebrochen werden sollte. Damit das Spiel auch einen Beitrag zur Erziehung zur Gesprächsdisziplin leisten kann, hat der Moderator darauf zu achten, dass die festgelegten Zeiten von den handelnden Personen unbedingt eingehalten werden. Schon im vorbereitenden Gespräch sollte deutlich und nachdrücklich darauf hingewiesen werden, dass nach Ablauf der festgelegten Redezeit das Wort entzogen wird. Wenn nach Einschätzung der situativen Bedingungen die oben vorgeschlagene Redezeit nicht ausreicht, sollten von vornherein längere Redezeiten festgelegt werden.

Im Folgenden werden (exemplarisch) einige Pro- und Contra-Argumente gegenübergestellt, die in vielfältiger Weise verwendet werden könnten, z. B.

- im abschließenden Gespräch mit der Klasse zur Ergänzung,
- im vorbereitenden Einzelgespräch mit einer im Spiel auftretenden Person, die den Lehrer um den Nachweis von Materialien oder um Anregungen bittet.

**PRO**

Werbung verführt die Verbraucher zu einer sinnlosen Steigerung der Bedürfnisse. Die Werbung macht die Marktwirtschaft zu einer Bedarfsweckungswirtschaft. Sie sollte eine Bedarfsdeckungswirtschaft sein.

Werbung verführt auch zu gesundheitsschädigendem Konsum (Tabakwerbung). Die Kosten der Gesundheitsschäden hat dann die Allgemeinheit zu tragen (Krankenkassen).

Werbung produziert Informationsmüll und manipuliert den hilflosen Verbraucher mit psychologischen Tricks, die er nicht durchschaut.

Mit Anzeigen, Plakaten usw. werden Ressourcen der Volkswirtschaft völlig sinnlos verschleudert, die man sinnvoller einsetzen sollte.

Werbung arbeitet oft mit effekthaschender Geschmacklosigkeit und verdirbt damit die guten Sitten. Sie verletzt gelegentlich sogar die Menschenwürde.

Beispiel: Benetton Werbung: Stempel HIV auf nacktem Po. Blutbefleckte Hose und T-Shirt eines bosnischen Soldaten. Lehmziegel schleppende Kinder (Kinderarbeit).

Beispiel »sexistische« Werbung: Männerhände halten lustvoll Frauenbrüste im Griff. Dazu die Erläuterung: »Er hat seinen Spaß, wir haben Ihre Bluse.«

**CONTRA**

»Wer immer erklärt, dass einige Bedürfnisse künstlich und nicht der Befriedigung wert seien, der hat die Pflicht, die Kriterien zu nennen, die er bei der Abgrenzung gegenüber den >echten< angewandt hat, und um dies zu leisten, muss er über eine Theorie der menschlichen Natur verfügen, die erklärt, auf was der Mensch ein echtes Anrecht hat oder was seine Entwicklung fördert. Eine solche Entscheidung kann nicht anders als willkürlich und rein persönlich sein.« (Leszek Kolakowski)

Werbung für Tabakwaren im Fernsehen ist in der Bundesrepublik bereits verboten.

Die Verbraucher haben längst gelernt, mit der Werbeflut umzugehen und aus dem »Informationsmüll« relevante Botschaften herauszufiltern.

Ohne Werbung kann Marktwirtschaft nicht funktionieren. Bei dem unüberschaubaren Warenangebot erfüllt die Werbung eine unentbehrliche Mittlerrolle zwischen Hersteller und Käufer. Ohne Werbung würden vorhandene Marktstrukturen zementiert.

Werbung reflektiert die Sitten der Gesellschaft, aber sie beeinflusst sie nicht. Staat (Richter) sollte nicht Geschmackswächter sein. Ohne Not sollte das Grundrecht auf freie Meinungsäußerung nicht beschränkt werden. In der Bundesrepublik gibt es ohnehin schon umfassende, die Werbung betreffende gesetzliche Verbote.

**Materialien:**

Grundgesetz (Art. 1 und Art. 5)
Gesetz gegen den unlauteren Wettbewerb (insbes. § 1)

**Informationen:**

1994 wurden in der Bundesrepublik Deutschland für Werbung 50 Milliarden DM ausgegeben.
Von der Werbewirtschaft wurde 1972 der »Deutsche Werberat« gegründet, der eine freiwillige Kontrolle im Bereich Werbung ausübt.

# Distributionspolitik: Absatzmethoden, Absatzorganisation und Transport

## 8.14 Absatzmethoden: Einzelhandel – Großhandel

1. Einsparungen durch Änderung der Absatzwege kann in folgenden Abteilungen erfolgen: Fertigwarenlager (kleiner); Werbung (wird teilweise vom Großhandel übernommen); Verkauf (weniger Vertreter u. Reisende erforderlich); einfacherer Versand an wenige Großabnehmer, deshalb kleinerer Fuhrpark erforderlich; Buchhaltung, Mahnabteilung (weniger Rechnungen, deshalb weniger Arbeitsanfall).
2. Beurteilung der Einschaltung des Großhandels
   a) vom Standpunkt der Uhrenfabrik:
      - Verringerung der Vertriebskosten (s. Nr. 1).
      - Gleichmäßigere Beschäftigung, weil Großhandel längerfristig vorausbestellt.
      - Vermindertes Lagerrisiko.
      - Beschränkung des Produktionsprogramms auf weniger Artikel (Großserien mit Kostendegression).

   b) vom Standpunkt des Einzelhändlers mit kleinerem Uhrenumsatz:

      Leichtere und schnellere Ergänzung des eigenen Warenlagers aus dem Sortiment des Großhändlers; Kreditgewährung durch Großhändler.
3. Großhändler übernimmt Funktionen, die sonst der Hersteller oder Einzelhändler übernehmen müsste. Die Großhandelsbetriebe wirken an der Umgruppierung des Güterstromes mit, indem sie als Aufkaufgroßhändler sammeln und verteilen oder als Absatzgroßhändler eine sortimentsbildende Tätigkeit ausüben.

## 8.15 Rechtstellung des Handelsvertreters

1. Utz; Bundesrepublik räumlich zu groß, dadurch zu geringe Besuchshäufigkeit.

2. a) Nein, da keine Interessenkollision.
   b) Nein; oft sogar Vorteile, z. B. hier durch Vertretung von Sicherheitsschlössern bereits in den Fachgeschäften eingeführt.

3. Ja; § 86 (2) HGB »unverzüglich«.

4. a) aa) Hdl. Vertr. hat im Zweifel nur Vermittlungsvollmacht (§ 91a HGB); Griebel machte Antrag, Ladis nahm durch Lieferung an (konkludentes Handeln).
   bb) Ladis vertreten durch Utz machte Antrag; Griebel nahm durch Auftragserteilung an.
   b) Nein (§ 87a (2) HGB). Ausbleiben der Leistung des Dritten (hier Griebel) »steht nicht fest«. Bloße erfolglose Mahnung beweist nicht endgültiges Ausbleiben der Leistung; wenn endgültiges Ausbleiben feststeht, kann Ladis Rückvergütung von Utz durch Verrechnung verlangen.

5. Ja, § 87 (2) HGB.

6. a) Ja, (§ 87a (3) HGB). Unmöglichkeit muss feststehen. Das ist hier gegeben. Unmöglichkeit ist durch Ladis zu vertreten, wenn »Schwierigkeiten im eigenen Betrieb« oder z. B. »Rohstoffmangel« der Grund sind.
   b) Vom Zielverkaufspreis (§ 87b (2) HGB). Hier also von EUR 3360 – 10 % Rabatt = EUR 3024.
   c) Monatlich (§ 87c (1) HGB), da vertraglich nichts anderes vereinbart; spätestens aber zum Ende des nächsten Monats.

7. Nein (§§ 84, 86 HGB). Selbstständigkeit: Arbeitspensum oder Tagesplan oder Mindestarbeitszeit kann nicht aufgegeben werden.

8. Es bestehen begründete Zweifel an der Vollständigkeit der Abrechnung. Deshalb kann Utz nach § 87c (4) HGB verlangen, dass nach Wahl Ladis ihm oder einem von ihm zu bestimmenden Wirtschaftsprüfer Einsicht in die Geschäftsbücher gewährt wird.

9. Ja (grundsätzlich); schnellerer Zahlungseingang; Kenntnis des Kunden erleichtert die Prüfung von dessen Kreditwürdigkeit; jedoch scheinen Provisionen zu hoch (Delkredereprov. § 86b HGB).

10. a) Ende Juli, weil keine vertragliche Vereinbarung.
    b) Ende November

11. a) Nein (§ 89b (3) HGB). Unternehmer hat durch Ablehnung der Forderung nach Delkredere und Inkassovollmacht keinen Anlass zur Kündigung gegeben.
    b) Weil der Hdl. Vertr. ursächlich an den weiteren Aufträgen beteiligt ist; deshalb wäre es unbillig, wenn er keinen Anteil am Erfolg hätte.
    c) 68 000 + 116 000 + 120 000 + 104 000 + 92 000 = 500 000 : 5 = 100 000. Berechnungsgrundlage für durchschnittliche Provision (Höchstanspruch) § 89b (2) HGB.

## 8.16 Absatz durch Reisende oder Handelsvertreter – Absatzkontrolle

1. a) Notwendige Vertreter zur Bearbeitung des Absatzgebietes: 558 + 320 + 60 = 938 : 600 = 2 Vertreter.
   b) Der Besuch von Großkunden ist für Unternehmer und Vertreter lohnender, da je Besuch mehr verkauft werden kann.

2. a) $\frac{20\,x}{100} = 2800; \quad x = 14000$ EUR

Der Einsatz eines Reisenden wird für das Unternehmen lohnend, wenn ein Umsatz von 14 000 EUR je Monat überschritten wird.

b) 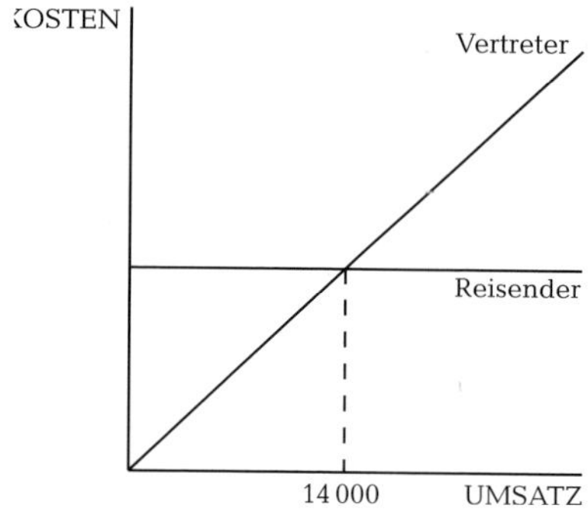


c) 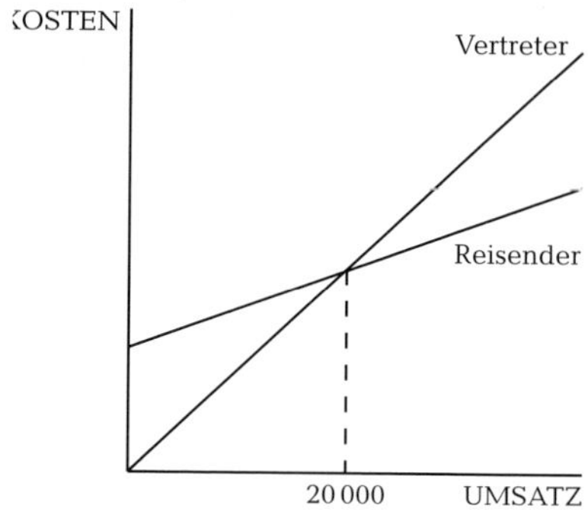


$$\frac{20\,x}{100} = 2000 + \frac{10\,x}{100}\ ;\ x = 20000 \text{ EUR}$$

3. Das Velobil bringt 25 EUR Gewinn je Stück. Der Absatzrückgang an Velobils bringt deshalb einen so großen Gewinnrückgang, dass selbst die Absatzsteigerung der Sportgeräte dies nicht mehr ausgleichen kann, da sie nur 12,50 EUR Gewinn je Stück bringen.
4. a) Da die Provision vom Verkaufspreis berechnet wird, erhält der Vertreter eine höhere Provision, wenn er viele Sportgeräte verkauft, weil diese einen höheren Endpreis haben.
   b) Der Gewinnanteil des Velobils ist höher als der des Sportgerätes. Die Vertreter werden also den Absatz des Velobils forcieren und damit auch das Interesse von Storz wahren (höherer Stückgewinn bei Velobil).

## 8.17 Fallstudie: Reisende und Handelsvertreter im Vergleich – Entscheidungsbewertungstabelle

1. Beispiel für eine mögliche Schülerlösung:

**Entscheidungsbewertungstabelle (Nutzwertanalyse)**

| Beurteilungskriterien | Wichtigkeit W | Absatzmittler: Reisender B | Reisender G = W×B | Handelsvertreter B | Handelsvertreter G = W×B |
|---|---|---|---|---|---|
| Verkaufsfähigkeit | 5 | 2 | 10 | 3 | 15 |
| Einsatzbereitschaft/ Eigeninteresse | 5 | 2 | 10 | 3 | 15 |
| Vertrautheit mit dem Produkt | 2 | 3 | 6 | 1 | 2 |
| Kundenpflege/ Kundenbetreuung | 5 | 3 | 15 | 2 | 10 |
| Steuerung und Kontrolle durch das Unternehmen | 2 | 2 | 4 | 1 | 2 |
| Flexibilität hinsichtlich der Einsatzmöglichkeiten | 2 | 3 | 6 | 1 | 2 |
| Marktkenntnis/ Marktbeobachtung | 4 | 1 | 4 | 3 | 12 |
| Umfang des Sortiments/Vertrieb von Komplementärartikeln | 1 | 0 | 0 | 5 | 5 |
| Summe | | | 55 | | 63 |
| Rang | | | 2 | | 1 |

## Kriterien für die Wahl zwischen Reisenden und Handelsvertretern

| Kriterium | Reisender | Einfirmenvertreter | Mehrfirmenvertreter |
|---|---|---|---|
| Vertragliche Bindung | §§ 59 ff. HGB, unselbstständig, stark weisungsgebunden | §§ 84 ff. HGB, selbstständig, grundsätzlich nicht weisungsgebunden | in der Regel wie Einfirmenvertreter |
| Arbeitszeit und Tätigkeit | Vorgabe durch das Unternehmen, Umsatzsoll | freie Gestaltung im Rahmen des Vertrages | in der Regel wie Einfirmenvertreter |
| Entgelt | Gehalt, evtl. Provision und Prämien | Provision vom erzielten Umsatz (Deckungsbeitrag) | in der Regel wie Einfirmenvertreter |
| Zusätzliche Kosten | Kfz-Kosten, Bürokosten, Sozialleistungen, Telefonkosten, Tagegelder, Übernachtungsgelder | eventuell aus Vertrag, z. B. garantiertes Einkommen | in der Regel keine |
| Kostencharakter | größtenteils fix | fast nur variabel | in der Regel variabel |
| Kundenbearbeitung | weitgehend durch Vorgabe durch die Verkaufsleitung | nach eigener Entscheidung in Abstimmung mit der Verkaufskonzeption des Unternehmens | wie Einfirmenvertreter, Überschneidungen können auftreten |
| Kontakte zu Kunden | auf der Basis des Verkaufsprogramms und persönlicher Beziehungen | auf der Basis des Verkaufsprogramms und persönlicher Beziehungen | sehr vielseitige Kontakte durch das breite Verkaufsprogramm von verschiedenen Unternehmen |
| Interessenlage | vertritt vorwiegend Interessen des Unternehmens | vertritt Interessen des Unternehmens und »eigene« Interessen | vertritt vorwiegend sein Interesse und das seiner Kunden |
| Änderung der Verkaufsbezirke | grundsätzlich leicht möglich | schwieriger, nur mit Einverständnis des Vertreters, sonst Änderungskündigung | wie Einfirmenvertreter |
| Berichterstattung | kann von Verkaufsleitung genau vorgeschrieben werden | muss vertraglich vereinbart werden | wie Einfirmenvertreter |
| Einsatzmöglichkeiten | grundsätzlich im gesamten Unternehmen | nur im Rahmen des Vertrages | Rücksichtnahme auf die anderen Unternehmen |
| Arbeitskapazität | steht dem Unternehmen zur Verfügung | steht dem Unternehmen voll zur Verfügung | verteilt sich auf mehrere Unternehmen |
| Arbeitsweise | weitgehend unternehmensorientiert | unternehmens- und einkommensorientiert | vorwiegend einkommensorientiert |
| Verkaufstraining | integrierter Bestandteil der Aus- und Weiterbildung | entsprechend dem Vertrag | schwieriger möglich, nur im Rahmen des Vertrages |
| Nebenfunktionen | Verkaufsförderung, Markterkundung, Kundendienst | entsprechend den vertraglichen Vereinbarungen | schwieriger möglich, nur im Rahmen des Vertrages |
| Kündigung | wie bei jedem Angestellten | Sonderregelung, eventuell Ausgleichsanspruch nach § 89 HGB | wie Einfirmenvertreter |

Quelle: H.C. Weis, Marketing, Ludwigshafen 1993, S. 298

2. Bei einem Umsatz zwischen 750 000 EUR und 900 000 EUR pro Jahr werden 3 Reisende benötigt.

   Maximaler Jahresumsatz eines Reisenden: 4 000 Stück × 75 EUR = 300 000 EUR.
   Jahresumsatz von 3 Reisenden: 900 000 EUR

3. Fixkosten pro Jahr für 3 Reisende: (1 750 + 250 + 600) × 12 × 3 = 93 600 EUR

   Kosten der Reisenden bei einem Jahresumsatz von 750 000 EUR bzw. 900 000 EUR:
   93 600 EUR + 750 000 EUR × 0,015 = 104 850 EUR
   93 600 EUR + 900 000 EUR × 0,015 = 107 100 EUR

   Kosten der Handelsvertreter bei einem Jahresumsatz von 750 000 bzw. 900 000 EUR:
   750 000 EUR × 0,1 = 75 000 EUR
   900 000 EUR × 0,1 = 90 000 EUR

   Der Einsatz von Handelsvertretern ist in beiden Fällen billiger.

   ***Hinweis:*** Der kritische Umsatz lässt sich im vorliegenden Fall nicht auf herkömmliche Weise algebraisch ermitteln, da bei zunehmendem Umsatz auch die Zahl der Reisenden steigt und dadurch sog. sprungfixe Kosten entstehen. Die grafische Lösung zeigt aber, dass bei der vorliegenden Datenkonstellation der Einsatz von Handelsvertretern in jedem Fall billiger ist.

4. Da im vorliegenden Fall der Einsatz von Handelsvertretern im Vergleich zu Reisenden den höheren Nutzwert aufweist und außerdem billiger ist, ist es ratsam Handelsvertreter einzusetzen.

## 8.18 Verkaufskommissionär

1. a) P. vermeidet Verkaufsrisiko.
   b) Eigentümer bleiben die Künstler; Pieroth wird nur Besitzer.
2. a) Der Kaufvertrag wird zwischen dem Kommissionär Pieroth und Fritz Axer abgeschlossen. Die Erklärung des P. erfolgt in eigenem Namen.
   b) Axer wird Eigentümer. Pieroth war zur Eigentumsübertragung berechtigt, § 383 HGB.
3. a) Ja! § 384 HGB fordert »unverzügliche Benachrichtigung und Herausgabe des Kaufpreises«.
   b) Nein. § 392 (1) HGB.
4. a) $2000 - 60 - x = 1340;\quad x = 600;$

   $$\frac{100 \times 600}{2000} = 30\,\%$$

   b) Ja. Der Kommissionär darf auch Transport- und Lagerkosten berechnen. § 396 (2) HGB.

## 8.19 Spediteur – Frachtführer

1. Zwischen der Möbelfabrik Dominus und dem Spediteur Maurer besteht ein Speditionsvertrag (HGB §§ 453 ff.). Der Spediteur lässt die Güterversendung durch Frachtführer ausführen. Die Wahl des Frachtführers hat er mit der Sorgfalt eines ordentlichen Kaufmanns auszuführen (§ 454 HGB). Die Zustimmung des Auftraggebers muss er aber nicht einholen.
2. a) Siegel muss seine Ansprüche (aus Kaufvertrag) bei der Möbelfabrik Dominus geltend machen.

b) Zwischen der Möbelfabrik Dominus und dem Spediteur Maurer besteht ein Speditionsvertrag. Der könnte Grundlage einer Schadenersatzpflicht sein. Maurer ist jedoch nur verpflichtet, den Frachtführer mit der Sorgfalt eines ordentlichen Kaufmanns auszuwählen. Dies hat er getan. Deshalb ist er zum Ersatz des Schadens nicht verpflichtet. (Für das Verschulden des Frachtführers hat er nicht gem. § 278 BGB zu haften, da dieser nicht sein Erfüllungsgehilfe ist.)

   Mit dem Frachtführer Neuhaus und der Möbelfabrik besteht keine vertragliche Beziehung. Deshalb bestehen grundsätzlich keine Schadenersatzansprüche. Der Spediteur Maurer kann jedoch seine Schadenersatzansprüche an die Möbelfabrik Dominus abtreten.

3. Ja. Der Spediteur Maurer hat Anspruch auf Provision. Sie ist schon fällig, wenn das Transportgut dem Frachtführer übergeben ist (§ 456 HGB).

## 8.20 Kostenvergleich: Eigener Fuhrpark – Fremdtransport – Fuhrparkleasing

1. Kosten bei eigenem Fuhrpark

| | |
|---|---|
| fixe Kosten | 200 000 EUR |
| variable Kosten (5 Mio./1000 × 25) | 125 000 EUR |
| Gesamtkosten pro Jahr | 325 000 EUR |

Kosten bei Leasing

| | |
|---|---|
| fixe Kosten | 235 000 EUR |
| variable Kosten (5 Mio./1000 × 25) | 125 000 EUR |
| Gesamtkosten pro Jahr | 360 000 EUR |

Kosten bei Fremdtransport

| | |
|---|---|
| variable Kosten (5 Mio./1000 × 50) | 250 000 EUR |
| Gesamtkosten pro Jahr | 250 000 EUR |

Der Fremdtransport ist bei einem zu transportierenden Warenwert von 5 Mio. EUR pro Jahr die kostengünstigste Alternative.

2. Kosten bei eigenem Fuhrpark = Kosten bei Fremdtransport

$$200\,000 + X/1000 \times 25 = X/1000 \times 50$$
$$200\,000 + 0{,}025 \times X = 0{,}05 \times X$$
$$200\,000 = 0{,}025 \times X$$
$$X = 8 \text{ Mio.}$$

Ab einem zu transportierenden Warenwert von 8 Mio. EUR pro Jahr wäre die Anschaffung eines eigenen Fuhrparks kostengünstiger.

Das Fuhrparkleasing ist im vorliegenden Fall bei jeder Transportleistung kostenungünstiger als die Anschaffung eines eigenen Fuhrparks.

3. Im Falle eines eigenen oder geleasten Fuhrparks kann das Unternehmen bei Absatz- und Beschaffungstransporten schneller und flexibler reagieren als beim Fremdtransport. Zeitaufwendige Verhandlungen mit Frachtführern entfallen in diesem Fall.

   Bei den Alternativen eigener oder geleaster Fuhrpark sind ggf. Vergleichsrechnungen unter Berücksichtigung von Finanzierungsart (Kreditfinanzierung bzw. Eigenfinanzierung des eigenen Fuhrparks), Liquiditätsaspekten und steuerlichen Auswirkungen vorzunehmen (vgl. Aufgaben Nr. 9.09).

# Rechtliche Rahmenbedingungen der Marketingmaßnahmen

## 8.21 Wettbewerbsrecht und Marketing – Verbraucherschutz

1. Irreführung über den Preis. Es ist unzulässig, im Schaufenster besonders preiswerte Waren anzubieten, wenn im Laden selbst keine Waren dieser Art vorhanden sind (Lockvogelangebote). Recht der Konkurrenten: Klage auf Unterlassung. § 3 UWG

2. Verkauf unter den Selbstkosten ist grundsätzlich erlaubt. Es liegt hier keine Irreführung und keine Preisschleuderei vor. Marktmächtige Unternehmen dürfen aber nicht auf Dauer unter Einstandspreis anbieten. § 20 Abs. 4 GWB

3. Nicht erlaubt (§ 8 Abs. 5 Nr. 2 UWG). Die Ankündigung »Geschäftsaufgabe« ist unzulässig und unwahr, wenn ein Nachfolger das Geschäft weiterführt. Recht der Konkurrenten: Klage auf Unterlassung. § 8 Abs. 5 Nr. 2 UWG

   Durch die unrichtigen Angaben liegt auch eine Verletzung gem. §§ 3 und 4 UWG mit Unterlassungsanspruch bzw. Strafandrohung vor.

4. Irreführung. Vorratsmenge darf weder zu hoch noch zu niedrig angegeben werden. Zu niedrig angegebene Vorratsmengen täuschen großen Absatz vor. Recht der Konkurrenten: Klage auf Unterlassung. § 3 UWG

5. Irreführend. Eine solche Alleinstellungswerbung ist nur dann zulässig, wenn nachgewiesen werden kann, dass bezüglich objektiv nachprüfbarer Merkmale (z. B. Umsatz) ein entsprechend deutlicher und nachhaltiger Vorsprung, der schon eine längere Zeit bestanden haben muss, gegenüber den Konkurrenten besteht. Recht der Konkurrenten: Klage auf Unterlassung. § 3 UWG

6. Ein Vergleich der eigenen Preise mit unverbindlich empfohlenen Preisen ist zulässig, wenn für die Verbraucher eindeutig kenntlich gemacht wird, dass der höhere Preis eine unverbindliche Preisempfehlung darstellt. Ein Vergleich ist aber dann nicht zulässig, wenn es sich bei den Preisempfehlungen um »Mondpreise«, d. h. überhöht festgesetzte und am Markt nicht durchsetzbare Preise handelt.

7. Bis 1998 galt in Deutschland jede Werbung mit Bezugnahme auf Mitbewerber, auch wenn die Bezugnahme anhand wahrer oder nachvollziehbarer Kriterien erfolgte, als unlauter und nach § 1 UWG als unzulässig. Durch Umsetzung einer EU-Richtlinie in deutsches Recht ist seit 2000 vergleichende Werbung unter folgenden Voraussetzungen erlaubt (§ 2 UWG):
   - Die Werbung darf nicht unwahr sein oder einen Irrtum hervorrufen.
   - Eigenschaften müssen nachprüfbar sein, d. h., die Werbeaussagen müssen sich an Tatsachen orientieren.
   - Er muss sich um typische Eigenschaften handeln.
   - Verunglimpfende oder herabsetzende Werbung ist unzulässig.

   Im vorliegenden Fall wäre die Werbung u. a. deswegen nicht erlaubt, weil sie herabsetzend ist. Außerdem ist sie möglicherweise unwahr und nicht nachprüfbar. Recht der Konkurrenten: Klage auf Unterlassung und Schadenersatz gem. § 1 UWG.

8. Verbraucheraufklärung durch vergleichende Warentests ist erlaubt und nicht sittenwidrig, wenn die Untersuchung neutral, sachkundig und objektiv vorgenommen wurde.

9. Wenn davon ausgegangen werden kann, dass der Kunde solche nichtssagenden Anpreisungen als werbende Übertreibung (Superlativ-Werbung) erkennt und nicht als Tatsachenbehauptung auffasst, liegen keine Verstöße gegen §§ 1 und 3 UWG vor.

10. Barzahlungsrabatte an Letztverbraucher durften bis 2001 3 % nicht übersteigen. Durch Aufhebung des Rabattgesetzes im Jahr 2001 ist diese Beschränkung entfallen.

11. War bereits gem. § 1 (2) Nr. der 2001 aufgehobenen ZugabeVO erlaubt.

12. War bereits gem. § 1 (2) Nr. der 2001 aufgehobenen ZugabeVO erlaubt.

13. Erlaubt, da die unentgeltliche Zuwendung bei objektiver Betrachtung als nicht geeignet erscheint, den Umworbenen so zu beeinflussen, dass er nicht umhin kann, die Ware zu kaufen. (Kommentar zu § 1 UWG)

14. Verstoß gegen § 1 PAngV, weil der Endpreis nicht gesondert hervorgehoben wurde. Ordnungswidrigkeit gem. § 10 PAngV, die mit einem Bußgeld bestraft werden kann. Eine fehlende oder unklare Preisauszeichnung kann auch wegen Irreführung über den Preis gegen §§ 1 und 3 UWG verstoßen. Rechte der Konkurrenten: Klage auf Unterlassung und ggf. Schadenersatz. §§ 1 und 3 UWG.

15. Zulässig, da PAngV nur für Letztverbraucher gilt.

16. Verstoß gegen § 7 (1) und (5) PAngV. Die Preise müssen Endpreise (einschließlich Bedienungsgeld) sein.

    Ordnungswidrigkeit gem. § 10 PAngV, die mit einem Bußgeld bestraft werden kann. Eine fehlende oder unklare Preisauszeichnung kann auch wegen Irreführung über den Preis gegen §§ 1 und 3 UWG verstoßen. Rechte der Konkurrenten: Klage auf Unterlassung und ggf. Schadenersatz. §§ 1 und 3 UWG.

17. Verstoß gegen § 2 PAngV weil der Grundpreis (hier: 1 kg = 0,74 EUR) nicht angegeben ist. Ordnungswidrigkeit gem. § 10 PAngV, die mit Bußgeld bestraft werden kann.

18. Umweltbezogene Werbung, wenn der »Bio-Hinweis« nicht eindeutig belegt ist, gilt als Verstoß gegen § 1 UWG. Gleiches gilt für Gefühls- und Vertrauensausnutzung durch Angst, Verunsicherung, Gesundheitswerbung, Werbung mit Kindern, gefühlsbetonte Werbung.

19. Mit dem Umweltzeichen »Blauer Engel« kann in der Werbung auf umweltrelevante Aspekte von Produkten hingewiesen werden. Die Produkte müssen bestimmte Anforderungen erfüllen und im Vergleich zu anderen Produkten mit gleichem Gebrauchszweck die Umwelt weniger belasten. Der Produktgruppe »Mehrwegflaschen« wurde der »Blaue Engel« von der »Jury Umweltzeichen« zuerkannt. Voraussetzung für die Nutzung durch einzelne Hersteller ist, dass zwischen dem Produkthersteller und dem Deutschen Institut für Gütesicherung und Kennzeichnung (RAL) ein Zeichennutzungsvertrag abgeschlossen wurde. Wenn dies im vorliegenden Fall des Abfüllbetriebes geschehen ist, wird das Umweltzeichen zu Recht für Werbezwecke verwendet.

20. Der »Grüne Punkt« ist kein Umweltzeichen wie z. B. der »Blaue Engel«. Der »Grüne Punkt« darf aufgrund eines Lizenzvertrages mit dem Dualen System Deutschland GmbH (DSD) gegen eine Gebühr, die der Finanzierung des Dualen Systems dient, von Unternehmen auf ihre Verkaufspackung gedruckt werden. Mit dem »Grünen Punkt« wird deutlich gemacht, dass die Verpackung innerhalb des Systems entsprechend der Verpackungsverordnung entsorgt und verwertet wird. Der »Grüne Punkt« beinhaltet aber keine Aussagen über besondere umweltrelevante Eigenschaften der Produkte. Für Verbraucher, die die Bedeutung des Zeichens nicht genau kennen, kann er daher irreführend sein. Ein Verstoß gegen § 3 UWG liegt aber nicht vor. Wenn die Brauerei im vorliegenden Fall einen Lizenzvertrag mit dem DS abgeschlossen und ihre Gebühr bezahlt hat, ist sie zum Aufdruck des »Grünen Punktes« auf ihre Getränkedosen berechtigt.

21. Zusendung unbestellter Waren stellt eine Belästigung dar, die als Verstoß gegen § 1 UWG gilt. Recht des Belieferten: Klage auf Unterlassung § 1 UWG: Frau Schubert muss die Kerzen nicht bezahlen oder zurückschicken, sondern nur eine angemessene Zeit aufbewahren und zur Abholung bereithalten.

22. Unerwünschte Briefkastenwerbung stellt eine Belästigung dar, die gegen § 1 UWG verstößt. Recht des Kunden: Klage auf Unterlassung. § 1 UWG.

23. Trotz des Briefkastenaufklebers ist der Postbote verpflichtet, jede adressierte Sendung (dazu gehören auch Werbebriefe) zuzustellen. Wer die weitere Zustellung adressierter Werbung verhindern möchte, kann sich kostenlos auf die sog. Robinsonliste setzen lassen. (Deutscher Direktmarketing Verband, Postfach 1401, 71254 Ditzingen). Damit wird erreicht, dass die dem DDV angeschlossenen Unternehmen die Zusendung weiterer Werbesendungen einstellen. Bei Unternehmen, die diesem Verband nicht angehören, besteht nur die Möglichkeit, jeden einzelnen Absender schriftlich aufzufordern, künftig die Zusendung von Werbematerial zu unterlassen. Notfalls ist eine Unterlassungsklage gem. § 1 UWG möglich. Außerdem kann jede ungeöffnete Sendung mit dem Vermerk »Annahme verweigert« versehen und an den Absender zurückgeschickt werden.

# Außenhandel

## 8.22 Zahlungsbilanz

1.

| | a) | b) | c) | d) | e) | f) | g) | h) | zum Ausweis der Salden |
|---|---|---|---|---|---|---|---|---|---|
| **I. Leistungsbilanz** (Bilanz der laufenden Posten) | | | | | | | | | |
| **Außenhandel** | | | | | | | | | |
| Ausfuhr (plus) | 500 | | | | | | | | |
| Einfuhr (minus) | | 450 | | | | | | | |
| Saldo Außenhandel | | | | | | | | | + 50 |
| **Dienstleistungen** | | | | | | | | | |
| Einnahmen (plus) | | | | 90 | | | | | |
| Ausgaben (minus) | | | 150 | | | | | | |
| Saldo Dienstleistungen | | | | | | | | | – 60 |
| **Erwerbs- und Vermögenseinkommen** (grenzüberschreitendes) | | | | | | | | | |
| Einnahmen (plus) | | | | | 20 | 10 | | | |
| Ausgaben (minus) | | | | | | | | | |
| Saldo Erwerbs- und Vermögenseinkommen | | | | | | | | | + 30 |
| **Laufende Übertragungen** | | | | | | | | | |
| fremde Leistungen (plus) | | | | | | | | | |
| eigene Leistungen (minus) | | | | | | | 20 | 30 | |
| Saldo laufende Übertragungen | | | | | | | | | – 50 |
| **Saldo der Leistungsbilanz** | | | | | | | | | – 30 |

2.

| | i) | k) | l) | m) | n) | zum Ausweis der Salden |
|---|---|---|---|---|---|---|
| **II. Vermögensübertragung** | | | | | | |
| Leistungen vom Ausland (+) | 7 | | | | | |
| Leistungen an das Ausland (–) | | 2 | | | | |
| Saldo der Vermögensübertragung | | | | | | + 5 |
| **III. Kapitalbilanz** | | | | | | |
| **Deutsche Nettokapitalanlagen im Ausland (Zunahme/Kapitalausfuhr = minus)** | | | | | | |
| Direktinvestitionen | | | – 500 | | | |
| Wertpapieranlagen | | | | | | |
| Kreditgewährung | | | | – 20 | | |
| **Ausländische Nettokapitalanlagen im Inland (Zunahme/Kapitaleinfuhr = plus)** | | | | | | |
| Direktinvestitionen | | | | | | |
| Wertpapieranlagen | | | | | 600 | |
| Kreditgewährung | | | | | | |
| Saldo Kapitalbilanz | | | | | | + 80 |
| **IV. Veränderung der Netto-Auslandsaktiva der Bundesbank (Zunahme = plus; Abnahme = minus)** | | | | | | + 55 |

3. a) Positive Summe der Positionen I, II und III: Netto-Auslandsaktive nehmen zu
Negative Summe der Positionen, II und III: Netto-Auslandsaktive nehmen ab.

b)

| | | |
|---|---|---|
| | Saldo Position I | – 30 |
| + | Saldo Position II | + 5 |
| + | Saldo Position III | + 80 |
| = | Veränderung der Netto-Auslandsaktiva der Bundesbank (Position IV) | + 55 |

c) Richtig: E, F

## 8.23 Terms of Trade – Wechselkurse – Europäisches Währungssystem

1. Günstig Auswirkungen auf die Wettbewerbsbedingungen: b) und e)
Im Fall e) wirken zwei Einflussfaktoren gegeneinander: Der Maschinenhersteller erhält für den bereits bei Vertragsabschluss festgelegten Dollar-Preis einen größe-

ren Euro-Betrag. Andererseits hat er für die Rohstoffe wegen des ungünstigeren Wechselkurses einen größeren Euro-Betrag aufzuwenden. Da der Anteil der Rohstoffe an den Gesamtkosten nur 40 % beträgt, wirkt sich die Veränderung des Wechselkurses insgesamt für ihn günstig aus.
Ungünstige Auswirkungen auf die Wettbewerbsbedingungen: a), c) und d)

2.

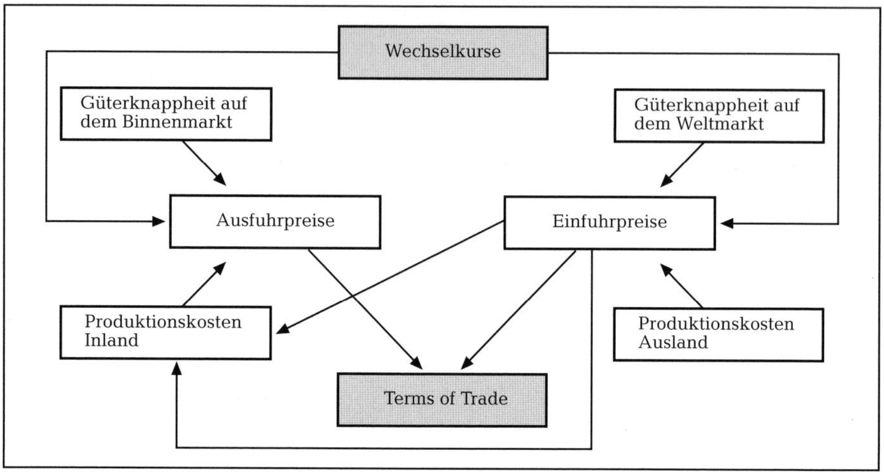


3.

| Jahr (1995 = 100) | 1995 | 1996 | 1997 | 1998 | 1999 | 2000 |
|---|---|---|---|---|---|---|
| Ausfuhrindex | 100,0 | 100,0 | 101,5 | 101,4 | 100,9 | 104,4 |
| Einfuhrindex | 100,0 | 100,4 | 104,0 | 100,7 | 100,2 | 111,4 |
| Terms of Trade | 1,0 | 0,996 | 0,976 | 1,007 | 1,007 | 0,937 |

Die Terms of Trade haben sich von 1995 bis 1997 verschlechtert und ab 1998 verbessert. Im Jahr 2000 trat wegen Preissteigerungen bei Rohölimporten erneut eine Verschlechterung ein.

Die Terms of Trade werden günstiger, wenn
- die Ausfuhrpreise konstant bleiben, die Einfuhrpreise aber sinken,
- die Einfuhrpreise konstant bleiben, die Ausfuhrpreise aber steigen,
- die Ausfuhrpreise stärker steigen als die Einfuhrpreise,
- die Einfuhrpreise stärker sinken als die Ausfuhrpreise.

4. Wegen der im Euro-Währungsgebiet unveränderlich festgelegten Verhältnisse der nationalen Währungen gibt es im Euro-Währungsgebiet kein Wechselkurs-Risiko mehr. Exporteure in den 11 Mitgliedsländern haben eine feste Kalkulationsgrundlage, wenn sie in den Euro-Raum exportieren.

Für die Schwankungen des Dollar-Kurses gibt es keine Grenzen. Exporteure tragen das volle Kursrisiko oder müssen sich dagegen absichern, was ebenfalls Kosten verursacht.

# 9 Finanzierung

## Außenfinanzierung
## Eigenfinanzierung – Beteiligungsfinanzierung

### 9.01 Eigenfinanzierung bei Einzelunternehmung und Kommanditgesellschaft

1. Übernahmebilanz Alternative A

| Aktiva | | Passiva | |
|---|---|---|---|
| Vermögen | 1 000 000 | **Eigenkapital:** | 400 000 |
| | | **Fremdkapital:** | |
| | | Darlehen (Bruder) | 200 000[1]) |
| | | Bankschulden | 400 000 |
| | 1 000 000 | | 1 000 000 |

Übernahmebilanz Alternative B

| Aktiva | | Passiva | |
|---|---|---|---|
| Vermögen | 1 000 000 | **Eigenkapital:** | |
| | | Komplementär | 400 000 |
| | | Kommandititst | 200 000 |
| | | **Fremdkapital:** | |
| | | Bankschulden | 400 000 |
| | 1 000 000 | | 1 000 000 |

2. Kommt auf Einschätzung der Geschäftsentwicklung an.

   Pessimistisch: Alternative B (kein Liquiditätsentzug durch Zinsverpflichtungen)

   Optimistisch: Alternative A (Zins- und Tilgungsverpflichtungen sind mit der Geschäftsentwicklung vereinbar)
   - Hebelwirkung des Darlehens für die Eigenkapitalrendite
   - bei Entscheidung für KG eventuell nachteilig: Kontrollrecht des Kommanditisten

3. 1 000 000 = 100 %
   600 000 = x

$$= \frac{100 \times 600\,000}{1\,000\,000} = 60\,\%\ \text{Eigenkapital}$$

40 % Fremdkapital

4. Die Eigenkapitalquote des Unternehmens ist überdurchschnittlich hoch. Die hohe Quote von 60 % lässt erkennen, dass Unternehmer/Gesellschafter bereit sind sich selbst am Risiko des Unternehmens zu beteiligen. Das hohe Eigenkapital trägt das Risiko im Falle des Verlustes und verringert damit als eine Art Puffer ganz wesentlich die Gefahr der Insolvenz. Damit eng verbunden ist die »aquisitorische Wirkung« des Eigenkapitals: Je größer der Verlustpuffer, desto geringer ist das Risiko von Vermögensverlusten der Gläubiger und desto einfacher ist die Beschaffung von zusätzlichem Fremdkapital.

[1]) Berechnung:
Reinvermögen des Bauunternehmens: 1 000 000 – 400 000 = 600 000 EUR
Anteil jedes Sohnes (1/2) = 300 000 EUR
Darlehen = 300 000 EUR – 100 000 EUR Barauszahlung aus privaten Mitteln = 200 000 EUR

## 9.02 Beteiligungsfinanzierung bei der AG: Kapitalerhöhung gegen Einlagen – Bezugsrecht – Vorzugsaktie – Kapitalrücklage – Bilanzkurs – Bookbuilding

1. Das Bankenkonsortium übernimmt die Platzierung der Aktien. Grund: Kreditinstitute besitzen die Kapitalmarkterfahrung und die Vertriebsorganisation, die für das Gelingen einer Emission erforderlich sind. Der Zweck eines Konsortiums besteht oft nicht allein in der Unterbringung der Aktien, sondern umfasst auch zusätzliche Aufgaben wie z. B.: Börseneinführung und Kurspflege.

2. Der Ausgabekurs wird so durch den Markt mitbestimmt. Damit werden die jungen Aktien zum **Marktpreis** ausgegeben; das emittierende Unternehmen ist damit von der Festsetzung eines spekulativen Ausgabekurses entbunden. (Bookbuilding-Verfahren: Vorgabe nicht eines festen Ausgabekurses, sondern einer Kursbandbreite.)

   Vor- und Nachteile des **Bookbuilding-Verfahrens:**

| Vorteile | Nachteile |
|---|---|
| • Da die Preisbildung erst während der Zeichnungsphase durch die Anleger erfolgt, ist eine Überbewertung und anschließender Kurssturz an der Börse nicht sehr wahrscheinlich.<br>• Eine Streuung der Aktien ist möglich. Bonitätsmäßig einwandfreie institutionelle Anleger, die eine langfristige Anlagestrategie verfolgen, können bevorzugt werden. Spontane Verkäufe in der Anfangsphase (Gewinnmitnahmen/Angstverkäufe) unterbleiben weitgehend. Der Anfangskurs bewegt sich in ruhigen Bahnen (vgl. Ausgabe der Aktien der Telekom im Jahre 1996). | • Hoher Aufwand für das Konsortium, da durch Befragung von möglichen Großanlegern eine Preisspanne festgelegt werden muss, die realistisch und marktnah ist.<br>• Private Anleger werden bei der anfänglichen Festlegung des Spannungspreises nicht berücksichtigt und bei der Zuteilung benachteiligt. |

   Vor- und Nachteile einer **Festpreisemission:**

| Vorteile | Nachteile |
|---|---|
| • Für die Banken im Vergleich zum Bookbuilding-Verfahren einfach, schnell und kostengünstig.<br>• Alle Anlegergruppen werden bei der Zuteilung gleich behandelt. Es werden i. d. R. keine Unterschiede zwischen privaten und institutionellen Anlegern gemacht. | • Der Emissionspreis wird zwischen Bankenkonsortium und Aktiengesellschaft vereinbart. Da das Emissionsgeschäft für die Banken üblicherweise sehr lukrativ ist, herrscht großer Wettbewerb. Gewöhnlich erhält das Konsortium den Auftrag zum Verkauf der Aktien (Platzierungsauftrag), das den höchsten und somit für die AG einträglichsten Kurs vorschlägt. Die hohen Emissionskosten für die jungen Aktien konnten in der Vergangenheit an der Börse oft nicht gehalten werden. Die Anleger erlitten Verluste, das Ansehen von Bank und AG litt. |

   Vgl. Wirtschaft – Soziales – Rest – Nr. 21, Seite 10 (08.12.1995)

3. a) 25 Mio. EUR (1/4 von 100 Mio. EUR)

   b) Die Zahl der Aktien muss im selben Verhältnis wie das Grundkapital erhöht werden. 10 Mio. neue Stückaktien
   41 Mio. EUR flüssige Mittel (10 Mio. Stückaktien à 4,10 EUR = 41 Mio. EUR)

4. a) 12 Mio. EUR;

b) 9,6 % $-\left(\begin{array}{l}\text{125 Mio. EUR} = 100\,\%\\ \text{12 Mio EUR} = \quad x\end{array}\right)$

5. a) Ja. Für Kapitalerhöhung ist Mehrheit von 3/4 des Grundkapitals nötig; § 182 AktG; der Aktionär hat Sperrminorität.

b) 24 %; Aktienbesitz: 30 % von 40 Mio. Aktien = 12 Mio. Aktien; bezogen auf die Anzahl der Stückaktien nach der Kapitalerhöhung (50 Mio. Stück) sind dies 24 %.

c) Erhaltung von Mehrheitsverhältnissen, Erhaltung der Beteiligungen an den stillen Reserven und den Erfolgsaussichten.

6. a)

| | **Grundkapital** | **Rücklagensumme** | **Eigenkapital** | **Bilanzkurs** |
|---|---|---|---|---|
| **Vor der Kapitalerhöhung** | 100 Mio. EUR | 80 Mio. EUR | 180 Mio. EUR | 180 % |
| **Nach der Kapitalerhöhung** | 200 Mio. + 25 Mio. = 125 Mio. EUR | 80 Mio. + 16 Mio.[1] = 96 Mio. EUR | 221 Mio. EUR | 176,1 % |

[1]) wertmäßiger Anteil einer Aktie am Grundkapital:
2,50 EUR $\left(\frac{\text{125 Mio. Grundkapital neu}}{\text{50 Mio. Aktien}}\right)$.
Agio: 10 Mio. neue Aktien à 1,60 EUR/Aktie = 16 Mio. EUR

b) Kapitalrücklage

c) Mit Verwässerung des Eigenkapitals ist der auf eine Aktie entfallende Eigenkapitalanteil gemeint; zu einer Verwässerung kommt es, weil der Ausgabekurs der jungen Aktien unter dem bisherigen Bilanzkurs liegt; damit werden die vorhandenen Rücklagen auf eine größere Zahl von Aktien verteilt, was zu einem niedrigen Bilanzkurs (Verwässerungseffekt) führt;

d) wertmäßiger Anteil einer Aktie am Grundkapital: 2,50 EUR;
tatsächliches Eigenkapital pro Aktie bei Bilanzkurs 176,8 %: 4,42 EUR
Ausgabekurs: 4,10 EUR
»Preisvorteil«: 0,32 EUR

e) 0,32 EUR auf 4 alte Aktien ⇒ 0,08 EUR/Aktie

f) Formel: $B = \frac{4{,}50 - 4{,}10}{4/1 + 1} = 0{,}08$ EUR

***Hinweis:***
Ableitung der Formel für den rechnerischen Wert eines Bezugsrechts (über die Zahlen des Beispiels):
Durchschnittskurs nach Kap.-Erhöhung:

| | | |
|---|---|---|
| 4 alte Aktien à 4,50 EUR | = | 18,00 EUR |
| 1 junge Aktie à 4,10 EUR | = | 4,10 EUR |
| 5 Aktien | = | 22,10 EUR |
| 1 Aktie | = | 4,42 EUR |

(siehe auch Berechnung nach Bilanzkurs)

| | | | |
|---|---|---|---|
| Durchschnittskurs | D | = | 4,42 EUR |
| – Bezugskurs der jungen Aktien – | $K_n$ | = | 4,10 EUR |
| = Kursgewinn einer jungen Aktie | | | 0,32 EUR (siehe d) |

Preis dafür: 4 Bezugsrechte à 0,08 EUR (siehe e) 0,32 EUR

I: Kursverlust f. eine Altaktie: $B = K_a - D = 4{,}50 - 4{,}42 = 0{,}08$ EUR

II: Kursgewinn f. eine junge Aktie: $B = \frac{D - K_n}{a/n} = \frac{4{,}42 - 4{,}10}{4/1} = 0{,}08$ EUR

aus Gleichung II ergibt sich III: $B \times a/n = D - K_n$

Summe I u. III: $B + B \times a/n = K_a - K_n$

$B\,(1 + a/n) = K_a - K_n$

$$B = \frac{K_a - K_n}{a/n + 1}$$

7. Annahme:
Aktionär Eichhorn besitzt **vor der Kapitalerhöhung**
100 Aktien à 4,50 EUR = 450,00 EUR

**Nach der Kapitalerhöhung** sinkt der rechnerische Wert seiner Aktien auf
100 Aktien à 4,42 EUR = 442,00 EUR

zusätzlich: Einräumung von 100 Bezugsrechten à 0,08 EUR/Aktie
= 8,00 EUR

Gesamtwert nach Kapitalerhöhung = 450,00 EUR

Durch Verkauf der Bezugsrechte zum rechnerischen Bezugsrechtswert wird der Kursverlust vollständig ausgeglichen.

8. a) Sinkt die allgemein mögliche Dividende unter 12 %, dann stellen sich die Stammaktionäre schlechter. Ihre Dividende wird zu Gunsten der Vorzugsaktionäre gekürzt.
   b) Für die Geschäftsleitung hat die Vorzugsaktie Vorteile: Dividendenzahlung nur bei Gewinn, keine Rückzahlungspflicht des zugeflossenen Kapitals wie etwa im Falle einer Fremdfinanzierung;
   c) Aktienkäufer können ihre Chancen nur beurteilen, wenn sie wissen, ob bevorrechtigte Ansprüche auf den Gewinn bestehen.

## 9.03 Aktiengesellschaft: Kapitalerhöhung aus Gesellschaftsmitteln – Berichtigungsaktien

1. ***Hinweis:*** Die Begriffe »Gezeichnetes Kapital« und »Grundkapital« lassen sich in dieser Aufgabe synonym verwenden, weil es sich bei der **zusammengefassten Bilanz** nicht um eine zu veröffentlichende Handelsbilanz handelt. Gesetzliche Grundlagen: §§ 207, 182, 284 u. 208 AktG.

Nach § 208 AktG Abs. 1 Satz 2 können andere Gewinnrücklagen und deren Zuführungen in voller Höhe in Grundkapital umgewandelt werden; die Kapitalrücklage und die gesetzliche Gewinnrücklage nur, soweit sie zusammen den zehnten oder den in der Satzung bestimmten höheren Teil des bisherigen Grundkapitals übersteigen.

Im vorliegenden Fall demnach:

| | | |
|---|---|---|
| andere Gewinnrücklagen (volle Höhe) | | 1,6 Mio. EUR |
| Kapitalrücklage | 0,2 Mio. EUR | |
| gesetzliche Rücklage | 0,6 Mio. EUR | |
| | 0,8 Mio. EUR | |
| – 10 % aus 4,0 Mio. EUR umwandlungsfähiger Teil der gesetzlichen Rücklage und der Kapitalrücklage | 0,4 Mio. EUR | |
| | | 0,4 Mio. EUR |
| | | 2,0 Mio. EUR |

***Hinweis:*** Das AktG enthält keine Vorschriften, welche Rücklagen (Gewinn- oder Kapitalrücklagen) zuerst umgewandelt werden müssen; demnach sind bei nicht vollständiger Umwandlung unterschiedliche Lösungen möglich.

2. a) gezeichnetes Kapital (4,0 Mio. EUR) : Kapitalerhöhung (2,0 Mio. EUR) = 2 : 1

   b) Aktiva — Bilanz nach der Kapitalerhöhung (in Mio. EUR) — Passiva

| Aktiva | | Passiva | |
|---|---|---|---|
| **Anlagevermögen:** | | **Eigenkapital:** | |
| Grundstücke und Gebäude | 5,0 | Grundkapital | |
| Maschinen, | | (gezeichnetes Kapital) | 6,0 |
| Geschäftsausstattung | 6,0 | gesetzliche Rücklage | 0,4 |
| **Umlaufvermögen:** | | Gewinnvortrag | 0,01 |
| Vorräte | 1,5 | **Fremdkapital:** | |
| Forderungen | 2,5 | Darlehenschulden | 6,8 |
| flüssige Mittel | 0,1 | Verbindlichkeiten geg. Lieferer | 1,89 |
| | 15,1 | | 15,1 |

3. **Bilanzkurs vor der Kapitalerhöhung:**

| | | | | |
|---|---|---|---|---|
| Grundkapital (= gezeichnetes Kapital) | 4 Mio. | = | 100 % | |
| Eigenkapital | 6,41 Mio. | = | x | x = 160,25 % |

**Bilanzkurs nach der Kapitalerhöhung:**

| | | | | |
|---|---|---|---|---|
| Grundkapital (= gezeichnetes Kapital) | 6 Mio. | = | 100 % | |
| Eigenkapital | 6,41 Mio. | = | x | x = 106,83 % |

4. Letztjähriger Dividendenbetrag: 800 000 EUR auf Grundkapital von 4 Mio. EUR = 20 %
   Diesjähriger Dividendenbetrag: 800 000 EUR auf Grundkapital von 6 Mio. EUR = 13,28 % demnach 13 % Dividende

5. Eigenkapital vor der Kapitalerhöhung = Eigenkapital nach der Kapitalerhöhung (6,41 Mio.); Aktionäre leisten keinen Kaufpreis für die »Gratisaktien«, jedoch wird bislang unverbrieftes Eigenkapital (= Rücklagen) in Aktien verbrieft; da die Summe des Eigenkapitals unverändert ist, die Zahl der Aktien jedoch steigt, ist der auf eine Aktie entfallende Eigenkapitalanteil geringer (sinkender Kurs); damit haben sich die Vermögenswerte der Aktionäre durch die Kapitalerhöhung aus Gesellschaftsmitteln nicht verändert; treffenderer Ausdruck für Gratisaktien: Berichtigungsaktien, da den Altaktionären nichts geschenkt wird.

6. a)

| | | | |
|---|---|---|---|
| | 80 000 $\text{Aktien}_{alt}$ à 81 EUR Kurswert | = | 6 480 000,00 EUR |
| + | 40 000 $\text{Aktien}_{neu}$ à 0 EUR | = | 0,00 EUR |
| | 120 000 Aktien | = | 6 480 000,00 EUR |
| | Kurs pro Aktie | = x | 54,00 EUR |

***Hinweis:*** Aufgrund des Bilanzkurses errechnet sich folgender Kurs: Eigenkapital 6,41 Mio. EUR : 120 000 Aktien = 53,41 EUR; dies entspricht ≈ 106,83 % (s. Ziffer 3);

b) Bezugsrechtsformel: $B = \frac{K_a - K_n}{a/n + 1}$

$$B = \frac{81 - 0}{2/1 + 1} = 27 \text{ EUR}$$

c) Der neue Durchschnittskurs liegt bei 54 EUR;
($\text{Kurs}_{alt}$ 81 – Wert Bezugsrecht 27);
andere Berechnungsmöglichkeit siehe 6. a);
vom Vorstand angestrebtes Ziel wurde damit erreicht;

d) – Erschließung neuer Käuferschichten (Publikums-AG);
– Schaffung einer günstigen Ausgangssituation zur Durchführung einer Kapitalerhöhung gegen Einlagen (niedriger Kurs bewirkt u. U. höhere Nachfrage);
– Dividendenoptik (niedrigerer Kurs führt bei unverändertem Dividendensatz zu höherer Effektivverzinsung); oder: um den gleichen Dividendenbetrag auszuschütten, kann ein geringerer Dividendensatz beschlossen werden bzw. bei gleichem Dividendensatz wird ein höherer Dividendenbetrag ausgeschüttet (= Tiefstapelei für publikumsscheue Gesellschaften);

e) Herabsetzung des Nennwerts einer Aktie von 50 EUR auf einen niedrigeren EUR-Betrag (Mindestnennbetrag 1 EUR – § 8 (2) AktG); Umstellung von Nennbetragsaktien auf Stückaktien (wobei Zahl der Stückaktien Zahl der bisherigen Nennbetragsaktien übersteigen müsste);

7. a) Christa Mustermann würde aufgrund ihres Besitzes von 39 Aktien 19,5 Berichtigungsaktien erhalten. Um 20 Berichtigungsaktien zu bekommen, müsste sie jedoch im Besitz von 40 Aktien sein. Will sie ihre »Spitze« abrunden, so müsste sie demnach noch 1 Bezugsrecht kaufen. Unter der Voraussetzung, dass der Kaufpreis eines Bezugsrechtes dessen rechnerischem Wert entspricht, müsste sie dafür 27 EUR (vgl. 6. b) aufwenden. Der Betrag von 27 EUR plus die Spitze von 0,5 Aktien ergeben zusammen wieder 54 EUR.

b) Die Bank verkauft die freie Spitze (1 Bezugsrecht) zum aktuellen Preis (eventuell 27 EUR – je nach Börsensituation); damit erhält die Aktionärin lediglich 19 Berichtigungsaktien zuzüglich des Verkaufserlöses aus dem Bezugsrecht, abzüglich Verkaufsspesen.

# Fremdfinanzierung und Kreditsicherheiten

## 9.04 Darlehensvertrag – Kreditwürdigkeitsprüfung bei einem Handelsbetrieb – Finanzierungskennzahlen

1. a)

| | | | | | |
|---|---|---|---|---|---|
| **1. Eigenkapitalquote:** | $\frac{616\,440 \times 100}{2\,334\,800}$ | = 26,40 % | **4. Umsatzbedingte Liquidität:** (Liqu. 3. Grades) | $\frac{66\,800 \times 100}{18\,360}$ | = 363,80 % |
| **2. Barliquidität:** (Liqu. 1. Grades) | $\frac{12\,800 \times 100}{18\,360}$ | = 69,71 % | **5. Anlagendeckungsgrad durch Eigenkapital:** | $\frac{616\,440 \times 100}{2\,268\,000}$ | = 27,17 % |
| **3. Einzugsbedingte Liquidität:** (Liqu. 2. Grades) | nicht von Bedeutung, da die Drogerie keine Kundenforderungen hat | | **6. Eigenkaprent.:** | $\frac{116\,740 \times 100}{616\,440}$ | = 18,93 % |

b) 1. **Eigenkapitalquote** liegt mit 26,4 % über dem Bundesdurchschnitt des Einzelhandels von ca. 20 %.

2. **Barliquidität** von 69,71 % sagt aus, dass die momentan vorhandenen flüssigen Mittel nur zur Deckung von ca. 70 % der kurzfristigen Verbindlichkeiten ausreichen. Da die genaue Fälligkeit der Verbindlichkeiten jedoch nicht bekannt ist, bringt die Kennzahl für die umsatzbedingte Liquidität (363,8 %) die Bestätigung, dass das Unternehmen als zahlungsfähig angesehen werden kann.

3. **Anlagendeckungsgrad:** 27,7 % des Anlagevermögens sind durch Eigenkapital gedeckt. Anzustreben ist eine Deckung des Anlagevermögens durch Eigenkapital und/oder langfristiges Fremdkapital. Das Unternehmen verfügt über eine Summe von 2 316 440 EUR Eigen- und langfristigem

Fremdkapital bei einem Anlagevermögen in Höhe von 2 268 000 EUR. Damit ist der Grundsatz eingehalten, langfristig gebundenes Vermögen auch langfristig zu finanzieren (Fristenkongruenz).

4. **Eigenkapitalrentabilität:** Eine Verzinsung des Eigenkapitals von 18,93 % sichert dem Unternehmer eine angemessene Verzinsung seines eingesetzten Kapitals und gewährt ihm darüber hinaus noch eine entsprechende Risikoprämie.

   ***Ergebnis:*** Kennzahlen aus der Bilanzauswertung erlauben eine Kreditgewährung.

2. a) Schriftform ist gesetzlich vorgeschrieben, falls es sich beim Kreditnehmer um einen Verbraucher handelt (Verbraucherdarlehensvertrag) – §§ 491, 492 BGB. Darlehensverträge, bei denen der Darlehensnehmer ein Unternehmer ist, unterliegen keinem Formzwang;
   b) Zinsniveau am Kreditmarkt müsste sinken
   c) – Auszahlung erfolgt in Höhe von 98 % des Nominalbetrages
      – Anfall von Bearbeitungsgebühren
   d) Bereitstellungsprovision ist zu erbringen, wenn der Darlehensbetrag nicht wie vorgesehen – oder nur teilweise – zur Auszahlung kommt; wird der Kaufvertrag der Drogerie Vogt mit ihrem Lieferer in der vorgesehenen Weise ausgeführt, ist keine Bereitstellungsprovision fällig, weil der Auszahlungstermin für das Darlehen exakt geplant werden kann.
      Berechnung einer Bereitstellungsprovision ist gerechtfertigt, da Bank im Falle der Nichtauszahlung in ihrer Dispositionsfähigkeit eingeschränkt ist (Bereitstellung von Liquidität für einen unbestimmten Termin erlaubt keine anderweitige Kreditvergabe).
   e) bei vierteljährlicher Tilgung in Höhe von 5500 EUR ist das Darlehen nach 2 Jahren getilgt.
   f) Liquiditätszuflüsse aus dem laufenden Verkauf von Waren sind bestimmend für die Wahl der Laufzeit.

## 9.05 Konsumentenkredit – Effektiver Jahreszins – Verbraucherdarlehensvertrag

1. Feststellen der **persönlichen Kreditwürdigkeit** der Kreditnehmerin;
2. Bei einem Nettoeinkommen von ca. 26 000 EUR und einer bisherigen Ausgabensumme von ca. 21 600 EUR besteht noch ein Belastungsspielraum von ca. 4400 EUR/Jahr bzw. ca. 366 EUR/Mt. Dieser Spielraum müsste noch für eine Kreditgewährung in Höhe von 15 000 EUR ausreichen (bei einem Monatszins von 0,43 % wäre der Zinsanteil pro Monat 64,50 EUR – Tilgungsspielraum ca. 154,55 EUR/Mt).
3. a) Angabe des effektiven Jahreszinses fehlt (§ 492 (1) Nr. 5 BGB)
   b) Kreditvertrag ist wegen eines Formmangels nichtig – § 494 (1) BGB (fehlende Angabe über effektiven Jahreszins gem. § 492 (1) Nr. 5 BGB)
   c)

$$p_{eff} = \frac{\text{Kreditkosten} \times 100 \times 12}{\text{durchschn. Kreditbetrag (k)} \times \text{Laufzeit in Monaten (t)}}$$

$$= \frac{6\,780 \times 100 \times 12}{\left(\frac{15\,000 + 220}{2}\right) \times 99} = \underline{\underline{10{,}79\,\%}}$$

4. Schriftform ist für Überziehungskredite nicht vorgeschrieben (§ 493 (1) BGB); jedoch hat das Kreditinstitut eine Unterrichtungspflicht über 1. die Höchstgrenze des Kredits, 2. den Jahreszins zum Zeitpunkt der Kreditgewährung, 3. die Bedingungen, unter denen der Zinssatz geändert werden kann, 4. die Regelung der Vertragsbeendigung.

***Ergänzung:***
Das Computerprogramm der Bank führt zu folgendem Ergebnis:

| | | | | |
|---|---|---|---|---|
| Auszahlung | 1.05.02 | : | EUR | 15 000,00 |
| Zinsen | (Mon. 0,44 %) | : | EUR | 6 480,00 |
| Gebühren | 2 % | : | EUR | 300,00 |
| Kreditkosten | | : | EUR | 6 780,00 |
| Kreditbetrag | | : | EUR | 21 780,00 |
| Effektiver Zinssatz | | : | % | 10,07 |
| Monatliche Rate | | : | EUR | 220,00 |
| 1. Rate am | 1.06.02 | : | EUR | 220,00 |
| 99. Rate am | 1.08.10 | : | EUR | 220,00 |

## 9.06 Kapitalbedarf – Kreditarten – Kontokorrentkredit

1.

| Monate | Januar | Februar | März | April | Mai | Juni |
|---|---|---|---|---|---|---|
| monatlicher Kapitalbedarf | – 84 | – 9 | – 6 | – 3 | – 45 | + 42 |

2.

§§ 1, 4 VerbrKrG

| Monate | Januar | Februar | März | April | Mai | Juni |
|---|---|---|---|---|---|---|
| kumulierter Kapitalbedarf | – 84 | – 93 | – 99 | – 102 | – 147 | – 105 |

3. a) Die Bank muss im Falle des Kontokorrentkredits jederzeit mit einer Inanspruchnahme zumindest in Höhe der vereinbarten Kreditlinie durch den Kreditnehmer rechnen. Die dafür erforderliche Liquidität muss bereitgestellt werden. Würde der Kreditnehmer die vereinbarte Kreditlinie z. B. überhaupt nicht in Anspruch nehmen, so könnte die Bank auch keine Sollzinsen berechnen, obwohl sie die Mittel für den Bankkunden bereithalten muss. Das mit dieser Disposition verbundene Risiko schlägt sich in der Berechnung höherer Sollzinsen nieder.

b) Alternative I:
Kreditbedarf: 147 000 EUR
Zinssatz: 9 %
Laufzeit: 1/2 Jahr
**Zinsen: 6615 EUR**

Alternative II:

| Kapital | Tage | # |
|---|---|---|
| 84 000 | 30 | 25 200 |
| 93 000 | 30 | 27 900 |
| 99 000 | 30 | 29 700 |
| 102 000 | 30 | 30 600 |
| 147 000 | 30 | 44 100 |
| 105 000 | 30 | 31 500 |
| | | |
| **Summe** | | **189 000** |

Zinsen = Summe # / Zinsteiler = 189 000 / 30 = **6300 EUR**

c) Bei Entscheidung für Alternative I (Kreditauszahlung 147 000 EUR bereits im Januar) verfügt die Werbeagentur über freie Liquidität in unterschiedlicher Höhe. So werden z. B. im Januar lediglich 84 000 EUR benötigt, so dass 63 000 EUR (147 000 EUR – 84 000 EUR) alternativ angelegt werden könnten. Für eine zutreffende Aussage müsste die freie Liquidität mit dem jeweils zu erzielenden Guthabenzinssatz verzinst werden. Dies würde dazu führen, dass sich im Ergebnis die für Alternative I errechnete Zinsbelastung in Höhe von 6615 EUR netto vermindern würde.

4.

| | **Fälligkeitsdarlehen** | **Kontokorrentkredit** |
|---|---|---|
| Auszahlung/Bereitstellung | Auszahlung zu dem im Vertrag festgelegten Termin | Bereitstellung einer Kreditlinie; Inanspruchnahme bei Bedarf |
| Höhe des Zinssatzes im Vergleich | niedriger als bei Kontokorrentkredit | höher als bei Fälligkeitsdarlehen |
| Tilgung | Ende der Laufzeit lt. Vertrag | Zusage meist für 1 Jahr; bei ordnungsmäßiger Kontoführung Möglichkeit der Prolongation |
| Fälligkeit | mittel- oder langfristiger Kredit | kurzfristiger Kredit |

## 9.07 Schuldscheindarlehen – Ratentilgung – Einmaltilgung – Disagio

1. Finanzierungsangebot der Bank:

| **1** | **2** | **3** | **4** | **5** |
|---|---|---|---|---|
| **Jahr** | **Darlehensschuld** | **Zinsbetrag** | **Tilgungsbetrag** | **Gesamtbelastung** |
| 1 | 2 000 000 EUR | 120 000 EUR | 400 000 EUR | 520 000 EUR |
| 2 | 1 600 000 EUR | 96 000 EUR | 400 000 EUR | 496 000 EUR |
| 3 | 1 200 000 EUR | 72 000 EUR | 400 000 EUR | 472 000 EUR |
| 4 | 800 000 EUR | 48 000 EUR | 400 000 EUR | 448 000 EUR |
| 5 | 400 000 EUR | 24 000 EUR | 400 000 EUR | 424 000 EUR |
| **Summen** | | **360 000 EUR** | **2 000 000 EUR** | **2 360 000 EUR** |

Finanzierungsangebot der Versicherung:
Da die Auszahlung der Versicherung lediglich zu 98 % erfolgt, ist die Darlehenshöhe wie folgt zu errechnen:

$$\begin{array}{l} 98\,\% - 2\,000\,000 \text{ EUR} \\ 100\,\% - \quad x \end{array} = \frac{2\,000\,000 \times 100}{98} = 2\,040\,816{,}30 \text{ EUR}$$

| **1** | **2** | **3** | **4** | **5** |
|---|---|---|---|---|
| **Jahr** | **Darlehensschuld** | **Zinsbetrag** | **Tilgungsbetrag** | **Gesamtbelastung** |
| 1 | 2 040 816,30 EUR | 122 448,98 EUR | | 122 448,98 EUR |
| 2 | 2 040 816,30 EUR | 122 448,98 EUR | | 122 448,98 EUR |
| 3 | 2 040 816,30 EUR | 122 448,98 EUR | | 122 448,98 EUR |
| 4 | 2 040 816,30 EUR | 122 448,98 EUR | | 122 448,98 EUR |
| 5 | 2 040 816,30 EUR | 122 448,98 EUR | 2 040 816,30 EUR | 2 163 265,28 EUR |
| **Summen** | | **612 244,90 EUR** | **2 040 816,30 EUR** | **2 653 061,20 EUR** |

2. Angebot der Bank ist günstiger, da hier Auszahlung zu 100 % erfolgt; bei gleichem Nominalzinssatz (6 %) der beiden Anbieter und zusätzlich 2 % Disagio der Versicherung wird die Halbleiter AG unter Kostengesichtspunkten das Angebot der Bank annehmen.

   Die Tilgungsmodalitäten sind in beiden Fällen unterschiedlich:

   - Versicherungsgesellschaft: Einmaltilgung am Ende der Laufzeit → während der Laufzeit keine Liquiditätsbelastung durch Tilgung
   - beim Schuldscheindarlehen kann die im Vergleich zur Ratentilgung noch nicht benötigte Liquidität zinsbringend angelegt werden
   - Bank: Ratentilgung → während der Laufzeit Liquiditätsbelastung durch lfd. Tilgung

3. – wegen der unterschiedlichen Tilgungsmodalitäten können die Ergebnisse nicht verglichen werden
   - Disagio als Vorauszins stellt Finanzierungskosten dar, die in der vorliegenden Tabelle der Versicherung nicht enthalten sind; um das Disagio zu berücksichtigen, ist die Berechnung des Effektivzinssatzes nötig;

4. jährlicher Disagioanteil 8 163,26 EUR
   jährliche Zinsen 122 448,98 EUR
   jährliche Kreditkosten 130 612,24 EUR

$$p_{eff} = \frac{130\,612{,}24 \times 100}{2\,000\,000} = \underline{\underline{6{,}53\,\%}}$$

## 9.08 Annuitätentilgung – Ratentilgung

1. u. 2.

| Jahr | Darlehensschuld (Anfang des Jahres) | Tilgung | Zins | Annuität |
|---|---|---|---|---|
| 1 | 100 000,00 | 17 045,64 | 8 000,00 | 25 045,64 |
| 2 | 82 954,36 | 18 409,29 | 6 636,35 | 25 045,64 |
| 3 | 64 545,07 | 19 882,03 | 5 163,61 | 25 045,64 |
| 4 | 44 663,04 | 21 472,60 | 3 573,04 | 25 045,64 |
| 5 | 23 190,44 | 23 190,44 | 1 855,20 | 25 045,64 |
| Summen | | **100 000,00** | **25 228,20** | **125 228,20** |

Zahlung insgesamt nach 5 Jahren ⟶ ↑

3. Annuität: Darlehensbetrag 100 000 EUR, Annuitätenfaktor bei 10-jähriger Tilgung und einem Zinssatz von 8 % = 0,14903
   100 000 × 0,14903 = 14 903 EUR/Jahr

4. »ersparte Zinsen« des zweiten Jahres = 8000 EUR – 6 636,35 EUR
   = 1 363,65 EUR
   Tilgung 1. Jahr 17 045,64 EUR + »ersparte Zinsen« 1 363,65 EUR
   = 18 409,29 EUR Tilgung 2. Jahr

5.

| Jahr | Darlehensschuld (Anfang des Jahres) | Tilgung | Zins |
|---|---|---|---|
| 1 | 100 000 | 20 000 | 8 000 |
| 2 | 80 000 | 20 000 | 6 400 |
| 3 | 60 000 | 20 000 | 4 800 |
| 4 | 40 000 | 20 000 | 3 200 |
| 5 | 20 000 | 20 000 | 1 600 |
| Summen | | **100 000** | **24 000** |

**124 000 EUR**
**Zahlung insgesamt**

6. Die Tilgung ist beim Ratendarlehen während der ersten 3 Jahre höher als beim Annuitätendarlehen. Daraus errechnen sich niedrigere Zinsen, was insgesamt zu einer niedrigeren Gesamtbelastung führt.
7. Liquiditätsbelastung: Sie ist bei der Ratentilgung am Anfang höher, fällt aber dann unter die Belastung durch die Annuität.

## 9.09 Leasing und Kreditkauf im Vergleich – Entscheidungsbewertungstabelle

1. 1. Eigenkapital soll nach dem Vorschlag aus der Anzeige nicht zur Finanzierung von Fuhrpark verwendet werden – somit steht es zur Finanzierung anderer Vermögensteile zur Verfügung –;
   2. Beschaffung der Fahrzeuge über Leasing; damit keine Mittelbindung in der Vermögensposition »Fuhrpark«.
2. a) **Leasing – Grundmietzeit**

| Jahr | Leasingraten | Aufwand | Liquiditätsbelastung |
|---|---|---|---|
| 1 | 140 000 | 140 000 | 140 000 |
| 2 | 140 000 | 140 000 | 140 000 |
| 3 | 140 000 | 140 000 | 140 000 |
| | 420 000 | 420 000 | 420 000 |

**Kreditfinanzierung – Grundmietzeit**

| Jahr | Kredit Jahresanfang | Tilgung | Zins | Abschreibung | Aufwand | Liquiditätsbelastung |
|---|---|---|---|---|---|---|
| 1 | 300 000 | 75 000 | 24 000 | 75 000 | 99 000 | 99 000 |
| 2 | 225 000 | 75 000 | 18 000 | 75 000 | 93 000 | 93 000 |
| 3 | 150 000 | 75 000 | 12 000 | 75 000 | 87 000 | 87 000 |
| | | | | | 279 000 | 279 000 |

b) Leasingfinanzierung 1. bis 4. Jahr

| Jahr | Leasingraten Kaufoption | Aufwand | Liquiditätsbelastung |
|---|---|---|---|
| 1 | 140 000 | 140 000 | 140 000 |
| 2 | 140 000 | 140 000 | 140 000 |
| 3 | 140 000 | 140 000 | 140 000 |
| 4 | 75 000 | 75 000[1] | 75 000 |
| | | 495 000 | 495 000 |

[1]) Annahme: Restnutzungsdauer 1 Jahr → Abschreibung in Höhe von 75 000

Kreditfinanzierung 1. bis 4. Jahr

| Jahr | Kredit Jahresanfang | Tilgung | Zinsen | Abschreibung | Aufwand | Liquiditätsbelastung |
|---|---|---|---|---|---|---|
| 1 | 300 000 | 75 000 | 24 000 | 75 000 | 99 000 | 99 000 |
| 2 | 225 000 | 75 000 | 18 000 | 75 000 | 93 000 | 93 000 |
| 3 | 150 000 | 75 000 | 12 000 | 75 000 | 87 000 | 87 000 |
| 4 | 75 000 | 75 000 | 6 000 | 75 000 | 81 000 | 81 000 |
| | | | 60 000 | 300 000 | 360 000 | 360 000 |

| | Leasing | | Kreditfinanzierung | |
|---|---|---|---|---|
| | Liquiditätsbelastung | Aufwand | Liquiditätsbelastung | Aufwand |
| Grundmietzeit | 420 000 | 420 000 | 279 000 | 279 000 |
| gesamte Nutzungsdauer | 495 000 | 495 000 | 360 000 | 360 000 |

Aufwand und Liquiditätsbelastung sind in beiden Fällen geringer; Entscheidung: Kreditfinanzierung

3. – unterschiedlicher zeitlicher Anfall der Zahlungen müsste in einer zusätzlichen Rechnung berücksichtigt werden (Barwertermittlung)
   – Auswirkung steuerlicher Effekte ist nicht thematisiert

4. Kreditfinanzierung 1. bis 3. Jahr

| Jahr | Kredit Jahresanfang | Tilgung | Zins | Abschreibung | Aufwand | Liquiditätsbelastung |
|---|---|---|---|---|---|---|
| 1 | 300 000 | 100 000 | 24 000 | 75 000 | 99 000 | 124 000 |
| 2 | 200 000 | 100 000 | 16 000 | 75 000 | 91 000 | 116 000 |
| 3 | 100 000 | 100 000 | 8 000 | 75 000 | 83 000 | 108 000 |
| 4 | | | | 75 000 | 75 000 | |
| Summen | | 300 000 | 48 000 | 300 000 | 348 000 | 348 000 |

**Vorteil** einer 3-jährigen Finanzierung: **insgesamt** geringere Liquiditätsbelastung als bei 4-jähriger Laufzeit

**Nachteil:** in den einzelnen Jahren höhere Liquiditätsbelastung wegen höherer Tilgung

5. Mögliche Lösung:

| KRITERIUM | BEDEUTUNG | Leasing | | Kreditkauf | |
|---|---|---|---|---|---|
| | | Nutzen | Gewichteter Nutzen | Nutzen | Gewichteter Nutzen |
| Liquiditätsbelastung | 10 | 1 | 10 | 3 | 30 |
| Aufrechterhaltung von Kreditspielraum | 6 | 3 | 18 | 0 | 0 |
| Übernahme des Investitionsrisikos | 3 | 3 | 9 | 0 | 0 |
| Anpassung an aktuelle Modellentwicklungen | 8 | 3 | 24 | 0 | 0 |
| **Summe** | | | **61** | | **30** |

Begründung der Punkte**gewichtung:**

1. Liquiditätsbelastung: bereits angespannte Liquidität; weitere Zukunftsinvestitionen mit der Folge zusätzlicher Liquiditätsbelastungen geplant; demnach: hohe Wichteziffer
2. Künftiger Kreditspielraum: hat mit 6 Punkten eine geringere Bedeutung als die beiden erstgenannten Kriterien, weil z. B. mittelfristig keine weiteren Investitionen geplant sind
3. Investitionsrisiko: schwache Gewichtung, weil offenbar gesicherte Markterwartungen vorhanden
4. Modellanpassung: meist zusätzliche Serviceleistung aus dem Leasingverhältnis

   o. a. vom Schüler begründete Antworten

6. – kein Kreditspielraum vorhanden
   - evtl. Serviceleistungen des Leasinggebers (z. B. Rückgabe der Fahrzeuge gegen neuere Modelle)
   - keine Sicherheiten und Bürgschaften erforderlich
   - unveränderliche Leasing-Gebühren stellen eine klare Planungs- und Kostengrundlage dar
   - steuerliche Gesichtspunkte

## 9.10 Bürgschaft

1. Zur Gültigkeit des Bürgschaftsvertrages ist schriftliche Erteilung der Bürgschaftserklärung erforderlich (§ 766 BGB); Ausnahme: Bürgschaft ist Handelsgeschäft – dann auch mündliche Erklärung möglich (§ 350 HGB).
2. Die Bank will nicht nur den Eingang des Darlehensbetrages, sondern auch die aufgelaufenen Zinsen, Gebühren etc. sicherstellen.

   ***Hinweis:*** Eine Bürgschaft ist nichtig, wenn der Bürge nicht einmal die laufenden Zinsen aufbringen kann (BGH, Az. IX ZR 198/98).
3. a) Herr **Klein** hat kein Recht auf Einrede der Vorausklage (vertraglicher Ausschluss dieses Rechts gem. Ziffer 4 der Bürgschaftserklärung) – § 771 BGB;

   b) Forderung des Gläubigers (Raiffeisenbank Marlen) gegen den Hauptschuldner **(Herta Klein)** geht auf den Bürgen **(Herr Klein)** über – § 774 BGB.
4. bis das Darlehen vollständig zurückgezahlt ist (Akzessorität der Bürgschaftsverpflichtung)

## 9.11 Forderungsabtretung (Zession)

1. ...steht gegen ihren Schuldner **M. Kuhl,** Niederstr. 5, **41460 Neuss,** eine Forderung aus **Warenlieferung**/Reparatur/ ... in Höhe von 25 000 EUR nebst 6 % Zinsen seit **15.07.** zu.

   ... der Firma Fahrner KG steht gegen **E. Haug,** Leinestr. 9, **30159 Hannover,** eine Forderung aus **Warenlieferung** in Höhe von **30 000 EUR** zu. ...

   Gerichtsstand für alle Ansprüche aus diesem Vertrag ist **Kaiserslautern.**
2. Drittschuldner: Haug;
   Zedent: Kuhl;
   Zessionar: Fahrner.
3. a) Nein; § 407 BGB.

   b) Ja; §§ 398, 407 BGB.

c) Die »abgetretene Forderung« besteht nicht oder ist bereits an andere abgetreten; § 408 BGB; Zedent gibt für d. abgetretene Forderung bei ihm eingehenden Gegenwert nicht an Zessionar weiter.

4. Ja; §§ 398, 409, 410 BGB (Vorlage d. Abtretungsurkunde).
5. Ja; § 404 BGB.
6. Hingabe der Forderung an Erfüllungs statt; Kuhl haftet nach § 437 BGB nur für Bestehen, nicht Güte der abgetretenen Forderung; deshalb durch diese Klausel Ausfallsicherung.
7. Die Wechselforderung gibt die zusätzlichen Zugriffsmöglichkeiten d. Wechselrechts (Rückgriff, Wechselklage).

## 9.12 Forderungsabtretung (Zession) – Factoring

1. Besuch von Theorie- und Praxisunterricht und Zahlung des vereinbarten Preises – je nach Inanspruchnahme der Leistungen der Fahrschule
2. Fahrschule Traut hat die Forderung an Tanja Meister an die DATA*PART* verkauft; Kaufvertrag wurde zwischen Fahrschule Traut und DATA*PART* geschlossen.
3. Bei der DATA*PART* handelt es sich um eine Factoringgesellschaft (= Finanzierungsinstitut). Unter Factoring ist der Ankauf von Forderungen aus Warenlieferungen oder Dienstleistungen durch ein Finanzierungsinstitut zu verstehen.

   ***Bedeutung:***

   1. Beschaffung von liquiden Mitteln für den Kunden = **Finanzierungsfunktion**
   2. Übernahme von Inkasso- und Mahnwesen = **Servicefunktion**
   3. Übernahme des Ausfallrisikos (Kreditrisiko) = **Delkrederefunktion**
   4. evtl. Führung der Debitorenbuchhaltung von der Factoringgesellschaft
      - Factoring-Gebühr – (= Entgelt für Übernahme des Delkredererisikos)
      - Zinsen (= Entgelt für Bevorschussung der Forderungen vom Tag der Inanspruchnahme des Vorschusses bis zum Zahlungseingang); Formel *Umsatz = Liquidität* – vgl. Anzeige – kann schon allein wegen des Zinsabschlags in vollem Umfang nicht zutreffen

   ***Hinweis:*** Die Factoring-Gebühr errechnet sich aus einem bestimmten Prozentsatz vom Rechnungsbetrag. Ihre Höhe ist vom Umsatz des Factoring-Kunden, von der Zahl seiner Abnehmer und der durchschnittlichen Höhe der Ausgangsrechnungen abhängig. Die Zinsen für die Bevorschussung entsprechen im Allgemeinen den banküblichen Zinssätzen für Kontokorrentkredite.

4. a)

| Unterschiede zwischen Factoring und Kreditgewährung gegen Zession | |
|---|---|
| **Factoring** | **Kreditgewährung gegen Zession** |
| • Rechtsgeschäftliche Grundlage: **Kaufvertrag** zwischen Factor (Finanzierungsinstitut) und Kunde – Factor ist Käufer der Forderungen | • Rechtsgeschäftliche Grundlage: **Kreditsicherungsvertrag** zwischen Kreditnehmer und Bank |
| • Forderungsabtretung ist Bestandteil des Erfüllungsgeschäftes im Rahmen eines **Kaufvertrages** zwischen Factor und Verkäufer der Forderung | • Abtretung der Forderungen erfolgt **sicherungsweise** (Kreditsicherung) |
| • Kunde des Factors hat keinen Anspruch auf Rückübertragung der abgetretenen Forderung | • Kreditnehmer einer Bank hat Anspruch auf Rückübertragung der abgetretenen Forderung, wenn z. B. Kredit getilgt |

b) Die Bank will sich damit vor dem Delkredererisiko (Ausfallrisiko) schützen.

## 9.13 Lombardkredit

1. Risiko von Kursschwankungen ist bei Aktien ungleich höher als bei festverzinslichen Wertpapieren;

2.

| Wertpapier | Stückzahl bzw. Nom. Betr. | Tageskurs | Tageswert | Beleihungswert |
|---|---|---|---|---|
| Daimler-Aktien | 800 Stück | 670 | 536 000 | 402 000 |
| Bundesobligationen | 200 000 nom. | 105 | 210 000 | 168 000 |
| Sparkassenobligationen | 300 000 nom. | 113 | 339 000 | 271 200 |
| | | | **1 085 000** | **841 200** |

3.

| | |
|---|---|
| Darlehensbetrag | 800 000,00 |
| – Beleihungswert Aktien | 402 000,00 |
| verbleiben abzusichern | 398 000,00 |
| – Bel. Wert Bundesobl. | 168 000,00 |
| verbleiben abzusichern durch Sparkassenobligationen | 230 000,00 |

$\frac{230\,000 \times 100}{113}$ = 203 539,82 EUR ⇒ **204 000 EUR** nominal Sparkassenobligationen

4. Eigentümer: Rimo-Elementebau GmbH
Besitzerin: Bank

## 9.14 Sicherungsübereignung

1. Nein, alle Vermögensgegenstände werden für Betrieb benötigt.
2. a) Ja, da ohne Eigentumsvorbehalt geliefert,
   b) Gläubiger: Melau; Schuldner: M. Kuhl; Schuld: 90 000 EUR; Schuldgrund: Warenlieferung; Rate: 1500 EUR; Beginn: 01.08.; Übereignung: Maschinen; Ort: Neuss (Rh.), Niederstr. 5; Gerichtsstand: Braunschweig.
3. Nein; Sicherungsnehmer kann von seinem Recht nur im Rahmen d. Sicherungszwecks Gebrauch machen (siehe Punkt 2 des Vertrages).
4. a) Weil sich die Einigung auf bestimmt bezeichnete Gegenstände erstrecken muss und sich die veräußerten Stücke jederzeit aussondern lassen müssen,
   b) Maschinenart; Masch.-No.; Hersteller; Baujahr; Standort im Betrieb,
   c) Nein; es ist nicht vorgeschrieben, sicherungsübereignetes Vermögen gesondert auszuweisen.
5. Interventionsklage; § 771 ZPO.
6. M. muss versuchen die übereigneten Werte in Besitz zu nehmen. Sollte sie K. nicht freiwillig herausgeben, muss M. Herausgabe-Klage erheben. Sobald M. im Besitz der sicherungsübereigneten Werte ist, hat er folgende Verwertungsmöglichkeiten:
   1) Freihändiger Verkauf (Interesse wahrend, da die Sicherungsübereignung als Treuhandverhältnis gilt).
   2) Öffentliche Versteigerung nach vorheriger Androhung (§ 1233ff. BGB).

## 9.15 Eintragungen im Grundbuch – Vorkaufsrecht – Grunddienstbarkeit

1. Auf Angabe der für einen Interessenten wichtigen Punkte achten.
2. a) 25.03.00 durch Erbteilung (Eintragung entscheidet).
   b) Ja, keine weitere Eintragung in Abt. I, keine Löschung der Eintragung vom 25.03.00.
3. Kuhl kann die Räume für Geschäftszwecke nutzen, weil das zu Gunsten von Frau Kökel eingetragene Wohnrecht am 14.01.2000 gelöscht wurde.
4. a) Kuhl; §§ 1098 (1), 505 (2) BGB (dingl. Vorkaufsrecht f. d. jeweiligen Eigentümer des Grundstücks Nr. 9), da Frock nicht bereit ist in den Kaufvertrag einzutreten und den Kaufpreis von 450 000 EUR zu zahlen.
   b) Nein; Schuhler ist nach § 510 BGB verpflichtet, Frock unverzüglich den Abschluss eines Kaufvertrages über das Grundstück mitzuteilen. Frock kann dann innerhalb von 2 Mon. (§ 510 (2) BGB) nach Empfang der Mitteilung durch Erklärung gegenüber Schuhler (§ 505 BGB) in diesen Kaufvertrag eintreten.

## 9.16 Grundpfandrechte: Hypothek – Grundschuld

1. Volksbank Waiblingen, Reiner, Bausparkasse Mainz.
2. **Hypothek** (§ 1113 BGB): Zahlung einer bestimmten Geldsumme aus dem Grundstück zur Befriedigung **einer Forderung** an den Hypothekengläubiger;

   kraft der Hypothek haftet das Grundstück nicht nur für die Hauptforderung, sondern auch für Zinsen und Nebenleistungen (§§ 1115, 1118 BGB); deshalb müssen im Grundbuch neben dem Geldbetrag auch der Zinssatz und, soweit über die gesetzlichen Nebenleistungen hinaus weitere Nebenleistungen vereinbart worden sind, auch der Geldbetrag und die Nebenforderungen angegeben werden;

   **Grundschuld (§ 1191 BGB):** Zahlung einer bestimmten Geldsumme aus dem Grundstück an den Grundschuldgläubiger;

   Unterscheidung: Hypothek ist an Bestehen einer Forderung gebunden (Akzessorität), Grundschuld nicht (»Grundschuld ohne Schuldgrund«).
3. 450 000 – 90 000 – 28 000 – 54 000 = 278 000 EUR
4. Grundstücke und Gebäude 450 000 EUR

   | | |
   |---|---|
   | an Zahlungsmittel | 278 000 EUR |
   | an langfristige Verbindlichkeiten | 172 000 EUR |
5. Kuhl muss sich nicht um die Finanzierung dieser Beträge bemühen; Ersparnis von Eintragungskosten für eventuell neue Grundpfandrechte; eventuell günstiger Zinsfuß.
6. a) Nein; Hypothek besteht immer nur in Höhe der zugrunde liegenden Forderung (BGB § 1113);
   b) Grundschuld ist sachenrechtlich ganz von Grundgeschäft und seiner Erfüllung losgelöst, insofern sind die Bedenken aus formal-juristischer Sicht gerechtfertigt; in der Praxis vereinbaren Kreditnehmer und Kreditnehmer regelmäßig, dass der Kreditgeber auf die Inanspruchnahme der Grundschuld insoweit verzichtet, als der Kreditnehmer seinen Verpflichtungen nachgekommen ist (z. B. bei Zahlung der vereinbarten Zins- und Tilgungsleistungen);

7. – Hypothek verlangt nach § 1113 BGB Forderungsnachweis (Akzessorität);
   – Grundschuld dagegen ist abstrakt, d. h., dass
     – der Kreditgeber weder bei der Bestellung noch bei der Verwertung der Grundschuld eine Forderung beweisen muss
     – der Schuldner keine Einwendungen aus dem Grundgeschäft erheben kann
     – die Grundschuld auch bei vorübergehender Kredittilgung in voller Höhe bestehen bleibt
     – die Grundschuld nach der Kredittilgung für neue Darlehen als Sicherheit dienen kann

8. a) Grundschuld zu Gunsten des Eigentümers; § 1177 BGB
   b) Max Reiner; §§ 883, 1179 BGB

# Innenfinanzierung

## 9.17 Offene Selbstfinanzierung einer Einzelunternehmung

1. Zunahme (Reinvermögen) um 128 000 EUR (1 528 000 – 1 400 000 = 128 000);

2. – Erzielung von Gewinnen
   – teilweise oder vollständiger Verzicht auf Gewinnausschüttung (hier: teilweise Verzicht auf Privatentnahmen)

3. Nicht entnommene Gewinne wurden bereits in Vermögensteile des Unternehmens investiert; Liquiditätssituation erlaubt keine weitere Gewinnentnahme:

| | | |
|---|---|---|
| Gewinn | 224 000 EUR | |
| – Privatentnahme | 96 000 EUR | |
| nicht entnommene Gewinne | 128 000 EUR | flüssige Mittel: 34 000 EUR |

   Ohne eine Veräußerung von Vermögensteilen oder eine zusätzliche Aufnahme von Krediten wäre eine Gewinnentnahme nicht möglich;

4. Rentabilität des Eigenkapitals im Sportgeschäft: $\frac{224\,000 \times 100}{1\,400\,000} = 16\,\%$

   alternative Kapitalanlage: 8 %

   selbst unter Berücksichtigung des allgemeinen Unternehmerrisikos dürfte eine Kapitalanlage im eigenen Unternehmen sinnvoller sein als ein Kauf festverzinslicher Wertpapiere;

## 9.18 Offene Selbstfinanzierung einer AG: Jahresüberschuss – Bilanzgewinn – Rücklagen

1. a) 1 693 000 EUR
   b) Gewinn und Verlust an Eigenkapital 1 693 000 EUR
   c) gezeichnetes Kapital enthält die Summe aller Aktiennennbeträge; Veränderung ist nur möglich, wenn über den Veränderungsbetrag Aktien ausgegeben werden, wozu ein qualifizierter Mehrheitsbeschluss der Hauptversammlung erforderlich ist;

2. a) jede Aktie wurde mit 0,25 EUR über dem Betrag der wertmäßigen Beteiligung am Grundkapital (10 Mio. EUR/2 Mio. Aktien= 5 EUR/Aktie) ausgegeben; bei 2 Mio. Aktien ergibt dies ein zusätzliches Eigenkapital von 500 000 EUR – eben die Kapitalrücklage

b) 5 % von 1 693 000 EUR = 84 650 EUR (§ 150 (2) AktG)
Dividendensatz; 16,08 % (16 %)

c) Bilanzauszug

| | | |
|---|---|---|
| | gezeichnetes Kapital | 10 000 000 |
| | Kapitalrücklage | 500 000 |
| | gesetzliche Rücklagen | 84 650 |
| | Bilanzgewinn | 1 608 350 |
| | (Verb. gegenüber Aktionären) | |

d) 10 584 650 EUR

3. a) 804 175 EUR

Rechnung:

| | |
|---|---|
| Jahresüberschuss | 1 693 000 |
| – Zuführung gesetzliche Rücklage (5 %) | 84 650 |
| = | 1 608 350 |
| – Zuführung andere Gewinnrücklagen (§ 58 (2) AktG) ⇒ | 804 175 |
| **= Bilanzgewinn** | **804 175** |

b) Bilanzauszug

| | | |
|---|---|---|
| | gezeichnetes Kapital | 10 000 000 |
| | Kapitalrücklage | 500 000 |
| | gesetzliche Rücklagen | 84 650 |
| | andere Gewinnrücklagen | 804 175 |
| | Bilanzgewinn | 804 175 |
| | (Verb. gegenüber Aktionären) | |

## 9.19 Stille Selbstfinanzierung

1. Als geringwertige Wirtschaftsgüter (Anschaffungskosten übersteigen nicht den Betrag von 410 EUR) können sie im Jahr der Anschaffung voll abgeschrieben werden (§ 6 (2) EStG).

2.

| Konto | Soll/EUR | Haben/EUR |
|---|---|---|
| flüssige Mittel | 1 392,00 | |
| an Geschäftsausstattung | | 6,00 |
| sonst. betr. Erträge | | 1 194,00 |
| Umsatzsteuer | | 192,00 |

***Hinweis:*** Wegen USt-Verprobung wird der Verkauf in der Praxis wie folgt gebucht:

| Konto | Soll/EUR | Haben/EUR |
|---|---|---|
| flüssige Mittel | 1 392,00 | |
| an **Erlöse** aus dem Abgang von Gegenständen des Anlagevermögens bei Buchgowinn | | 1 200,00 |
| Umsatzsteuer | | 192,00 |

Nach Abschluss der entsprechenden Konten steht auch hier der Veräußerungsgewinn in der GuV-Position »sonstige betriebliche Erträge«.

3. Erhöhung der gewinnabhängigen Steuern im Jahr des Verkaufs: 40% v. 1194 = 477,60 EUR (Mittelabfluss in eben dieser Höhe an das Finanzamt)

4. a) Lineare Abschreibung ist möglich (§ 7 Abs. 1 EStG)
   b) Abschreibung: 3 × 7,69% von 4740 EUR = 1093,52 EUR; Restbuchwert: 3646,48 EUR
   c) 1200 EUR (Verkaufspreis) – 3646,48 (Restbuchwert) = 2446,48 EUR Veräußerungs**verlust**
   d) Im Jahr des Verkaufs entsteht zwar ein Veräußerungsverlust, in den Vorjahren wäre jedoch wegen der niedrigeren Abschreibung ein höherer Gewinn ausgewiesen worden mit entsprechenden nachteiligen steuerlichen Wirkungen (Vorauss.: Gewinn wird erzielt). Auszubildender hat nur z.T. Recht.

5. Vorüberlegung: Finanzierung = Mittelbeschaffung (Investierung = Mittelverwendung);

   erhöhte Abschreibung → erhöhter Aufwandsausweis in der GuV → 2 Folgen:

   1. Verminderung von gewinnabhängigen Steuerzahlungen;

      Die Steuerminderung führt in späteren Perioden zu einer Steuernachholung. Die Summe der Steuerzahlungen wird dadurch nicht verändert (Annahme: auch in künftigen Perioden fallen Gewinne an).

   2. Verhinderung von Mittelabfluss (Gewinnauszahlung) an die Anteilseigner

      **Finanzierungswirkung:** *Verhinderung von Mittelabfluss* an Finanzamt und Anteilseigner

      **geräuschlos:** Betrag der *erhöhten* Abschreibung ist weder in Bilanz noch in Gewinn- und Verlustrechnung offen ausgewiesen; → = stille (verdeckte Selbstfinanzierung)

6. a) Abschreibung zunächst geometrisch-degressiv, zum optimalen Zeitpunkt Wechsel zur linearen Abschreibung; Rechnung: Restbuchwert: Restnutzungsdauer > geometrisch-degressiver AfA-Betrag; Ziel: Bildung stiller Reserven (verdeckte Selbstfinanzierung)
   b) – Fahrzeug wurde geometrisch-degressiv abgeschrieben (lineare Abschreibung wäre möglich gewesen)
      – Verkaufspreis liegt bei 24 000 EUR – Buchwert beträgt 22 784 → stille Reserven in Höhe von 24 000 EUR – 22 784 EUR = 1216 EUR

7. a) Franz Winterhalter OHG muss eine Rückstellung wegen einer ungewissen Verbindlichkeit bilden (§ 249 (1) HGB);
   sonstige betriebliche Aufwendungen (Garantieleistungen) an Rückstellungen 30 000 EUR
   b) Rückstellungen 30 000 EUR an Bank 18 200 EUR
   sonst. betr. Erträge 11 800 EUR
   (Erträge aus der Auflösung von Rückstellungen)
   c) altes Geschäftsjahr: sonstiger betrieblicher Aufwand führt zu einem um 30 000 EUR verminderten Gewinnausweis;
   → überhöht ausgewiesener Aufwand hat zu einer Verminderung der gewinnabhängigen Steuern geführt; ebenso: Verhinderung von Gewinnabfluss an die Anteilseigner; → Finanzierungswirkung wie bei Ziffer 5; im Jahr der Auflösung der Rückstellung führt der Ausweis der sonstigen betrieblichen Erträge in Höhe von 11 800 EUR zu einer vermehrten Steuerzahlung;

8. **stille (verdeckte) Selbstfinanzierung**

| Unterbewertung von Aktiva (Vermögen) z. B. durch überhöhte Abschreibungen | Überbewertung von Passiva (Schulden) z. B. durch überhöhte Bildung von Rückstellungen |
|---|---|

## 9.20 Kreislauf der Abschreibung – Kapitalfreisetzungseffekt

1. Personalaufwand + Materialaufwand + Zinsen + sonstige Aufwendungen (z. B. Strom, Energie u. a.)

   2 400 000 + 2 600 000 + 600 000 + 400 000 = 6 000 000 EUR

2. a) und b)

| | | |
|---|---|---|
| gesamter Mittelzufluss aus den Umsatzerlösen | 8 200 000 EUR | |
| – »auszahlungswirksame« Aufwendungen | 6 000 000 EUR | |
| = verbleibende flüssige Mittel | 2 200 000 EUR | a) |
| – Gewinn – falls ausgeschüttet – | 1 100 000 EUR | |
| = »Überschuss« | 1 100 000 EUR | b) |

   Ergebnis: Investition in Höhe von 800 000 EUR lässt sich auch dann aus eigener Kraft finanzieren, wenn der Gewinn ausgeschüttet wird.

3. a) Aufwendungen:
   7142,86 EUR (bilanzmäßige Abschreibung: 100 000 : 14 = 7142,86 EUR/Jahr)

   b) Kosten: 7142,86 EUR (kalk. Abschreibungen: 100 000 : 14 = 7142,86 EUR/Jahr)

   c) Erträge:
   7142,86 EUR (in den Umsatzerlösen enthaltene kalkulatorische Abschreibung)

   d) liquide Mittel:
   7142,86 EUR (Mittelzufluss durch die in den Umsatzerlösen enthaltene kalkulatorische Abschreibung = »verdiente« Abschreibung)

4. a) Aufwendungen:
   7142,86 EUR (bilanzmäßige Abschreibung: 100 000 : 14 = 7142,86 EUR/Jahr)

   b) Kosten: 7857,14 EUR (kalk. Abschreibung: 110 000 : 14 = 7857,14 EUR/Jahr)

   c) Erträge:
   7857,14 EUR (in den Umsatzerlösen enthaltene kalkulatorische Abschreibung)

   d) liquide Mittel:
   7857,14 EUR (Mittelzufluss durch die in den Umsatzerlösen enthaltene kalkulatorische Abschreibung)

5. 7142,86 EUR (Betrag aus der bilanzmäßigen Abschreibung); Zusatzkosten in Höhe von 714,28 EUR sind Gewinnbestandteil und wurden demnach ausgeschüttet;

6. Es stehen insgesamt liquide Mittel in Höhe der bilanzmäßigen Abschreibung von 14 285,72 EUR (2faches des linearen Abschreibungsbetrages) zur Verfügung. Dieser Betrag gliedert sich unter Finanzierungsaspekten wie folgt auf:

| | |
|---|---|
| Finanzierung aus Abschreibungsrückflüssen: | 7 857,14 EUR |
| Finanzierung aus Unterbewertung des Vermögens (stille Selbstfinanzierung: 14 285,72 EUR – 7 857,14 EUR) | 6 428,58 EUR |
| gesamte Mittelbeschaffung (Finanzierungseffekt) | 14 285,72 EUR |

7. Bei Verzicht auf die bilanzielle Abschreibung wäre der ausgewiesene Gewinn um 7142,86 EUR höher. Folgen: Ausschüttung an die Unternehmenseigner sowie Steuerzahlungen an das Finanzamt;

   in der Gewinn- und Verlustrechnung ausgewiesener »Abschreibungsaufwand« (bilanzmäßige Abschreibung) wirkt so tatsächlich als Ausschüttungssperre;

## 9.21 Finanzierung aus Abschreibungen: Abschreibungsrückfluss und Investition – Kapazitätserweiterungseffekt

1. Finanzierung aus Abschreibungsrückflüssen – Kapazitätserweiterungseffekt

| | | | |
|---|---|---|---|
| Erstausstattung: | 10 Maschinen | Anschaffungswert je Maschine: | 20 000 EUR |
| Nutzungsdauer: | 5 Jahre | Preissteigerung pro Jahr: | 0 % |
| Abschreibungsart: | linear | Abschreibungssatz: | 20,00 % |
| Abschreibungsgrundlage: | | Anschaffungswert: | |

| | Jahresanfang | | Jahresende | | | | | Anfang Folgejahr |
|---|---|---|---|---|---|---|---|---|
| Jahr | Maschinenzahl | Σ Anschaffungswerte | Abschreibung | Σ Restwerte | liquide Mittel | Maschinen Abgang | Maschinen Zugang | liquide Mittel (Rest) |
| 1 | 10 | 200 000 | 40 000 | 160 000 | 40 000 | 0 | 2 | 0 |
| 2 | 12 | 240 000 | 48 000 | 152 000 | 48 000 | 0 | 2 | 8 000 |
| 3 | 14 | 280 000 | 56 000 | 136 000 | 64 000 | 0 | 3 | 4 000 |
| 4 | 17 | 340 000 | 68 000 | 128 000 | 72 000 | 0 | 3 | 12 000 |
| 5 | 20 | 400 000 | 80 000 | 108 000 | 92 000 | 10 | 4 | 12 000 |
| 6 | 14 | 280 000 | 56 000 | 132 000 | 68 000 | 2 | 3 | 8 000 |
| 7 | 15 | 300 000 | 60 000 | 132 000 | 68 000 | 2 | 3 | 8 000 |
| 8 | 16 | 320 000 | 64 000 | 128 000 | 72 000 | 3 | 3 | 12 000 |
| 9 | 16 | 320 000 | 64 000 | 124 000 | 76 000 | 3 | 3 | 16 000 |
| 10 | 16 | 320 000 | 64 000 | 120 000 | 80 000 | 4 | 4 | 0 |

2. Die Summe aus Restwert plus investitionsbereiten Abschreibungen ergibt stets 200 000 EUR.

3.

| Jahr | Maschinenzahl | Kapazität |
|---|---|---|
| 1 | 10 | 1 000 000 |
| 2 | 12 | 1 200 000 |
| 3 | 14 | 1 400 000 |
| 4 | 17 | 1 700 000 |
| 5 | 20 | 2 000 000 |
| 6 | 14 | 1 400 000 |
| 7 | 15 | 1 500 000 |

4. Gesamtstückzahl zu Beginn des Jahres 1:
   10 Masch. × 100 000 Stück × 5 Jahre = <u>5 Mio. Stück.</u>

5. Die mit Abschreibungsrückflüssen finanzierten Maschinen werden eingesetzt, ehe die Nutzungsmöglichkeiten der alten aufgebraucht sind.
   Die Abschreibungen werden nicht bis zum Ende der Nutzungsmöglichkeit der Erstinvestitionen angesammelt und erst dann im Einsatz investiert, sondern schon vorher für zusätzliche Investitionen verwendet.

6. Das Ausscheiden verbrauchter Anlagen und die Vergütung für ihre Nutzung fallen zeitlich auseinander. Der Abschreibungsbetrag wird als Kosten der Anlagennutzung im Verkaufspreis der hergestellten Leistungen früher vergütet, als er für den Ersatz der Anlagen benötigt wird.

   Voraussetzungen für das Zustandekommen des Lohmann-Ruchti-Effektes:
   - Laufende Investierung der Abschreibungsrückflüsse in neue Anlagen;
   - Verkaufserlöse müssen kostendeckend auch die Abschreibungsbeträge erbringen;

- Finanzierung der Erstausstattung mit eigenen Mitteln;
- Die dem Anwachsen des Anlagevermögens angemessene Erweiterung des Umlaufvermögens muss finanziert werden können.

Wirkungen:

- Kapazitätserweiterung ohne Zuführung neuer Mittel;

Kritischer Punkt:

- Ausscheiden der Erstausstattung, weil Aufrechterhaltung der erreichten Kapazität die Zuführung neuer Mittel erforderlich macht, sonst reduzierte Produktionsmöglichkeit.

# Finanzierungsgrundsätze – Finanzierungsoptimierung

## 9.22 Leverage Effekt – Finanzierungsziele – Vergleich Aktie/Obligation

1. Dass die 5-EUR-Aktie zu einem Kurs von 10 EUR ausgegeben wird, hat keinen Einfluss auf den Liquiditätszufluss. Die AG braucht das Grundkapital nur um 1 Mio. EUR zu erhöhen, um einen Liquiditätszufluss von 2 Mio. EUR zu erreichen. Der Unterschied besteht also darin, dass Aktionäre nur dann einen Dividendenanspruch haben, wenn Gewinn erwirtschaftet wird. Der Zinsanspruch der Obligationäre besteht, auch wenn kein Gewinn erzielt wurde.

2. a) Gesamtkapitalrentabilität $= \dfrac{(3{,}4 \text{ Mio.} + 1{,}8 \text{ Mio.}) \times 100}{43{,}6 \text{ Mio.}} = \underline{\underline{11{,}9\,\%}}$

   b) Rentabilität des Eigenkapitals $= \dfrac{3{,}4 \text{ Mio.} \times 100}{21 \text{ Mio.}} = \underline{\underline{16{,}2\,\%}}$

   c) Eigenkapitalrentabilität bei Aktienemission:

   $$x = \frac{3{,}9 \text{ Mio.} \times 100}{23 \text{ Mio.}} = \underline{\underline{17\,\%}}$$

   Eigenkapitalrentabilität bei Finanzierung durch Obligation:

   Neuer Jahresüberschuss: 3,9 Mio. – Zins (6 % von 2 Mio. =) 120 000 = 3,78 Mio.

   $$x = \frac{3{,}78 \times 100}{21} = \underline{\underline{18\,\%}}$$

   Eigenkapitalrentabilität bei »gemischter« Finanzierung:

   Neuer Jahresüberschuss: 3,9 Mio. – Zins (6 % von 1 Mio. =) 60 000 = 3,84 Mio.

   $$x = \frac{3{,}84 \times 100}{22} = \underline{\underline{17{,}5\,\%}}$$

   d) ein Kapitaleinsatz von z. B. 100 EUR erwirtschaftet in diesem Unternehmen ein Bruttoergebnis von 11,90 EUR; müssen für den Kapitaleinsatz – wie im Falle der Obligationen – 6 % Zinsen = 6 EUR gezahlt werden, so führt der verbleibende Restbetrag (5,90 EUR) zu einer Erhöhung des Gewinns bei unverändertem Eigenkapital; damit verbessert sich die Rentabilität des Eigenkapitals mit zunehmender Fremdfinanzierung (= Hebelwirkung – Leverage Effekt);

   Allgemein gilt demnach: Solange die Rentabilität des Gesamtkapitals größer ist als der Zins für Fremdkapital, führt die Finanzierung einer Investition durch Fremdkapital zu einer Erhöhung der Rentabilität des Eigenkapitals.

## 9.23 Kursbildung an der Wertpapierbörse – Kursnotierung

1.

| Kurs (Preis) | Anzahl der Kaufaufträge [Stück] | Anzahl der Verkaufsaufträge [Stück] | Anzahl ausgeführte Aufträge [Stück] | Umsatz (Menge × Preis) [EUR] |
|---|---|---|---|---|
| 318 | 600 | 100 | 100 | 31800 |
| 319 | 400 | 150 | 150 | 47850 |
| 320 | 400 | 400 | 400 | 128000 |
| 321 | 350 | 550 | 350 | 112350 |
| 322 | 250 | 550 | 250 | 80500 |
| 325 | 250 | 550 | 250 | 81250 |
| 327 | 100 | 750 | 100 | 32700 |

ermittelter Börsenkurs: 320 EUR

2. unberücksichtigter Käufer: Claus (200 Stück – limitiert für 318)
   unberücksichtigte Verkäufer: Gürtler (150 Stück – limitiert für 321); Isele (200 Stück – limitiert für 327)

3. Provision und Abwicklungsgebühr: für am Wertpapiergeschäft beteiligte Banken
   Courtage: = Vermittlungsprovision des Börsenmaklers

4.

| Kurs (Preis) | Anzahl der Kaufaufträge [Stück] | Anzahl der Verkaufsaufträge [Stück] | Anzahl ausgeführte Aufträge [Stück] | Umsatz (Menge × Preis) [EUR] |
|---|---|---|---|---|
| 318 | 600 | 100 | 100 | 31800 |
| 319 | 400 | 150 | 150 | 47850 |
| 320 | 400 | 400 | 350 | 112000 |
| 321 | 350 | 500 | 350 | 112350 |
| 322 | 250 | 500 | 250 | 80500 |
| 325 | 250 | 500 | 250 | 81250 |
| 327 | 100 | 700 | 100 | 32700 |

ermittelter Börsenkurs: 321 EUR bB

5. Situation 1: angebotene (400) = nachgefragte (400) Menge
   Situation 2: angebotene (500) > nachgefragte (350) Menge
   zusätzliche Entscheidung des Börsenmaklers: nicht alle Anbieter, die bereit sind zum Kurs von 321 zu verkaufen, können berücksichtigt werden; 150 Stück können zu diesem Kurs nicht verkauft werden;
   (Entscheidung nach Losverfahren oder unter Berücksichtigung der Reihenfolge des Auftragseingangs)

6. Situation 1: 320 b – alle Aufträge zum Kurs 320 konnten ausgeführt werden
   Situation 4: 321B – alle zu diesem Kurs limitierten Kaufaufträge konnten ausgeführt werden; nur ein Teil der zum Kurs von 321 limitierten Verkaufsaufträge konnte ausgeführt werden;

# 10 Betrieb und Staat

## Steuern
## Einkommen- und Körperschaftsteuer

### 10.01 Einkunftsarten – Ermittlung der Einkünfte

***Hinweis:*** Die Lösung beruht auf den am 01.01.2001 geltenden gesetzl. Vorschriften.

1.

| **Einkunftsarten gem. § 2 EStG** | **Einkünfte des Ehepaars Schmitz** |
|---|---|
| Einkünfte aus Land- und Forstwirtschaft | keine |
| Einkünfte aus Gewerbebetrieb | Einkünfte aus der Versicherungsagentur |
| Einkünfte aus sebstständiger Arbeit | Honorar für Vorträge und Veröffentlichungen |
| Einkünfte aus nichtselbstständiger Arbeit | Gehalt von Frau Schmitz |
| Einkünfte aus Kapitalvermögen | Zinseinkünfte |
| Einkünfte aus Vermietung und Verpachtung | Mieteinkünfte |
| Sonstige Einkünfte gem. § 22 EStG | grundsätzlich u.a. auch Einkünfte aus Spekulationsgeschäften; im vorliegenden Fall handelt es sich aber weder beim Verkauf der Wertpapiere noch beim Verkauf der Eigentumswohnung um Spekulationsgewinne, da die sog. Spekulationsfrist gem. EStG § 23 Abs. 1 nicht unterschritten wurde. |

Der Lottogewinn bleibt unversteuert. Da es sich nicht um eine regelmäßige Zahlung oder einen Spekulationsgewinn handelt, gehört er nicht zu den »Sonstigen Einkünften« i.S. von § 22 EStG. Gleiches gilt für das einmalige Schmerzensgeld. Eine Rente müsste dagegen gem. § 22 (mit ihrem Ertragswert) versteuert werden.

Das Krankengeld stellt zwar eine regelmäßige Zahlung dar, bleibt aber gem. § 3 Nr. 1a steuerfrei.

2.

| | | | |
|---|---|---|---|
| **1. Einkünfte aus Land- und Forstwirtschaft** | | | **0** |
| **2. Einkünfte aus Gewerbebetrieb** | | | |
| | Provisionseinnahmen | 75 000 EUR | |
| | – Betriebsausgaben | 30 000 EUR | |
| | = Gewinn | | 45 000 EUR |
| **3. Einkünfte aus selbstständiger Arbeit** | | | |
| | Honorar | 800 EUR | |
| | – 25 % Betriebsausgabenpauschale gem. EStR 99 Nr. 143[1]) | 200 EUR | |
| | = Gewinn | | 600 EUR |
| **4. Einkünfte aus nichtselbstständiger Arbeit** | | | |
| | Bruttoarbeitslohn | 10 000 EUR | |
| | – Werbungskostenpauschale gem. EStG § 9a Nr. 1a[2]) | 1 044 EUR | |
| | = Überschuss | | 8 956 EUR |

[1]) Da hier kein Einzelnachweis über die Betriebsausgaben im Zusammenhang mit den Einkünften aus selbstständiger Arbeit vorliegt, wird gem. Einkommensteuer-Richtlinien 1999 Nr. 143 von der Betriebsausgabenpauschale Gebrauch gemacht Diese beträgt 25 % der Einnahmen aus dieser Tätigkeit, höchstens jedoch 624 EUR pro Jahr. Hier 25 % von 800 EUR = 200 EUR.

[2]) Da die nachgewiesenen Werbungskosten (Fahrten zur Arbeit, Berufskleidung, Kontoführungsgebühr etc.) im vorliegenden Fall 1044 EUR nicht überschreiten, wird der Arbeitnehmer Pauschbetrag gem. EStG § 9a Nr. 1a in Höhe von 1044 EUR angesetzt.

| | | | |
|---|---|---|---|
| **5. Einkünfte aus Kapitalvermögen** | Zinsen | 2000 EUR | |
| | – Werbungskostenpauschale gem. ESTG § 9a Nr. 1b[1]) | 102 EUR | |
| | – Sparer-Freibetrag gem. EStG § 20 Abs. 4 | 3100 EUR | |
| | = Überschuss | | 0 EUR |
| **6. Einkünfte aus Vermietung und Verpachtung** | | | |
| | Mieteinnahmen | 7500 EUR | |
| | – Werbungskosten | 2500 EUR | |
| | = Überschuss | | 5000 EUR |
| **7. Sonstige Einkünfte**[2]) | | 0 | 0 |
| **Summe der Einkünfte** | | | **59556 EUR** |

## 10.02 Ermittlung des zu versteuernden Einkommens – Einkommensteuererklärung

***Hinweis:*** Die Aufgabe eignet sich sowohl zum Einsatz kommerzieller Software (Einkommensteuerprogramme) als auch für das Ausfüllen der entsprechenden Formulare des Finanzamtes zur Einkommensteuererklärung (Mantel und Anlage N). Die Lösung basiert auf den am 01.01.2001 geltenden gesetzlichen Vorschriften und dem Einkommensteuertarif 2001/2003.

1. a) Ermittlung der **Werbungskosten** für die Einkünfte aus nichtselbstständiger Arbeit.

| Art der Werbungskosten | Bemerkung/Berechnung | Betrag |
|---|---|---|
| Fahrtkosten (unabhängig von der Art des Beförderungsmittels) | 220 Tage × (10 km × 0,36 EUR + 5 km × 0,40 EUR) (Pauschale je Entfernungskilometer gem. § 9 Abs. 1 Ziff. 4 EStG: 0,36 EUR für die ersten 10 Kilometer und 0,40 EUR für jeden weiteren Kilometer.) | 1232,00 EUR |
| Computer (Die Finanzbehörden erkennen einen Computer nur dann als Arbeitsmittel an, wenn der Nachweis erbracht wird, dass eine private Nutzung nahezu ausgeschlossen ist. Davon wird hier ausgegangen.) | Da der Nettopreis mit 410 EUR die GWG-Grenze übersteigt (§ 6 Abs. 2 EStG), kann nur der anteilige Abschreibungsbetrag geltend gemacht werden. Hier: 1500 EUR/3 Jahre Nutzungsdauer | 500,00 EUR |
| VHS-Kurs. Da es sich um eine Fortbildung in einem bereits ausgeübten Beruf (keine Berufsausbildung) handelt, liegen Werbungskosten vor. Als Fahrtkosten werden die tatsächlichen Kosten oder eine Pauschale von 0,30 EUR je gefahrenem Pkw-Kilometer anerkannt. | Fahrtkosten 10 × 30 km × 0,30 (Dienstreisepauschale 0,30 EUR je gefahrenem Kilometer, wenn die Fahrtkosten nicht einzeln nachgewiesen werden.)<br><br>Kursgebühren | 90,00 EUR<br><br>125,00 EU |
| Fachzeitschrift | | 32,50 EUR |
| Fachliteratur | | 19,80 EUR |
| Kontoführungsgebühr | Ohne Nachweis wird eine Pauschale von 15,00 EUR gewährt. | 15,00 EUR |
| **Summe** | | **24014,30 EUR** |

[1]) Da keine Werbungskosten im Zusammenhang mit den Einkünften aus Kapitalvermögen angegeben sind (z. B. Depotgebühren, Börsenzeitschriften, Telefongebühren für Kauf- und Verkaufsaufträge), wird der Pauschbetrag für Eheleute gem. EStG § 9a Nr. 1b in Höhe von 102 EUR angesetzt.

[2]) Sowohl beim Verkauf der Wertpapiere als auch beim Verkauf der Eigentumswohnung wurde die sog. Spekulationsfrist (10 Jahre bei Grundstücken und 1 Jahr bei Wertpapieren u. Ä.) gewahrt. Deshalb liegen hier keine privaten Veräußerungsgeschäfte (EStG § 23 Abs. 1) und somit auch keine »Sonstigen Einkünfte« (EStG § 22 Nr. 2) vor.

Alle anderen Ausgaben stellen keine Werbungskosten dar.
Die Summe der Werbungskosten übersteigt den Arbeitnehmer-Pauschbetrag in Höhe von 1044 EUR (§ 9a EStG). Daher wirkt sich der Nachweis dieser Aufwendungen steuermindernd aus.

| | | |
|---|---|---|
| 1. *Einkünfte aus Land- und Forstwirtschaft* | | *0 EUR* |
| 2. *Einkünfte aus Gewerbebetrieb* | | *0 EUR* |
| 3. *Einkünfte aus selbstständiger Arbeit* | | *0 EUR* |
| **4. Einkünfte aus nichtselbstständiger Arbeit** | | |
| Bruttoarbeitlohn | 15216,00 EUR | |
| Werbungskosten (mindestens 1044 EUR) | − 2014,30 EUR | ⇒ 13201,70 EUR |
| **5. Einkünfte aus Kapitalvermögen** | | |
| Einnahmen | 75,00 EUR | |
| Werbungskosten (ggf. Pauschbetrag 51 EUR) | − 51,00 EUR | |
| Sparerfreibetrag (1550 EUR) | − 1550,00 EUR | ⇒ 0 EUR |
| | | |
| 6. *Einkünfte aus Vermietung und Verpachtung* | | *0 EUR* |
| 7. *Sonstige Einkünfte* | | *0 EUR* |
| **Summe der Einkünfte** | | **13201,70 EUR** |
| *Altersentlastungsbetrag (EStG § 24a)* | | *0 EUR* |
| **Gesamtbetrag der Einkünfte** | | **13201,70 EUR** |
| **Sonderausgaben** | | |
| Vorsorgeausgaben<br>mindestens Vorsorgepauschale gem EStG § 10c (hier 2484 EUR)<br>höchstens Vorsorgehöchstbetrag EStG § 10 Abs. 3<br>(hier 2634 EUR) | | 2634,00 EUR |
| Sonstige Sonderausgaben (mindestens 36 EUR)<br>(Kirchensteuer, Spenden) | | 180,76 EUR |
| *Außergewöhnliche Belastungen* | | *0 EUR* |
| **Einkommen** | | |
| *Kinderfreibetrag* | | *0 EUR* |
| *Haushaltsfreibetrag* | | *0 EUR* |
| **Zu versteuerndes Einkommen** | | **10386,94 EUR** |

2. Berechnung der Steuererstattung
Laut Einkommensteuer-Grundtabelle 2002 fällt bei einem zu versteuernden Einkommen von 10386,94 EUR Einkommensteuer in Höhe von 704 EUR an.

| | **Gezahlte Steuern lt. Lohnsteuerkarte** | **Zu zahlende Steuern** | **Erstattung** |
|---|---|---|---|
| Einkommensteuer | 1009,80 EUR | 704,00 EUR | 305,80 EUR |
| Kirchensteuer (in BW 8 % der Einkommensteuer) | 80,76 EUR | 56,32 EUR | 24,44 EUR |
| Solidaritätszuschlag (5,5 % der Einkommensteuer, sofern die Einkommensteuer die Freigrenze von 972 EUR übersteigt; höchstens jedoch 20 % der Differenz zwischen Einkommensteuer und Freigrenze von 972 EUR, SolZG §§ 3 (5), 4) | 14,16 EUR | 0,00 EUR | 14,16 EUR |
| Summe | 1104,72 EUR | 760,32 EUR | 344,40 EUR |

b) **Sonstige steuermindernde Ausgaben:**

Sonderausgaben § 10 EStG

Vorsorgeaufwendungen

| | |
|---|---|
| Arbeitnehmeranteil zur Sozialversicherung laut Lohnsteuerbescheinigung | 3104 EUR |
| Kfz-Haftpflichtversicherung | 675 EUR |
| | 3779 EUR |

Berechnung der Vorsorgepauschale: § 10c EStG:

| | | | |
|---|---|---|---|
| I. 20 % des Arbeitslohns | | 3 043 | |
| II. davon aber maximal<br>a) 3 068 EUR abzüglich 16 % des Arbeitslohns (Vorwegabzug)<br>Rest | 3 068<br>– 2 435<br>633 | – 633<br>2 410 | 633 |
| b) vom Rest maximal 1 334 EUR (Grundhöchstbetrag)<br>Rest | | – 1 334<br>1 076 | 1 334 |
| c) vom Rest die Hälfte (hälftiger Abzug), maximal aber 667 EUR | | 1 076 : 2<br>= 538 | 538 |
| Summe der Teilbeträge | | | 2 505 |
| Abrundung auf einen durch 36 teilbaren Betrag<br>= **Vorsorgepauschale** | | | **2 484** |

Ohne besonderen Nachweis werden Vorsorgeaufwendungen in Höhe von 2484 EUR berücksichtigt.

Berechnung der steuerlich abzugsfähigen Vorsorgeaufwendungen gem § 10 Abs. 3 EStG:

| | | abzugsfähige Beträge |
|---|---|---|
| Versicherungsbeiträge | 3 779 | |
| 1. Vorwegabzug<br>Kürzung um 16 % des Arbeitslohns<br>= Vorwegabzug<br>Restliche Versicherungsbeiträge | 3 068<br>– 2 435<br>633<br>3 146 | 633 |
| 2. Grundhöchstbetrag 1 334 EUR<br>Restliche Versicherungsbeiträge | 1 334<br>1 812 | 1 334 |
| 3. Hälftiger Abzug vom Rest maximal 667 EUR | 667 | 667 |
| Abzugsfähige Vorsorgeaufwendungen<br>= **Vorsorgepauschale** | | **2 634** |

Die tatsächlichen Vorsorgeaufwendungen liegen über der Vorsorgepauschale. Im vorliegenden Fall werden 2634 EUR (= Vorsorgehöchstbetrag) an Vorsorgeaufwendungen berücksichtigt.

Sonstige Sonderausgaben

| | |
|---|---|
| Kirchensteuer laut Lohnsteuerbescheinigung | 80,76 EUR |
| Spende | 100,00 EUR |
| | 180,76 EUR |

***Hinweis:*** Es wird unterstellt, dass Frau Beyer ihrer Bank einen Freistellungsauftrag erteilt hat, sodass die Zinsen in Höhe von 75 EUR steuerfrei geblieben sind. Sollte dies nicht der Fall sein, hat die Bank von diesen Zinsen gem §§ 43 Abs. 1 und 43a EStG 30 % Kapitalertragsteuer (Zinsabschlagsteuer) einbehalten und an das Finanzamt abgeführt. Diese Kapitalertragsteuer wird im vorliegenden Fall ebenfalls im Rahmen der Einkommensteuererklärung erstattet.

# 10.03 Einkommensteuertarif – Durchschnittssteuersatz – Grenzsteuersatz – Splittingverfahren

***Hinweis:*** Die Lösung beruht auf dem Einkommensteuertarif 2002.

1./
2.

| zu versteuernden Jahreseinkommen in EUR | tarifliche Einkommensteuer in EUR (Grundtabelle) | Durchschnittssteuersatz in % | Zunahme des zu versteuernden Jahreseinkommens in EUR | Zunahme der Einkommensteuer in EUR | Grenzsteuersatz in % |
|---|---|---|---|---|---|
| 1 | 2 | 3 (= Sp. 2 : Sp. 1 × 100) | 4 | 5 | 6 (= Sp. 5 : Sp. 4 × 100) |
| bis 7 235 | 0 | 0 | | | 0,0 |
| 7 236 | 10 | 0,1 | | | 19,9 |
| 9 253 | 444 | 4,8 | | | 23,0 |
| | | | | | 23,5 |
| 10 000 | 611 | 6,1 | | | |
| | | | 5 000 | 1 242 | 24,8 |
| 15 000 | 1 853 | 12,4 | | | |
| | | | 5 000 | 1 522 | 30,4 |
| 20 000 | 3 235 | 16,2 | | | |
| | | | 5 000 | 1 661 | 33,2 |
| 25 000 | 4 757 | 19,0 | | | |
| | | | 5 000 | 1 800 | 36,0 |
| 30 000 | 6 418 | 21,4 | | | |
| | | | 5 000 | 1 940 | 38,8 |
| 35 000 | 8 218 | 23,5 | | | |
| | | | 5 000 | 2 080 | 41,6 |
| 40 000 | 10 158 | 25,4 | | | |
| | | | 5 000 | 2 202 | 44,0 |
| 45 000 | 12 238 | 27,2 | | | |
| | | | 5 000 | 2 358 | 47,2 |
| 50 000 | 14 440 | 28,9 | | | |
| | | | 5 000 | 2 427 | 48,5 |
| 55 000 | 16 798 | 30,5 | | | |
| | | | 5 000 | 2 427 | 48,5 |
| 60 000 | 19 225 | 32,0 | | | |
| | | | 5 000 | 2 426 | 48,5 |
| 65 000 | 21 652 | 33,3 | | | |
| 70 000 | 24 078 | 34,4 | | | |

***Hinweis:*** Der Grenzsteuersatz gibt eigentlich die Erhöhung der Steuerbelastung bei Erhöhung des zu versteuernden Einkommens um **eine** Einheit (z. B. 1 EUR) an. Hier wird eine Erhöhung des zu versteuernden Einkommens um jeweils 5000 EUR zu Grunde gelegt. Daher stellen die ermittelten Grenzsteuersätze nur Näherungswerte dar.

3.

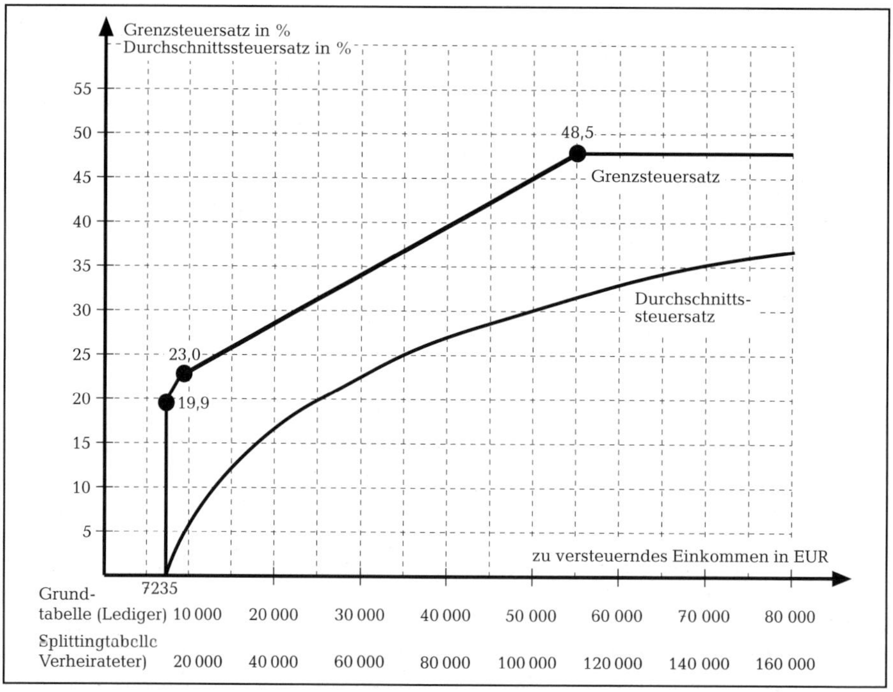

4. Zone I (von 0 EUR bis 7235 EUR): steuerfreies Existenzminimum.
Grenzsteuersatz = 0 %

Zone II (von 7236 EUR bis 9251 EUR): erste Progressionszone (linear-progressiv),
Grenzsteuersatz steigt von 19,9 % bis 23,0 %

Zone III (von 9252 EUR bis 55 007 EUR): zweite Progressionszone (linear-progressiv),
Grenzsteuersatz steigt von 23,0 % bis 48,5 %)

Zone IV (ab 55 008 EUR):
obere Porportionalzone mit konstantem Grenzsteuersatz von 48,5 %

5.

| Fall | bisheriges zu versteuerndes Jahreseinkommen in EUR | vom Zusatzeinkommen in Höhe von 100 EUR zu zahlender Einkommensteuer in EUR |
|---|---|---|
| a) | 5 000 | 0 |
| b) | 10 000 | 24,8 |
| c) | 20 000 | 30,4 |
| d) | 40 000 | 41,6 |
| e) | 50 000 | 47,2 |
| f) | 65 000 | 48,5 |
| g) | 70 000 | 48,5 |

6. Die Besteuerung nach dem Leistungsfähigkeitsprinzip sieht vor, die Steuerlast nach der Leistungsfähigkeit der Steuerzahler zu verteilen. Meistens wird das Einkommen als Ausdruck der steuerlichen Leistungsfähigkeit (und damit als Steuerbemessungsgrundlage) herangezogen. Ein progressiver Einkommensteuersatz wird i. d. R. als Besteuerungsform angesehen, die dem Prinzip der Besteuerung nach der Leistungsfähigkeit am ehesten entspricht. Allerdings müssten auch bei einem proportionalen Einkommensteuersatz (z. B. einheitlicher Steuersatz von 35 %) Bezieher höherer Einkommen mehr Einkommensteuer bezahlen als Bezieher niedrigerer Einkommen.

Der Grenzsteuersatz gibt nicht die Gesamtbelastung des zu versteuernden Einkommens an, sondern nur die Belastung jeder **zusätzlichen** Mark zu versteuernden Einkommens. Es handelt sich somit um die **Belastung der Einkommensspitze** (= Spitzensteuersatz). Das zu versteuernde Einkommen eines Ledigen in Höhe von 70 000 EUR wird zwar einem Spitzensteuersatz von 48,5 % unterworfen. Es wird aber nur der über 55 007 EUR hinausgehende Betrag (hier 14 993 EUR) mit einem Steuersatz von 48,5 % besteuert. Das Einkommen ab dem Existenzminimum bis zu 55 007 EUR wird hingegen mit den niedrigeren Steuersätzen der beiden Progressionszonen versteuert. Das Einkommen bis 7236 EUR (Existenzminimum) bleibt unversteuert. Daher liegt die prozentuale Belastung des Gesamteinkommens (= Durchschnittssteuersatz) immer unter dem Grenzsteuersatz.

7.

| Ehepaar mit einem zu versteuernden Einkommen von 40 000 EUR. Der Mann ist Alleinverdiener. | Nichteheliche Lebensgemeinschaft mit einem zu versteuernden Einkommen von 40 000 EUR. Der Mann ist Alleinverdiener. | Ehepaar mit einem zu versteuernden Einkommen von 40 000 EUR. Davon entfallen jeweils 20 000 EUR auf jeden der beiden berufstätigen Ehepartner. | Nichteheliche Lebensgemeinschaft mit einem zu versteuernden Einkommen von 40 000 EUR. Davon entfallen jeweils 20 000 EUR auf jeden der beiden berufstätigen Partner. |
|---|---|---|---|
| Splitting-Verfahren<br><br>3 235 EUR × 2<br>= 6 470 EUR | lt. Grundtabelle (Ledige)<br><br>10 158 EUR | Splitting-Verfahren<br><br>3 235 EUR × 2<br>= 6 470 EUR | lt. Grundtabelle (Ledige)<br>3 235 EUR<br>+ 3 235 EUR<br>= 6 470 EUR |

8. Beim Splitting-Verfahren kann jeder Ehepartner für das halbe Gesamteinkommen das volle steuerfreie Existenzminimum sowie die im Vergleich zur oberen Proportionalzone niedrigeren Steuersätze der ersten und zweiten Progressionszone ausnutzen. Das ist im Vergleich zu unverheirateten Paaren immer dann von Vorteil, wenn ein Ehepartner Allein- oder Hauptverdiener ist und ein relativ hohes Einkommen bezieht, das mit einem entsprechend hohen (Grenz-)Steuersatz belegt wird. Durch die fiktive Halbierung des Gesamteinkommens wird so getan, als ob beide Ehepartner jeweils zur Hälfte zum Gesamteinkommen beitragen – auch dann, wenn ein Ehepartner gar kein eigenes Einkommen bezogen hat. In dem Steuerbetrag, der sich für dieses hälftige Einkommen ergibt, sind sowohl das steuerfreie Existenzminimum sowie die niedrigen Steuersätze der Progressionszone berücksichtigt. Durch die Verdopplung dieses Steuerbetrages kommt **jeder** der beiden Ehepartner in den Genuss dieser niedrigen Anfangsbesteuerung. Daher ist die sich aus **zwei niedrigen** Einkommen (z. B. je 25 000 EUR) ergebende Steuer**summe** geringer als der Steuerbetrag, der sich für ein doppelt so hohes Einkommen (z. B. 50 000) ergibt.

## 10.04 Lohnsteuer – Lohnsteuerklassen – Quellenabzugsverfahren

1.

| | 1 | 2 | 3 | 4 | | 5 |
|---|---|---|---|---|---|---|
| | Herr Abele | Herr Bauer | Herr Cleff | Frau Cleff | Ehepaar Cleff | Frau Dagel |
| | ledig (St. Kl. I/0) Facharbeiter | verheiratet, 2 Kinder (St.Kl. III/2). Angestellter Frau Bauer ist nicht berufstätig. | Familie Cleff hat 1 Kind. Herr Cleff arbeitet als Verkaufsleiter in einer Großhandlung (St.Kl. III/1). Frau Cleff arbeitet halbtags als Arzthelferin (St.Kl. V) | | | allein-stehend, 1 Kind (St.Kl. II/1) Verkäuferin |
| Brutto-monats-verdienst in EUR | 2 100,00 | 2 500,00 | 4 200,00 | 1 000,00 | 5 200,00 | 1 350,00 |
| – Lohn-steuer in EUR | 321,17 | 179,55 | 668,85 | 217,04 | 885,89 | 46,85 |
| + Kinder-geld in EUR (EStG § 66) | | 276,00 | 138,00 | | 138,00 | 138,00 |
| Monats-verdienst in EUR nach Lohnsteuer und Kinder-geld | 1778,83 | 2 596,45 | 3 669,15 | 782,96 | 4 452,11 | 1 441,15 |
| Unterschied zum Brutto-monatsver-dienst in % | – 15,29 | + 3,86 | – 12,64 | – 21,70 | – 14,38 | + 6,75 |

2. Herr Abele ist ledig und hat die Steuerklasse I, während Herr Bauer als Verheirateter die Steuerklasse III hat.

   Die unterschiedliche Steuerbelastung resultiert daher, dass in der Steuerklasse III auch für den Ehepartner der Grundfreibetrag, der Sonderausgaben-Pauschbetrag und die Vorsorgepauschale berücksichtigt sind. Diese Freibeträge bzw. Pauschalen sind daher doppelt so hoch, wie in der Steuerklasse I. In der Steuerklasse III wird also der Splitting-Tarif berücksichtigt, während in allen anderen Steuerklassen der Grund-Tarif zugrunde liegt.

Bei der Berechnung der Lohnsteuer sind in den einzelnen Steuerklassen bereits folgende Freibeträge berücksichtigt:

| Steuerklasse / Freibeträge in EUR | I | II | III | IV | V | VI |
|---|---|---|---|---|---|---|
| Grundfreibetrag ab 2002 | 7235 | 7235 | 14470 | 7235 | | |
| Arbeitnehmer-Pauschbetrag | 1044 | 1044 | 1044 | 1044 | 1044 | |
| Sonderausgaben-Pauschbetrag | 36 | 36 | 72 | 36 | | |
| Allg. Vorsorgepauschale 20% des Arbeitslohnes, maximal gem. EStG §10 c (2) | einfache Vorsorge-pauschale | einfache Vorsorge-pauschale | doppelte Vorsorge-pauschale | einfache Vorsorge-pauschale | | |
| Haushaltsfreibetrag | | 2916 | | | | |
| Kinderfreibetrag[1]) je Zähler ab 1997 | 1782 | 1782 | 1782 | 891 | | |

3. 447,29 EUR

4. a) Herr Cleff (IV/0,5): 1 102,39 EUR Lohnsteuer
   Frau Cleff (IV/0,5): 22,79 EUR Lohnsteuer
   1 125,18 EUR gesamte Lohnsteuer im Monat

   Bei der Steuerklassenkombination III/V fallen dagegen nur 885,89 EUR Lohnsteuer an.

   ***Ursache:*** In Steuerklasse III ist der Splitting-Tarif angewandt, d.h., bei Herrn Cleff werden Grundfreibetrag, Sonderausgaben-Pauschbetrag und Vorsorge-Pauschale verdoppelt. Dafür werden diese Frei- bzw. Pauschbeträge bei Frau Cleff (Steuerklasse V) nicht mehr berücksichtigt. Da Herr Cleff ein wesentlich höheres Einkommen (und damit einen höheren Grenzsteuersatz) hat als seine Frau, führt dieses Vorgehen aufgrund des progressiven Einkommensteuertarifs zu einer entsprechend hohen Steuerentlastung. Die Nichtberücksichtigung dieser Beträge bei Frau Cleff fällt dagegen wegen ihres geringen Einkommens und des sich daraus ergebenden geringen Grenzsteuersatzes nicht so stark ins Gewicht.

   b) Im Rahmen der Einkommersteuerveranlagung wird der Nachteil der ungünstigen Steuerklassenwahl wieder ausgeglichen. Die Höhe der zu zahlenden Einkommensteuer ist somit bei beiden Kombinationen (IV/IV und III/V) gleich. Im vorliegenden Fall würde bei der Kombination IV/IV die zu viel gezahlte Einkommensteuer nachträglich erstattet, während diese Steuer bei der Kombination III/V erst gar nicht gezahlt wurde. Durch die Wahl der günstigen Steuerklasse ergibt sich somit keine Steuerersparnis, sondern lediglich ein Zinsvorteil.

[1]) Anmerkung zum Kinderfreibetrag: Bei der Berechnung der monatlichen Lohnsteuer werden ab 1996 Kinderfreibeträge **nicht mehr** berücksichtigt. Ein verheirateter Arbeitnehmer mit zwei Kindern, der auf seiner Lohnsteuerkarte die Steuerklasse III/2 eingetragen hat, zahlt also genauso viel Lohnsteuer wie sein Kollege mit gleichem Gehalt und Steuerklasse III/0. Der frühere Steuervorteil durch die Kinderfreibeträge wird jetzt durch das Kindergeld abgegolten. Wenn sich bei der Einkommensteuerveranlagung herausstellt, dass die Berücksichtigung der Kinderfreibeträge für den Steuerpflichtigen günstiger gewesen wäre als die Zahlung von Kindergeld (was nur bei sehr hohen Einkommen der Fall sein kann), wird vom Finanzamt nachträglich der Kinderfreibetrag zugrunde gelegt und die Steuerermäßigung mit dem gezahlten Kindergeld verrechnet. Es besteht somit eine Wahlmöglichkeit zwischen Kindergeld und Kinderfreibetrag. Obwohl die Kinderfreibeträge bei der Lohnsteuerberechnung nicht berücksichtigt werden, ist deren Eintragung auf der Lohnsteuerkarte nicht überflüssig. Während nämlich vor 1996 die Bemessungsgrundlage für den Solidaritätszuschlag (5,5 %) und die Kirchensteuer (länderabhängig 8 % bzw. 9 %) die **gezahlte** Lohnsteuer war, wird jetzt die **fiktive** Lohnsteuer, die sich ergibt, wenn der Kinderfreibetrag bei der Lohnsteuerberechnung berücksichtigt wird (§ 51a Abs. 2 EStG), als Bemessungsgrundlage herangezogen.

c) Wenn die Ehepartner unterschiedlich hohe Einkommen haben. Faustregel: Verdient ein Ehepartner mehr als 50 % des gemeinsamen Arbeitslohns, sollte er die Steuerklasse III und der andere die Steuerklasse V wählen. Die Kombination IV/IV ist in diesem Fall ungünstig.

5. Selbstständige werden zur Einkommensteuer veranlagt. Dazu müssen sie eine Steuererklärung abgeben, auf deren Basis nachträglich das zu versteuernde Einkommen des Vorjahres und die Höhe der zu zahlenden Einkommensteuer ermittelt wird. I. d. R. müssen aber vierteljährliche Vorauszahlungen auf die zu erwartende Steuerschuld geleistet werden.

   Bei Arbeitnehmern behält der Arbeitgeber die Lohnsteuer (= Einkommensteuer auf die Einkünfte aus nichtselbstständiger Arbeit) regelmäßig vom Bruttolohn ein und führt sie an das Finanzamt ab (Quellenabzugsverfahren).

## 10.05 Dividendenbesteuerung: Körperschaftsteuer – Kapitalertragsteuer – Halbeinkünfteverfahren

1., 2. und 3.

| | | für 100 Aktien | je Aktie |
|---|---|---|---|
| Gewinnausschüttung der AG | ↑ 100 % | 1 000,00 EUR | 10,00 EUR |
| + 25 % Körperschaftsteuer | 25 % | 250,00 EUR | 2,50 EUR |
| = Bardividende | 75 % | 750,00 EUR | 7,50 EUR |
| – 20 % Kapitalertragsteuer<br>– 5,5 % Solidaritätszuschlag auf die KESt | | 150,00 EUR<br>8,25 EUR | 1,50 EUR<br>0,08 EUR |
| = Nettodividende (Gutschrift) | | 591,75 EUR | 5,92 EUR |

4. 20 % Kapitalertragsteuer sowie 5,5 % Solidaritätszuschlag auf die Kapitalertragsteuer.

   Die Kapitalertragsteuer ist eine Erhebungsform der Einkommensteuer. Sie ist eine Steuer des Aktionärs, welche die AG für ihn abzuführen hat. Ebenso wie bei der Lohnsteuer handelt es sich dabei um ein Quellenabzugsverfahren. Gem. EStG § 44 Abs. 1 S. 3 muss die AG (nicht die Depotbank!) von den auszuschüttenden Gewinnen den Abzug der Kapitalertragsteuer vornehmen. Da es sich bei der Kapitalertragsteuer um eine im Voraus entrichtete Einkommensteuer handelt (Abschlagsteuer), kann der Aktionär diese Kapitalertragsteuer ebenso wie den darauf entfallenden Solidaritätszuschlag auf seine Einkommensteuerschuld anrechnen.

5.

| | | |
|---|---|---|
| zur Ausschüttung bereitgestellter Gewinn für 100 Aktien | 1 000,00 EUR | 100 % der Gewinnausschüttung |
| – Körperschaftsteuer (25 % der Gewinnausschüttung) | 250,00 EUR | 25,0 % der Gewinnausschüttung |
| = Bardividende | 750,00 EUR | 75,0 % der Gewinnausschüttung |
| – Kapitalertragsteuer (20 % der Bardividende)<br>– Solidaritätszuschlag (5,5 % der Kapitalertragsteuer) | 150,00 EUR<br>8,25 EUR | 15,0 % der Gewinnausschüttung<br>0,825 % der Gewinnausschüttung |
| = Gutschrift | 591,75 EUR | 40,825 % der Gewinnausschüttung |

6. a) Anrechenbare Kapitalertragsteuer zzgl. Solidaritätszuschlag: 158,25 EUR
   $158{,}25 \times 100/750 = 21{,}1\,\%$

b) Steuerpflichtige Einkünfte aus Kapitalvermögen: 50 % der Bardividende: 375,00 EUR

| | | |
|---|---|---|
| | 30 % Einkommensteuer von 375,00 EUR | 112,50 EUR |
| + | 5,5 % Solidaritätszuschlag auf die EKSt | 6,19 EUR |
| = | Steuerschuld | 118,69 EUR |
| | Bescheinigte anrechenbare Kapitalertragsteuer | 150,00 EUR |
| | Bescheinigter anrechenbarer Solidaritätszuschlag auf die KESt | 8,25 EUR |
| = | Steuergutschrift | 158,25 EUR |

Herr Helder hat aufgrund der Dividendenzahlung eine Einkommensteuerschuld (einschl. Solidaritätszuschlag) von 118,69 EUR. Seine Steuergutschrift (einschließlich Solidaritätszuschlag) beträgt 158,25 EUR. Der Differenzbetrag in Höhe von 39,56 EUR wird ihm im Rahmen der Einkommensteuererklärung vom Finanzamt erstattet.

c) Wenn der Einkommensteuersatz mehr als 40 % beträgt (= Zweifaches des Steuersatzes der Kapitalertragsteuer). Bei einem Einkommensteuersatz von 40 % ist die Steuerschuld genauso groß wie die Steuergutschrift.

Bsp.:

| | | |
|---|---|---|
| | 40 % Einkommensteuer von 375,00 EUR | 150,00 EUR |
| + | 5,5 % Solidaritätszuschlag auf die EKSt | 8,25 EUR |
| = | Steuerschuld | 158,25 EUR |

Die Steuergutschrift beträgt ebenfalls 158,25 EUR (vgl. 6b)

7. a) Gem. EStG § 20 Abs. 4 ist bei der Ermittlung der Einkünfte aus Kapitalvermögen nach Abzug der Werbungskosten ein Sparer-Freibetrag von 1550 EUR (Ledige) bzw. 3 110 EUR (Verheiratete) abzuziehen. Wenn der Bank ein Freistellungsauftrag des Steuerpflichtigen vorliegt, werden die Kapitaleinkünfte bis zu dieser Höhe von der Bank ohne Steuerabzug (hier: Bardividende in Höhe von 750,00 EUR) ausgezahlt. Im vorliegenden Fall wurde offensichtlich ein solcher Freistellungsauftrag gestellt. Die Herrn Helder von der ABC-Bank gutzuschreibenden Zins- und Dividendenerträge übersteigen aber den Sparer-Freibetrag, sodass von den überschießenden Beträgen Kapitalertragsteuer und der darauf entfallende Solidaritätszuschlag einbehalten und nur die Nettodividende (hier: 591,75 EUR) gutgeschrieben wird.

b) Ihm wäre die Bruttodividende in Höhe von 750,00 EUR gutgeschrieben worden.

**Erläuterung zur Verrechnung der einbehaltenen Kapitalertragsteuer:**

Die AG muss gemäß EStG §§ 43a Abs. 1 Nr. 1 u. 44 Abs. 1 20 % Kapitalertragsteuer (20 % bezogen auf die Bardividende = 15,0 % bezogen auf die Gewinnausschüttung) abziehen. Den örtlichen Depotbanken der Aktionäre wird in jedem Fall nur die **Nettodividende** überwiesen. Ohne Freistellungsauftrag bzw. bei ausgeschöpftem Sparer-Freibetrag schreiben die örtlichen Depotbanken ihren Kunden die anteilige Nettodividende – seit 1995 unter Abzug des Solidaritätszuschlags auf die Kapitalertragsteuer – gut. Kunden, deren Freistellungsauftrag noch nicht ausgeschöpft ist, wird die anteilige Bardividende (also inklusive Kapitalertragsteuerguthaben und darauf entfallender Solidaritätszuschlag) gutgeschrieben. Gleiches gilt für Kunden, die eine sog. NV-Bescheinigung (= Bescheinigung des Finanzamtes, dass der Kapitalanleger voraussichtlich nicht zur Einkommensteuer veranlagt wird) vorlegen. Die Depotbanken fordern die Kapitalertragsteuer, die sie ihren Kunden auf diesem Wege erstattet haben, vom Bundesamt für Finanzen zurück.

## 10.06 Umsatzsteuer: Mehrwertsteuerverfahren – Vorsteuer – Zahllast

1. a) (Siehe nachfolgende Seite!)

1. b) 8 000 EUR (1 600 EUR Sägewerk und jeweils 3 200 EUR Möbelfabrik und Versandhandel)

1. c) Die Endverbraucher haben 8 000 EUR Umsatzsteuer an den Versandhändler gezahlt. Davon sind auf Stufe I 1 600 EUR, auf Stufe II 3 200 EUR und auf Stufe III ebenfalls 3 200 EUR von den jeweiligen Unternehmen an das Finanzamt abgeführt worden.

2. a) (Siehe nachfolgende Seite!)

2. b) Nein. Es werden nach wie vor 8 000 EUR an das Finanzamt abgeführt (1 600 EUR Sägewerk, 3 200 EUR Möbelfabrik und jeweils 1 600 EUR Großhandel und Einzelhandel).

2. c) Die Zahl der Produktions- und Handelsstufen verändert die Belastung nicht. Das liegt daran, dass auf jeder Stufe die gezahlte Vorsteuer von der eigenen Umsatzsteuerschuld abgezogen werden kann.

3. Auf jeder Stufe wird der dem bisherigen Warenwert hinzugefügte Wert (= Mehrwert) besteuert.
4. Steuerschuldner ist das Unternehmen; Steuerträger ist – sofern die Überwälzung in Form von höheren Preisen gelingt – letztlich der Verbraucher.
5. Die Umsatzsteuer belastet die Ergebnisrechung der Unternehmen nicht. Die von den Kunden vereinnahmte Umsatzsteuer ist identisch mit der vom Unternehmen gezahlten Vorsteuer plus der ans Finanzamt abgeführten Zahllast. Somit ist die Umsatzsteuer ein durchlaufender Posten ohne Wirkung auf das Unternehmensergebnis.
6. Wenn die Umsatzsteuererhöhung auf allen Stufen in Form von höheren Preisen auf den jeweiligen Kunden überwälzt werden kann, ergibt sich keine Wirkung auf das Unternehmensergebnis. Wenn aber wegen der erhöhten Preise die Nachfrage zurückgeht (elastische Nachfrage) bzw. Preiserhöhungen gegenüber den Kunden nicht durchgesetzt werden können, werden letztlich die Unternehmen, die die Umsatzsteuer nicht überwälzen konnten, belastet.

## 10.07 Umsatzsteuerpflichtige Vorgänge – Umsatzsteuer-Voranmeldung

1. a) Steuerpflichtiger Umsatz: Süßwaren 7 %; Tabakwaren 16 %, Erfrischungsgetränke 16 %, alkohol. Getränke 16 %, Zeitungen/Bücher 7 %

   b) nein

   c) Anzahlungen sind seit 01.01.94 in jedem Fall umsatzsteuerpflichtig

   d) Steuerpflichtiger Umsatz: 7 % (Bei Wirtschaftszweigen, für die keine Pauschalbeträge in den sog. Eigenverbrauchstabellen ausgewiesen sind, muss eine monatliche Aufzeichnung der Entnahmen erfolgen. Ansonsten werden monatlich die pauschalen Werte angesetzt.)

   e) nein

   f) Steuerpflichtiger Umsatz: 16 %

ıfgabe
.06:

1. a)

| | Sägewerk (Stufe I) | Möbelfabrik (Stufe II) | Versandhandel (Stufe III) | Endverbraucher |
|---|---|---|---|---|
| Warenwert | 10 000 EUR | 30 000 EUR | 50 000 EUR | |
| den Kunden in Rechnung gestellte Umsatzsteuer (16 % des Warenwertes) | 1 600 EUR | 4 800 EUR | 8 000 EUR | |
| Rechnungsbetrag der Ausgangsrechnung | 11 600 EUR | 34 800 EUR | 58 000 EUR | |
| an den Lieferer gezahlte Vorsteuer | 0 EUR[1] | 1 600 EUR | 4 800 EUR | |
| an das Finanzamt abzuführende Zahllast | 1 600 EUR | 3 200 EUR | 3 200 EUR | **Summe Stufe I bis III 8 000 EUR** |
| Wertschöpfung (Mehrwert) | 10 000 EUR | 20 000 EUR | 20 000 EUR | **Summe Stufe I bis III 50 000 EUR** |
| Zahllast in % des Mehrwertes | 16 % | 16 % | 16 % | 16 % |

Sägewerk → Möbelfabrik: Bretter; Geld 10 000 EUR, 1 600 EUR
Möbelfabrik → Versandhandel: Schränke; Geld 30 000 EUR, 4 800 EUR
Versandhandel → Endverbraucher: Schränke; Geld 50 000 EUR, 8 000 EUR

2. a)

| | Sägewerk (Stufe I) | Möbelfabrik (Stufe II) | Großhandel (Stufe III) | Einzelhandel (Stufe IV) | Endverbraucher |
|---|---|---|---|---|---|
| Warenwert | 10 000 EUR | 30 000 EUR | 40 000 EUR | 50 000 EUR | |
| den Kunden in Rechnung gestellte Umsatzsteuer (16 % des Warenwertes) | 1 600 EUR | 4 800 EUR | 6 400 EUR | 8 000 EUR | |
| Rechnungsbetrag der Ausgangsrechnung | 11 600 EUR | 34 800 EUR | 46 400 EUR | 58 000 EUR | |
| an den Lieferer gezahlte Vorsteuer | 0 EUR[1] | 1 600 EUR | 4 800 EUR | 6 400 EUR | |
| an das Finanzamt abzuführende Zahllast | 1 600 EUR | 3 200 EUR | 1 600 EUR | 1 600 EUR | **Summe Stufe I bis IV 8 000 EUR** |
| Wertschöpfung (Mehrwert) | 10 000 EUR | 20 000 EUR | 10 000 EUR | 10 000 EUR | **Summe Stufe I bis IV 50 000 EUR** |
| Zahllast in % des Mehrwertes | 16 % | 16 % | 16 % | 16 % | 16 % |

Sägewerk → Möbelfabrik: Bretter; Geld 10 000 EUR, 1 600 EUR
Möbelfabrik → Großhandel: Schränke; Geld 30 000 EUR, 4 800 EUR
Großhandel → Einzelhandel: Schränke; Geld 40 000 EUR, 6 400 EUR
Einzelhandel → Endverbraucher: Schränke; Geld 50 000 EUR, 8 000 EUR

[1] Abweichend von dieser Angabe dürfen land- und forstwirtschaftliche Betriebe in Wirklichkeit auch dann einen Vorsteuerabzug vornehmen, wenn für sie keine Vorsteuer angefallen ist (UStG § 24). Im vorliegenden Fall (Bretter) würde die Umsatzsteuer 16 % und die (angenommene) Vorsteuer 9 % betragen. Dadurch würde sich eine Zahllast von 6 % ergeben.

g) Seit dem 01.01.96 ist die private Pkw-Nutzung gem. EStG § 6 (1) Nr. 4, S. 2 monatlich mit 1% des inländischen Listenpreises zzgl. USt einkommensteuerpflichtig. (Alternative: Nachweis der auf Privatfahrten entfallenden Aufwendungen durch Belege und Fahrtenbuch. Für die Umsatzsteuer gilt: Bei gemischt genutzten Fahrzeugen, die nach dem 31.03.1999 angeschafft werden, kann bei der Anschaffung die Vorsteuer nur noch zu 50% geltend gemacht werden (UStG §15 (1a)). Dafür entfällt die Umsatzsteuer auf die Leistungsentnahme (= private Nutzung), da es sich nicht um eine gleichgestellte sonstige Leistung handelt (UStG §3 (9a) S. 2). Im vorliegenden Fall fällt also keine Umsatzsteuer an.

i) Steuerpflichtiger Umsatz: 7%

j) nein

k) nein

l) nein

m) nein, dafür aber Versicherungssteuer

n) nein, dafür aber Grunderwerbsteuer

o) Bei innergemeinschaftlichem Erwerb zwischen Unternehmen gilt das Bestimmungslandprinzip. Die Ware wird in Frankreich von der USt befreit und in Deutschland der »Erwerbsteuer« in Höhe von 16% (für alkoholische Getränke) unterworfen; Vorsteuerabzug

   16% von 3050 EUR = 488 EUR

p) Steuerpflichtiger Vorgang: 16% vom tatsächlichen Warenwert

q) Wareneinkauf durch Privatleute: Er muss die französische Umsatzsteuer bezahlen und kann die Ware ohne weitere steuerliche Belastung nach Deutschland einführen. Für die Großhandlung bedeutungslos.

r) Für Autos gilt bei **Privatkäufen** ausnahmsweise das Bestimmungslandprinzip: Befreiung von der französischen Umsatzsteuer; dafür aber Umsatzsteuer in Deutschland. Für die Großhandlung bedeutungslos.

s) Vorsteuerabzug: 16%

t) Vorsteuerabzug: 7% von 2000 EUR; 16% von 500 EUR

u) Vorsteuerabzug: 16% von 6500 EUR

2. Der Unternehmer hat i. d. R. bis zum 10. Tag nach Ablauf jeden Kalendermonats (Voranmeldezeitraum) eine Umsatzsteuer-Voranmeldung auf einem amtlich vorgeschriebenen Formular abzugeben. Die vom Unternehmer errechnete Steuer ist als Vorauszahlung zu leisten. Für jedes abgelaufende Kalenderjahr ist rückwirkend eine Umsatzsteuererklärung abzugeben. Die Vorauszahlungen werden mit der dabei errechneten Steuer verrechnet.

   Bei Lieferungen zwischen EU-Ländern ist zwischen Lieferungen an Privatpersonen und Lieferung an Unternehmen zur Verwendung im Unternehmen zu unterscheiden. Privatleute unterliegen der Umsatzsteuer des Herkunftslandes (außer bei neuen Autos). Importierende Unternehmen sind von der Umsatzsteuer des Herkunftslandes befreit, unterliegen aber einer Erwerbsteuerpflicht in Höhe des Umsatzsteuersatzes im Bestimmungsland. Die Erwerbssteuer ist vorsteuerabzugsberechtigt. Für die Umsatzsteuerbefreiung bei Lieferungen zwischen Unternehmen unterschiedlicher EU-Länder muss die Umsatzsteuer-Identifikationsnummer des Lieferers und des Kunden auf der Rechnung vermerkt sein. Dadurch wird zugleich die Erwerbsteuerpflicht des Kunden nachgewiesen.

zu Aufgabe 10.07 Nr. 2

| Umsätze mit 16 % USt (Nettowarenwert in EUR) | | Umsatzsteuer (EUR) | Umsätze mit 7 % USt (Nettowarenwert in EUR) | | Umsatzsteuer (EUR) |
|---|---|---|---|---|---|
| a) Erfrischungsgetr. | 12 000 | 1 920 | a) Süßwaren | 10 000 | 700,00 |
| a) Tabakwaren | 8 000 | 1 280 | a) Zeitungen | 7 000 | 490,00 |
| a) Alkohol. Getr. | 6 000 | 960 | d) Eigenverbrauch | 100 | 7,00 |
| c) Anzahlung Getränke | 3 000 | 480 | i) Süßw./Zeitung | 2 500 | 175,00 |
| f) Lieferwagen | 12 000 | 1 920 | | | |
| p) Sekt | 80 | 12,80 | | | |
| | | | | | |
| **Summe** | **41 080** | **6 572,80** | | **19 600** | **1 372,00** |

| Vorsteuerabzug 16 % USt (Nettowarenwert in EUR) | | Vorsteuer | Vorsteuerabzug 7 % USt (Nettowarenwert in EUR) | | Vorsteuer |
|---|---|---|---|---|---|
| o) Rotwein, Spirit. | 3 050 | 488 | t) Zeitschriften | 2 000 | 140,00 |
| s) Tabakwaren | 5 000 | 800 | | | |
| t) Pornohefte | 500 | 80 | | | |
| u) Getränke | 6 500 | 1 040 | | | |
| | | | | | |
| **Summe** | **15 050** | **2 408** | | **2 000** | **140,00** |

| | | | |
|---|---|---|---|
| | Umsatzsteuer 16 % (Umsätze: 41 080) | 6 572,80 EUR | Zeile 28 |
| + | Umsatzsteuer 7 % (Umsätze: 19 600) | 1 372,00 EUR | Zeile 29 |
| + | Steuerpflichtiger innergemeinschaftl. Erwerb (Umsätze: 3 050) | 488,00 EUR | Zeile 37 |
| = | | 8 432,80 EUR | Zeile 43 |
| – | Vorsteuer 16 % (ohne innergemeinschaftl. Erwerb) | 1 920,20 EUR | Zeile 47 |
| – | Vorsteuer 7 % | 140,00 EUR | Zeile 47 |
| – | Vorsteuer aus innergemeinschaftl. Erwerb | 488,00 EUR | Zeile 48 |
| | Zahllast | 5 884,60 EUR | Zeile 58 |

# Gliederung und Einteilung der Steuern

## 10.08 Steuerarten im Überblick

| Nr. | Steuerarten in absteigender Reihenfolge des Steueraufkommens | Verteilung auf Bund, Länder und Gemeinden | | | Gegenstand der Besteuerung | | | Wirkung auf Bilanz und GuV | | | |
|---|---|---|---|---|---|---|---|---|---|---|---|
| | | Bund | Länder | Gemeinden | Hinzuerwerb von Eigentum | Besitz von Eigentum | Verbrauch von Eigentum | Gewinnschmälernde Betriebssteuern (Aufwandsteuern) | Personensteuern (Steuern des Unternehmers) | Aktivierungspflichtige Steuern | Durchlaufende Posten |
| 1 | Lohnsteuer | X | X | X | X | | | | | | X |
| 2 | Umsatzsteuer | X | X | X | | | X | | | | X |
| 3 | Mineralölsteuer | X | | | | | X | | | (X)[3] | X |
| 4 | Gewerbesteuer | X | X | X | X | | | X | | | |
| 5 | Einkommensteuer | X | X | X | X | | | | X | | |
| 6 | Tabaksteuer | X | | | | | X | X | | (X)[3] | X |
| 7 | Körperschaftsteuer | X | X | X | X | | | | X | | |
| 8 | Kapitalertragsteuer | X | X | X | X | | | | X | | (X)[1] |
| 9 | Kfz-Steuer | | X | | | X | | X | | | |
| 10 | Zinsabschlag | X | X | X | X | | | | X | | |
| 11 | Grundsteuer | | | X | | X | | X | | | |
| 12 | Versicherungsteuer | X | | | | | X | X | | | |
| 13 | Grunderwerbsteuer | | X | | | | X | | | X | |
| 14 | Branntweinsteuer | X | | | | | X | | | | X |
| 15 | Erbschaftsteuer | | X | | X | | | | X | | |
| 16 | Lotteriesteuer | | X | | | | X | | | | X |
| 17 | Kaffeesteuer | X | | | | | X | | | (X)[3] | X |
| 18 | Biersteuer | | X | | | | X | | | (X)[3] | X |
| 19 | Schaumweinsteuer | X | | | | | X | | | (X)[3] | X |
| 20 | Vergnügungsteuer | | | X | | | X | X | | | |
| 21 | Hundesteuer | | | X | | | X | (X)[2] | X | | |

1) Wenn die AG für die Aktionäre Kapitalertragsteuer abführt
2) Wenn es sich um einen Wachhund handelt
3) Wenn Bestände aktiviert werden, beinhaltet der Wertansatz auch diese Verbrauchssteuer.

# Wirtschaftskreislauf mit staatlicher Aktivität

## 10.09 Der Staat im Wirtschaftskreislauf

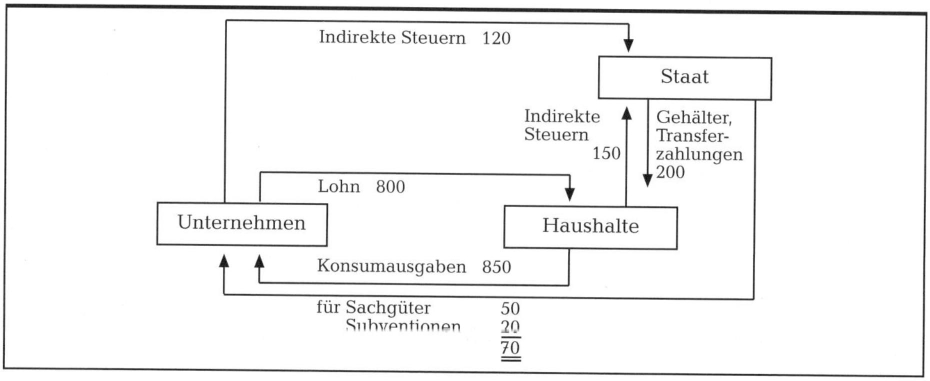

## 10.10 Einkommenspolitik – Staatliche Mindestpreispolitik – Marktkonforme und marktkonträre Maßnahmen

1. 30 Mio. t × 400 GE = 12 Mrd. GE
2. Nachfrage geht um 5 Mio. t auf 25 Mio. t zurück.
3. a) 25 Mio. t × 500 GE = 12.5 Mrd. GE
   Wegen der unelastischen Nachfrage steigen die Einkommen gegenüber der Ausgangssituation (vgl. 1.) trotz des Nachfragerückgangs.
   b) 35 Mio. t × 500 GE = 17,5 Mrd. GE
4. 17,5 Mrd. GE – 12 Mrd. GE = 5,5 Mrd. GE
5. Der Angebotsüberhang beträgt 10 Mio. t.
   10 Mio. t × 500 GE = 5 Mrd. GE
6. 7 Mio. t (70 % von 10 Mio. t) × (250 GE – 50 GE) = 1,4 Mrd. GE
7. Einkommenszuwachs in der Landwirtschaft 5,5 Mrd. GE
   Mehraufwendungen der Verbraucher
   Die Nachfragemenge ist um 5 Mio. t zurückgegangen.
   Für die verbliebene Nachfragemenge von 25 Mio. t
   müssen jetzt je Tonne 100 GE mehr bezahlt werden als vorher: 2,5 Mrd. GE
   Staatliche Subventionen
   Die Regierung muss netto 3,6 Mrd GE
   (5,0 Mrd. GE – 1,4 Mrd. GE) an Steuergeldern für den
   subventionierten Verkauf der Überschüsse aufwenden. 3,6 Mrd. GE
   Dem Einkommenszuwachs in der Landwirtschaft von 5,5 Mrd. GE stehen im vorliegenden Fall Mehraufwendungen der Verbraucher und des Staates in Höhe von 6,1 Mrd. GE gegenüber. Wenn die Überschussmengen nicht verkäuflich sind, fallen möglicherweise zusätzliche Kosten für die Verwaltung, Überwachung, Vernichtung, Denaturierung (Verwendung von Brotgetreide als Futtergetreide) oder Verarbeitung (z. B. Milch zu Milchpulver) an.
   ***Hinweis:*** Die Wohlfahrtseffekte und Effizienzwirkungen solcher preispolitischer Maßnahmen für die Gesamtwirtschaft lassen sich durch die Berechnung der Konsumenten- und Produzentenrente ermitteln (vgl. Nr. 11).
8. a) 30 Mio. t× 500 GE = 15 Mrd. GE
   b) Der Angebotsüberschuss beträgt 5 Mio. t
   5 Mio. t × 500 GE = 2,5 Mrd. GE
9. a) 520 GE/t
   b) Da der Marktpreis über dem Mindestpreis liegt, bleibt der Mindestpreis ohne Wirkung.
10. Einkommensteuerermäßigung für die Landwirtschaft durch Freibeträge o. Ä., Einkommensbeihilfen durch direkte Transferzahlungen.
    Subventionierung der landwirtschaftlichen Produktion (z. B. verringerte Mineralölsteuer für Dieselkraftstoff in der Landwirtschaft, Subventionierung von Saatgut. Investitionsbeihilfen, ermäßigte Grundsteuer u. a. m.).
11. a) Bei der Mindestpreispolitik wird von einer übergeordneten Instanz (z. B. Regierung) ein Preis festgelegt, der über dem Gleichgewichtspreis liegt und nicht unterschritten werden darf.

In den anderen Fällen ergibt sich nach wie vor ein Marktpreis, der durch Angebot und Nachfrage zustande kommt.
Bei Subventionsmaßnahmen zur Verbilligung der Produktion ergeben sich möglicherweise **indirekte** Auswirkungen auf den Preis. Subventionen, die wie Kostenminderungen wirken, können zu einer Ausdehnung des Angebots (= Linksverschiebung der Angebotskurve) und damit zu einer Preissenkung führen. Wenn nicht gleichzeitig eine Produktionseinschränkung vorgenommen wird, könnte also die mit der Subvention beabsichtigte Einkommensverbesserung durch die sich aus der Produktionsausdehnung ergebende Preissenkung wieder zunichte gemacht werden. Ob sich tatsächlich Einkommenseinbußen ergeben, hängt von der Nachfrageelastizität ab.
Bei einer Ermäßigung der Einkommensteuer bzw. bei direkten Einkommenstransfers ergeben sich keine Wirkungen auf das Angebot bzw. auf den Preis, wenn die Gewährung dieser Vergünstigungen nicht an bestimmte Auflagen (z. B. Flächenstilllegung) gebunden ist.

b) Bei der Mindestpreispolitik besteht das Ziel in der Aufrechterhaltung einer Mindestproduktion (z. B. Autarkiebestrebung) bzw. in der Einkommenssicherung für bestimmte Produzentengruppen (hier: Landwirtschaft). Die Funktionen des Preises (Signalfunktion, Lenkungsfunktion, Ausgleichsfunktion, Anreiz- bzw. Erziehungsfunktion) sind außer Kraft gesetzt (= marktkonträre Maßnahme). In den anderen Fällen sind die Preisfunktionen weiterhin in Kraft.

c) Maßnahmen, die den Preismechanismus beeinträchtigen, führen i. d. R. zu größeren Wohlfahrtsverlusten für die Gesamtwirtschaft als Maßnahmen, die den Preismechanismus nicht beeinträchtigen.
Im vorliegenden Fall wird durch die Mindestpreispolitik eine Einkommenssteigerung in der Landwirtschaft in Höhe von 5,5 Mrd. GE erzielt, die aber durch Mehraufwendungen bei Verbrauchern und Staat in Höhe von 6,1 Mrd. GE erkauft wird (vgl. Nr. 7).
Mit Hilfe der Konsumenten- und Produzentenrente lässt sich folgende Rechnung für die Mindestpreispolitik aufmachen:

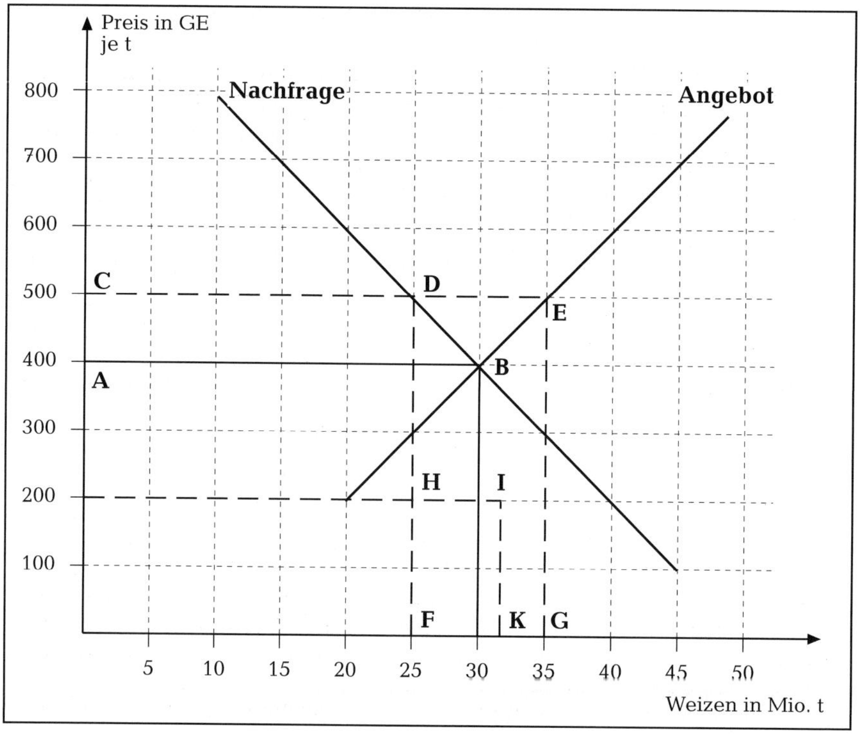

| | | |
|---|---|---|
| | Erhöhung der Produzentenrente (Fläche A, B, C, E) 30 × 100 + (0,5 × 5 × 100) | = 3,25 Mrd. GE |
| – | Verringerung der Konsumentenrente (Fläche A, B, C, D) 25 × 100 + (0,5 × 5 × 100) | = 2,75 Mrd. GE |
| – | Ausgaben des Staates (Fläche D, E, F, G) 10 × 500 | = 5,00 Mrd. GE |
| + | Einnahmen des Staates (Fläche H, I, F, K) 7 × 200 | = 1,40 Mrd. GE |
| = | Änderung der Gesamtwohlfahrt | – 3,10 Mrd. GE |

Gezielte direkte Einkommensbeihilfen, die speziell auf die tatsächlich förderungswürdigen landwirtschaftlichen Betrieb zugeschnitten sind, wären gesamtwirtschaftlich effizienter als die pauschale Mindestpreispolitik, in deren Genuss sämtliche Weizenanbaubetriebe kommen und die eine – auch aus ökologischen Gründen – bedenkliche Überschussproduktion zur Folge hat.

Von landwirtschaftlichen Interessen- und Verbandsvertretern werden solche Einkommensbeihilfen aber häufig mit dem Hinweis abgelehnt, dass die Landwirte dadurch »zu Sozialhilfeempfängern degradiert« würden.

## 10.11 Staatliche Eingriffe auf dem Wohnungsmarkt – Funktionen des Preises

1. Der Gleichgewichtspreis liegt bei 750 EUR. Zu diesem Mietpreis werden 10 000 Wohnungen angeboten und nachgefragt. Durch die Mietpreisbegrenzung auf 500 EUR steigt die Nachfrage auf 15 000 Wohnungen, während die Zahl der angebotenen Wohnungen auf 5000 zurückgeht. Es liegt jetzt ein Nachfrageüberhang bzw. eine Angebotslücke in Höhe von 10 000 Wohnungen vor.

   Der Angebotsrückgang aufgrund der Mietpreissenkung kann folgende Ursachen haben:

   - Bestehende Mietwohnungen werden in Eigentumswohnungen umgewandelt und verkauft.
   - Bestehende Mietwohnungen werden künftig gewerblich genutzt (z. B. als Büro).
   - Bestehende Mietwohnungen werden modernisiert und als »Komfortwohnungen« ausgewiesen. Dadurch entsprechen sie nicht mehr dem Wohnungstyp, für den die Höchstmiete festgelegt wurde.
   - Bestehende Mietwohnungen werden wegen der geringen Rendite nicht mehr vermietet und bleiben leer stehen.
   - Es werden keine neuen Wohnungen des beschriebenen Typs mehr gebaut.

2. Durch den Angebotsrückgang steht jetzt im Vergleich zur Ausgangssituation für 5000 Familien, die vorher eine entsprechende 4-Zimmer-Wohnung nutzen konnten, keine derartige Wohnung mehr zur Verfügung. Diese 5000 Haushalte verschlechtern sich also durch die Höchstmiete. Obwohl sie bereit gewesen wären 750 EUR oder sogar mehr (bis zu 1249 EUR) für eine derartige Wohnung zu bezahlen, können sie aufgrund des verringerten Angebots keine entsprechende Wohnung finden. Diese Situation macht intensive staatliche Kontrollen hinsichtlich der tatsächlich gezahlten Mieten nötig, wenn ein Schwarzmarkt verhindert werden soll.

3. Es stehen jetzt nur 5000 Wohnungen (gegenüber 10 000 vor der Mietpreisbegrenzung) zur Verfügung. Diesen 5000 Wohnungen stehen 15 000 Wohnungssuchende gegenüber. Auf anderen Märkten mit Nachfrageüberhang gilt i. d. R. das sog. »Windhundprinzip«: Wer sich früh genug in die Käuferschlange einreiht, erhält die gewünschte Ware; alle, die zu spät kommen. gehen leer aus. Auf dem Wohnungsmarkt erfolgt die Zuteilung aber i. d. R nach anderen Kriterien. Die Vermieter werden sich aus der Vielzahl der Wohnungssuchenden vermutlich die ihnen an-

genehmsten auswählen (ruhige, zahlungsfähige Mieter mit gesichertem Einkommen, kinderlose Doppelverdiener,...). Es ist daher davon auszugehen, dass gerade die Problemgruppen (dazu gehören u. U. auch Familien mit mehreren Kindern) nicht vorrangig in den Genuss der billigen Wohnungen kommen, auch wenn sie die Miete in Höhe von 500 EUR bezahlen können bzw. wenn sie sogar bereit sind einen höheren Mietpreis zu zahlen.

Um die eigentliche Zielgruppe in den Genuss der verbilligten Wohnungen kommen zu lassen, sind weitere staatliche Maßnahmen in Form von Berechtigungsscheinen o. Ä. nötig. Die Vermieter müssten verpflichtet werden, die Wohnungen nur an Berechtigte zu vermieten. Eine solche nachträgliche Vorschrift für bereits bestehende Wohnungen würde aber einen gravierenden Eingriff in die Eigentumsrechte der Vermieter bedeuten. Anders wäre der Fall, wenn die Vermieter beim Bau der Wohnungen staatliche Zuschüsse oder Vergünstigungen unter der Auflage erhalten hätten, die Wohnungen (u. U. zeitlich befristet) nur an Berechtigte zu vermieten und dabei maximal die festgesetzte Höchstmiete zu verlangen.

4. Alle diejenigen Mieter, die jetzt in den Genuss kommen eine Wohnung für 500 EUR mieten zu können, obwohl sie bereit gewesen wären wesentlich mehr dafür zu bezahlen (im vorliegenden Fall bis zu 1249 EUR), haben Vorteile von der Festlegung der Höchstmiete. Dabei handelt es sich i. d. R. aber nicht um diejenigen Mieter, die durch die staatliche Maßnahme eigentlich begünstigt werden sollten. Es profitieren vielmehr diejenigen davon, die es am wenigsten nötig hätten.

5. **Signalfunktion:** Ein künstlich verringerter Mietpreis spiegelt nicht den Knappheitsgrad an Wohnungen wider. Er signalisiert Vermietern und Mietern vielmehr fälschlicherweise, dass Wohnungen nicht knapp sind.

   **Lenkungsfunktion:** Die niedrige Miete lenkt die Produktionsfaktoren (Investitionen) nicht mehr in den Wohnungsbau.

   **Ausgleichsfunktion:** Der unterhalb der Gleichgewichtspreise liegende Höchstpreis bewirkt einen Nachfrageüberhang. Angebot und Nachfrage sind nicht ausgeglichen. Beim höheren Gleichgewichtspreis würden einige der jetzigen Nachfrager (z. B. wegen ihres zu geringen Einkommens) als Mietinteressenten ausfallen. Andererseits würden einige Vermieter, die beim jetzigen Preis keine Wohnung vermieten wollen, zusätzlich als Anbieter auftreten.

   **Anreiz- bzw. Erziehungsfunktion:** Der niedrige Mietpreis veranlasst die Mieter nicht zu einem sparsamen Umgang mit dem Gut Wohnung. Große, billige Wohnungen werden auch dann weitergenutzt, wenn sie von der Familiengröße her nicht mehr nötig sind (vgl. Fehlbelegungsabgabe für Sozialwohnungen).

6. **Mieter (Nachfrageseite)**

   Gezielte Wohngeldzahlungen für einkommensschwache Mieter. Die Höhe des Wohngeldes muss u. a. an den Mietpreis gekoppelt werden. Als Folge der Wohngeldzahlung steigt die Nachfrage und damit das Mietniveau (Rechtsverschiebung der Nachfragekurve). Bei einer pauschalen, mietpreisunabhängigen Einkommensbeihilfe würden die Mieter möglicherweise genau so schlecht dastehen wie vorher, da sie sich trotz der Einkommensbeihilfen die durch die Nachfragesteigerung verteuerten Wohnungen nicht leisten können.

   Die durch die verstärkte Nachfrage ausgelösten Mietpreissteigerungen sind für die Vermieter möglicherweise ein Anreiz, das Wohnungsangebot zu erhöhen.

   **Vermieter (Angebotsseite)**

   Maßnahmen zur Verbesserung der Rentabilität von Kapitalanlagen im Wohnungsbau z. B. Zinssubventionen, Vergünstigungen bei der Einkommensteuer durch attraktive Abschreibungsmöglichkeiten (»Steuersparmodelle«).

   (Sozialer) Wohnungsbau im staatlichen Auftrag durch gemeinnützige Wohnungsbaugesellschaften.

## 10.12 Verbundene Unternehmen – Konzern – Holdinggesellschaft – Trust – Fusionskontrolle – Marktbeherrschende Unternehmen – Gesetz gegen Wettbewerbsbeschränkungen

1. ***Vorbemerkung:***

   Die VEBA OEL AG ist zu 100 % eine Tochtergesellschaft der VEBA AG. Die VEBA OEL betreibt das Mineralöl- und Petrochemiegeschäft im VEBA-Konzern. Dazu gehört vor allem Erdöl zu suchen und zu fördern, Rohöl zu verarbeiten und die fertigen Produkte – im Wesentlichen Kraftstoff, Heizöl und chemische Grundstoffe – zu verkaufen.

   Es handelt sich bei der vorgegebenen Struktur um **verbundene Unternehmen** gem. § 15 AktG, weil

   - rechtlich selbstständige Unternehmen in **Mehrheitsbesitz** der VEBA OEL AG Gelsenkirchen stehen (z. B. Deminex 60 %, VEBA OIL Libya 100 %, VEBA OIL Nederland 100 %, ...),
   - die VEBA OEL AG Gelsenkirchen ein **herrschendes Unternehmen** ist,
   - die rechtlich selbstständigen Unternehmen unter einheitlicher Leitung **(Konzern)** stehen,

   ***Hinweis:*** Verbundene Unternehmen liegen bereits vor, wenn eine der in § 15 AktG genannten Bedingungen erfüllt ist.

   **Wirtschaftliche Funktionen der verbundenen Unternehmen**

   **Exploration und Produktion**
   DEMINEX, Deutsche Erdölversorgungsgesellschaft mbH – VEBA OIL Lybia – VEBA OIL Nederland

   **Versorgung**
   VEBA OIL INTERNATIONAL GmbH – VEBA Poseidon Schifffahrt GmbH

   **Verarbeitung**
   RUHR OEL GmbH – Oberrheinische Mineralölwerke GmbH – Erdoel – Raffinerie Neustadt GmbH u. Co. OHG

   **Verkauf**
   RAAB KARCHER AG Essen – RAAB KARCHER AG Bochum – RAAB KARCHER Mineralölhandel GmbH Essen – AFS Aviation Fuel Services GmbH

2. a) VEBA OEL ist herrschende Gesellschaft

   b) Nach der gesetzlichen Vermutung des § 17 Abs. 2 AktG sind Unternehmen abhängige Unternehmen, wenn sie in Mehrheitsbesitz eines anderen Unternehmens stehen. Dies trifft zu auf **VEBA OIL Libya, VEBA OIL Nederland, DEMINEX; VEBA OIL INTERNATIONAL, VEBA POSEIDON; RAAB KARCHER AG** (mittelbar für RAAB KARCHER Mineralölhandel) und ARAL AG.

3. VEBA OEL kann Einfluss nehmen auf die abhängigen Unternehmen über die Zahl des Aufsichtsrats und des Vorstands in der AG (§§ 119, 101, 111, 84 AktG) und die Bestellung des Geschäftsführers bei der GmbH (§ 46 GmbHG).

4. Die abhängigen Unternehmen stehen unter einheitlicher Leitung der VEBA OEL AG Gelsenkirchen (= herrschendes Unternehmen). Demnach liegt ein Konzern vor (§ 18 AktG).

5. Diese Gesellschaften haben keinen eigenen Betrieb. Sie übernehmen als Dachgesellschaften lediglich Verwaltungs- und Koordinationsaufgaben. Damit eine Holding Einfluss ausüben kann, erhält sie von den abhängigen Unternehmen Aktien. Darüber hinaus gibt sie in Höhe ihres gezeichneten Kapitals selbst Aktien aus wie andere Aktiengesellschaften auch.

6. Über die Beteiligung an der RAAB KARCHER AG (99,5 %) ist mittelbar ein Einfluss auf die RAAB KARCHER GmbH möglich, da die RAAB KARCHER AG zu 100 % an der RAAB KARCHER GmbH beteiligt ist.

7.

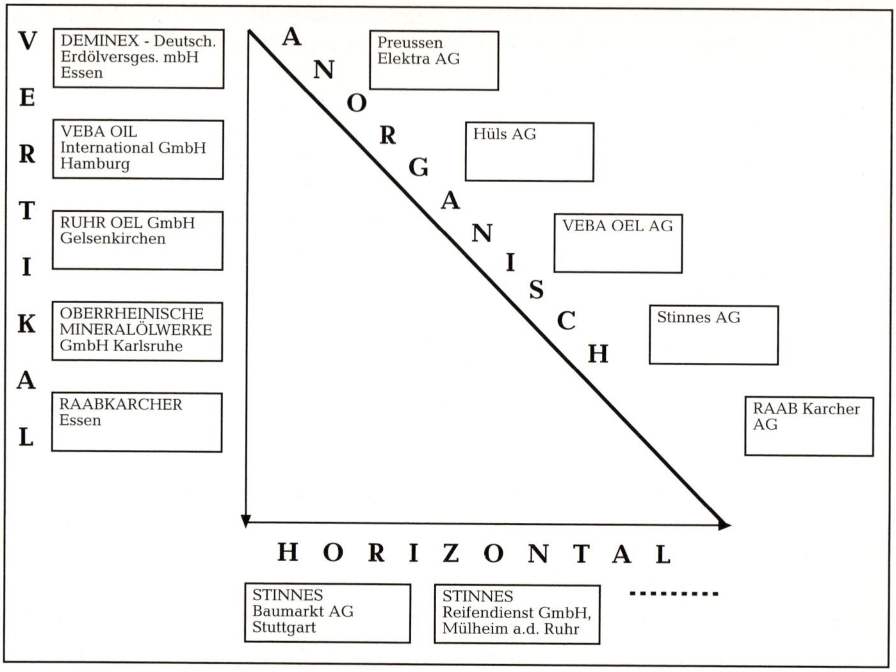


8. a) Erforderlich wäre lediglich noch ein leitendes Organ (= Vorstand), ein beschließendes Organ (= Hauptversammlung) und ein kontrollierendes Organ (= Aufsichtsrat), damit Wegfall der Organe bei GmbH: Geschäftsführer und Gesellschafterversammlung und eventuell eines Aufsichtsrates, bei den Aktiengesellschaften: Vorstand, Aufsichtsrat, Hauptversammlung

b)

| | Konzern | Trust |
|---|---|---|
| **rechtliche Selbstständigkeit** | bleibt erhalten | geht verloren |
| **nichtrechtliche Selbstständigkeit** | geht verloren | geht verloren |

9. Das Unternehmen ist marktbeherrschend, soweit es
   1. ohne Wettbewerber ist oder keinem wesentlichen Wettbewerb ausgesetzt ist oder
   2. eine im Verhältnis zu seinen Wettbewerbern überragende Marktstellung hat (§ 22 GWB); zur Oligopolvermutung vgl. § 22 (3) GWB

10. Umsatzerlöse im vergangenen Geschäftsjahr mindestens 500 Mio. EUR.

## 10.13 Preisabsprachen nach Ausschreibungen öffentlicher Aufträge (Submissionskartell) – Gesetz gegen Wettbewerbsbeschränkungen

1. Absprache ermöglicht, dass Unternehmen A den Zuschlag zu einem um ca. 50 % überhöhten Preis erhält; in einer echten Wettbewerbssituation wäre der Angebotspreis weitaus niedriger. Als »Gegenleistung« wird Unternehmen A bei einer späteren Submission gegenüber Unternehmen B oder C ein überhöhtes Angebot abgeben usw. Vorteil für alle beteiligten Unternehmen: Gewinnsteigerungen;

2. Die von den drei Unternehmen getroffene Vereinbarung ist nur dann erfolgreich, wenn sich kein weiterer Anbieter mit einem günstigeren Angebotspreis an der Submission beteiligt.

3. Nein. Die getroffenen Absprachen (Submissionskartell) führen zu einer Beschränkung des Wettbewerbs und sind deshalb nach § 1 GWB unwirksam.

4. Geht man bei der Berechnung von normalen Preisverhältnissen aus (vgl. Spalte 4 der Tabelle), so würde sich der Schaden auf 49 075 EUR belaufen.

5. 1. Untersagung des wettbewerbswidrigen Verhaltens durch Kartellbehörde (§32 GWB), oder
   2. Schadenersatzpflicht (§33 GWB); Voraussetzung: Schaden muss entstanden sein; im vorliegenden Fall ist der Auftrag noch nicht erteilt; demnach ist ein Schaden zunächst noch nicht entstanden; wäre der Auftrag erteilt, wäre als Schadenersatz ein Betrag von 49 075 EUR zu leisten.
   3. Mehrerlösabschöpfung (§34 GWB); Voraussetzungen:
      - Untersagung des Verhaltens durch die Kartellbehörde
      - keine vorausgegangenen Schadenersatzleistungen (siehe Zi 2).

# Konjunktur und Wirtschaftswachstum

## 10.14 Konjunktursteuerung – Angebots- und nachfrageorientierte Wirtschaftspolitik

1. Der Text stammt von John Maynard Keynes, der die Theorie der nachfrageorientierten Wirtschaftspolitik begründet hat. Die Grundposition der Konjunkturpolitik wird auch als Fiskalpolitik bezeichnet, weil die zusätzliche Nachfrage mit Haushaltsmitteln (vom Fiskus) finanziert werden soll. Selbst eine wirtschaftlich sinnlose Aktivität, wie das Vergraben von Banknoten in stillgelegten Kohlezechen, wird von ihm als konjunkturpolitisch sinnvoll angesehen, wenn dabei Einkommen entsteht. Das zusätzliche Einkommen soll zu einer gesteigerten Nachfrage, diese zur Erhöhung der Produktion und zur Beseitigung der Arbeitslosigkeit führen.

2. Die Fiskalpolitik wäre in dieser Situation kein geeignetes Mittel der Wirtschaftspolitik. Mit einer Vergrößerung der Binnennachfrage könnte auf die Ursache der Arbeitslosigkeit nicht eingewirkt werden; die internationale Wettbewerbsfähigkeit würde sich nicht verbessern. Die Nachfrage des Auslands nach Exportgütern müsste steigen, wenn die Arbeitslosigkeit in dieser stark vom Außenhandel abhängigen Volkswirtschaft beseitigt oder doch wenigstens verringert werden soll.

## 10.15 Maßstab für wirtschaftliches Wachstum – Ursachen des wirtschaftlichen Wachstums

1. Das wirtschaftliche Wachstum wird in der Regel am Maßstab des Bruttoinlandsprodukts zu Marktpreisen gemessen. Das Bruttoinlandsprodukt ist nominal um 10 % gewachsen, real jedoch nur um 6 % gestiegen, da eine Preissteigerung von 4 % zu berücksichtigen ist.

2. In dem Bericht werden als Ursachen für das wirtschaftliche Wachstum erwähnt:
   - Vermehrter Einsatz des Produktionsfaktors Arbeit (Steigerung der Erwerbstätigen um 500 000)
   - Steigerung der gesamtwirtschaftlichen Produktivität um 4 %, die durch technischen Fortschritt oder Rationalisierung des Arbeitsablaufs erreicht worden sein kann.

3. Der Verfasser der Kritik denkt wohl vor allem daran, dass mit gesteigerter Industrieproduktion i. d. R. auch die Umwelt zusätzlich belastet wird. Darin ist eine Beanspruchung des Produktionsfaktors Natur zu sehen, auch wenn dafür kein Entgelt zu leisten ist. Außerdem bedingt eine Erhöhung der Industrieproduktion auch einen erhöhten Verbrauch an Rohstoffen.
4. Es sind zusätzlich mehr Arbeitsuchende auf dem Arbeitsmarkt aufgetreten, als Arbeitsplätze neu geschaffen wurden (Schulabgänger; Frauen, die zurück in den Beruf wollen). Zu beachten ist auch, dass die Rationalisierung, mit der die Erhöhung der gesamtwirtschaftlichen Produktivität bewirkt wurde, zur Freisetzung von Arbeitnehmern führte.

## Umweltpolitik

### 10.16 Rollenspiel: Staatliche Maßnahmen zur Begrenzung des Schadstoffausstoßes – Umweltzertifikate oder Umweltsteuern?

***Hinweis:*** Unterstützt der Lehrer einzelne Schüler oder Gruppen bei der Vorbereitung der Diskussion, dann sollte er keinesfalls Hinweise auf mögliche Argumente der Gegenseite geben.

**Pro**

Umweltpolitik darf nicht gegen wirtschaftliche Interessen durchgeführt werden.

Es muss sich lohnen, mehr für den Umweltschutz zu tun.

Bei der»Vermarktungsregelung« können die vorgeschrieben Mengen exakt eingehalten werden.

Umweltorganisationen können mitbieten, Verschmutzungsrechte kaufen und stilllegen.

Bei einer Umweltpolitik über Ökosteuern ist zwar von den Unternehmen die Kostenbelastung exakt kalkulierbar, die mengenmäßige Wirkung auf die Schadstoffbelastung der Umwelt ist aber völlig ungewiss.

Ökosteuern erhöhen die Steuerlast des Bürgers.

Steuern dienen vor allem der Staatsfinanzierung. Ist eine Ökosteuer aber erfolgreich, dann werden die Staatseinnahmen immer geringer.

Ökosteuern sind sozial nicht gerecht, weil sie die persönlichen Verhältnisse des einzelnen Bürgers nicht berücksichtigen können.

Ökosteuern können immer noch in einigen Fällen »flankierend« eingesetzt werden (z. B. Besteuerung des Benzins und Beseitigung der Kfz-Steuer).

**Contra**

Es ist unethisch, gegen Geld das Recht auf Umweltverschmutzung erwerben zu können. (»Ablasshandel«, »Ökologische Prostitution«).

Die Durchführung dieses Vorschlags macht einen umfassenden staatlichen Kontrollapparat notwendig, der die mengenmäßige Verschmutzung bei jedem einzelnen Unternehmen misst und kontrolliert.

Bei der Vermarktungsregelung ist die Auswirkung auf die Kosten unbestimmt, da sie vom »Börsenpreis« abhängt.

Ökosteuern sollen aufkommensneutral gestaltet werden. Andere Steuern sollen dafür gesenkt werden.

***Literatur:***

*Hengsbach, Friedhelm,* Wirtschaftsethik, Freiburg 1991, S, 148 ff.

*Lachmann, Werner,* Wirtschaft und Ethik, Neuhausen-Stuttgart, 2. Auflage 1989, S. 79 ff.

# 10.17 Staatliche Umweltpolitik: Wirtschaftsordnung – Marktversagen – Soziale Kosten – Öffentliche Güter – Trittbrettfahrer-Problem

**Vorbemerkung:**

Für Erstellung und Lösung dieser Aufgabe wurde folgende Literatur benutzt:

*K. Antons,* Praxis der Gruppendynamik, Göttingen 1975, S. 127 ff.

*Ch. Burger,* Spieltheoretische Analyse umweltrelevanten Verhaltens, in: R. Bartel und F. Hackl (Hrsg.), Einführung in die Umweltpolitik, München 1994, S. 119 ff.

*K. Locher,* Struktur und Erscheinungsformen des Gefangenen-Dilemmas, in: Wirtschaft und Studium (WiSt), 1/1991, S. 19 ff.

*O. Schmuck,* Grenzüberschreitende Umweltprobleme – Europäische Lösungen, in: K. Dürr u. a., Europäische Umweltpolitik, Deutsches Institut für Fernstudien an der Universität Tübingen, 1989, S. 34 ff.

*K. Rothmaier,* Das Modell des Gefangenen-Dilemmas als Grundlage für die Erklärung umweltschädlichen Verhaltens und für das Aufzeigen von Lösungsmöglichkeiten, in: Erziehungswissenschaft und Beruf, 1/1993, S. 21 ff.

Die in der Aufgabe beschriebenen Strategien beruhen auf dem sog. Gefangenen-Dilemma, das aus der sog. Spieltheorie stammt (Prisoner's Dilemma Game). Dieses wettbewerblich orientierte Spiel hat die größte Beachtung und die meisten experimentellen Untersuchungen erfahren. Es soll daher hier in seiner ursprünglichen Form kurz beschrieben werden (vgl. K. Antons, a. a.O.):

Zwei Verdächtige werden verhaftet und voneinander getrennt. Der Staatsanwalt, der sicher ist, dass beide gemeinsam eines bestimmten Verbrechens schuldig sind, hat aber nicht genügend Beweise, um die Gefangenen im Prozess zu überführen. Er teilt ihnen daher folgende Regelung mit: Jeder von beiden hat die Alternative, das Verbrechen zu gestehen oder nicht zu gestehen. Wenn beide nicht gestehen, werden sie einiger anderer Straftaten, die aber weniger schwerwiegend sind (z. B. Diebstahl und illegaler Waffenbesitz), überführt. In diesem Fall erhält jeder eine Haftstrafe von 1 Jahr. Wenn beide gestehen, wird beiden der Prozess gemacht, wobei der Staatsanwalt aber nur eine Haftstrafe von 8 Jahren anstelle der möglichen Höchststrafe von 10 Jahren beantragt. Wenn einer gesteht und der andere nicht gesteht, erhält der Geständige nur eine Haftstrafe von 3 Monaten, weil er das Verfahren erleichtert (Kronzeugenregelung). Der andere erhält in diesem Fall die Höchststrafe von 10 Jahren.

Diese Situation lässt sich in folgender Matrix darstellen, wobei die jeweiligen Haftstrafen des Gefangenen A in der linken unteren Ecke, die jeweiligen Haftstrafen des Gefangenen B in der rechten oberen Ecke der vier Felder eingetragen sind.

| | | **Gefangener B** | |
|---|---|---|---|
| | | gesteht | gesteht nicht |
| **Gefangener A** | gesteht | 8 Jahre<br>8 Jahre | 10 Jahre<br>3 Monate |
| | gesteht nicht | 3 Monate<br>10 Jahre | 1 Jahr<br>1 Jahr |

Unabhängig davon, wie der andere Gefangene reagiert, ist es für jeden Gefangenen immer besser zu gestehen. Daher werden beide Gefangenen gestehen und eine 8-jährige Haftstrafe erhalten, obwohl sie diese Zeit auf 1 Jahr hätten verkürzen können.

Die Ursache ist darin zu suchen, dass jeder Gefangene überlegt, welche Situation für ihn als Einzelnen am vorteilhaftesten ist. Jeder handelt **individuell rational,** indem er seine **individuelle Strafe** zu minimieren versucht. Die Höhe der Strafe ist aber auch davon abhängig, wie der andere reagiert. Würden beide **kollektiv rational** handeln und die **gemeinsame Haftstrafe** minimiert, hätte jeder von beiden einen individuellen Vorteil.

Das Spiel basiert somit auf folgenden Grundgedanken:

- Das menschliche Verhalten ist abhängig vom Verhalten anderer Menschen.
- Das Anstreben von Eigennutz führt nicht zu einer Erhöhung des Gemeinwohls, sondern dazu, dass es den Beteiligten schlechter geht, als wenn sie den Eigennutz zurückstellen und die Steigerung des Gemeinwohls verfolgen.

**1. Situation (Lösungsversuch 1)**

1.1 Beim Gemeinlastprinzip werden diese Kosten der Allgemeinheit aufgebürdet und vom Staat, z. B. durch Steuereinnahmen, finanziert.

Hier liegt eine Mischform vor (Gemeinlastprinzip aufgrund von Zinsverbilligung und Steuervergünstigung).

1.2 Trinkwasserversorgung, Fischsterben, Erholungswert, ...

1.3 Die durch die Umweltbelastung entstehenden Kosten werden zwar durch einzelwirtschaftliche Aktivitäten (Unternehmen oder Haushalte) verursacht, erscheinen aber nicht in der Kostenrechnung des Verursachers (hier: Papierfabrik). Sie werden vielmehr zu volkswirtschaftlichen Kosten, die von der Allgemeinheit (unfreiwillig) getragen werden.

1.4 Die Produktionskosten der Fabrik B erhöhen sich gegenüber den Produktionskosten der Fabrik A. Die Fabrik A kann daher ihre Produkte preisgünstiger anbieten als der Konkurrent B. Da ein freier Warenverkehr herrscht, kann die Fabrik A die Produkte auch im Land B anbieten und ihren Absatz zu Lasten der Fabrik B ausweiten. Entlassungen und Betriebsschließung sind die mögliche Folge.

1.5 Da die Fabrik A, die weiterhin ungeklärte Abwässer einleitet, ihre Produktion zu Lasten der umweltorientierten Fabrik B ausweiten kann, verlagert sich die Schadstoffeinleitung von Land B zu Land A, ohne dass eine Verringerung der Gewässerbelastung eintritt.

1.6 Andernfalls könnten u. U. Zölle auf ausländische bzw. nicht umweltfreundlich produzierte Papierprodukte erhoben oder andere nicht-tarifäre Handelshemmnisse (z. B. nur Import von umweltfreundlichem Papier mit dem blauen Engel) eingeführt werden.

1.7 Wenn die Verbraucher über ein entsprechendes Umweltbewusstsein verfügen und bereit sind, für umweltfreundliche Produkte einen höheren Preis zu zahlen, könnte die Steigerung der Produktionskosten bei Fabrik B durch höhere Preise aufgefangen werden, ohne dass es zu einem Wettbewerbsnachteil gegenüber dem Konkurrenten A kommt. Möglicherweise schränken die Verbraucher jedoch den gesamten Papierverbrauch aus Umweltgründen ein, so dass beide Fabriken Absatzeinbußen erleiden.

**2. Situation (Lösungsversuch 2)**

2.1

| | | IG B | |
|---|---|---|---|
| | | Zahlen ($S_{B1}$) | Nicht Zahlen ($S_{B2}$) |
| IG A | Zahlen ($S_{A1}$) | 1,5<br>1,5 | 4<br>– 1 |
| | Nicht zahlen ($S_{A2}$) | – 1<br>4 | 0<br>0 |

2.2 $S_{A2}/S_{B1}$: A zahlt nicht, B zahlt den vollen Betrag
Dadurch ergibt sich für A ein Vorteil von 4 GE und für B ein Schaden von 1 GE.

2.3 $S_{A1}/S_{B2}$: B zahlt nicht, A zahlt den vollen Betrag
Dadurch ergibt sich für B ein Vorteil von 4 GE und für A ein Schaden von 1 GE.

2.4 $S_{A2}/S_{B2}$: A zahlt nicht, B zahlt nicht. Die ursprüngliche Situation (Status quo) bleibt erhalten, weil keiner von beiden zahlt, da er darauf hofft, dass der andere zahlt.

2.5 Das Problem, die Vorteile in Anspruch nehmen zu wollen, ohne sich an den Kosten zu beteiligen, tritt generell bei öffentlichen Gütern, von deren Nutzung niemand ausgeschlossen werden kann, auf: In großen und anonymen Gruppen wird dieses Verhalten erleichtert und gefördert.

Im vorliegenden Fall überlegt sich jede IG, nicht freiwillig zu zahlen, denn sie stellt sich damit bei jedem möglichen Verhalten der anderen IG besser, als wenn sie zahlen würde. Bei diesem Verhalten hat die IG die Chance, als »Trittbrettfahrer« ohne eigenen Beitrag trotzdem in den Genuss des gereinigten Gewässers zu kommen, wenn nämlich die andere IG zahlt.

**3. Situation (Lösungsversuch 3)**

3.1 Ohne staatliche Einflussnahme ist das Umweltproblem nicht lösbar. Im vorliegenden Fall setzt der Staat Rahmenbedingungen, durch die eine privatwirtschaftliche Lösung ermöglicht und als Alternative gleichzeitig eine staatliche Lösung mit Finanzierung nach dem Verursacherprinzip durch Zwangsabgaben in Aussicht gestellt wird.

Diesem Vorgehen, dass die betroffenen Unternehmen innerhalb der staatlich festgelegten Rahmenbedingungen die für sie kostengünstigste Lösung realisieren können, entspricht im Bereich der Abfallbeseitigung die Gründung des »Dualen Systems Deutschland« (DSD) mit der Einführung des »Grünen Punktes«. Die rechtliche Grundlage (Verpackungsverordnung) lässt ebenfalls offen, auf welche Art und Weise Hersteller und Handel für die Rücknahme und Wiederverwendung von Verpackung zu sorgen haben.

3.2 Für jede der beiden Papierfabriken wäre eine private Kläranlage, für die aber das jeweilige Konkurrenzunternehmen die Kosten in voller Höhe übernimmt, am günstigsten (Trittbrettfahrer, individuell-rationales Verhalten).

3.3 Aus Kostengründen wäre es für beide Fabriken zusammen (kollektiv-rational) am günstigsten, gemeinsam eine Kläranlage zu errichten und zu betreiben. Da es sich hier nur um zwei beteiligte Unternehmen handelt, ist die Trittbrettfahrer-Gefahr (ein Unternehmen nimmt die Vorteile in Anspruch, ohne sich an den Kosten zu beteiligen) gering. Durch entsprechende vertragliche Vereinbarungen kann die Kostenübernahme geregelt werden.

In großen und anonymen Gruppen wird das Verhalten als Trittbrettfahrer jedoch erleichtert und gefördert. Dies zeigt sich beispielsweise auch bei der Abfallentsorgung durch das »Duale System Deutschland« (DSD). Zumindest in der Anfangsphase wurde von der Verpackungsindustrie vielfach das absatzfördernde Siegel »Grüner Punkt« verwendet, ohne jedoch dem DSD die insgesamt hergestellte Verpackungsmenge zu melden und dafür zu bezahlen. Daraus resultierten anfangs erhebliche Finanzierungsprobleme des DSD. Es wird geschätzt, dass aufgrund von Trittbrettfahrern in den ersten Jahren nur für die Hälfte der mit einem »Grünen Punkt« versehenen Produkte die Lizenzgebühr ordnungsgemäß abgeführt wurde.

4.1 Umweltgüter haben keinen Marktpreis. Für ihre Nutzer sind sie zum Nulltarif zu haben. Es gibt keinen wirtschaftlichen Anreiz sparsam mit ihnen umzugehen. Da es keinen Marktpreis gibt, können auch die Preisfunktionen nicht zur Anwendung kommen. Der Marktmechanismus versagt in diesem Fall. Das Gefangenen-Dilemma zeigt, dass in diesem Fall die Annahme falsch ist, die Verfolgung des Eigennutzes führe automatisch zu einer Erhöhung des Gesamtnutzens. Die Situation 1 bestätigt diesen Zusammenhang, da beide Papierfabriken den Fluss Rio (= Umweltgut) für die Entsorgung ihrer Abwässer benutzen, ohne dafür zu bezahlen.

4.2 Weil der Staat Rahmenbedingungen gesetzt hat und das Trittbrettfahrer-Problem wegen der geringen Zahl der Beteiligten (2 Unternehmen) ausgeschlossen ist, führt in diesem Fall die Verfolgung der Eigeninteressen gleichzeitig zur Erhöhung des Gemeinwohls.

4.3 Das Ziel der Gewinnmaximierung der Unternehmen (Eigennutz) kann dazu führen, dass Güter, deren Preis wegen ihrer Knappheit hoch ist (Preis als Knappheitsindikator), vermehrt hergestellt werden (Lenkungsfunktion des Preises) und damit den Konsumentennutzen (Gesamtwohl) erhöhen.